쩨따시까
우리 마음 지켜보기
통합

Nina van Gorkom 지음 | 정명스님 옮김

이 책은 세계적인 근본불교 수행의 명저 '쩨따시까'의 한국어 번역서로 우리 마음의 심리적 현상(마음부수)을 명상수행의 관점에서 다룬다. 빠알리경과 담마상가니(법집론), 앗타살리니와 청정도론에서 내 마음의 현상(심리상태)과 관련된 내용들을 모두 뽑아 인용하였다. 그래서 경전 속에 나오는 수행의 언어와 내 마음의 심리적 상태에 관한 부처님의 원음을 이해할 수 있다.

우리 마음 지켜보기 통합

초판1쇄 2014년 3월 29일 초판4쇄 2020년 2월 28일 **지은이** Nina van Gorkom **옮긴이** 정명스님 **펴낸이** 한효정
편집교정 김정민 **기획** 박자연, 강문희 **디자인** 화목, 이선희 **마케팅** 유인철, 임지나 **펴낸곳** 도서출판 푸른향기
출판등록 2004년 9월 16일 제 320-2004-54호 **주소** 서울 영등포구 선유로 4가길 24 104-1002 (07210) **이메일**
prunbook@naver.com **전화번호** 02-2671-5663 **팩스** 02-2671-5662
홈페이지 prunbook.com | facebook.com/prunbook | instagram.com/prunbook

ISBN 978-89-6782-008-4 03220
ⓒ 정명스님, 2014, Printed in Korea

값 25,000원

이 도서의 국립중앙도서관 출판예정도서목록(CIP)은 서지정보유통지원시스템 홈페이지(http://seoji.nl.go.kr)와
국가자료공동목록시스템(http://www.nl.go.kr/kolisnet)에서 이용하실 수 있습니다.

이 책은 저작권법에 따라 보호받는 저작물이므로 무단 전재와 무단 복제를 금지하며,
이 책 내용의 전부 또는 일부를 이용하려면 반드시 저작권자와 출판사의 서면 동의를 받아야 합니다.

역자의 말

불교 수행의 특징은 내 몸과 마음의 실체를 있는 그대로 알고 보는 것(如實知見)입니다. 알고 보기 위해서는 교학이 필요합니다. 이 교학을 수행의 언어로 풀어놓은 것이 아비담마(논장)입니다. 그런데 아비담마는 오로지 담마(법)만 다루므로 표현이 메마르고 어렵습니다. 그러나 이 책은 명상과 교학의 전문가인 저자가 체험에서 나오는 살아있는 언어로 근거를 가지고 다시 정리한 것이기 때문에 마음을 이해하고 지켜보는데 관심이 있는 분에게는 큰 도움이 될 것입니다.

- 이 책은 세계적인 명상 수행가이며 불교학자인 Nina Van Gorkom의 명저 '쩨따시까'의 한국어 번역서로 우리 마음의 심리적 현상(마음부수)을 명상수행의 관점에서 다룹니다.
- 그래서 이 책은 위빳사나 수행 지침서이며 마음을 지켜보는 길라잡입니다.
- 이 책은 빠알리경과 아비담마 첫 번째 책인 담마상가니(법집론), 그 주석서인 앗타살리니와 불교의 백과사전격인 청정도론에서 내 마음의 현상(심리상태)과 관련된 내용들을 모두 뽑아 인용하였습니다. 그래서 경전 속에 나오는 수행의 언어와 내 마음의 심리적 상태에 관한 부처님의 원음을 이해할 수 있습니다.

저는 수행을 할 때 이 책을 읽으며 많은 감동을 받았습니다. 붓다와 수행자들의 이야기가 나의 모습에 투영되며 가슴을 울렸기 때문입니다. 수행이란 일상에서 이루어져야 합니다. 일상에서 벗어난 수행은 힘이 없습니다. 그래서 이 책은 일상에서 일어나는 내 마음의 심리적 상태를 이해하고 지켜보려는 분에게는 참으로 보석과 같은 책이기에 번역을 결심하였습니다. 필요할 때마다 찾아보는 사전과 같이 곁에 두면서 이 책의 수승한 이익을 누려보시기를 권합니다.

마지막으로 이 책이 세상에 나오는데 도움을 주신 모든 분들과 수행의 길로 이끌어 주신 은사이신 마일운 스님과 명상수행을 지도해 주신 우 레와따 스님에게 감사의 절을 올립니다.

- 김천 성전사 산방에서 신묘년 봄 정명 씁니다.

역자의 말

머리글
들어가기에 앞서
일러두기

제I부 반드시들 7(sabbacitta-sādhārana)

제1장. 감각접촉(phassa) ——— 28
제2장. 느낌(vedanā) ——— 41
제3장. 인식(saññā) ——— 60
제4장. 의도(cetanā) ——— 75
제5장. 죽어서 다시 태어나는 윤회에서 의도 ——— 92
제6장. 집중(ekaggatā) ——— 104
제7장 생명기능(jīvitindriya) 마음에 잡도리함(mānasikara)
      생명기능(jīvitindriya) ——— 112
      마음에 잡도리함(mānasikara) ——— 115

제II부 때때로들 6(Pakinnaka)

제8장. 일으킨 마음(vitakka) 지속적인 고찰(vicāra) ——— 124
      일으킨 마음(vitakka) ——— 125
      지속적인 고찰(Vicāra) ——— 132
제9장. 결심(adhimokkha)과 정진(viriya) ——— 141
      결심(adhimokkha) ——— 141
      정진(Viriya) ——— 145
제10장. 팔정도에서의 바른 정진 ——— 154
제11장. 희열(pīti) ——— 165
제12장. 열의(chanda) ——— 181

제III부 해로운 마음부수들(akusala)

- 제13장. 개요 ──────────── 194
- 제14장. 어리석음, 양심없음, 수치심없음, 들뜸 ──── 204
    - 어리석음(moha) ─────────── 204
    - 양심없음(ahirika)과 수치심없음(anottappa) ──── 212
    - 들뜸(uddacca) ───────────── 218
- 제15장. 탐욕(lobha) ──────────── 222
- 제16장. 사견(diṭṭhi) ──────────── 241
- 제17장. 자만(māna) ──────────── 255
- 제18장. 성냄(dosa) ──────────── 264
- 제19장. 질투(issā), 인색(macchariya), 후회(kukkucca)
    - 질투(issā) ───────────── 276
    - 인색(macchariya) ───────── 280
    - 후회(kukkucca) ─────────── 291
- 제20장. 해태(thīna) 혼침(middha) 의심(vicikicchā) ── 299
    - 해태(thīna) 혼침(middha) ───── 299
    - 의심(vicikicchā) ───────── 309
- 제21장. 해로운 범주들 I ─────────── 315
    - 번뇌(āsava)의 범주 ───────── 317
    - 폭류(ogha)의 범주 ───────── 323
    - 속박(yoga)의 범주 ───────── 326
- 제22장. 해로운 범주들 II ──────────── 327
    - 매듭(gantha) ───────────── 327
    - 취착(upādāna) ──────────── 331
    - 장애(Nīvaraṇa) ─────────── 336
- 제23장. 해로운 범주들 III ─────────── 342
    - 잠재성향(anusaya) ────────── 342
    - 족쇄(Samyojanas) ───────── 346
    - 오염(kilesā)원의 범주 ─────── 351

제IV부 아름다운 마음부수들(Sobhana Cetasikas)

제24장. 개요 —————————————————— 360
제25장. 믿음(saddhā) ————————————— 376
제26장. 마음 챙김(sati) ———————————— 390
제27장. 양심(hiri) 수치심(ottappa) ——————— 409
제28장. 탐욕 없음(alobha) —————————— 419
제29장. 성냄 없음(adosa) —————————— 430
제30장. 중립(tatramajjhattatā) ———————— 445
제31장. 여섯 쌍의 아름다운 마음부수들 ———— 456
    몸의 경안, kāya-passaddhi
    마음의 경안, citta-passaddhi ————————— 456
    몸의 가벼움, kāya-lahutā
    마음의 가벼움, citta-lahutā ————————— 463
    몸의 부드러움, kāya-mudutā
    마음의 부드러움, citta-mudutā ——————— 465
    몸의 적합함, kāya-Kammaññatā
    마음의 적합함, citta-Kammaññatā —————— 468
    몸의 능숙함, kāya-pāguññatā
    마음의 능숙함, citta-pāguññatā ——————— 471
    몸의 올곧음, kāya-ujukatā
    마음의 올곧음, citta-ujukatā ———————— 474
제32장. 세 가지 절제 (virati-cetasikas) ————— 479
    잘못된 말의 절제(vāci-duccarita virati)
    잘못된 행위의 절제(kāya-duccarita virati)
    잘못된 생계의 절제(ājīva-duccarita virati) —— 479
제33장. 연민(karuṇā) 함께 기뻐함(muditā) ——— 494
      연민(karuṇā) ——————————————— 494
      함께 기뻐함(muditā) ——————————— 501
제34장. 통찰지(paññā) ———————————— 508
제35장. 통찰지의 단계 ———————————— 519

제36장. 유익한 행위(kusala) ——————————— 539

부록

Appendix 1. 제2장 느낌 ——————————— 568
Appendix 2. 제5장 ——————————————— 575
Appendix 3. 제8장 ——————————————— 577
Appendix 4. 제9장 ——————————————— 579
Appendix 5. 제11장 —————————————— 581
Appendix 6. 제12장 —————————————— 583
Appendix 7. 제20장 —————————————— 584
Appendix 8. 제31장 —————————————— 589
Appendix 9. 통찰지의 단계 ——————————— 593

머리글

이 책은 마음 그리고 이 마음과 함께 하는 마음부수들의 작용에 관한 것입니다. 이렇게 자세하게 많은 종류의 마음부수들을 공부하는 것은 자기 마음속의 오염들은 제거하고 유익한 성품들을 개발하는데 도움이 됩니다. 마음의 오염들과 유익한 성품들은 다른 유형의 마음부수입니다. 이 책에서 나는 아비담마의 기본이 되는 내용들을 정리한 'Abhidhamma in Daily Life'를 많이 인용하였습니다. (아비담마에 대한 지식은 초기불전연구원에서 나온 아비담마 길라잡이(대림/각묵)를 참고하시면 도움이 될 것입니다.)

독자들은 이 책에 나오는 많은 빠알리 용어들이 어려울 것입니다. 그럼에도 빠알리어로 정확하게 이해하는 것이 이 공부를 하는데 도움이 되기에 그렇게 한 것입니다. 간혹 빠알리 용어와 영어를 병기한 것은 서양철학이나 심리학에 나오는 용어들이 다른 의미를 가지고 있는 경우가 있어 그리한 것입니다. 그러므로 빠알리 용어들의 의미를 바르게 이해하도록 노력하도록 하십시오.

이 책은 아비담마(논장)의 첫 번째 책인 **법집론**(담마상가니), 법집론의 주석서인 **앗타살리니**(붓다고사 스님이 주석한 The Expositor) 그리고 불교의 백과사전격(이며 4부 니까야의 주석서의 성격을 가진-역자)인 **청정도론**을 많이 인용하였습니다.

붓다고사의 주석서들은 기원후 5세기 무렵에 만들어졌습니다. 그는 스리랑카의 오래된 주석서들을 수승한 의도를 가지고 싱할리를 빠알리로 번역하였습니다. 독자들은 그의 탁월함과 붓다의 가르침을 자세하게 정리하는 능력, 예를 들어 가르침들의 포인트를 명확하게 설명하는 것을 보면 깊은 감명을 받게 될 것입니다. 그는 끊임없이 담마(가르침)의 목표인 궁극적 실재들을 있는 그대로 보기 위해서 통찰지를 닦아야 한다고 말합니다.

저는 선정과 지혜 및 다른 모든 유익한 행위들에 대한 문구들을 경전에서 가져와 인용하였습니다. 이러한 경전들은 우리가 공부하는 목적을 잃지 않도록 용기를 줍니다. 어떤 이들은 궁극적 실재들에 대한 가르침인 아비담마를 붓다의 가르침이 아니라고 폄하합니다.

불교의 경전은 붓다의 법문들을 모아놓은 경장, 수행승들의 계율에 관한 모음인 율장 그리고 아비담마인 논장 이렇게 삼장으로 구성되어 있습니다. 아비담마는 모든 궁극적 차원의 현상들 그리고 일어나는 서로 다른 현상들의 조건에 관하여 설명합니다. 저는 이것이 붓다의 가르침이라는 것을 보여주기 위하여 다른 문헌들은 물론 궁극적 실재들을 다루고 있는 붓다의 말씀을 경전에서 찾아 인용하였습니다.

경에도 아비담마가 있습니다. 경전을 반복해서 읽어보면 붓다는 감각기관과 의문(意門)을 통해 나타나는 궁극적 실재들에 대하여 이야기 합니다. 그래서 경전을 이해하기 위해서는 아비담마에 대한 기본적 지식이 필수적으로 필요합니다. 아비담마를 공부하면 할수록 아비담마는 우리의 일상생활 그 자체라는 확신을 갖게 됩니다. 아비담마는 이 순간에 경험하고 있는 내 안의 물・심(物・心)의 현상들을 설명합니다.

아비담마를 공부하다보면 우리는 그 내용의 심오함에 감명을 받습니다. 깨달은 분이 아니고는 이렇게 심오한 내용을 우리 같은 범부들이 이해할 수 있도록 이토록 자세히 설명할 수 없습니다. 독자들은 이 책이 이론서라고 생각하겠지만 읽어 나가면서 이러한 실재들에 대한 공부는 나의 일상을 이해하는데 큰 도움이 된다는 사실을 발견하게 될 것입니다.

나는 방콕의 Sujin Boriharnwanaket님에게 깊은 감사를 표합니다. 그녀는 내가 담마를 깊이 있게 이해하고 생활에 적용할 수 있도록 큰 도움을 주었습니다. 이 책은 방콕의 사켓 사원에서 그 분이 강의한 내용에 토대를 두고 있습니다.

저는 역시 'Dhamma Study and Propagation Foundation'에도 감사의 마음을 전합니다. 이 책의 출판을 후원한 Asoka Jayasundera와 가족들, Anura Perera와 가족들, Laksham Perera와 가족들 그리고 출판인인 Alan Weller에게 감사드립니다. 이 책의 출간은 그들의 도움으로 가능하였습니다. 제가 인용한 모든 경전들은 PTS본입니다.

들어가기에 앞서

악을 행하지 말고
선을 행하라
자신의 마음을 맑히는 것
이것이 모든 붓다들의 가르침이다.

-법구경 게송 183-

마음은 철저하게 관찰하지 않으면 청정해질 수 없습니다. 그런데 마음은 분석하려고 하면 사라져 버립니다. 그래서 마음은 잡을 수는 없고 아주 빠르게 변화합니다. 어느 순간은 탐욕이고 다음 순간은 관대함 그리고 또 다른 순간은 성냄의 마음이 이어서 일어납니다. 각각의 마음순간에 있는 마음들은 그 종류가 다릅니다.

불교에서 가르치는 마음은 사실 우리가 일상적으로 사용하는 언어인 마음과는 의미가 다릅니다. 여기서 마음이란 사실 하나의 마음 뒤로 다른 마음들이 아주 빠르게 상속되어 흘러가는 무상한 순간들의 연속입니다. 심리학에서 말하는 마음과 불교에서 말하는 마음은 다르기 때문에 빠알리어로 마음을 뜻하는 찟따(citta)라는 용어를 사용하는 것이 좋겠습니다.

빠알리는 상좌부 전통의 불교 경전어(經典語)입니다. 마음을 뜻하는 찟따(citta)는 생각한다(cinteti)는 어원에서 파생된 것입니다. 모든 마음(찟따)들은 어떤 대상을 '아는' 공통점이 있습니다. 하지만 일반적인 관점에서 '대상을 아는 혹은 대상을 인지하는'이라는 말의 의미를 생각해 보아야 합니다.

해당되는 감각기관의 문(門)을 통해 나타나는 대상들을 아는 것이 마음이라고 붓다는 아주 자세하게 설명하였습니다. 예를 들어 색깔이나 형상이라는 대상은 안문(眼門)을 통해 나타나고, 소리는 이문(耳門)을 통해 나타납니다. 이렇게 각각의 감각기관들을 통해서 나타나는 대상을 알 수 있습니다. 개념과 아이디어 같은 생각의 대상들은 의문(意門)을 통해 나타납니다.

불교의 가르침을 접하기 전에는 마음이란 무엇인지 막연하기만 하였습니다. 그리고 각각의 문을 통해서 나타나는 대상들에 대한 세부적인 지식도 없었습니다. 알고 보면 마음은 대상들에 따라 달라집니다. 안식(眼識)은 이식(耳識)과는 완전히 다릅니다. 또한 마음(citta)은 함께 하는 다른 마음부수들과의 조합에 따라 달라집니다.

빠알리로 쩨따시까(cetasika)는 마음부수(附隨)라는 의미인데 여기서는 그냥 빠알리어로 사용하는 것이 좋겠습니다. 쩨따시까의 문자적 의미는 마음에 속한다(ceto)는 뜻입니다. 이것들은 모두 52가지로 모두 자신들만의 고유한 특징과 역할을 가지고 있습니다. 본문에서 이러한 마음부수들의 의미와 분류에 대한 설명이 있을 것입니다.

한 번에 하나의 대상을 경험하는 마음은 같은 대상을 경험하는 몇 가지의 마음부수들과 함께 합니다. 하지만 그 '대상을 아는' 마음을 지원하고 있는 동안에도 이것들은 자신들만의 고유한 역할을 수행합니다. 이것들은 마음과 함께 일어나서는 마음과 함께 사라집니다.

마음과 마음부수들은 정신(nāma)인데 이것은 궁극적 관점에서의 정신현상을 의미합니다. 궁극적 실재(빠라맛타 담마, 구경법)들은 자신들만의 고유한 특징과 역할이 있습니다. 이것들은 변하지 않는 사실입니다.

궁극적 담마(구경법)는 네 가지입니다.
- 마음(citta)
- 마음부수(cetasika)
- 물질(rūpa)
- 닙바나(nibbana)

마음과 마음부수 그리고 물질은 상카라 담마, 조건지워진 현상입니다. 이것들은 홀로 스스로 일어날 수 없고 그것들은 다른 현상들에 의하여 조건 지워져 일어납니다. 예를 들어 마음은 홀로 일어날 수 없습니다. 함께 하는 마음부수들에 의하여 조건 지워졌기 때문입니다.

그러나 닙바나(열반)는 조건 지워지지 않은 현상, 위상카라 담마(visaṅkhāra dhamma) 혹은 아상카따 담마(asaṅkhata dhamma)라고 합니다. 이것은 일어나서 사라지는 것이 아닙니다. 닙바나는 깨달음의 순간에 일어나는 초세간 마음(lokuttara citta)의 대상입니다. 관습적 언어인 '사람'이란 궁극적 관점에서는 단지 마음, 마음부수 그리고 물질들의 집합에 불과합니다. 여기에는 지속적으로 머무는 사람이나 자아는 없고 오로지 마음과 마음부수 그리고 물질만이 일어나서는 사라집니다. 마음과 마음부수는 무엇인가를 경험할 수 있는 정신(nāma)이고 반면에 물질(rūpa)은 아무것도 경험할 수 없습니다.

마음과 마음부수는 함께 일어나지만 이것들은 다른 구경법(빠라맛타 담마)들입니다. 마음과 마음부수의 차이를 설명하기 위하여 아비담마 첫 번째 책의 주석서인 앗타살리니에는 왕과 왕을 수행하는 수행원들에 빗대어 설명합니다. 왕은 대장이고, 수장이며 그의 수행원들은 그의 시중을 듭니다. 이렇게 대상을 앎에 있어 마음이 리더이고 마음부수들은 마음의 조력자들입니다. 마음부수들은 자신만의 고유한 과업을 각각의 마음순간들에서 수행 합니다. 마음은 함께 하는 마음부수들과 모든 각각의 순간에서 함께 일어나서는 아주 빠르게 함께 사라집니다.

여러분들은 이러한 마음과 마음부수들을 이렇게까지 자세히 공부해야 하는지 의문이 들 것입니다. 마음과 마음부수들은 추상적인 것이 아닙니다. 이것들은 지금 이 순간에도 살아 움직이고 있습니다. 마음부수 없이는 볼 수도 없고,

들을 수도 없으며, 생각하거나 어떤 행동을 할 수도 없고, 화를 내거나 어떤 대상에 취착할 수도 없습니다. 예를 들어 눈의 알음알이인 안식(眼識)은 마음입니다. 이것은 형상이라는 대상이나 색깔과 같은 것을 인지합니다. 그런데 이렇게 마음이 작용하려면 형상이라는 대상과 마음을 부딪치게 하는 감각접촉이나 대상에 초점을 맞추어주는 집중과 같은 마음부수들의 지원을 필요로 합니다. 그래서 마음부수들에 대한 이해가 필요합니다.

우리는 오염되어 해로운 마음부수와 유익한 성품인 마음부수들을 알아야 합니다. 그래서 이것들이 일상에서 일어날 때 그것들을 알아차려서 그 특징들이 무엇인지 알고 보아야 합니다. 그렇지 않으면 무엇이 유익한 것이고 무엇이 해로운 것인지를 알 수 없습니다. 우리는 오염들이 일어나고 있는 것도 모르고 그것들의 뿌리가 얼마나 깊은지도 모릅니다.

만약 붓다의 이러한 마음의 오염들에 관한 자세한 가르침이 없었다면 우리들은 지금도 그저 막연히 추정만 하였을 것입니다. 그것들을 모른다면 어떻게 오염된 마음들의 위험을 볼 수 있겠습니까? 유익한 마음부수들의 특징과 다른 유익한 행위들의 특징을 모른다면 어떻게 유익한 행위를 개발할 수 있겠습니까? 각각의 마음들과 함께 하는 마음부수들은 아주 다양합니다.

해로운 마음은 해로운 마음부수를 동반합니다. 반면에 유익한 마음은 유익한 마음부수를 동반합니다. 이외에도 유익하거나 해롭지 않은 마음들과 함께하는 마음부수들도 있습니다. 이렇게 마음과 마음부수는 서로 밀접한 관련이 있으며 서로에게 조건이 됩니다. 그것들은 서로 의지하는 관계도 있고 독립되어 있는 것도 있습니다. 마음은 마음부수들의 조건이 됩니다.

마음이 유익하면 함께 하는 마음부수들도 유익합니다. 마음이 해로운 것이면 함께 하는 마음부수들도 해로운 것입니다. 비록 모든 종류의 마음과 함께하는 마음부수일지라도 말입니다.

예를 들어 느낌은 모든 종류의 마음과 함께 하는 마음부수입니다. 즐거운 느낌은 유익한 마음이나 탐욕에 뿌리한 해로운 마음과 함께 할 수 있습니다. 하지만 이것의 성품은 서로 다릅니다. 그래서 마음부수들은 함께하는 마음의 조건이 됩니다. 그리고 함께 일어난 마음부수들은 서로에게 역시 조건이 됩니다. 예를 들어 지혜(반야)라는 마음부수는 마음 그리고 이 마음과 함께 하는 마음부수들의 조건이 됩니다. 관대한 마음이 관대함은 유익하다는 것을 깨닫는 지혜와 함께 하면 지혜가 없는 마음보다도 유익함의 정도가 높습니다.

관대한 마음이 일어난 그 순간에 그 마음을 관대하게 만드는 자아와 같은 것은 없습니다. **자아가 아닌** 관대함과 관련된 **마음부수**가 이 역할을 수행하면서 유익한 마음을 지원합니다. 탐욕의 마음이 일어나면 탐욕스러워 하는 사람은 없습니다. 다만 탐욕이라는 마음부수가 이 역할을 수행합니다. 마음부수는 마음과 동일한 대상을 경험하면서 자신의 역할을 수행합니다.

한 순간은 안문(眼門)을 통해 나타나는 색깔에 취착하고 다른 순간은 이문(耳門)을 통해 나타나는 소리에 취착합니다. 또 다른 순간은 의문에서 경험되는 사람이라는 개념에 취착하기도 합니다. 이렇게 마음과 함께 하는 마음부수들은 일어나서는 아주 빠르게 사라져 버립니다. 바른 지혜가 개발되지 않는다면 다른 문들을 통해 나타나는 대상들을 식별할 수 없습니다. 우리는 이러한 다른 대상들을 '전체'로 묶어서 인식합니다. 그래서 그것들이 일어나서는 사라지는 지는 것을, 그것들의 무상(無常)함과 무아(無我)라는 본성을 깨닫지 못합니다.

불교를 공부하면 이러한 궁극적 관점에서의 현상들에 관한 참된 본성을 이론적으로 이해하게 됩니다. 그러나 이러한 실재들은 경험을 통해 직접 지혜를 닦아야만 그 진리를 꿰뚫게 됩니다. 마음을 지시하고 조정하는 에고나 자아와 같은 것이 없습니다. 언제나 다른 마음들이 다른 마음부수들과 함께 일어납니다. 이것들은 일어나기 위한 바른 조건이 충족되면 일어나는 것일 뿐입니다.

우리는 속에 있는 마음이 이런 작용을 한다고 생각합니다. 그리고 자기의 마음을 지시하는 누군가가 있다고 믿습니다. 그래서 자신의 운명을 결정하고 모양을 만들어 가는 에고와 같은 것이 없다는 것을 이해하지 못합니다. 만약 이러한 모든 것은 통제되지 않는 권한 밖의 일이라 한다면 도대체 인간의 존엄성은 어디에 있는 것인가 의문이 들 것입니다.

만약 우리가 붓다의 길을 따라 궁극적 관점에서의 진리와 단지 환상이나 꿈과 같은 것의 차이를 알게 단다면 위의 질문에 답할 수 있을 것입니다. 그렇게되면 진리에 관한 어리석음 줄어들고 마침내는 불순하고 해로운 오염들을 제거하게 될 것입니다. 이것이 영적인 해탈입니다. 이것이 인간이 얻을 수 있는 최고의 선(善)이 아닐까 생각합니다.

독자들은 어떤 마음부수들이 어떤 유형의 마음들과 함께 하는지 이해하고 그리고 오염들의 서로 다른 범주(그룹)들을 이해하고, 서로 다른 분류법을 배우는 것은 귀찮다고 생각할 것입니다. 그렇지만 이것을 공부하면 해로운 행위들의 위험과 유익한 행위들의 이익을 볼 수 있습니다. 어떤 유형의 마음들이 어떤 마음부수들과 함께 하는지를 알게 된다면 우리의 행동과 말 그리고 생각의 바닥에 있는 동인들을 이해하게 됩니다. 그리고 이러한 지식들은 해로움을 유익함이라고 오해하지 않게 합니다.

다양한 마음들과 함께 하는 마음부수들의 이해를 돕기 위하여 저의 책 '일상에서의 아비담마'에서 다루었던 마음에 관한 몇 가지 사항을 요약해보겠습니다.

마음들은 여러 방법으로 분류할 수 있습니다. 그 가운데 종류(jati)별로 구분해 보면 마음에는 네 가지가 있습니다.

- 해로운(akusala)
- 유익한(kusala)
- 과보의(vipāka)
- 단지 작용만 하는(kiriya)

마음과 함께 하는 마음부수들은 그 마음과 종류가 동일합니다. 몇 가지 마음부수들은 네 가지 모든 종류의 마음들을 동반합니다. 다른 것들은 그렇지 않습니다.

마음들은 일어나서 아주 빠르게 사라집니다. 안타깝게도 우리는 현재의 마음이 사라지고 난 다음에 일어난 다른 마음을 알지 못합니다. 예를 들어 현재의 마음은 업의 결과인 과보의 마음이라고 여전히 생각합니다. 사실은 어떤 대상에 대한 탐욕이나 성냄이라는 해로운 마음이 일어나고 있는데도 그렇게 생각하고 있다는 것입니다. 예를 들어 안식(眼識)은 과보의 마음입니다. 안식의 순간은 아주 짧습니다. 이것이 사라지고 난 직후에 탐욕이나 성냄 혹은 어리석음에 뿌리한 마음들이 일어납니다. 이것들은 다른 종류의 해로운 마음들입니다.

마음들은 각기 다른 역할을 수행합니다. 예를 들어 안식(眼識)은 보는 작용을 합니다. 이러한 안식(眼識)의 마음은 인식과정 속에서 일어나는데 이 마음의 뒤를 이어 자신만의 역할을 수행하는 마음들이 뒤를 이어 일어납니다. 감각적 자극이 있을 때마다 단지 하나의 마음이 일어나는 것이 아니고 인식과정 속에 있는 몇 개의 마음들이 시리즈로 일어나서는 사라지면서 자신들의 역할을 수행합니다.

의문인식과정에서 일어나는 마음들도 같습니다. 오문인식과정이나 의문인식과정에서 일어나지 않는 **과정을 벗어난 마음**(vīthimutta)들도 자신만의 고유한 역할을 수행합니다. 재생연결식(paṭisandhi), 바왕가(bavaṅga) 그리고 죽음의 마음(cuti citta)은 인식과정에서는 일어나지 않으므로 인식과정을 벗어난 마음이라 합니다. 예를 들어 바왕가는 인식과정과 인식과정 사이에서 일어납니다.

물질이 오문(五門) 가운데 하나에 부딪치게 되면 오문인식과정과 의문인식과정이 일어납니다. 이 과정의 순서는
 - 지나간 바왕가(atīta-bhavaṅga)
 - 바왕가의 떨림(bhavaṅga calana)
 - 바왕가 끊어짐(bhavangupaccheda)
   ※ 이 바왕가의 끊어짐은 감성의 문을 통해 대상이 나타나기 바로 전에 마지막 일어나는 바왕가를 의미함
 - 오문전향의 마음 (pañcadvārāvajjana citta)
 - 오식 (dvi-pañcaviññāṇa, 안식 등)
 - 받아들이는 마음 (sampaṭicchana-citta)
 - 조사하는 마음 (santīrana-citta)
 - 결정하는 마음 (votthapana-citta)

- 7개의 자와나(javana-cittas)
  (유익한 마음 혹은 해로운 마음=아라한이 아닌 경우)
- 2개의 등록의 마음(tadarammāṇa-cittas)
※ 이 등록은 일어날 수도 있고 일어나지 않을 수도 있음.

이 마음의 뒤로 마지막 바왕가 2개가 의문을 통해 대상이 나타나기 바로 전에 일어납니다. 정리하면

- 바왕가 떨림(bhavaṅga calana)
- 바왕가 끊어짐(bhavaṅgupaccheda)
- 의문전향의 마음 (mano-dvārāvajjana-citta)
- 7개의 자와나(javana cittas)
- 2개의 등록(tadārammaṇa-cittas)

※ 이 등록은 일어날 수도 있고 일어나지 않을 수도 있음.

의문인식과정이 끝난 다음에 바왕가는 다시 일어납니다. 독자들은 위에 요약한 마음들을 알아보는 것이 유익합니다. 왜냐하면 본문이 시작되면 각각의 인식과정에서 다른 역할을 수행하고 있는 마음들과 과정을 벗어난 마음들을 언급할 것이기 때문입니다. 이러한 마음들은 모두 다른 유형의 마음부수들을 동반합니다.

마음부수를 공부하다보면 마음과 마음부수의 어려운 작용에 대해서 보다 쉽게 이해할 수 있을 것입니다. 그리고 마음과 마음부수들은 자신들은 조건에 따라 일어난다는 사실과 이러한 정신적 행위들을 직접적으로 지시할 수 있는 변치 않는 실체와 같은 것은 없다는 사실을 깨닫게 됩니다.

붓다께서 가르치신 실재들에 관한 공부는 우리의 일상에서 그것들이 나타날 때 우리를 깨어있도록 자극합니다. 이러한 진리에 관한 이론적 이해는 오문(五門)과 의문(意門)에서 나타나는 실재들을 알고 보도록 하는데 도움이 됩니다.

궁극적 실재들에 대한 이론인 아비담마를 공부하는 목적은 일상에서 나타나는 실재들을 체험을 통해 바르게 이해하는데 있습니다. 그래서 나는 이 책의 각장에서 실재들에 대한 마음챙김을 여러 번 강조하고 있습니다.

정신과 물질에 대한 바른 지혜는 나타날 때마다 마음 챙김을 해야 개발됩니다. 마음 챙김은 현재의 순간에 나타나는 실재들을 잊지 않게 하는 유익한 마음부수입니다. 바로 이 순간에 나타난 실재에 마음을 챙기면 그것을 조사할 수 있습니다. 이런 식으로 바른 지혜는 점진적으로 개발됩니다. 그래서 마침내 우리는 정신(나마)과 물질(루빠)의 있는 그대로의 모습을 무상하고 실체가 없는 무아라고 보게 되는 것입니다.

마음 챙김인 사띠(sati) 역시 자신의 조건 때문에 일어난 마음부수라는 것을 잊지 말아야 합니다. 이것을 이해한다면 이것은 일어나도록 강요할 수도 없고 이것 혹은 저 마음부수와 같은 특별한 대상들에게 일어나라고 지시할 수도 없다는 것을 알게 될 것입니다.

아비담마를 공부하다보면 붓다의 길에 대한 오해가 없어

집니다. 마음속 오염들을 포함하여 우리 삶의 실재들은 자아가 아니라는 것을 보아야 합니다. 우리가 그것들을 '자아' 혹은 '나의 것'이라고 여기는 한, 마음 속 오염들은 제거될 수 없습니다. 실재들을 무아라고 직접적인 체험을 통해 이해하는 것은 해로운 행위를 하지 않게 하고, 유익한 행위를 하게 만드는 조건이 됩니다. 그리고 자신의 마음을 청정하게 하는 조건이 됩니다.

다음 장부터 52개의 마음부수들에 대한 설명이 시작됩니다. 우선 모든 마음과 함께하는 일곱 가지 유형의 마음부수들인 **반드시들**에 대한 설명을 한 후에 유익한, 해로운, 단지 작용만 하는, 과보의 마음들이라는 네 가지 종류의 마음에서 일어날 수 있는 여섯 가지 **때때로들**을 설명합니다. 이것들은 모든 마음들과 언제나 함께 하지 않으므로 **때때로들**이라 합니다. 그 다음에 **해로운 마음부수**를 다루고 마지막으로 **아름다운 마음부수**들을 설명토록 하겠습니다.

일러두기

1. 이 책은 번역시 우선 영문을 한글로 번역한 후에, 이해를 높이기 위하여 한글 윤문작업을 별도로 하였다. 따라서 원문과 한 문장씩 비교해 보면 정확히 일치하지 않는 경우도 있다.
2. 각주는 모두 미주로 처리하였다.
3. 가능한 한 빠알리어는 한글 빠알리로 표기하였다.
4. 아비담마 용어는 번역시 가급적 대림/각묵스님의 아비담마 길라잡이에 나오는 용어로 하였고 간혹 빠알리어 원어를 병용하였다.
5. 이해를 돕기 위하여 한자(漢字) 용어는 가급적 한글(漢字)의 형태로 병기하였으나, 동일한 용어가 같은 쪽에서 반복되는 경우 한글을 우선 하였다.
6. 이 책에 나오는 아비담마와 관련된 세부적인 지식은 아비담마 길라잡이(대림/각묵스님)와 청정도론을 참고하기 바란다.
7. 이 책은 초판2쇄(2011년5월21일)에서 발견된 일부 오역 및 오탈자 등의 내용을 다시 수정하여 반영하였고, 상하 두 권을 한 권으로 통합하여 재출간한 통합본이다.

제 I 부

반드시들 7
(sabbacitta-sādhārana)

제1장. 감각접촉(phassa)

마음(citta)은 홀로 일어나지 않고 항상 마음부수(cetasika)와 함께 합니다. 어떤 대상을 보는 순간 마음은 형상이라는 대상을 알고 함께 하는 마음부수들도 같은 대상을 경험합니다. 이렇게 마음부수가 마음과 동일한 대상을 취하면서 자신의 역할을 수행할 때, 마음은 리더의 역할을 수행합니다. 마음부수들 각각에는 해당되는 **특징**(lakkhana, 고유한 혹은 일반적인 속성), **역할**(rasa, 기능 혹은 성취되어져야 하는 것), **나타남**(paccupat-thana, 드러내 보임, 겉모습 혹은 결과) 그리고 **가까운 원인**(padatthanam)이 있습니다.1) 모든 심리적 현상들은 일어나기 위한 조건이 충족되면 일어나게 되어있습니다. 앗타살리니와 청정도론의 주석서에는 이러한 현상들의 "가까운 원인"이나 직접적인 원인에 대한 언급이 있습니다.

모든 마음과 언제나 함께 하는 마음부수로 7가지가 있습니다. 이것들을 '반드시들'(sabbacitta-sādhārana)이라고 부릅니다. 몇 가지 마음들은 오로지 이 **'반드시들'**하고만 함께 합니다. 다른 마음들에는 여기에 몇 가지의 마음부수들이 추가됩니다. 그래서 모든 마음순간들에는 적어도 7가지의 마음부수들이 있습니다.

이 **'반드시들'**은 언제나 모든 마음과 함께 합니다. 해로운 마음, 유익한 마음, 과보의 마음 그리고 단지 작용만 하는 4 가지 모든 종류(jāti)의 마음과 함께 합니다. 정신이 존재하는 모든 중생들의 마음과 함께 합니다. 즉 악처(惡處)에 있는 중생들의 마음, 인간의 마음, 천신들의 마음, 색계범천(色界梵天), 무색계(無色界) 범천에 사는 천신들의 마음에서 일어납니다. 다만 색계의 범천 가운데 인식을 혐오하는 자들이 태어나는 곳인 무상유정천(無想有情天)의 존재들은 예외입니다.

그래서 이 마음부수들은 욕계의 마음(kāmāvacara-citta), 색계의 마음(rūpa jhānacittas), 무색계의 마음 그리고 닙바나를 경험하는 초세간의 마음에서 마음과 함께 일어납니다.

빠알리 문헌에 감각접촉(觸)인 팟사(phassa)가 이 **반드시들**의 맨 앞에 나옵니다. 팟사는 모든 마음들과 함께 일어납니다. 마음이 대상에 접촉하기 때문에 마음은 대상을 경험할 수 있습니다. 형상과 같은 대상을 볼 때, 안식(眼識)과 함께 하는 팟사도 역시 형상이라는 대상을 경험하면서 자신의 역할을 수행합니다. 이 순간에 '팟사'는 형상이라는 대상을 '접촉'합니다. 그래서 눈의 알음알이인 안식(眼識)이 대상을 '보는' 조건을 제공합니다.

앗타살리니에 나오는 감각접촉(phassa)의 정의는 다음과 같습니다.2)

감각접촉은 '그것이 접촉한다'는 것을 의미한다. 접촉하는 것이 두드러진 특징이다. 부딪치게 하는 역할을 한다. 감각토대와 대상 그리고 알음알이가 '동시에 일치함'으로 나

타난다. 나타난 대상이 가까운 원인이다.

청정도론의 정의도 비슷합니다.3) 감각접촉은 우리가 일상적으로 사용하는 관습적인 언어로서의 물리적인 접촉이나 터치와는 다른 의미입니다. 일반적인 용어로 접촉이란 어떤 외부의 것이 하나의 감각기관에 부딪치는 것입니다. 예를 들면 딱딱한 것이 몸에 부딪치는 것처럼 말이지요.

감각접촉을 터칭이나 부딪침이라는 말로 설명할 수도 있습니다. 하지만 이것은 정신(nāma)이라는 것을 잊지 말아야 합니다. 이 마음부수는 언제나 마음과 함께 일어납니다. 그리고 각각의 감각기관을 통해 나타난 대상을 마음이 경험하도록 도와줍니다.

몸에 딱딱한 감촉이 나타나면 그때 팟사, 즉 감각접촉이 딱딱함을 경험하는 마음과 함께 일어납니다. 팟사는 딱딱함이 몸의 감성에 부딪치는 것만을 의미하지 않습니다. 이것은 물리적인 부딪침이 아닙니다. 감각기관에 부딪치게 하는 것이 팟사의 역할입니다. 이 접촉(부딪침) 때문에 마음이 대상을 인지합니다.

감각접촉은 일치하는 것으로 혹은 동시에 일어나는 것으로 나타납니다. 즉 물질적 토대와 대상 그리고 알음알이라는 세 가지 요인이 동시에 부딪치는 것입니다.

우리가 어떤 것을 볼 때에는 눈의 감성, 형상이라는 대상 그리고 눈의 알음알이인 안식(眼識)이 동시에 일어납니다. 이러한 동시에 일어남이 눈의 접촉입니다.

'꿀덩어리에 관한 법문'에서 마하-깟짜야나는 수행자들에게 감각접촉을 다음과 같이 설명합니다.4)

이러한 상황이 일어난다. 당신의 눈, 형상과 같은 대상 그리고 눈의 알음알이가 동시에 일어나면 감각접촉이 일어난다. 귀의 감성과 소리 그리고 귀의 알음알이가 동시에 일치하면 귀의 접촉이 나타난다. 몸의 감성과 딱딱함과 같은 감촉 대상 그리고 몸의 알음알이가 동시에 일치되면 몸의 접촉이 일어난다. 눈의 접촉은 귀의 접촉이나 몸의 접촉과 다르다. 각각의 마음순간에는 마음을 도와주어 하나의 대상을 경험하도록 하는 서로 다른 감각접촉이 있다.

감각접촉은 대상을 경험하는 마음의 출입문이 아닙니다. 오문인식과정(五門認識過程)에서는 감성물질 가운데 하나가 출입문이 되고 의문인식과정에서는 나마(nāma, 정신)가 출입문이 됩니다. 즉 의문인식과정의 첫 번째 마음인 의문전향의 바로 앞에서 일어난 마지막 바왕가가 문(門)의 역할을 합니다.

정신(nāma)과 물질(rūpa)이 존재하는 세계에서 마음은 물질 토대(vatthu)에 의지하여 일어납니다. 그래서 토대는 물질(rūpa)입니다. 안식(眼識)과 이식(耳識) 등과 같은 오식(五識)의 토대는 감성물질입니다.5) 오식(五識)의 감성물질은 토대

(vatthu)와 문(dvāra)이라는 두 가지 역할을 합니다. 예를 들면 눈의 감성물질(눈반투명깔라빠-역자)은 안식(眼識)의 문(門, dvāra)과 토대의 역할을 합니다. 비록 하나의 물질이지만 문(門)과 토대라는 역할은 다릅니다. 문(門)을 통해서 마음이 대상을 경험하므로 토대란 마음이 의지하는 물질적 기반이라는 의미입니다. 오식(五識)에서는 문과 토대가 같은 물질(rūpa)입니다. 의문인식과정(意門認識過程)의 문과 토대는 이것과는 다른 물질(rūpa)을 자신들의 토대로 사용합니다.

주석서에 심장토대(hadaya-vatthu)에 대한 설명이 나옵니다. 심장토대란 오식(五識)을 제외한 모든 마음들의 물질적 의지처(토대)입니다. 그래서 의문(意門)에서 일어나는 마음들의 토대는 심장토대입니다. 이 토대는 단지 마음의 토대가 됨은 물론 마음과 함께 일어난 마음부수들의 토대도 됩니다.

눈의 토대에서 눈의 알음알이가 일어나면 안식(眼識)과 함께 일어나는 다른 마음부수들과 감각접촉도 역시 눈의 토대에서 일어납니다. 그래서 마음 그리고 이 마음과 함께하는 마음부수들의 토대는 같습니다. 같은 대상을 공유하는 이 마음과 마음부수들은 사라질 때에도 함께 사라집니다.

마음부수와 함께 하는 다른 마음들은 일어나기 위한 바른 조건을 만나면 언제라도 일어납니다. 바른 조건이 없다면 심지어 눈을 뜨고 있다하여도 언제나 눈의 알음알이가 일어나는 것은 아닙니다. 마음은 한 번에 하나의 대상만을 취하며 일어나기 때문입니다. 예를 들면 소리를 듣거나 혹은 다른 생각을 하는 순간에는 눈의 알음알이는 없습니다. 눈의 알음알이는 일어나기 위한 바른 조건을 만나게 되면 일어납니다. 눈의 감성물질, 형상이라는 대상 그리고 안식(眼識)이 동시에 일어나 부딪쳐야 합니다. 이 눈의 접촉이 제 역할을 할 때에만 우리는 형상이라는 대상을 볼 수 있습니다.

감각접촉은 마음과 함께 하는 다른 마음부수들을 지원합니다. 마음이 대상을 알기 위해서는 감각접촉이 마음과 함께 일어나야 합니다. 그리고 함께 일어난 다른 마음부수들도 지원해야 합니다. 감각접촉 없이는 느낄 수도 없고, 인식할 수도 없고, 의도를 가질 수도 없습니다. 앗타살리니(108)에는 감각접촉을 건축물의 구조물들을 튼튼하게 지탱하는 궁전의 기둥에 비유하고 있습니다. 즉 감각접촉은 마음과 함께 하는 마음부수들을 기둥의 역할처럼 강하게 지탱합니다. 지금 감각접촉이 있습니까? 지금 여러분은 어떤 대상을 경험하고 있을 것입니다. 그렇다면 분명히 감각접촉이 있습니다.

우리는 계속해서 무엇인가를 보거나 듣고 혹은 어떠한 생각이 반복해서 일어납니다. 우리는 '내가' 보고, 내가 듣고 혹은 내가 생각한다고 여기지만 실재로는 다른 요인들로 조건지워진 다른 마음순간들의 연속일 뿐입니다. 다른 요인들에 의하여 조건지워진 실재라는 것을 이해한다는 것은, 어떤 대상을 경험하고 있는 자아와 같은 것은 없다는 것을 이해하는데 도움이 됩니다. 본다는 것은 여러 가지 마음부수들이 동시에 일어나는 정신현상(nāma)으로 머물 수도 없고 바로 사라져야만 합니다. 이것은 일어나도록 강요할 수도 없으며 머물라고 명령할 수도 없습니다.

바쁘게 일을 하다보면 우리는 감각기관을 통해 나타나는 실재들을 잊고 삽니다. 사실 대부분 일상에서 그것들을 놓치고 살지요. 딱딱함이라는 대상이 나타나면 감각접촉이 역할을 수행하므로 마음이 대상을 경험할 수 있습니다. 여기에 딱딱함을 경험하는 '자아'와 같은 것은 없습니다.

궁극적 실재를 식별하기위한 마음챙김은 우리가 서있거나 앉아 있거나 혹은 누워있음에 상관없이 할 수 있습니다.

마음부수를 공부하고 있는 여러분들은 마음부수들은 마음과 함께 일어나지 결코 혼자서는 일어나지 않는다는 사실을 잊지 마십시오. 이것들은 추상적인 것이 아닙니다. 함께 일어나는 마음과 마음부수들은 서로에게 그리고 마음부수들끼리는 서로에게 조건이 됩니다. 그래서 감각접촉 역시 다른 종류의 마음과 함께 할 때에는 다른 종류의 성질을 갖게 됩니다.

감각접촉이 해로운 마음과 함께 한다면 감각접촉도 역시 해로운 것입니다. 유익한 마음과 함께 한다면 역시 유익한 것이 됩니다. 초세간의 마음과 함께하는 감각접촉은 초세간에 속합니다. 즉 닙바나를 경험하는 초세간의 마음과 함께 일어난 감각접촉 역시 초세간이란 것이지요.

감각접촉은 모든 인식과정에 존재합니다. 오문인식과정(五門認識過程)과 의문인식과정(意門認識過程)에 있는 모든 각각의 마음순간들에 언제나 있습니다. 그리고 **과정을 벗어난 마음**(vīthimutta citta)인 재생연결식(paṭisandhi), 바왕가(bhavaṅga) 그리고 죽음의 마음(cuti citta)들에도 있습니다. 비록 **과정을 벗어난 마음**들이 하나의 인식과정으로는 일어나지 않더라도 이 마음들도 대상을 경험합니다. 즉 금생의 재생연결식과 바왕가, 죽음의 마음은 전생의 죽음의 마음 바로 앞에서 일어난 마지막 자와나(속행)와 같은 대상을 취합니다.

어떤 것을 본다는 것은 눈의 감성을 통해 형상이라는 대상을 경험한다는 것입니다. 이 순간에는 눈의 접촉(cakkhu-samphassa)이 있습니다. 안식(眼識)과 함께하는 감각접촉이 눈의 접촉입니다. 이식(耳識)과 함께 하는 감각접촉은 귀의 접촉(sota-samphassa)이라 합니다. 이렇게 오식(五識)과 함께 하는 감각접촉은 해당되는 감각토대에 따라 이름을 붙입니다.6)

오문인식과정의 마음들이 사라지고 나면 뒤따라 일어난 의문인식과정의 마음들이 동일한 대상을 경험합니다. 즉 의문전향의 마음이 의문(意門)을 통해 대상으로 전향하면 이 마음과 함께 하는 감각접촉이 그 대상과 부딪치게 합니다. 의문전향의 마음순간 뒤에는 자와나(속행, javana)의 마음들이 동일한 대상을 취하며 일어납니다. 그리고 이 자와나(速行)의 마음과 함께하는 감각접촉이 마음과 대상을 부딪치게 합니다.

아라한이 아닌 사람들의 자와나(javana)는 해로운 것이거나 유익한 마음들입니다. 하지만 대부분은 해로운 것입니다. 왜냐하면 우리는 많은 종류의 오염들을 습관처럼 축적해 왔기 때문에 당연히 해로운 마음들이 일어나는 것입니다. 즐거운 대상을 보게 되면 그것을 움켜쥐고 그것 때문에 생긴 즐거운 느낌을 누리고 싶어 합니다. 하지만 이러한 탐욕의 마음은 안식(眼識)이라는 마음순간에서는 일어나지 않습니다. 안식은 과보의 마음으로 늘 무덤덤한 느낌을 수반합니다. 그래서 안식과 함께하는 감각접촉도 역시 과보(vipāka)입니다. 우리가 원하는 대상을 볼 때에는 탐욕에 뿌리한 자와나(javana)가 일어납니다. 이때의 느낌은 즐겁거나 무덤덤한 느낌입니다. 해로운 마음과 함께 하는 감각접촉은 역시 해로운 것입니다. 이렇게 마음의 종류가 달라지면 함께 하는 감각접촉의 종류도 역시 달라집니다. 그리고 이 마음에 함께 하는 느낌들도 달라집니다.

상응부의 고시따 경(經)은 궁극적 실재(究境法)인 각각의 현상(法)들은 서로 다른 조건 때문에 일어난다고 하였습니다.7) 이 경에는 인식과정에 있는 각각의 마음순간들에 대한 언급은 없습니다. 여기에서 언급하고 있는 즐거운 느낌과 불쾌한 느낌은 안식(眼識)의 심찰라에는 없고, 안식 이후의 심찰라에서 일어나는 것이라고 저는 이해합니다.

어느 때 아난다 존자가 꼬삼비 고시따 승원에서 머물고 있

었다. 그때 고시따라는 사감이 존자를 뵈러왔다. 한편에 앉은 그는 존자에게 이렇게 말했다.

"요소의 다양함! 요소의 다양함이란 말이 있습니다. 존자시어! 청하오니 성스러운 분께서는 요소의 다양함을 어떻게 설명하시었는지 말씀하여 주십시오."

"눈의 요소와 기분 좋은 대상과 눈의 알음알이가 함께 일어날 때, 사감이여, 즐거운 감각접촉 때문에 즐거운 느낌이 일어난다. 눈의 요소와 불쾌한 대상 그리고 눈의 알음알이가 함께 일어날 때 불쾌한 감각접촉 때문에 고통스러운 느낌이 일어난다.

눈의 요소와 무덤덤한 대상 그리고 눈의 알음알이가 함께 일어날 때, 무덤덤한 감각접촉의 결과로 무덤덤한 중립의 느낌이 일어난다. 그래서 귀·코·혀·몸·마노의 요소(意界)들과 즐거운 대상 그리고 의식이 함께 일어난다. 마노의 요소와 불쾌한 대상… 혹은 마노의 요소와 무덤덤한 대상이 함께 일어난다. 감각접촉이 즐거운 것이냐, 불쾌한 것이냐 아니면 중립적인 것이냐에 따라서 즐거운, 불쾌한 혹은 중립적인 느낌이 일어난다. 사감이여! 이렇게 성스러운 분께서는 설명하시었다."

이 경에서 우리는 '요소'들은 조건들 때문에 일어난다는 것을 알 수 있습니다. 감각접촉인 팟사가 경험하는 대상은 때로는 즐거운 것이고 때로는 불쾌한 것입니다. 이것은 통제할 수 없습니다. 마음속의 오염 때문에 탐욕과 성냄 그리고 어리석음은 반복해서 일어납니다. 만약 우리가 살아가며 겪게 되는 생(生)의 사건들은 단지 조건지워진 현상이라고 깨닫는 법을 배운다면 바른 지혜를 갖게 될 것입니다.

우리는 눈과 귀를 통해서 서로 다른 종류의 감각접촉을 경험합니다. 예를 들어 오페라를 보기 위하여 극장에 갑니다. 그때 당신은 노래를 하는 가수의 외모는 좋아하지 않지만 그의 노래는 좋아할 수 있습니다. 이 경우에 대상은 서로 다르며 감각접촉도 서로 다릅니다. 좋아하는 순간도 있었고 싫어하는 순간들도 있었습니다. 무엇보다도 궁극적 관점에서는 가수는 없고 그를 보는 사람이나 봄과 동시에 그의 노래를 듣는 사람도 없습니다. 다만 일어나기 위한 바른 조건을 갖추었기에 일어난, 한 번에 하나의 대상만을 경험할 수 있는 정신(nāma)과 물질(rūpa)들만이 있을 뿐입니다.

형상이라는 대상을 경험하는 마음 그리고 이 마음과 함께 하는 마음부수가 어느 순간에 일어납니다. 소리를 경험하는 마음 그리고 이 마음과 함께 하는 마음부수가 또 다른 순간에 다른 인식과정을 통해 일어납니다. 형상이라는 대상을 싫어하는 마음은 소리를 좋아하는 마음과 동시에 일어날 수 없습니다. 이것들은 서로 다른 인식과정입니다. 마음은 아주 빠르게 연이어서 계속 일어납니다. 그리고 각각의 순간에는 마음과 함께 일어난 감각접촉이 있습니다.

우리는 무명(無明) 때문에 바로 지금 이 순간에 경험하고 있는 실재들에 대하여 알지 못합니다. 그것이 소리 혹은 형상이든 아니면 개념이든 알 수가 없습니다. 그리고 우리는 이런 모든 실재들은 한 번에 일어날 수 있다고 생각합니다. 한 번에 동시에 하나씩 나타나는 궁극적 실재들에 마음을 챙기는 대신에 개념을 통한 사유에 대부분의 시간을 보냅니다.

팟사(감각접촉)라는 마음부수를 이해한다면 모든 순간들은 서로 다른 조건들 때문에 일어나는 다른 마음들의 연속이라는 사실을 알게 됩니다. 안식(眼識)의 접촉은 오직 형상이라는 대상만을 접촉할 수 있고 다른 대상을 접촉하지 못합니다. 안식(眼識)은 오직 형상이라는 대상만을 경험합니다. 안식(眼識)의 마음순간에는 오로지 형상만을 경험하지 개념에 해당하는 어떤 사람을 경험하는 것이 아닙니다. 이식(耳識)의 마음순간에는 오로지 소리만을 접촉합니다. 이식(耳識)의 마음순간에는 오로지 소리만을 경험하지 개념에 해당하는 어떤 사람의 소리를 경험하는 것이 아닙니다. 어떤 개념을 생각하는 것은 대상인 개념을 접촉하는 다른 감각접촉과 함께하는 또 다른 인식과정의 마음순간들에 해당합니다. 감각접촉은 한 번에 오로지 하나만 존재합니다.

마음과 함께하는 마음부수들에 대한 세부적인 지식은 일상에서 한 번에 하나씩 나타나는 그것들의 실재를 이해하는데 도움이 됩니다. 일상생활에서 나타나는 안식(眼識)이나 이식(耳識)과 같은 실재들을 이해하는 것은 중요합니다. 이것들은 즐겁거나 불쾌한 대상을 경험합니다. 그리고 이러한 대상들에 따라 우리는 유익한 마음이나 해로운 마음들을 경험합니다. 대부분은 해로운 마음들입니다. 우리는 아비담마를 통해 실재들에 관한 세부적인 지식을 얻을 수 있습니다. 하지만 이론적 수준에만 머물러서는 안 됩니다. 아비담마를 공부하는 목적은 바로 지금 이 순간에 나타나는 실재를 알아차리기 위함입니다. 이러한 **궁극적 실재**(究境法)들을 이해하기 위한 공부는 여러분을 깨달음의 길로 나아가게 할 것입니다.

제2장. 느낌(vedanā)

느낌의 빠알리어는 웨다나(vedanā)이고 7가지 **반드시들** 가운데 하나입니다. 느낌은 모든 마음들과 함께 합니다. 느낌이 없는 순간은 단 한순간도 없습니다.

우리는 느낌이 무엇인지 알고 있다고 생각하고, 즐거운 느낌과 불쾌한 느낌을 쉽게 식별할 수 있다고 생각합니다. 그렇지만 정말로 느낌의 특징을 알고 있을까요? 아니면 단지 느낌이라는 개념만을 알고 있는 것일까요?

우리는 몸과 마음 전체를 나 자신이라고 생각합니다. 자아라는 이 '무엇'이 느낀다고 생각합니다. 누군가 우리에게 "지금 어떠하신지요?"라고 물으면 "행복합니다"라고 답합니다. 하지만, 우리는 정신현상인 행복한 느낌의 특징을 모릅니다. 우리는 몸과 마음이라는 이 '덩어리'에 취착하기 때문에 개념만 알지 실재는 모릅니다.

지금 느낌이 있습니까? 우리는 즐거운 느낌이나 불쾌한 느낌을 안다고 생각합니다. 하지만 몸에서 일어나는 물질적인 현상과 느낌을 혼동하고 있지는 않나요? 느낌은 정신(nāma)입니다. 물질과는 확실히 다릅니다. 물질과 정신을 구분할 수 없으면 우리는 느낌의 특징을 제대로 알 수 없습니다.

아비담마를 통해서 우리는 느낌은 관습적인 언어인 느낌과는 다르다는 것을 배웁니다. 느낌은 정신(nāma)입니다. 어떤 것을 경험하는 것이지요. 느낌은 결코 홀로 일어나지 않고, 마음 그리고 다른 마음부수들과 함께 합니다. 그리고 그것들에 의하여 조건 지워지므로 느낌도 조건지워진 나마(nāma, 정신)입니다. 마음은 느끼지 않습니다. 마음은 대상을 아는 것이고, 느낌은 느끼는 역할을 합니다.

느낌은 4가지 종류(jāti)의 모든 마음들과 함께 합니다. 유익한 마음, 해로운 마음, 과보의 마음 그리고 단지 작용만 하는 마음들과 함께 합니다. 느낌은 함께하는 마음과 그 종류(jāti)가 같습니다. 예를 들면 해로운 마음과 함께 하는 느낌 역시 해로운 것입니다. 이것은 과보의 마음과 함께 하는 느낌과는 아주 다른 것입니다. 마음의 종류는 아주 다양하므로 느낌도 역시 종류가 다양합니다. 그렇더라도 공통되는 특징이 한 가지 있습니다. 그것은 궁극적 담마(paramattha dhamma)의 하나로 실체가 없는 무아(無我)라는 것입니다.

모든 느낌들의 역할은 대상의 맛을 경험하는 것입니다.[8] 앗타살리니에는 비유를 들어서 대상의 맛을 경험하는 느낌에 대하여 설명하고 있습니다. 마음과 함께 일어난 다른 마음부수들은 단지 대상의 맛을 부분적으로 경험합니다. 비유를 한다면 왕의 음식을 준비하는 요리사는 음식의 간만 보고 그 음식을 왕에게 올립니다.

단지 음식의 간만 보는 요리사처럼 나머지 법(담마)들인 마음과 다른 마음부수들은 대상의 맛을 부분적으로 즐기지만 주인, 전문가, 마스터인 왕은 자기가 좋아하는 것은 무엇이든 먹는다. 하지만 요리사가 간만 보는 것처럼 나머지 법(담마)들도 대상의 부분만을 즐긴다. 주인, 전문가, 마스터인 왕은 음식을 즐기면서 먹는다. 그래서 주인, 전문가, 마스터가 대상의 맛을 즐기는 것처럼 대상을 즐기는 것 혹은 경험하는 것을 느낌의 역할이라고 한 것이다.

이렇게 모든 느낌들의 공통점은 대상의 '맛'을 경험한다는 것입니다. 마음 그리고 이 마음과 함께 하는 다른 마음부수들도 대상을 경험하지만 느낌은 자신만의 특별한 방법으로 대상을 경험합니다.

느낌을 구분하는 법에는 여러 가지가 있지만 세 가지로 분류할 때는 다음과 같습니다.
- 즐거운 느낌(sukha)
- 괴로운 느낌(dukkha)
- 무덤덤한 느낌(혹은 중립) (adukkhamasukha : 괴롭지도 않고 즐거운 것도 아닌)

느낌이 없는 순간은 없습니다. 즐거운 느낌이나 괴로운 느낌이 없다면 무덤덤한 느낌이 있을 것입니다. 그렇지만 무덤덤한 느낌을 아는 것은 어렵습니다. 물질(rūpa)과 정신(nāma)을 식별할 수 없다면 정확하게 느낌의 특징을 알 수 없습니다. 무덤덤한 느낌을 알 수가 없는 것이지요. 한편 정신적인 느낌과 육체적인 느낌의 관점에서 본다면 다섯 가지로 구분할 수 있습니다.

- 육체적인 즐거움(樂, sukha)
- 육체적인 고통(苦, dukha)
- 정신적인 기쁨(喜, somanāssa)
- 정신적인 불만족(悲, domanāssa)
- 무덤덤한 느낌 혹은 평온(捨, upekkhā)

즐겁거나 고통스러운 몸의 느낌은 정신(nāma)입니다. '육체적인 몸의 느낌'이라고 하는 이유는 '몸의 감성에 부딪치는 감촉' 때문에 발생하는 것이기 때문입니다. 예를 들어 기분 좋은 훈훈함이나 시원함이 몸의 감성과 몸의 알음알이(身識)에 부딪치면 기분 좋은 몸의 느낌을 경험하게 됩니다. 몸의 알음알이(身識)는 과보의 마음으로 이 경우에는 유익한 과보입니다. 참고로 전오식(前五識)의 마음은 업의 결과로 경험하게 되는 과보의 마음입니다.

즐거운 대상을 경험하는 것은 과거에 지은 유익한 업 때문입니다. 고통스러운 대상을 경험하는 것은 과거에 지은 해로운 업 때문입니다. 이 유익한 과보의 마음과 함께하는 즐거운 몸의 느낌 역시 유익한 과보로 다른 종류의 마음과는 함께 할 수가 없습니다. 즐거운 몸의 느낌과 함께 하는 몸의 알음알이(身識)는 유익한 과보입니다. 이렇게 하나의 느낌은 모든 마음들과 함께 할 수 없습니다.

고통스러운 몸의 느낌은 오로지 해로운 과보인 몸의 알음알이와 함께 합니다. 예를 들어 너무 덥거나 너무 낮은 온도가 몸의 감성에 부딪친다면 이때의 신식(身識)은 해로운 과보로 고통스러운 대상을 경험합니다. 이 해로운 과보의 마음은 고통스러운 몸의 느낌과 함께 합니다. 고통스러운 몸의 느낌은 다른 종류의 마음과는 함께 할 수 없고 오로지 해로운 과보인 신식(身識)과 함께 합니다.

육체적인 몸의 느낌은 몸의 감성물질에 '즐거운 것이거나 고통스러운' 대상이 부딪치기 때문입니다. 몸의 알음알이인 신식(身識)은 몸의 감성에 부딪치는 즐겁거나 고통스러운 대상을 알고, 감각접촉은 대상을 접촉하고 느낌은 대상의 '맛'을 경험합니다. 신식(身識)과 함께 하는 느낌은 즐거운 느낌이거나 고통스러운 느낌이지 무덤덤한 느낌일 수는 없습니다. 안식(眼識)이나 이식(耳識)과 같은 다른 전오식(前五識)의 각 쌍에서 하나는 유익한 과보(果報), 다른 하나는 해로운 과보(果報)입니다.

보고, 듣고, 냄새 맡고 맛을 보는 안식(眼識), 이식(耳識), 비식(鼻識), 설식(舌識)과 함께 하는 느낌은 언제나 무덤덤한 느낌입니다. 과보의 마음인 안/이/비/설식이 경험하는 대상이 유익한 과보의 마음이건 해로운 과보의 마음이건 상관이 없습니다. 청정도론의 주석석인 빠라맛타만주사에 왜 신식(身識)이 즐거운 느낌이나 고통스러운 느낌과 함께 하는지 이유가 나옵니다.

이것은 '펀치의 충격적인 강력함' 때문이다. 감촉이라는 대상이 직접 몸의 감성에 부딪친다. 몸의 감성 물질(rūpa)을 통해 경험되는 감촉이라는 대상은 다음과 같은 물질(rūpa)들이다. 즉 딱딱함이나 부드러움으로 나타나는 단단함, 열기감이나 차가움으로 나타나는 온도, 진동이나 압력으로 인한 움직임이 그것이다.

몸의 감성 물질에 감촉이라는 대상이 부딪치는 것과 다른 감각기관에 다른 대상이 부딪치는 것과는 차이가 있다. 비유를 들어 설명하면 다음과 같다. 어떤 사람이 모루위에 목화솜을 해머로 내려치면 이 충격적인 파괴력은 솜뭉치를 뚫고 나간다. 그렇지만 다른 오식(五識)들의 경우는 두 개의 솜뭉치가 서로 부딪치는 것과 같이 부드럽다. 그래서 이것들은 무덤덤한 느낌을 동반한다. 눈의 감성에 형상이라는 대상이 부딪치는 것을 몸의 감성에 감촉이라는 대상이 물리적으로 직접적으로 접촉하는 것과 비교해 본다면 아주 부드럽다. 우리는 몸에도 무덤덤한 느낌이 있을 수 있다고 생각하지만, 사실은 그렇지 않다. 몸의 알음알이인 신식(身識)이 머무는 순간은 극단적으로 짧다. 이것은 오로지 과보의 마음으로 단 하나의 심찰라이다. 이것이 사라진 후 해로운 마음이나 유익한 마음이 일어난다. 신식(身識)은 즐거운 몸의 느낌이나 고통스러운 몸의 느낌을 동반한다. 바로 그 다음에 일어난 해로운 마음이나 유익한 마음은 몸에서 일어난 다른 느낌들과 함께 한다. 이것들은 즐거운 느낌, 괴로운 느낌 혹은 무덤덤한 느낌일 수 있다.

정신적 기쁨(somanassa)은 유익한 마음, 해로운 마음, 과보의 마음 그리고 단지 작용만 하는 마음들이라는 4가지 종류(jāti)의 마음들과 함께 할 수 있습니다. 정신적 기쁨인 소마낫사(somanassa)는 함께하는 마음과 그 종류는 같지만 모든 마음과 함께 하지는 않습니다. 소마낫사는 성냄과 어리석음에 뿌리를 둔 마음과는 함께 하지 않습니다. 소마낫사는 탐욕에 뿌리를 둔 마음과 함께 할 수는 있지만 언제나 함께 하는 것은 아닙니다. 탐욕에 뿌리를 둔 마음은 소마낫사나 무덤덤한 느낌인 평온과 함께 할 수 있기 때문입니다. 소마낫사가 탐욕에 뿌리한 마음과 함께 한다면 소마낫사도 해로운 것입니다. 어떤 사람이 즐거운 형상, 아름다운 소리, 향기로운 냄새, 좋은 맛, 부드러운 감촉 혹은 기분이 좋은 생각을 한다면 이때에는 즐거운 느낌이 함께 할 수 있습니다.

우리는 언제나 즐거운 느낌을 추구하고 때로는 이것을 삶의 목표로 삼습니다. 그렇지만 즐거운 느낌은 지속될 수 없는 것임에도 우리는 이것들이 사라지면 슬퍼합니다. 그리고 이 느낌을 소중히 생각하며 찾아다닙니다. 하지만 느낌은 일어나기 위한 조건을 만나면 일어나는 것이기 때문에 통제할 수가 없습니다. 정신적 기쁨인 소마낫사와 함께 하는 탐욕은 평온과 함께 하는 탐욕보다 그 힘이 강렬합니다.

소마낫사가 함께하는 탐욕에 뿌리를 둔 마음은 일어나기 위한 바른 조건을 만나면 일어납니다. 아무도 이것을 막을 수 없습니다. 이렇게 마음과 함께 하는 여러 종류의 느낌에 대한 공부는 해로운 마음을 인식하는데 도움이 됩니다.

만약 탐욕에 뿌리한 마음과 함께하는 **소마낫사(정신적 기쁨)**를 모른다면 우리는 행복한 느낌은 좋은 것이라고 생각할 것입니다. 우리는 괴로운 느낌의 불이익은 보지만 **소마낫사**와 함께 하는 해로운 마음의 불이익을 알지 못합니다. 정신적 기쁨은 머물러 있지 않습니다. 그래서 우리는 즐거운 대상을 얻지 못하면 이것을 위하여 탐욕의 마음을 일으키게 됩니다.

성냄은 언제나 괴로운 느낌입니다. 우리가 모든 해로운 마음들의 위험을 깨닫는다면 우리는 나타나는 실재들에 마음을 챙겨야 한다고 생각할 것입니다. 왜냐하면 이렇게 하는 것이 해로운 마음을 제거하는 방법이 되기 때문입니다.

정신적 기쁨인 **소마낫사**는 유익한 마음과 함께 할 수 있습니다. 하지만 모든 유익한 마음들과 함께 하지는 않습니다. 보시를 하거나, 계를 지키거나 정신 수양을 할 때에는 유익한 마음과 함께하는 정신적 기쁨인 소마낫사 혹은 무덤덤한 느낌인 평온이 함께 할 수 있습니다.

우리는 정신적 기쁨(Somanassa)과 함께 하는 유익한 마음을 원하지만, 이렇게 되려면 바른 조건을 갖춰야만 합니다. 유익한 마음의 필요조건 가운데 하나는 강한 믿음입니다. 믿음(saddhā)은 모든 유익한 마음과 함께 하는 유익한 마음부수이지요. 믿음에도 등급이 여러 가지가 있습니다. 유익함(kusala)에 대한 강한 믿음이 있다면 기쁨을 가지고 유익한 행위를 하게 될 것입니다. 앗타살리니에9)

"강한 믿음과 청정한 견해 그리고 유익한 행위의 이익을 보는 것, 이것들은 기쁜 마음으로 유익한 행위를 하게 만드는 요인들임을 이해하여야 한다."

만약 어떤 사람이 궁극적 실재에 관한 바른 견해, 유익한 마음과 해로운 마음에 관한 바른 견해, 업과 업의 과보에 대한 바른 견해를 갖는다면 유익한 마음의 이익에 대하여 확고한 믿음을 갖게 될 것입니다. 이것이 정신적 즐거움을 가지고 유익한 행위를 하게 만드는 조건입니다.

유익한 마음과 함께 하는 즐거운 느낌은 탐욕에 뿌리한 마음과 함께 하는 즐거운 느낌과는 완전히 다릅니다. 우리는 누군가에게 선물을 줄 때의 느낌은 즐거운 것이라 생각합니다. 즉 이 한 가지 느낌이라고 생각하기 쉽지만 다른 종류의 마음들과 함께 하는 다른 느낌들이 많이 있습니다. 보시를 할 때 즐거운 느낌이 함께 하는 순간이 있을 수 있습니다. 하지만 이 유익한 마음이 사라진 다음에는 탐욕의 마음들이 올라옵니다. 보시를 받는 사람에 대하여 취착하는 마음이 올라올 수가 있고, 주는 물건에 대한 탐욕의 마음이 있을 수 있고 보시의 결과로 무엇인가를 기대하는 마음이 일어날 수 있습니다. 혹은 선물을 받는 사람과 같이 되기를 마음속으로 원할 수도 있습니다. 이러한 경우 마음속에서 탐욕의 마음과 함께 정신적 기쁨이 일어날 수 있습니다. 탐욕과 함께 하는 **정신적 기쁨**(Somanassa)이 지나간 다음에 일어나는 **정신적 기쁨**은 다른 것입니다. 사실 이렇게 구체적으로 식별하는 것은 매우 어렵기 때문에 계속해서 일어나는 정신적 기쁨은 같은 것이라고 생각하기 쉽습니다.

바른 통찰지가 없다면 어떤 것이 유익한 것이고 어떤 것이 해로운 것인지 알 수 없습니다. 유익한 마음보다도 해로운 마음들이 더욱 많이 일어나기 때문에 유익한 마음과 함께 하는 정신적 기쁨보다는 해로운 마음과 함께 하는 정신적 기쁨의 순간들이 더욱 많습니다. 우리는 정신적 기쁨에 탐닉하지만 우리 자신의 느낌을 선택할 수 없습니다. 특별한 순간에 일어난 느낌을 어떻게 통제할 수 있겠습니까? 느낌은 일어나기 위한 바른 조건을 만나면 일어나는 것이므로 이것들에는 실체가 없으므로 무아(無我)입니다. 느낌은 경험할 수 있는 것이지만 느낌에 자아(自我)는 없습니다.

소마낫사(정신적 기쁨)는 욕계(欲界, kāmāvacara citta), 색계(色界), 그리고 초세간(超世間)의 마음들과 함께 할 수 있습니다. 색계 선정을 다섯 단계로 나눴을 때 소마낫사는 사선정의 마음들과 함께 할 수 있지만 가장 높은 단계의 오선정의 마음들과는 함께 할 수 없습니다. 왜냐하면 오선정에는 소마낫사가 없는 보다 순수하고 고요한 평온이 함께 하기 때문입니다.

정신적으로 괴로운 느낌(도마낫사)은 오로지 해로운 종류의 마음들과 함께 일어납니다. 언제나 성냄에 뿌리를 둔 마음들과 같이 일어납니다. 이것은 탐욕이나 어리석음에 뿌리를 둔 마음과는 같이 일어나지 않습니다. 이것은 성냄에 뿌리를 둔 마음이냐의 여부보다는 얼마나 과거부터 습관처럼 누적시켜 왔느냐에 의존합니다.

우리는 매우 불쾌한 맛과 같은 대상을 경험하면 성냄에 뿌리한 마음이 일어나기 쉽습니다. 하지만 불쾌한 대상에 대한 현명한 주의력이 있다면 해로운 마음 대신에 유익한 마음이 일어납니다.

성냄에 뿌리를 둔 마음은 단지 욕계의 중생들에게만 일어납니다. 선정을 닦을 수 있는 보다 높은 존재계에서는 일어나지 않습니다. 욕계(欲界)의 중생은 감각적 대상에 취착하는데 이것은 성냄의 조건이 됩니다. 감각적으로 즐거운 대상을 얻지 못한 중생은 화를 내기 쉽습니다.

선정을 닦는 수행자가 바른 조건을 구족하게 되면 색계(色界)나 무색계(無色界) 선정에 들 수 있습니다. 색계 선정은 물질(rūpa)에 의존하지만 무색계선정은 물질에 의지하지 않습니다. 그래서 무색계 선정이 색계 선정보다 더욱 고요하고 감각적 대상에 대한 취착이 일어나지 않도록 눌러줍니다. 선정을 닦는 수행자들은 색계 범천의 세계나 무색계 범천의 세계에 태어날 수 있습니다. 이러한 존재계에 성냄의 마음은 없습니다.

그렇지만 욕계(欲界)에 태어난 중생이 성냄의 조건들을 제거하지 않는 한 성냄에 뿌리한 마음이 정신적 괴로움과 함께 계속해서 일어납니다. 우리는 정신적 괴로움인 도마낫사를 싫어하고 소멸되기를 원합니다. 성내는 마음을 없애려면 이 마음의 궁극적 실재들의 있는 그대로의 모습을 꿰뚫어 볼 수 있는 지혜가 필요합니다. 다른 방법은 없습니다. 수행을 통해 깨달음의 세 번째 단계인 아나함과를 얻어야만 감각적 대상에 대한 취착하는 마음이 제거되어 더 이상 성을 내지 않게 됩니다. 아나함과 아라한은 성냄이 제거되었으므로 더 이상 정신적인 불만족(도마낫사)을 경험하지 않습니다.

성냄과 정신적 괴로움인 도마낫사는 언제나 함께 합니다. 이 두 개의 실재를 구분하는 것은 어렵습니다. 이것들은 다른 마음부수로 도마낫사는 느낌이고, 성냄은 느낌이 아닙니다. 특징들도 다릅니다. 도마낫사는 원치 않는 대상의 맛을 경험합니다. 성냄은 경험하는 대상을 좋아하지 않는 것입니다. 성냄에도 미세한 화에서부터 증오까지 여러 수준이 있습니다. 이것들은 어떠한 경우라도 대상을 원치 않으므로 정신적인 불만족(도마낫사)을 경험하게 됩니다.

우리는 나타나는 다른 여러 실재들에 관하여 아는 것이 거의 없습니다. 예를 들어 등허리에 통증이 있다고 합시다. 이것은 육체적인 고통입니까? 아니면 성냄에 뿌리한 마음과 함께 하는 정신적 괴로움입니까?

평온(upekkhā)은 무덤덤한 느낌으로 소마낫사나 도마낫사와 는 다릅니다. 이것은 즐거운 것도 괴로운 것도 아닙니다. 이 평온은 4가지 종류의 모든 마음들과 함께 할 수 있습 니다. 그렇지만 모든 마음과 언제나 함께 일어나지는 않습 니다. 마음챙김이 없다면 많은 순간들의 느낌을 알지 못하 고 지나칩니다. 모든 마음순간에는 느낌이 있습니다. 비록 어떠한 느낌도 없는 것 같더라도 거기에는 여전히 느낌이 있습니다. 무덤덤한 느낌이지요. 우리가 바쁘게 일을 하거 나 혹은 어떤 생각에 몰입되어 있을 때에는 정신적 기쁨이 나 불만족을 알아차리지 못합니다.

이때의 느낌은 무덤덤함입니다. 무덤덤한 느낌은 안식(眼識) 이나 이식(耳識)과 같은 과보의 마음들과 함께 하고, 탐욕에 뿌리를 둔 마음과도 함께 할 수 있습니다. 탐욕에 뿌리한 마음은 즐거운 느낌이나 무덤덤한 느낌을 동반합니다. 취착 하는 마음이 평온과 함께 한다면 알아차릴 수 있겠습니까? 우리가 길을 걷거나 혹은 어떤 일상 용품을 사용하고 있을 때, 예를 들어 펜을 쥐고 있거나 책 같은 것을 읽고 있을 때에는 마음속에서 특별한 기쁨을 느끼지는 못하더라도 애 착하는 마음이 일어날 수 있습니다. 우리는 생에 집착합니 다. 감각적인 자극을 원하고 그렇게 살아가길 바랍니다. 보 거나 듣는 것과 같은 감각적인 자극에 취착합니다.

보거나 듣는 많은 마음의 순간들이 사라지고 난 후에는 행 복한 느낌은 아닐지라도 탐욕에 뿌리를 둔 마음이 일어날 수 있습니다. 안식(眼識)이 사라지면 뒤를 이어 같은 형상을 경험하는 의문인식과정의 마음들이 일어납니다. 그리고 그 뒤를 이어 개념을 생각하는 다른 의문인식과정의 마음들이 일어납니다.

우리는 사람이나 자동차 혹은 나무를 생각하고 알아보는 것을 좋아합니다. 이런 개념들은 우리와 친숙하므로 생각하기를 좋아하는 것입니다. 심지어 기쁨이 없는 무덤덤한 느낌에도 집착합니다. 하지만 우리는 이 사실을 알아차리지 못합니다.

평온과 함께 하는 탐욕의 마음을 아는 것은 유용합니다. 아비담마를 통해 우리의 마음에는 많은 오염들이 있음을 알게 됩니다. 실재에 무지하기에 다른 곳으로 등 떠밀려 가기보다는 실재들을 아는 것이 훨씬 유용합니다.

평온(upekkhā)은 욕계(欲界)의 **크게 유익한 마음**과 함께 일어날 수 있습니다. 우리는 평온한 마음을 가지고 계를 지키거나 법을 공부하거나 다른 사람을 돕습니다. 이러한 느낌들은 조건지워진 실재입니다. 우리는 유익한 행위를 하는 동안에도 즐거운 느낌이 일어나도록 강요할 수 없습니다.

평온은 욕계(欲界)의 마음, 색계선정, 무색계 선정 그리고 초세간(超世間)의 마음들과 함께 합니다. 색계의 가장 높은 선정인 사선정에서는 평온과 함께 하는 마음이 있습니다. 이 사선정은 다른 단계의 선정보다도 훨씬 고요하므로 이 선정의 마음과 함께하는 평온도 아주 미세합니다. 모든 무색계 선정의 마음들도 평온과 함께 합니다.

느낌의 종류도 여럿이므로 느낌에 대한 공부가 쉽다고 생각해서는 안됩니다. 아비담마를 공부하게 되면 모르고 있던 사실을 쉽게 깨닫게 됩니다. 육체적 고통과 정신적 괴로움을 구분하기는 어렵습니다. 고통스러울 때 우리는 어딘가에서 아픔을 '느낍니다'. 그래서 우리는 육체적인 고통을 구분하기 쉽다고 생각합니다.

하지만 몸의 감성에 부딪치는 물질(rūpa)에서 정신(nāma)인 괴로운 느낌을 식별해내지 못할 수가 있습니다. 우리는 일반적으로 아픈 부위를 떠올리고는 그런 개념을 생각합니다. 개념을 생각하고 있다는 것을 알 수 있지만 개념은 실재가 아닙니다. 하지만 이러한 생각도 궁극적 차원으로 해체하여 알 수 있습니다.

궁극적 실재와 개념을 구분하는 것은 중요합니다. 정신(nāma)과 물질(rūpa)은 일어나기 위한 조건이 갖춰지면 일어납니다. 우리가 생(生)에 대한 미혹에서 벗어나려면 이러한 정신과 물질의 차이를 명확히 알아야만 합니다.

몸의 감성에 딱딱함이 부딪치면 몸의 알음알이인 신식(身識)은 딱딱함을 인지합니다. 그리고 함께 일어난 느낌이 딱딱함의 '맛'을 경험합니다. 계속해서 몸의 감성을 통하여 즐겁거나 고통스러운 대상들을 경험하는 과보의 마음들이 일어납니다. 길을 걷거나 서있거나, 앉아있거나 혹은 누워

있는 자세에 상관없이 몸의 감성에 계속해서 딱딱함이나 부드러움, 열기감이나 차가움 같은 것이 부딪칩니다. 우리가 물건을 만질 때나 물건을 잡을 때에도 딱딱함이나 부드러움 같은 것을 경험합니다. 하지만 우리는 갖고 싶은 어떤 것이나 하고 싶은 어떤 것에 몰입하므로 감성을 통해 다른 대상들을 경험하고 있다는 사실을 알아차리지 못합니다.

과보(果報)의 마음순간과 함께 하는 느낌은 탐욕이나 성냄과 함께 하는 느낌들과는 다릅니다. 과보인 육체적으로 즐거운 느낌(sukha)의 순간에는 탐욕(lobha)과 함께 하지 않으며, 과보인 육체적으로 고통스러운 느낌(dukha)의 순간에는 성냄(dosa)과 함께 하지 않습니다. 육체적으로 즐거운 느낌이 있는 과보의 마음순간에는 이 대상에 대한 탐욕(lobha)이 없습니다. 즐거운 몸의 느낌은 단지 즐거운 대상만을 경험합니다. 육체적으로 고통스러운 과보의 느낌이 일어난 바로 그 마음 순간에는 대상을 싫어하는 마음이 없습니다. 고통스러운 몸의 느낌은 단지 그 원하지 않는 대상만을 경험합니다.

그러나 원하는 것이거나 불쾌한 대상을 경험하는 과보의 마음이 사라진 다음에는 탐욕이나 성냄 혹은 어리석음에 뿌리한 해로운 마음들이 일어납니다. 우리는 평소에 많은 오염들을 누적시켜 왔기 때문에 해로운 마음은 아주 자주 일어납니다. 그렇지만 대상에 대한 현명한 주의력이 있다면 해로운 마음 대신 유익한 마음이 일어납니다. 예를 들어 감촉과 같은 대상을 경험하면 정신이나 물질로 마음을 챙기는 것이지요.

즐거운 몸의 느낌(樂, sukha), 고통스러운 몸의 느낌(苦, dukha), 정신적 기쁨(喜, somanassa), 정신적인 불만족(悲, domanassa) 그리고 무덤덤한 느낌(捨, upekkhā)의 특징을 살펴보면,10) 그것들은 모두 느낌이라는 하나의 마음부수이지만 특징들은 서로 다릅니다. 이것은 느낌과 함께 하는 마음의 종류가 다르기 때문입니다. 예를 들어 과보의 마음과 함께 하는 평온(upekkhā)은 해로운 마음(akusala)이나 유익한 마음(kusala)과 함께하는 평온과 다릅니다. 제 4선의 선정의 마음과 함께 하는 평온도 역시 다른 것입니다. 이러한 평온이라는 느낌들은 다른 마음들 그리고 함께 하는 다른 마음부수들에 의하여 조건지워 집니다.

느낌의 종류가 이렇게 다양하므로 보다 자세하게 구분해 보는 것이 좋습니다. 느낌은 감각접촉과 마찬가지로 안문(眼門), 이문(耳門), 비문(鼻門), 설문(舌門), 신문(身門) 그리고 의문(意門)이라는 육문(六門)으로 분류할 수 있습니다. 대상이 즐거운 것이라면 소마낫사나 평온과 함께 하는 탐욕에 뿌리한 마음이 일어나기 쉽고, 대상이 불쾌한 것이면 도마낫사와 함께하는 성냄에 뿌리를 둔 마음이 일어나기 쉽습니다. 만약 대상들 때문에 즐겁거나 불쾌한 느낌들을 경험하는 것이라고 즉 느낌은 조건지워진 현상이라고 이해한다면 우리가 갈망하는 즐거운 느낌의 중요성이 줄어들 것입니다.

감각기관을 통해 즐겁거나 불쾌한 대상을 경험하는 것은 업에 의하여 조건지워진 과보입니다. 그리고 대상에 따라 유익한 마음이나 해로운 마음이 일어나는 것은 과거로부터 누적된 습관에 의하여 조건지워진 것입니다. 어떤 실재에 대하여 압력을 행사할 수 있는 자아와 같은 것은 없습니다. 오로지 일어나기 위한 바른 조건을 만난 정신(nāma)과 물질(rūpa)만이 있을 뿐입니다. 우리가 때로는 즐겁고, 때로는 불쾌한 느낌을 경험하는 것은 이렇게 다른 조건들 때문에 일어납니다.11)

마음들은 연이어 일어나서 아주 빠르게 사라집니다. 마음이 없는 순간은 단 한순간도 없으며 느낌이 없는 순간 역시 한 순간도 없습니다. 우리는 **육체적 즐거움**과 **정신적인 기쁨**을 갈구하지만, 자신에 대해서 아는 것은 거의 없습니다. 그리고 안에서 일어나는 여러 가지 즐거운 느낌에 대해서 알지 못합니다. 웃고 있는 순간에는 탐욕에 뿌리를 둔 마음과 함께 하는 즐거운 느낌이 있습니다. 하지만 이 해로운 마음과 함께 하는 즐거운 느낌을 알지 못합니다. 그렇다고 웃지 않을 수도 없는 일이지만 일어나는 실재들을 마음을 챙기는 것은 유익합니다. 누군가를 보는 순간에는 탐욕과 함께하는 정신적 기쁨이나 유익한 마음과 함께 하는 정신적 기쁨이 함께 할 수 있습니다. 일반적으로 보시(布施)나 지계(持戒) 혹은 명상을 하지 않는 순간에 다른 사람들을 만나게 되면 일어나는 마음들은 대부분은 해로운 것들입니다.

느낌은 조건지워진 현상인 상카라 담마입니다. 느낌은 마음과 함께 하는 다른 마음부수들에 의하여 조건지워 집니다. 일어난 느낌은 즉시 사라지고 머물지 않습니다. 느낌은 오온(五蘊) 가운데 하나로 느낌의 무더기(vedanākkhandha)라 합니다.

조건지워진 실재들은 다섯 무더기인 오온(五蘊)으로 분류합니다. 물질(色)의 무더기, 느낌(受)의 무더기, 인식(想)의 무더기, 상카라(行)의 무더기 그리고 알음알이(識)의 무더기가 그것입니다.

우리는 느낌을 갈망하고 그것을 자아(自我)라고 믿습니다. 느낌에 대한 이론적인 지식만 있고 있는 그대로의 실재를 알지 못합니다. 하지만 일어나는 느낌에 있는 그대로 마음을 챙겨본다면 그것은 오로지 정신(nāma)이고 무아(無我)라는 사실을 알게 될 것입니다.

제3장. 인식(saññā)

인식(saññā)은 지각이나 기억으로도 번역되는 것으로 모든 마음과 함께 하는 7가지 **반드시들** 가운데 하나입니다. 인식이라는 마음부수는 모든 마음과 함께 하므로 인식이 없는 마음순간은 단 한 순간도 없습니다. 인식은 함께 하는 마음과 같은 대상을 경험하면서 자신의 고유한 역할을 수행합니다. 인식의 역할은 대상을 '인식'하고 '지각'하는 것입니다. 그리고 미래에 다시 그것을 알아 볼 수 있도록 '표상'을 만듭니다.

앗타살리니에12)

알아보는(noting) 것이 특징이다.(빠알리로 sanjanati는 잘 인식한다는 뜻이다.) 전에 인식하였던 것을 알아보는 역할을 한다. 알아본다는(noting)이라는 특징이 없다면 4개의 존재계를 인식(perception)할 수 없을 것이다. 모든 인식(perception)은 알아보는(noting) 것이 특징이다. 그것들 가운데 특별한 지식을 가지고 아는 것은 과거에 주목하였던 것을 기억해 내는 인식의 작용이다. 마치 목수가 전에 표시해 두었던 나무 조각을 (보는) 즉시 알아보는 것과 같다.

또한 앗타살리니에

인식은 `포괄적'으로 지각하는 것이 특징이다. 다시 인식하기 위한 조건으로서 표시를 하는 역할을 한다. 즉 다시 알아보고, 기억하기 위하여 (자기만의-역자)표시를 해두는 것이다. 마치 목수가 통나무 등을 `알아보는'하는 것과 마찬가지이다. (과거에 해둔-역자) 그 표시를 해석하여 (이것이 그것이구나!하고-역자)이해하는 행위로 나타난다.

마치 눈먼 사람들이 코끼리의 다른 부위를 만져보고 코끼리가 어떤 것이라고 이해하는 것과 같다. 그들은 각자의 방식으로 코끼리의 생김새를 이해한다. 머리를 만져본 사람은 항아리 같이 생겼다고 믿는다. 왜냐하면 그는 항아리를 기억하고 있기 때문이다. 번갯불이 번쩍하는 아주 짧은 순간에 대상을 파악하는 것처럼, 대상을 꿰뚫어 볼 수 있는 능력이 없기 때문에, 코끼리를 만진 사람에게는 그렇게 나타난다. 가까운 원인은 나타난 대상이 무엇이던 간에 대상이다. 마치 어린 양에게 허수아비가 사람이라고 생각하는 마음이 일어나는 것처럼, 코끼리의 어금니를 받가는 쟁기라고 짧은 순간 믿어 버린다. 이렇게 과거에 만들었던 표상이나 표식을 알아보는 것이 인식이다.

청정도론(XIV, 130)의 정의도 비슷합니다. 인식과 비슷한 말에는 지각이나 인지가 있습니다. 인식은 실재에 대한 의미를 부여하기 위하여 '표시'를 하는 역할도 합니다. 이렇게 언어로서 인식의 실재를 표현해 보지만 표현의 한계가 있습니다. 그래도 우리는 인식의 특징과 역할에 대하여 공부해야 합니다.

인식은 대상을 '아는' 마음과는 다릅니다. 마음은 대상이 있음을 앎에 있어 리더의 역할을 하지만, 인식은 대상을 (무엇이구나-역자)알아 봅니다. 그리고 나중에 다시 알아볼 수 있도록 '표시'를 해둡니다. 마치 목수가 나중에 알아보기 위하여 통나무에 자기만 알아 볼 수 있는 표시를 하거나 꼬리표를 달아 놓고는 나중에 그것만 보고도 이것이 무엇인지 알아보는 것과 같습니다. 이러한 비유는 인식이나 기억의 복잡한 과정을 이해하는데 도움이 됩니다. 일반적으로 '기억'이라는 것은 다른 많은 마음의 순간들로 구성되어 있습니다. 이러한 각각의 마음순간들에는 현재에 경험하고 있는 대상을 과거의 경험과 연결시키고, 미래에 다시 알아볼 수 있는 조건을 만드는 역할을 하는 인식이라는 마음부수가 있는데 이러한 연결기능을 '인지'나 '표시'라는 용어로 표현한 것입니다.[13]

현재의 경험이 사라지고 나면 이것은 과거가 되고 미래는 현재가 됩니다. 그리고 모든 순간에 존재하는 인식이 대상을 알아보는 역할을 수행합니다. 만약 우리가 모든 마음과 함께 하는 이 인식을 알아차릴 수 있다면 관념적인 용어인 '인지', '인식' 혹은 '표시함'이라는 실재의 의미를 보다 정확하게 이해하게 될 것입니다.

마음은 일어나서는 즉시 사라지고, 이 마음 뒤에는 바로 다음 마음이 이어서 일어납니다. 모든 각각의 마음들은 대상을 알아보고 '표시'를 하는 인식이라는 마음부수를 동반하기 때문에 과거에 지각하였던 것이나 배웠던 내용을 알거나 기억할 수 있는 것입니다. 앗타살리니에 인식(saññā)은

`번개가 번쩍하는 것처럼 (짧은 순간에), 대상을 꿰뚫어 보지 못하므로, 대략적으로' 대상을 알아만 보고 `표시'를 한다.

인식은 대상을 아는데 있어 리더의 역할을 하는 마음이나 실재(眞諦)들의 진정한 성품을 꿰뚫는 지혜(반야)와는 다릅니다. 인식의 가까운 원인은 나타난 대상이 무엇이든 간에 바로 그 대상입니다. 인식의 대상은 정신(nāma)이나 물질(rūpa)과 같은 궁극적 담마(현상)이나 개념입니다. 인식은 마음이 "아는" 대상이 무엇이건 간에 대상을 기억해 내고 표시를 합니다. 인식은 각각의 육문(六門)을 통해 대상이 나타날 때 자신의 역할을 수행합니다. 바로 지금 이 순간에도 인식이라는 마음부수는 있습니다.

우리가 어떤 것을 보는 순간에 인식은 일어나서 그 대상을 알아보고는 표시를 합니다. 어떤 소리가 들리면 거기에는 그 소리를 알아듣고 표시를 해두는 인식이 작용합니다. 냄새를 맡거나, 맛을 보거나, 감촉을 느낄 때 혹은 의문(意門)에서 대상을 경험할 때에도 인식은 작용합니다. 인식은 마음과 함께 육문(六門)을 통해 나타나는 동일한 대상을 경험하면서 자신의 역할을 수행합니다. 우리가 누구의 목소리인지 아는 것은 사실 이문인식과정(耳門認識過程)과 동일한 대상을 경험하는 의문인식과정(意門認識過程)의 결과물입니다. 이러한 순간들에도 거기에는 자기의 기능을 수행하고

있는 인식이 있습니다. 어떤 소리가 나면 이것은 누구의 목소리구나 하고 알아차립니다. 이것은 개념을 대상으로 하는 인식의 작용입니다. 귀의 알음알이인 이식(耳識)은 생각하는 것의 조건이 됩니다. 만약 이식(耳識)이 없다면 누구의 목소리인지 알아볼 수가 없지요.

우리가 사람을 '본다'고 할 때도 마찬가지 입니다. 이것은 개념을 생각하는 것입니다. 그래서 생각은 대상을 보기 때문에 일어나는 것이므로 대상에 조건 지워졌다고 합니다.

우리가 어떤 사람을 알아보는 것은 많은 인식과정과 그 인식과정에 있는 각각의 마음순간에 존재하는 인식이라는 마음부수의 결과입니다. 형상을 '본다'는 것은 안문인식과정(眼門認識過程)의 뒤에 일어나는 의문인식과정(意門認識過程)에서 그 대상을 경험하는 것입니다. 즉 개념을 대상으로 하는 다른 의문인식과정이지요. 모든 마음들과 함께 하는 인식 그리고 '개념을 대상으로 하는 마음'과 함께 하는 인식 모두는 그 대상에 표시를 하고 그것을 기억해내는 역할을 수행합니다.

당신은 일상적인 활동에 몰입하고 있을 때 인식이나 기억의 움직임을 알아차리고 있습니까? 우리는 여러 가지 일상적인 물건들의 사용법을 기억합니다. 포크와 나이프는 어떻게 사용하고 스푼은 어떻게 사용하는지, 물병 마개는 어떻게 열고, 어떻게 쓰는지, 혹은 집에 가는 길은 어떤 길로 어떤 골목으로 가는지 기억합니다. 이런 것을 기억하는 것은 아주 당연한 일이라고 우리는 생각합니다. 인식이란 바로 이렇게 기억하는 역할을 합니다. 청정도론(XIV, 3-5)에는 다음과 같이 마음과 지혜의 차이를 비유를 들어 설명합니다.

인식은 어린아이가 동전의 가치는 모르지만 단지 동전을 인지하는 것과 같다. 마음은 동전의 가치를 아는 시골사람과 같다. 지혜는 동전의 진정한 특징을 꿰뚫어 알고 있는 화폐를 교환하는 자와 같다.14)

우리가 책을 읽고, 글자들을 알고, 글자들의 뜻을 아는 것은 인식의 기능 때문입니다. 책을 읽고 있는 순간에는 안식(眼識)이라는 마음 순간이 있습니다. 이러한 안식(眼識)의 마음 순간에도 인식은 자기의 역할을 수행합니다. 우리는 어떤 것을 봄과 동시에 그것을 알아본다고 생각하지만, 그렇지 않습니다. 우리가 문자나 단어들을 알아보고 그것들의 뜻을 기억하는 것은 하나의 인식 순간 때문이 아니라 뒤를 따라 계속해서 일어나는 또 다른 인식과정들에 있는 인식의 역할 때문입니다.

인식이라는 마음부수를 공부하다 보면 마음은 일어나서 아주 빠른 속도로 사라져 간다는 사실을 일깨워 줍니다. 셀 수도 없는 인식들이 연이어 일어납니다. 그리고는 우리가 기억할 수 있도록 해줍니다. 우리는 누군가의 말이나 어떤 소리들을 계속해서 듣습니다. 이때에도 귀의 알음알이와 함께 하는 인식이 있습니다. 하지만 귀의 알음알이인 이식

(耳識)의 바로 그 마음순간에서는 그 소리의 의미를 알지 못합니다.

우리가 그 소리의 의미를 이해하는 것은 개념을 대상으로 일어난 마음들과 그 개념을 기억해 내고, 미래에 다시 알아 볼 수 있도록 표시를 하는 다른 인식과정에 있는 인식의 역할 때문입니다. 이러한 인식의 기능 때문에 우리는 말하는 사람의 의도를 이해하고, 어떤 것에 대한 의미를 부여하고, 논쟁이 될 만한 여러 부분들을 연결시켜서 어떤 결론을 도출해 낼 수 있습니다. 이러한 행위는 단지 하나의 '나마'인 인식의 작용입니다.

이것은 자아가 아닙니다. 우리가 '나의 기억' 혹은 '나의 인식'이라고 하는 것은 단지 한 순간 머물다 사라지는 순간들일 뿐입니다. 우리는 인식 때문에 과거의 경험과 개념 그리고 명칭들을 기억하고 사람과 사물들을 알아봅니다. 또한 어떤 것을 기억하지 못하거나 다른 것으로 오해를 할 때에도 그 마음 순간들에는 인식이 존재합니다. 어떤 것이 생각나지 않을 때 우리는 그것을 기억하려고 애를 쓰지만 과거에 표상을 만들어 두었던 다른 생각이 떠오릅니다. 이것 역시도 인식의 작용입니다.

예를 들어 시금치를 사려고 시장에 갔는데 갑자기 토마토 생각이 나서 시금치를 잊어버립니다. 집에 와서야 시금치 생각이 납니다. 사실 인식은 각각의 마음과 언제나 함께하기 때문에 모든 마음 순간들에서 자신의 역할을 수행합니다. 어떤 특별한 순간의 기억은 그 대상이라는 조건에 의 존합니다. 그래서 인식은 우리가 원하는 대로 언제나 되지 않습니다.

어떤 사람의 이름을 기억하려고 해도 기억이 나지 않을 때가 간혹 있습니다. 사실 이러한 순간에도 인식은 존재하지만, 생각이 나야할 이름 대신에 다른 개념을 기억해 내고는 그것에 다시 '표시'를 합니다. 건망증 때문에 화가 날 때에도 이 마음과 함께 하는 인식은 이렇게 자신의 역할을 수행합니다. 인식은 이렇게 인식과정을 벗어난 마음들인 재생연결식, 바왕가 그리고 죽음의 마음들과도 함께 합니다.

바왕가의 마음은 꿈도 꾸지 않는 깊은 잠에서도 그리고 인식과정과 인식과정 사이에서도 흘러갑니다. 재생연결식, 바왕가의 마음 그리고 죽음의 마음의 대상은 전생의 죽음의 마음 바로 앞에서 일어난 자와나(속행)의 대상과 같습니다. (즉 마지막 죽음의 순간에 떠오른 업, 업의 표상 혹은 태어날 곳의 표상 가운데 하나-역자) 바로 이 순간에도 바왕가의 마음은 흘러가지만 우리는 그것이 무엇인지 모릅니다. 그렇지만 인식과정과 인식과정 사이에서 일어난 이 바왕가 마음은 지금 이 순간에도 그 대상을 경험하면서 흘러갑니다. 이 바왕가의 마음과 함께하는 인식은 그 대상을 기억합니다. 인식은 홀로 일어나지 않습니다. 반드시 마음 그리고 다른 마음부수들과 함께 하면서 그것들에 의하여 조건지워집니다. 그래서 인식은 상카라 담마, 조건지워진 담마 입니다.

마음과 함께 일어난 인식은 마음과 함께 사라집니다. 인식은 오온(五蘊) 가운데 하나로 우리는 인식에 취착하며 그것을 나의 자아라고 여깁니다.

인식은 4 종류의 모든 마음들과 언제나 함께 일어납니다. 인식의 종류는 동반하는 마음의 종류와 같습니다. 그래서 인식에는 해로운 것, 유익한 것, 과보 혹은 단지 작용만 하는 것이 있을 수 있습니다. 인식은 육문(六門)을 통해 나타나는 여섯 종류의 대상들에 따라 분류할 수 있으므로 모든 순간들에 나타나는 인식은 다른 것들입니다. 증지부에15)

**"수행자들이여,
인식에는 형상, 소리, 냄새, 맛, 감촉과 생각(법)들에 대한 인식, 이렇게 여섯 가지가 있다."**

형상에 대한 인식은 소리에 대한 인식과 다르고 개념에 대한 인식과 다릅니다. 예를 들어 누군가와 이야기를 나눌 때에는 소리를 지각하는 인식이 있고, 형상을 지각하는 인식이 있고, 감촉을 지각하는 인식이 있고, 개념을 지각하는 인식이 있습니다. 위의 인식들은 서로 다른 순간에 다른 문을 통해 다른 대상을 인식하는 것입니다. 이러한 서로 다른 인식들이 나타난 대상에 표시를 하고 이러한 대상들을 기억해 냅니다. 이러한 사실을 이해한다면 우리의 생(生)이란 사실 육문(六門) 가운데 하나의 문을 통해 나타나는 하나의 대상을 한 번에 하나씩 경험하는 마음 순간들의 연속이라는 것을 알 수 있습니다. 이러한 궁극적 차원의 진리는 관습적 차원의 진리와는 다릅니다. 왜냐하면 관습적 진리는 사물이나 중생들을 지속적으로 존재하는 것으로 보기 때문입니다.

해로운 마음과 함께 일어나는 인식 역시 해로운 것입니다. 인식은 잘못된 사견과도 함께 일어납니다. 우리가 무상한 것을 영원하다고 여길 때에는 이 사견과 함께 하는 마음이 대상을 왜곡되게 기억하는 인식과 함께 일어납니다. 실체가 없음에도 실체가 있다고 여길 때에도 마찬가지입니다. 상응부의 '네 가지에 대한 책'(V장, 9)에 인식과 마음 그리고 사견의 4가지 왜곡이 나옵니다.

수행자들이여, 4가지 인식(saññā)의 왜곡이 있다. 4가지 마음(citta)의 왜곡, 4가지 견해(diṭṭhi)의 왜곡이 있다. 무엇이 4가지인가?

무상한 것을 영원하다고 한다면 이것이 인식과 마음과 견해의 왜곡이다. 괴로움인데 괴로움이 아니라고 고집하는 것, 이것이 인식과 마음과 견해의 왜곡이다. 무아인데 자아가 있다고 여기는 것, 이것이 인식과 마음과 견해의 왜곡이다. 혐오스러운 것을 아름답다고 여기는 것, 이것이 인식과 마음과 견해의 왜곡이다.

나마(nāma)와 루빠(rūpa)는 무상한 것이라는 지혜가 생기지 아니하는 한 우리는 사람이나 사물들은 긴 시간이나 짧은 순간 지속될 수 있는 것이라고 생각합니다. 그러나 나마

(nāma)와 루빠(rūpa)는 무상합니다. 그래서 괴로움(dukha)입니다. 이것들이 진정한 행복이라고 할 수 없습니다. 그래도 우리는 여전히 괴로움을 행복이라 여기고 자아라는 개념에 취착합니다. 혐오스러운 것을 아름답다고 여깁니다. 우리의 몸은 혐오스러운 것으로 아름다움이 없습니다. 그렇지만 우리는 여전히 몸에 취착하고 아름답다고 여깁니다.

깨달음의 첫 번째 단계에 도달하지 않는다면 여전히 인식과 마음과 견해는 왜곡된 채로 살아있습니다. 첫 번째 깨달음의 단계인 수다원이 되어서야 사견은 제거되고 더 이상 사견과 관련된 왜곡이 존재하지 않게 됩니다.

하지만 오염원들은 서로다른 깨달음의 단계에서 제거되므로 모든 왜곡들이 한 번에 제거되지는 않습니다. 그래서 수다원도 여전히 어떤 대상에 취착합니다. 그에게도 행복이 아닌 것을 행복으로 여기고 혐오스러운 것을 아름다움으로 여기는 왜곡된 인식이 여전히 남아있습니다. 우리는 꽃을 볼 때 그 꽃은 유지되어 머물러 있다고 생각합니다. 깨달음을 얻은 아라한도 역시 개념을 통해 사유하지만 그들에게 사견은 없습니다. 아라한은 꽃을 보아도 자아가 있다고 여기지 않습니다. 또한 지속적으로 머무는 것이라고 생각하지도 않습니다.

오염원이 완전하게 제거되지 않는다면 우리는 다시 태어나야 합니다. 우리는 감각의 문을 통해 나타나는 대상들에 취착하고 사로잡히는 경향이 있습니다. 중부[I, no.18, 꿀 덩어리에 대한 법문]에 인식과 집착의 원인 그리고 그것들의 끝에 관한 법문이 있습니다. 마하-깟짜나는 붓다께서 설하신 것을 간단하게 정리하여 수행자들에게 말합니다.

여러분! 안식(眼識)은 눈과 형상이라는 대상 때문에 일어납니다. 이 세 가지의 만남을 감각접촉이라 합니다. 느낌은 감각적인 접촉 때문에 일어납니다. 느끼기 때문에 우리는 인식합니다. 인식하기 때문에 우리는 그것이 무엇이라고 압니다. 알기 때문에 취착합니다. 취착의 원인은 수많은 인식들 때문입니다. 눈으로 인식할 수 있는 형상이라는 대상에 대한 취착은 괴로움입니다. 과거, 미래, 현재….

다른 감각의 문도 이와 같습니다. 이것이 우리들의 일상적인 삶의 모습 아닙니까? 우리는 육문(六門)을 통해 나타나는 과거와 현재 그리고 미래의 모든 대상들에 취착합니다. 그것은 우리가 보았고, 들었고, 냄새 맡았고, 맛보았고, 감촉을 느꼈고 그리고 의문을 통하여 떠올랐던 모든 것들을 기억해내는 인식 때문입니다. 우리는 우리가 모아놓은 것들을 귀중히 여기고 취착하므로 때로는 꿈도 꿉니다.

그렇지만 그러한 순간들도 역시 마음챙김의 대상입니다. 수행을 하다보면 그러한 생각들은 실체가 있는 자아가 아닌, 조건 때문에 일어나는 정신(nāma)에 불과하다는 것을 알게 됩니다. 만약 우리가 한 번에 하나씩 육문(六門)을 통해서 나타나는 그것들의 실체를 알게 된다면 우리는 취착을 끝낼 수 있습니다. 마음속의 모든 오염원들을 제거하면 다시 태어나는 조건은 더 이상 남아 있지 않게 됩니다. 즉 대상들에 취착하게 되는 조건이 하나도 남지 않게 된다는 의미입니다.

인식은 마음 그리고 이 마음과 함께하는 다른 마음부수들에 의하여 조건지워진 것입니다. 그래서 함께 하는 마음의 종류에 따라 인식의 종류도 다릅니다. 우리가 담마를 듣고 그 들은 것을 기억하게 되면, 거기에는 유익한 마음과 함께 하는 유익한 인식이 있습니다. 담마를 기억하고 그것을 반복하여 기억하는 것은 지금 나타난 것에 대한 마음을 챙기는 중요한 조건이 됩니다. 이 순간에 마음챙김과 함께 하는 인식은 실재를 생각해보는 인식과는 다릅니다. 인식은 욕계의 마음에서 만이 아니라 다른 존재계의 마음들과도 함께 합니다.

사마타를 닦을 때 인식은 사마타 명상 주제를 인식하고 '표시'를 합니다. 고요함이 무르익으면 명상주제인 '정신적 표상'인 니밋따를 얻습니다. 이 니밋따를 기억하는 인식과 일상에서 일어나는 인식은 다릅니다. 선정을 얻으면 인식은 선정의 마음과 함께 하는데 욕계가 아닌 색계의 마음과 함께 하게 됩니다. 무색계 선정을 얻으면 인식도 역시 무색계의 마음과 함께 하는 무색계의 것입니다. 이때의 무색계 인식은 색계의 인식보다도 훨씬 미세합니다. 무색계의 마지막 단계의 선정은 비상비비상처정(非想非非想處定)인데 이때의 인식은 극단적으로 미세합니다. 청정도론(X,50)에 이때의 인식은 인식도 아니다. 왜냐하면 인식의 기능이 명확하게 작동하지 않기 때문이다. 또한 인식이 아님도 아니다. 왜냐하면 남아있는 상카라로서의 미세한 상태는 존재하기 때문이다. 그래서 인식(想)도 아니고 인식 아님도 아닌 것(非非想)이라 하였다.

닙바나를 경험하는 초세간의 마음에도 인식이 함께 합니다. 그때의 인식도 역시 초세간입니다. 닙바나는 조건지워진 현상들이 무상(無常)하고, 괴로움(苦)이며, 무아(無我)라는 것을 확철하게 알지 않는 한 얻을 수 없습니다. 증지부에 나오는 10가지 인식은 위대한 과보 그리고 불사(不死)인 닙바나로 안내합니다.16) 인식의 빠알리어인 산냐(saññā)는 여기서는 '생각함'이라고 번역하였습니다. 여기에 나오는 열 가지 '생각함'이란 닦아야만 하는 것들입니다.

수행자들이여, 이러한 열 가지 생각함이란, 성장하기 위하여, 큰 과보를 얻기 위하여, 죽음 없음(不死)으로 들어가는 아주 큰 이익을 누리기 위하여 만들어진 것이다. 죽음 없음으로 마무리하기 위하여. 열 가지란 무엇인가?

혐오스러움, 죽음, 음식에 대한 혐오감, 세계(오온-역자)에 대한 혐오감, 무상하다는 생각, 무상하기에 괴로움으로, 괴로움이므로 무아로, 출리에 대한 생각, 쇠퇴에 대한, 마지막에 대한 생각.

이러한 열 가지 생각들은,
수행자들이여,
성숙하기 위하여,
죽음이 없는 위대한 이익을 얻고,
죽음 없음으로 종결짓기 위한 것들이다.

제4장. 의도(cetanā)

의도(cetanā)는 인식과정에 있는 모든 마음순간들에서 언제나 마음과 함께 하는 7가지 **반드시들** 가운데 하나입니다. 빠알리어로는 쩨따나(cetanā)인데 '의도'라고 번역합니다. 하지만 평소에 알고 있던 의도와 같은 것이라고 이해해서는 안 됩니다. 의도(cetanā)는 유익한 마음, 해로운 마음, 과보의 마음 그리고 단지 작용만 하는 마음, 이렇게 4가지 종류(jāti)의 마음들과 함께 합니다. 그리고 이 마음들과 언제나 함께 하는 감각접촉, 느낌, 인식들과 같은 '반드시들'과 함께 합니다.

무엇인가를 훔치려 하거나 혹은 살생을 하지 않겠다는 결심에는 의도가 있습니다. 그리고 무엇인가를 보거나 듣거나 심지어는 잠을 잘 때에도 의도는 언제나 있음을 알아야 합니다. 그래서 의도가 함께 하지 않는 마음은 없습니다.

앗타살리니에 의도(cetanā)는 대상 때문에 일어나는 다른 법들(마음과 다른 마음부수들)을 조정하는 것이 특징이고, 기꺼이 무엇인가를 하려고 하는 것이 그 역할이라고 하였습니다.17)

조정하는 것이 특징인 의도가 없다면 4개의 존재계(중생계 -역자)와 같은 것도 없다. 모든 의도들은 '조정'이라는 역

할을 수행한다. 하지만 `~하려고 하는' 역할은 오로지 유익한 마음과 해로운 마음의 상태에서만 작용한다. 지시하는 것으로서 나타난다. 관련되는 마음부수들을 지시한다. 마치 상수제자 혹은 대목수 등과 같이 자신의 일도 하고 다른 사람들의 일도 보아주는 것과 같다.

청정도론의 정의도 이와 비슷합니다. 의도(cetanā)의 특징은 (각 부분이 조화롭게 움직이도록-역자) 조정하는 하는 것입니다. 의도(cetanā)는 마음 그리고 이 마음과 함께하는 다른 마음부수들을 조정합니다. 이때 마음은 대상이 있다는 것을 압니다. 마음은 대상을 앎에 있어 '리더'의 역할을 합니다. 이 마음과 함께 하는 마음부수들도 이 마음과 같은 대상을 공유합니다. 하지만 이것들은 자신만의 고유한 역할을 수행합니다. 예를 들면 감각접촉은 대상에 부딪치게 하고, 느낌은 대상의 '맛'을 경험하거나 혹은 즐기고, 인식은 대상이 무엇인지 알아보고, 미래에 다시 알아볼 수 있도록 '표시'를 하는 등 자신들만의 역할을 수행하는 것이지요. 의도(cetanā)는 자신과 함께 하는 다른 모든 마음부수들이 공유하는 대상에 대하여 자신들의 역할을 충분히 수행하고 있는지 지켜봅니다.

모든 의도(cetanā)는 함께 하는 다른 현상(담마)들의 역할을 조정합니다. 즉 유익한 마음, 해로운 마음, 과보의 마음 혹은 단지 작용만 하는 마음이냐 에는 상관이 없습니다. 한편 유익한 마음이나 해로운 마음과 함께 하는 의도(cetanā)는 조정이라는 역할 이외에 '~하려고 하는' 혹은 '업을 짓는' 역할을 합니다. 앗타살리니에 의도(cetanā)는 도덕적인 행위(善行)나 비도덕적인 행위(惡行)를 할 때, 다른 마음부수들은 제한적으로만 움직이는데 반해서 의도는 매우 원기 왕성하게 활동한다고 나옵니다. 이때에 의도(cetanā)는 함께 일어난 다른 마음부수들의 일도 조정하면서, 유익하거나 해로운 행위를 '하려고' 하는 것입니다. 이렇게 '두 배의 노력'을 하는 것입니다. 앗타살리니에 의도(cetanā)가 두 배의 역할을 하는 것이 마치 농장주가 다른 인부들의 일을 지시하고, 그들이 일하는 것을 돌보고도 똑같은 몫에 해당하는 자신의 일도 하는 것에 비유하고 있습니다. 두 배의 힘과 두 배의 노력을 기울인다는 말입니다. 이렇게 의도는 선(kusala)과 악(akusala)을 행함에 있어서 두 배의 힘과 두 배의 노력을 기울입니다.

'지시'라는 의도(cetanā)의 역할에 대하여 앗타살리니에는 자신도 법문을 하고 다른 제자들도 법문을 잘 할 수 있도록 도와주는 상수제자에 비유하고 있습니다. 마치 대목수가 자신의 일도 하고, 다른 목수들이 일을 잘 할 수 있도록 하는 것과 같이 혹은 전장에 나간 장군이 자기도 전투를 함은 물론 다른 병사들도 잘 싸우도록 지휘하는 장군에 비유합니다.

"그가 시작하면, 다른 추종자들은 그의 행동을 본받아 뒤따른다. 이렇게 의도가 어떤 대상에 대한 역할을 시작할 때, 함께 하는 다른 마음부수들도 각자의 역할을 수행토록 한다."

한편 과보의 마음이나 단지 작용만 하는 마음과 함께 하는 의도(cetanā)는 다른 담마들의 역할만을 조정합니다. 이 의도(cetanā)는 유익하거나 해로운 행위를 '하도록 혹은 하려고' 하지 않습니다. 즉 유익하거나 해로운 행위를 하도록 동기를 자극하지 않는다는 것입니다. 예를 들면 과보의 마음인 안식과 함께 하는 의도(cetanā)도 역시 과보인데, 이때는 함께 하는 다른 담마들의 역할만을 지시합니다. 예를 들면 감각접촉은 형상을 접촉하도록 하고, 느낌(vedanā)은 대상의 맛을 즐기며, 인식은 형상을 기억하고 다음에 다시 알아볼 수 있도록 표시를 하는 역할을 수행합니다.

유익한 마음이나 해로운 마음과 함께 하는 의도(cetanā)는 다른 것들보다 두 배로 원기왕성하게 일을 합니다. 다른 담마들을 조정하는 것 이외에도 선행이나 악행을 '**하려고**' 합니다. 몸과 말과 마음으로 짓는 행위를 강제하는 동기가 강할수록 나중에 그 행위는 과보를 만들어 낼 수 있게 됩니다. 선업이나 악업이라고 할 때에 우리는 몸과 말 혹은 마음으로 짓는 업의 길에 대하여 생각합니다. 그렇지만 이러한 선업이나 악업에는 그 행위를 자극하는 의도가 있고 목적이 있다는 사실을 기억하십시오. 이러한 업들은 누적이 되어 나중에는 상응하는 과보를 만들게 됩니다. 그래서 선업과 악업이란 사실 유익한 의도와 해로운 의도를 말합니다.

해로운 의도와 유익한 의도의 힘은 강합니다. 하지만 그

힘에는 거친 것도 있고 미세한 것도 있습니다. 만약 힘이 아주 미약하다면 몸과 말과 마음으로 짓는 행위의 과정, 즉 업의 길이 아닙니다. 예를 들어 어떤 음식을 좋아한다면 거기에는 탐욕에 뿌리한 마음과 함께 하는 해로운 의도가 있습니다. 탐욕에 뿌리한 마음이 해로운 행위의 길에 들어가도록 재촉하지는 않는다 하여도 이것은 해로운 것이지 유익한 것이 아닙니다. 이것은 보시나 지계 혹은 명상의 마음과 같은 유익한 마음과는 종류가 다릅니다.

보시나 지계 혹은 명상을 하지 않을 때에 우리는 해로운 말과 생각을 하거나 행동을 할 가능성이 많습니다. 그래서 돌이켜 보면 하루 가운데 유익한 행위를 하는 순간은 아주 적고 해로운 마음이 아주 많이 일어났기가 쉽습니다.

우리가 어떤 대상을 취할 때, 즉 먹고, 마시고, 이야기 할 때에도 해로운 마음이 일어나기 쉽습니다. 심지어 웃을 때에도 탐욕에 뿌리한 마음이 있습니다. 다른 사람을 해롭게 하려는 의도가 강하지 않을 경우에는 그러한 해로운 마음이 있다는 사실도 깨닫지 못합니다. 그렇지만 셀 수도 없이 많은 해로운 마음들이 사실은 일어나고 있는 것입니다.

거짓말을 하거나 욕을 하는 경우, 해로움의 정도는 거칩니다. 그 순간에 해로운 의도가 말을 통해 해로운 업의 길을 걷도록 자극합니다. 해로운 의도는 함께 하는 다른 담마(현상)들에게 지시를 합니다. 그리고 자신은 해로운 행위를 '하려고' 합니다. 이것은 나중에 나쁜 결과를 만들어 낼 수 있는데 해로운 의도나 업은 누적되기 때문입니다. 각각의 마음들은 일어나서는 사라지지만 다른 마음들에 의하여 이어지는 조건을 갖고 있습니다. 우리의 생이란 끊임없이 이어지는 마음의 연속이기 때문에 해롭고 유익한 의도나 업들은 순간에서 순간으로 누적되어 가고 결국에는 과보를 만들어 냅니다.

몸과 말과 마음으로 짓는 해로운 행위의 과정, 즉 업의 길에는 열 가지가 있습니다. 살생, 도둑질, 잘못된 성행위, 거짓말, 비방, 욕설, 아첨(실없는 말), 탐욕, 성냄과 사견이 그것입니다. 이러한 행위를 촉발하는 해로운 의도(혹은 해로운 업)는 악처에 태어나게 만드는 과보를 만들어 낼 수 있습니다. 혹은 우리가 살아가는 동안 감관을 통해 불쾌한 대상을 경험하는 과보의 마음 즉 해로운 과보를 만들어 냅니다.

업의 길에도 여러 수준이 있으므로 과보인 결과 역시 다양합니다. 업의 길에 있다하여도 언제나 "완성된 행위"로 귀결되지는 않습니다. 업의 길이 완성된 행위가 되기 위해서는 필요한 몇 가지 요인들이 있습니다. 각각의 업의 길에 해당하는 구성 요인들은 서로 다릅니다.

예를 들어 살생의 경우 ① 살아 있는 존재가 있어야 하며, ② 살아 있는 존재가 있음을 알아야 하고 ③ 살생을 하려는 노력이 있어야 하며 ④ 그 결과가 죽음으로 나타나야만 행위는 완성됩니다.[18] 그리고 큰 동물을 죽이는 것은 작은 동물을 죽일 때보다도 업의 해로움이 더욱 큽니다. 인간을 죽이는 것은 짐승을 죽이는 것보다도 더욱 해롭습니다.

이간질(비방)의 경우에도 완성이 되려면 4가지 요인이 필요합니다. ① 이간의 대상이 되는 사람들이 있어야 하고 ② "그들을 갈라서게 만들겠다."와 같은 목적의식이 있어야 하며, 혹은 다른 사람에게 사랑을 받고 싶어 하는 마음이 있어야 하며 ③ 이와 관련된 노력, 즉 커뮤니케이션이 있어야 합니다.19) ④ 그리고 불화라는 결과물이 있어야 합니다.

"하지만 그들 사이에 불화가 생기지 않으면, 그 죄는 완성된 과정이라고 보지 않는다. 불화가 생길 때만이 이것은 완성된다."

해로운 업의 길이 '완결된 행위'가 되면 불행한 곳에 다시 태어나게 만들 수 있습니다. 부모를 죽이는 것과 같은 몇 가지 해로운 업들은 아주 강력해서 바로 그 생에서 과보를 받는 것은 물론 다음 생에서도 과보를 받게 됩니다. 이렇게 해로운 업의 강한 힘들이 작용해서 해당하는 과보를 만듭니다. 증지부에 여러 가지 해로운 업의 과보가 나옵니다.20) 이 경(經)에 나오는 '아주 적은 과보'는 그 생에서 경험하는 불쾌한 결과들입니다.

수행자들이여, 살생을 추구하고, 반복하고, 살생하는 횟수가 많아지면 지옥에 떨어진다. 동물의 태에 들어간다. 아귀로 태어난다. 살생의 과보 중에서 아주 적은 과보는 자

기의 수명이 짧아지는 것이다.

수행자들이여, 도둑질을 하고, 추구하면, ...지옥에 떨어진다. 아주 사소한 과보는 재산을 잃게 된다.

수행자들이여, 육체적 욕망을 추구하면,......지옥에 떨어진다. 아주 사소한 과보는 그 사람에게 적대감과 성내는 마음이 생긴다.

수행자들이여, 거짓말을 하고, 추구하면, ...지옥에 떨어진다. 아주 사소한 과보는 명예가 훼손되고 그 사람의 말을 믿지 않게 된다.

수행자들이여, 뒤에서 남을 힐뜯고, 추구하면, ...지옥에 떨어진다. 아주 사소한 과보는 우정이 깨진다.

수행자들이여, 욕설을 하고, 추구하면, ...지옥에 떨어진다. 아주 사소한 과보는 그 사람의 목소리가 듣기 싫어진다.

수행자들이여, 입에 발린 말, 아첨을 하고, 추구하면, ...지옥에 떨어진다. 아주 사소한 과보는 그 사람이 한 말은 받아들이지 않게 된다.

수행자들이여, 술을 마시고, 추구하고, 반복하며, 횟수가 늘어나면 지옥에 떨어진다. 동물의 태에 든다, 아귀계에

제4장. 의도(cetanā)

태어난다. 아주 사소한 과보는 정신만 어지러워진다.(정신착란)

유익한 업의 길에 들어서면 유익한 의도가 유익한 행위를 하게 합니다. 이 의도는 함께 하는 다른 담마들의 과업을 조정합니다. 유익한 의도는 후에 행복한 곳에 다시 태어나게 하는 과보를 만들어 낼 수 있고, 그 생에서도 즐거운 형태의 과보를 받게 만듭니다.

유익한 업(kusala)에는 보시와 지계 그리고 명상이 있습니다. 보시에는 현물 말고도 다른 형태의 방법이 있습니다. 예를 들면 다른 이들에 대한 감사도 보시이고(정확히 표현하면 선업의 의도로 다른 이들이 회향하여 나눠준 공덕의 몫을 사두!(좋다)라고 화답하며 기뻐하는 것이 보시이다. 그리고 회향하지는 않더라도 남의 공덕인 선업을 보고 기뻐하는 것도 역시 보시이다(상기띠띠까)-역자), 자기의 공덕을 남에게 회향하는 것도 보시입니다. 회향이란 자기의 공덕을 남과 공유하는 것으로 자기가 행한 유익한 행위를 함께 기뻐할 수 있도록 남에게 기회를 주는 것입니다. 왜냐하면 이렇게 하면 다른 사람들도 유익한 마음을 갖게 하는데 도움이 되기 때문입니다.

계를 지키는 것도 보시의 경우과 같이 생각해 볼 수 있습니다. 증지부에 붓다와 담마와 승가에 귀의하면 행복한 과보를 받게 되는데 이것 말고도 행복한 과보를 받게 하는 다섯 가지 선물이 더 있다고 하였습니다.[21] 그것은 다음과 같습니다.[22]

여기 수행자들이여, 성스러운 제자가 살생을 포기하고 살생을 하지 않는다. 살생을 하지 않음으로 성스러운 제자는 중생들에게 헤아릴 수 없는 공포로부터의 자유, 적대감으로부터의 자유와 학대로부터의 자유를 준다. 중생들에게 공포, 적대감과 학대로부터의 자유를 줌으로써 그 자신은 헤아릴 수 없는 공포로부터의 자유, 적대감으로부터의 자유와 학대로부터의 자유를 즐긴다.

게다가 수행자들이여, 성스러운 제자는 주지 않는 것은 갖지 않으며, 잘못된 성행위를 하지 않으며… 잘못된 말을 하지 않으며, 취하게 하는 마실 거리와 부주의의 원인이 되는 마약을 포기하고, 그러한 행위들을 하지 않는다. 취하게 하는 마실 거리와 마약을 하지 않음으로 성스러운 제자는 헤아릴 수 없는 중생들에게 공포로부터의 자유, 적대감으로부터의 자유 그리고 학대로부터의 자유를 준다. 헤아릴 수 없는 중생들에게 공포, 적대감 그리고 학대로부터의 자유를 줌으로써 그 자신도 공포로부터의 자유, 적대감으로부터의 자유 그리고 학대로부터의 자유를 즐긴다.

우리가 악의가 있는 행위를 하지 않는다는 것은 다른 이들에게 안전하고 두려움 없이 살 수 있는 기회를 준다는 것을 말합니다. 계(戒)라는 것은 몸이나 말로써 악한 행위를 하지 않는 것입니다. 계(戒)에는 악의를 가진 행위를 자제하는 것 이외의 다른 측면도 있습니다.[23]

살생을 하지 않는다는 유익한 계(戒)에는 살생할 기회가 있어도 살생을 하지 않는 것 말고도 이러한 기회와는 무관한 유익한 계-지킴이 있습니다. 즉 아주 작은 곤충일 지라도 모든 살아 있는 생명들을 살리겠다고 결심하는 경우입니다.

또한 계(戒)를 범할 기회를 만난 것이 아닐지라도 해로운 업을 짓지 않겠다고 결심을 하는 경우도 있습니다. 예를 들어 음주의 나쁜 결과를 알고는 앞으로는 술을 마시지 않겠다고 결심하는 경우이지요. 이러한 유익한 의도는 미래에 술을 마실 기회가 있을 때 절제하는 조건이 될 수 있습니다.

이러한 유익한 마음들도 자아가 아닙니다. 이것들은 일어나기 위한 바른 조건을 만나면 일어나는 것입니다. 이 유익한 마음의 뒤를 이어 해로운 마음이 일어납니다. 이렇게 선한 의도는 사라져 갑니다.

우리는 마음속에 선한 의도가 없다고 괴로워 할 수 있습니다. 하지만 기억해야 할 것은 유익한 마음이나 해로운 마음은 일어나기 위한 바른 조건들이 형성되었기 때문에 일어난다는 사실입니다.

해로운 마음이 일어나는 것은 계를 지키겠다고 결심하는 것과 같은 유익한 마음의 조건과는 다른 조건들이 구비되었기 때문에 일어납니다. 우리 모두는 유익하고 해로운 업을 습관처럼 누적하여 왔습니다. 유익한 업을 짓느냐 아니면 해로운 업을 짓느냐는 이러한 조건들에 의존합니다.
사념처를 닦지 않는다면 계를 지키는 것은 아주 어렵습니다. 청정도론 계품(戒品)에는 감각기관을 보호해야 한다는 이야기가 나옵니다. 감각기관을 보호하는 것은 계(戒)에 해당됩니다. 예를 들어 마음챙김을 통해 형상을 '사물'이나 '사람'으로 받아들이지 않고 단지 눈의 감성에 부딪친 물질(rūpa)로 안다면 눈의 문은 보호된 것입니다. 이 순간에는 형상에 대한 취착이나 성냄이나 어리석음과 같은 해로움은 없습니다.

시간이 지나 보이는 것에 몰입하게 되면 그것에 취착하게 됩니다. 하지만 감각의 문(門)에 마음을 챙기면 보호가 되고 감각들에 대하여 절제하게 됩니다. 그러므로 나마(nāma)와 루빠(rūpa)에 대한 마음챙김은 계(戒)에 해당합니다.

유익한 업(業)인 명상에는 담마를 듣고 공부함, 담마를 가르침, 고요함을 닦는 사마타 그리고 실재들에 대한 바른 통찰지를 개발하는 위빳사나가 포함됩니다. 바른 통찰지의 개발은 어리석음을 제거시켜주므로 유익한 업 중에서 가장 수승한 업입니다. 어리석음이 완전히 제거되면 다음 생에 다시 태어나게 만드는 조건은 더 이상 존재하지 않습니다. 다시 태어나고 죽어야 하는 윤회의 싸이클에서 완전한 자유를 얻게 됩니다.

우리는 습관적으로 여러 유익한 업과 해로운 업들을 "누적"시켜 왔습니다. 그것들은 일어나기 위한 바른 조건을 만나면 해당되는 결과를 만들어 냅니다. "누적"이라는 말은 단지 업에만 국한되어 사용되는 것은 아니고, 유익하거나 해로운 버릇도 누적된다고 표현할 수 있습니다. 어떤 사람이 습관처럼 도둑질을 한다면 나중에는 과보를 받게 됩니다. 그런데 이 과보는 단지 도둑질이라는 해로운 행위 때문만은 아닙니다. 도둑질이라는 버릇도 누적이 되는데 이 누적된 버릇이 나중에 다시 도둑질을 하게 하는 조건이 됩니다.

우리의 내면에는 모든 악행(akusala)을 할 수 있는 잠재력이 있습니다. 그리고 기회가 되면 해로운 의도는 몸과 말 그리고 마음으로 악행을 하도록 자극합니다. 우리는 유익한 결과를 맺게 되는 조건과 해로운 결과를 맺게 되는 조건들을 알아야 합니다. 누적된 업은 과보를 맺게 만드는 하나의 조건입니다. 그리고 또 다른 조건은 유익한 행위나 악한 행위의 습관에서 비롯된 '누적된 버릇'입니다.

우리는 자신들만의 고유한 영역에서 고유한 역할을 통해 과보를 만들어 낼 수 있는 여러 조건들을 가지고 있습니다. 예를 들어 모든 습관은 누적됩니다. 탐욕에 뿌리한 마음도 탐욕이라는 습관 때문에 누적이 됩니다. 이 누적된 습관은 또 다시 탐욕을 일으키는 조건이 됩니다. 우리는 이러한 탐욕을 수없이 누적시켜 왔으므로 취착할 수밖에 없는 것입니다. 이러한 누적은 해로운 습관만이 아니라 유익한 버릇들도 누적이 됩니다.

지금 나타난 실재들에 대하여 바로 마음챙김을 한다면 이것은 나중에 또 다른 마음챙김을 하게 만드는 조건이 됩니다. 하지만 마음챙김보다는 탐욕의 마음이 일어나기가 쉽지만 조금씩이라도 마음을 챙겨 나간다면 마음챙김의 어려움은 조금씩 적어질 것입니다.

지금 우리가 습관처럼 누적해 가는 버릇은 그것이 무엇이든 간에 미래의 생에서 꽃을 피우게 됩니다.24) 붓다의 전생 이야기를 기술한 자타카에는 생과 생을 거듭하며 똑같은 행위를 반복하는 이야기가 많이 나옵니다. 예를 들어 부처님을 죽이려 하였던 데와닷따도 수많은 전생에서 붓다를 죽이려 하였습니다. 담맛다자 자따까(220)에서

"데와닷따가 나를 죽이려고 하였던 것은 이번이 처음이 아니다. 그러므로 나는 놀라지도 않는다. 그는 전생에서도 그리하였었다."

강한 탐욕심을 가졌던 '두따 자따까'(260)라는 수행승 역시 전생의 삶에서 탐욕심이 컸습니다. 그래서 붓다는

"그대여, 지금 그대는 수행자이지만 전생에서도 그대는 탐욕심이 많았다. 그래서 탐욕심이 문제가 되어 그대의 머리는 찰에 의해 끊어졌었다."

붓다는 계속해서 그의 전생 이야기를 합니다. 전생에서 그는 왕이 먹는 맛좋은 음식이 탐이 나서 접시에 있는 밥을

한 덩어리 훔쳤습니다. 그것 때문에 그는 일생동안 죄 값을 치러야 하였습니다. 붓다는 이 이야기의 끝에 네 가지 성스러운 진리를 설합니다. 그 결과 그 수행승은 아나함이 되었습니다. 아나함(不還者)은 깨달음의 세 번째 단계를 성취한 성자(聖者)를 말합니다. 그는 붓다의 이야기를 듣는 동안에 나마(nāma)와 루빠(rūpa)에 마음을 챙겼음이 틀림없습니다. 이렇게 무르익은 그의 지혜는 감각적 대상에 취착하는 모든 오염들을 제거하였습니다.

띨라-뭇티 자따까(252)에는 툭하면 화를 내고 거칠게 이야기를 하는 수행승 이야기가 나옵니다. 이때에도 붓다는

"수행자들이여, 이번이 처음이 아니다. 이 사람은 성미가 급하다. 그는 전생에서도 마찬가지였다."

라고 하시고는 그의 전생이야기를 하신 다음에는 사성제(四聖諦)를 설합니다. 그래서 그 성미 급한 수행승도 아나함이 됩니다. 그는 성냄을 제거 하였습니다. 우리가 많은 생에서 습관적으로 강한 탐욕과 성냄의 기질을 가졌다고 하더라도, 팔정도의 지혜는 그러한 오염들을 제거할 수 있습니다.

위의 자따까에 나온 탐욕스러운 수행승과 화를 잘 내는 수행승도 역시 마음챙김을 하고 지혜를 닦아왔기 때문에 붓다의 말씀 끝에 깨달음을 얻었습니다. 이때 붓다께서 설하신 법문은 그들에게는 아나함이 되기 위한 바른 조건이 된

것입니다. 만약 여러분이 지금하고 있는 행동이 과거의 생으로 부터 누적되어온 습관 때문이라는 것을 이해한다면 앞으로는 이러한 행동을 조금씩 덜하게 될 것입니다.

지금 일어나고 있는 실재들은 모두 조건지워진 것들입니다. 보시를 하는 것도, 과거 생에서 보시를 행한 것에 의하여 조건지워진 것으로 이것은 '내가 하는 보시'가 아닙니다. 화를 내는 것도 과거 생부터 화를 내온 것에 의하여 조건지워진 것으로 '내가 내는 화'가 아닙니다.

우리의 마음 안에서 유익한 마음을 내라고 강요하는 자아는 없습니다. 하지만 유익한 마음을 내게 하는 조건들을 갖추어 가면 앞으로는 유익한 마음을 보다 자주 내게 될 것입니다.

지혜가 있는 유익한 마음을 일어나게 하려면 담마에 대한 바른 이해를 하고 있는 사람 그리고 담마를 바르게 설명할 수 있는 사람과의 교류가 중요한 조건이 됩니다. 그리고 그 가르침을 듣고 사유하는 것 그리고 무엇보다도 지금 이 순간에 나타나고 있는 실재에 대하여 마음을 챙기는 것이 중요합니다.

유익한 업을 짓기를 원한다면 깊이 생각해 보아야 합니다. 유익한 과보를 얻는 것이 당신의 목표입니까? 업의 법칙은 자연법칙이기 때문에 유익한 업은 행복이라는 과보를 만듭니다. 하지만 좋은 곳에 태어나는 행복한 과보를 위하여 유익한 업을 짓는다면, 거기에는 취착하는 마음이 있습니다.

붓다의 가르침은 마음의 오염들을 제거하라는 것입니다. 유익한 행위를 하게 되면 마음은 보다 순수해집니다. 오염들을 제거하는 데에서 오는 이익이 있기 때문입니다. 우리의 남은 생은 아주 짧기 때문에 보시나 지계 혹은 명상의 기회를 놓치면 안 됩니다. 만약 여러분이 팔정도를 닦는다면 모든 오염들을 제거하고 청정하게 될 것입니다.

제5장. 죽어서 다시 태어나는 윤회에서 의도

의도(cetanā)는 모든 마음들과 함께 하는 마음부수입니다. 지금 일어나고 있는 안식(眼識), 이식(耳識) 혹은 생각들에는 이 의도가 함께 하고 있습니다. 이 의도는 함께 일어난, 다른 역할을 수행하는 담마(현상)들을 조정하는 역할도 수행합니다. 이것은 마음이 유익하거나(kusala) 해롭거나(akusala), 과보의 마음이거나(vipāka) 혹은 단지 작용만 하는 마음과는 무관합니다.

의도가 유익한 마음이나 혹은 해로운 마음과 함께 할 때에는 조정하는 역할 이외에도 유익한 행동을 '하려는' 혹은 해로운 행동을 '하려는' 역할을 추가로 수행합니다. 그래서 이 의도가 몸과 말과 마음으로 짓는 유익한 행위나 해로운 행위를 하도록 동기를 유발합니다. 이 유익한 의도와 해로운 의도를 우리는 유익한 업 그리고 해로운 업이라고 부릅니다. 이러한 업들은 각각에 상응하는 과보를 만들어 낼 수 있습니다.

예를 들어 유익한 업과 해로운 업은 죽어서 다시 태어나게 하는 재생연결식이라는 형태의 과보를 만들어 낼 수 있습니다. 혹은 금생에 몸의 감관에서 감촉을 경험하는 몸의 알음알이, 혀의 알음알이, 코의 알음알이, 귀의 알음알이 혹은 눈의 알음알이와 같은 형태의 과보로 나타날 수 있습니다. 우리는 감각기관을 통해 즐거운 대상이나 불쾌한 대상을 경험합니다. 이러한 감관을 통한 즐거운 경험이나 불쾌한 경험을 하는 것은 모두 업 때문입니다.

선한 행위나 혹은 해로운 행위를 하게 만드는 의도(업)는 마음과 함께 일어나서는 즉시 사라져 버립니다. 하지만 마음은 다음 마음에 의하여 끊어지지 않고 이어지기 때문에 업은 쌓여만 갑니다. 이것이 나중에 바른 조건을 만나면 과보를 만듭니다. 심지어 이 업은 금생이 아닌 다음 생에서도 무르익습니다. 그럼 다음 생이 있다는 것을 어떻게 알 수 있습니까?

우리가 만약 지금 바로 이 순간을 이해할 수 있다면 다음 생에 대하여 보다 많은 이해를 하게 될 것입니다. 관념적인 말로 인생이란 인간으로 태어나서 살아가는 시간의 폭을 말합니다. 그렇지만 진리를 보려면 궁극적인 실재들을 보아야 합니다.

사실 우리의 생은 셀 수도 없는 많은 마음의 순간들의 연속으로 일어나서는 사라지고, 다음 마음에 의하여 계속해서 이어지고 있습니다. 모든 각각의 마음 순간에는 태어남과 죽음이 있습니다. 이렇게 생(生)은 하나의 마음 순간 동안만 존재합니다. 보는 것은 단지 마음입니다. 이 마음과 동시에 일어난 다른 마음은 없습니다. 그 순간에 우리의 생이란 단지 보는 것입니다. 눈의 알음알이는 머물지 않고 빠르게 사라집니다. 듣는다는 것도 단지 듣는 마음(耳識)입니다. 이때의 생(生)이란 단지 귀의 알음알이에 불과합니다.

이 마음도 역시 사라져 버리고 다른 마음에 의하여 대체됩니다.

삶을 살아가면서 우리는 즐거운 대상과 불쾌한 대상을 보거나 듣습니다. 이때 우리는 즐거운 느낌, 불쾌한 느낌 그리고 무덤덤한 느낌을 경험합니다. 이때 우리는 완전히 탐욕과 성냄과 어리석음에 빠집니다. 그리고 때때로 유익한 행위를 하기도 합니다. 보시도 하고, 살생도 하지 않고 바른 지혜를 개발하기도 합니다.

우리의 삶이란 한 번에 하나의 대상만을 경험하는 한 순간의 마음일 뿐입니다. 한 마음순간 이전의 마음은 이미 완전하게 사라져버렸습니다. 하지만 바로 지금 이 순간에는 다른 마음이 일어나서는 역시 사라지고 있습니다.

만약 모든 마음들은 다음 마음으로 이어지기 위한 조건들을 가지고 있다는 것을 이해한다면 금생의 마지막 마음도 이해하게 될 것입니다. 즉 죽음의 마음(cuti citta) 뒤에는 다음 생의 최초의 알음알이인 재생연결식이 일어납니다. 우리는 죽어서 다시 태어나야만 하는 윤회를 계속하는 한 마음은 다음 마음으로 이어져야만 하는 조건을 가지고 있습니다.

재생연결식은 생의 첫 번째 마음입니다. 이 마음과 함께 하는 마음부수들은 업의 과보에 해당합니다. 정신과 물질로 구성된 존재계에서 업은 생(生)의 첫 번째 순간에 물질을 만들어 냅니다. 또한 살아가는 동안에 업 때문에 생긴 물질들인 눈의 감성과 귀의 감성 그리고 다른 감성물질들과 같은 것들이 계속해서 만들어집니다.

이러한 감성 물질들은 과보의 마음들이 일어나기 위한 토대의 역할을 합니다. 과보의 마음은 그래서 즐거운 대상이나 불쾌한 대상을 경험합니다. 한편 업에 의하여 만들어진 물질들은 업이 만들어낸 물질적인 결과물입니다.

우리 몸은 단지 업은 물론 마음과 온도 그리고 음식이라는 영양소에서 만들어진 물질들로 구성되어 있습니다. 이렇게 우리 몸을 구성하는 물질들의 원인은 네 가지입니다.

우리는 생(生)을 돌고 돌면서 때로는 유익한 행위를 하고 때로는 해로운 행위를 합니다. 그러나 우리는 어느 행위가 다음 생의 재생연결식(再生連結識)을 만들어 내는지 알 수 없습니다. 마찬가지로 전생에서 행한 어떤 행위가 금생의 재생연결식으로 나타났는지도 모릅니다.

하지만 우리는 지금 인간의 몸을 받았으므로 우리 생의 첫 번째 마음을 만들어낸 업은 유익한 업일 것이라는 사실을 압니다. 왜냐하면 인간 세계는 행복한 세계이기 때문입니다. 만약 다음 생을 일으키는 재생연결식의 원인이 악업이라면 우리는 불행한 세계인 악처에 태어나겠지요. 그리고 그것이 선업이라면 행복의 세계인 선처(善處)에 태어나게 됩니다.

그 누구도 자신의 태어남을 선택할 수 없습니다. 이 재생연결식은 조건지워진 담마, 상카라 담마입니다. 금생 역시 조건지워진 마음, 조건지워진 마음부수 그리고 조건지워진 물질들로 구성되어 있습니다. 다음 생도 마찬가지로 조건지워진 마음, 조건지워진 마음부수 그리고 조건지워진 물질로 구성될 가능성이 많습니다.

이러한 세계들의 마음에는 유익한 마음(kusala), 해로운 마음(akusala), 과보의 마음(vipāka) 그리고 단지 작용만 하는 마음(kiriya)이 있습니다. 우리가 만약 악처에 태어나지 않는다면 바른 지혜를 다시 닦을 수도 있겠지요.

유익한 업과 해로운 업은 재생연결식을 만들 수 있는 12연기의 연결고리입니다. 12연기는 죽어서 다시 태어나는 윤회를 무명(avijjā)으로부터 시작하여 12각지로 나누어 설명합니다. 이때 무명(無明)이 맨 앞에 나옵니다. 이것은 중생들이 궁극적 실재(眞諦)들을 있는 그대로 모르기 때문에 다시 태어나야만 하고, 태어나서는 늙고, 병들고 다시 죽어야만 한다는 것입니다. 그래서 무명(無明)이 사라지면 윤회와 괴로움은 끝이 납니다.

"무명 때문에 상카라가 일어난다."
상카라는 12연기의 두 번째 연결고리입니다. 상카라는 유익한 의도 혹은 해로운 의도를 말합니다. 즉 과보를 만들어 낼 수 있는 업(業)이 상카라입니다.

"상카라 때문에 알음알이(業識)가 일어난다."
알음알이는 12연기의 세 번째 연결고리로 재생연결식도 될 수 있고, 삶의 과정에서 일어나는 안식(眼識)이나 이식(耳識)과 같은 과보의 마음이 될 수도 있습니다.

12연기는 이렇게 금생과 미래생이 일어나기 위한 조건을 보여줍니다. 계속되는 윤회의 조건을 보여주고 있는 것이지요. 12연기에서 두 번째 연결고리인 상카라는 과보를 만드는 업을 말합니다. 업(業)은 의도입니다. 이 의도 때문에 다시 태어나는 윤회는 계속됩니다. 상카라는 종종 '업의 형성(kamma-formation)'으로 번역합니다. 이런 의도를 아비상카라(abhisaṅkhāra)라고 합니다. 여기서 아비(abhi)는 전치사인데 때때로 '우세하다'는 의미로 쓰입니다. 유익한 업이나 해로운 업인 의도는 다시 태어나게 만드는 우세한 조건을 가지고 있습니다. 오로지 유익한 마음이나 해로운 마음과 함께 하는 의도만이 아비상카라가 됩니다.

과보의 마음이나 **단지 작용만 하는 마음**과 함께 하는 의도는 아비상카라가 되지 못합니다.25) 모든 아비상카라 혹은 '업의 형성들'은 12연기의 한 연결고리로 무명 때문에 일어납니다. 비록 함께 하는 마음에 어리석음(무명)이 없는 유익한 마음 일지라도 유익한 업은 여전히 무명에 의하여 조건 지워집니다. 무명이 있는 한 우리는 과보를 만드는 업을 짓습니다. 그래서 죽어서는 다시 태어나야만 하는 윤회를 계속해야 합니다. 무명(無明)에 싸인 사람을 청정도론(XVII, 119)에서는 마치 맹인과 같다고 표현합니다.

태어나면서부터 장님인 자가
인도해 줄 사람이 없어

어떤 때에는 바른 길로
어떤 때에는 길이 아닌 곳으로 가듯

윤회에 돌고 도는 어리석은 자는
인도해 줄 사람이 없어

어떤 때는 공덕이 되는 행위를
어떤 때는 공덕이 되지 않는 행위를 짓는다.

하지만, 법을 알고서
진리들을 관찰할 때
무명은 가라앉고
고요하게 다닐 것이다.

다른 종류의 마음들과 함께 하는 의도는 다른 것입니다. 유익한 마음과 함께 하는 혹은 해로운 마음과 함께 하는 의도는 유익하거나 해로운 행위를 '하려고' 합니다. 이것은 과보를 만들어 낼 수 있습니다. 하지만 도(道)의 마음은 예외입니다.

한편 색계나 무색계의 마음들과 함께 하는 의도는 색계 범천의 세계나 무색계 범천의 세계에 태어나게 할 수 있습니다. 이때의 의도는 12연기의 연결고리에 해당합니다.

해로운 업이나 유익한 업 때문에 생긴 **과보의 마음**과 함께 하는 의도도 역시 과보입니다. 이 **과보의 마음**과 함께 하는 의도는 함께 하는 다른 담마들을 조정하는 역할만 수행합니다.

단지 작용만 하는 마음과 함께 하는 의도는 유익하지도 해롭지도 않으며, 과보도 아닙니다. 이것은 단지 작용만 하며 함께 하는 담마들을 조정하는 역할만을 수행합니다.

초세간의 마음과 함께 하는 의도는 12연기의 연결고리가 아닙니다. 초세간 마음은 도(道)의 마음인데, 바로 과(果)의 마음이라는 과보를 만듭니다. 도(道)의 마음 다음에 과(果)의 마음이 일어나는 것이지요. 도의 마음은 오염들을 제거하므로 죽어서 다시 태어나는 윤회에서 벗어나게 합니다. 그래서 아라한은 다시 태어나지 않습니다. 아라한은 과보를 만드는 업을 짓지 않습니다. 아라한의 마음은 단지 작용만 합니다. 이 아라한의 **단지 작용만 하는 마음**과 함께 하는 의도 그리고 아라한의 **미소 짓는 마음**인 '**뿌리 없이 단지 작용만 하는 마음**'은 아비상카라가 아닙니다. 12연기의 연결고리도 아닙니다. 아라한에게는 유익한 마음도 없고 해로운 마음도 없습니다. 즉 과보를 만들 수 있는, 업을 짓는 마음이 없다는 이야기입니다. 대신에 단지 작용만 하는 마음만 있습니다.

앞에서 본 것처럼 유익한 업이나 해로운 업은 과보를 만듭니다. 우리가 감관을 통해서 즐겁거나 불쾌한 경험을 계속하는 것은 모두 과보의 마음들 때문입니다. 즉 즐겁거나 불쾌한 것을 보거나 듣거나 맛보거나 혹은 몸의 감관을 통하여 경험하는 것들은 모두 업의 결과(과보)에 해당합니다.

이론적으로 우리는 과보의 마음들은 유익하거나 해로운 마음의 결과라는 것을 압니다. 하지만 이론적인 지식만으로는 불충분합니다. 지금 이 순간에 나타나는 마음들이 이것은 유익한 마음이고 저것은 해로운 마음이라는 것을 직접적으로 식별할 수 있어야만 합니다.

살아가면서 경험하는 모든 상황은 많은 다른 조건들 때문에 일어나는 마음순간(심찰라)들로 구성되어 있습니다. 예를 들어 어떤 사고가 나서 상처를 입게 되면 우리는 몸의 감관을 통해 아주 불쾌한 경험을 합니다. 이것은 과보입니다. 하지만 그 과보의 순간은 즉시 사라져 버립니다. 그리고 아주 짧은 순간이 지나면 성을 내는 마음이 일어납니다. 이 성냄이라는 해로운 마음과 과보의 마음을 구분하는 것은 어렵습니다. 마음들은 아주 빠르게 연속해서 흘러가기 때문입니다. 우리가 '이것이 과보!'라고 생각하는 순간에 이미 그 과보의 마음순간은 지나가 버렸고 유익하거나 해로운 마음들이 대신 자리를 잡지요.

이것은 그러한 마음들이 일어나기 위한 조건들 때문에 일어나는 것입니다. 해로운 마음과 유익한 마음은 유익함과 해로운 행위를 하려고 하는 과거부터 누적된 성향에 의하여 영향을 받습니다. 반면에 즐겁거나 불쾌한 경험을 하는 안식(眼識)이나 이식(耳識)은 과보로 업에 의하여 조건 지워집니다.

의도는 상카라 담마, 조건지워진 담마입니다. 이것은 마음 그리고 그 마음과 함께 하는 다른 마음부수들에 의하여 조건지워진 것입니다. 상카라는 문맥에 따라 의미가 다릅니다. 12연기에서 상카라는 무명 때문에 '형성되는 업'이라는 의미입니다. 즉 다시 태어나게 하는, 윤회의 과보를 일으키는 업을 형성한다는 의미입니다.

이 순간에도 우리는 죽어서 다시 태어나는 윤회를 계속하고 있습니다. 그리고 삶에 취착하며, 계속 살아가기를 원합니다. 우리는 생(生)은 바람직한 것이라고 생각합니다. 그러나 이것은 생의 진실을 모르기 때문입니다. 생(生)이란 단지 한 순간도 머물지 않는 나마(정신)와 루빠(물질)일 뿐이라는 사실을 모르기 때문입니다. 그래서 우리는 자신에 취착합니다.

남들로부터 존경을 받고 남들이 좋아하기를 원합니다. 그리고 직장에서도 성공하기를 원하지만 살아가면서 많은 좌절을 경험합니다. 원하는 것을 얻지 못하면 실망합니다. 마음속에 이러한 오염들이 남아 있는 한 윤회는 끝이 없습니다.

하지만 이 순간부터 눈의 알음알이와 형상, 귀의 알음알이와 소리 혹은 생각과 같은 조건지워진 현상들은 한 순간도 머물러있지 않는다는 사실을 있는 그대로 알기 시작한다면 윤회를 끝낼 수 있습니다. 우리는 거의 위와 같은 실재들에 대해서 잊고 삽니다. 하지만 마음챙김은 바로 지금 시작할 수 있습니다. 우리는 자신뿐만이 아니라 다른 이들도 어떤 대상에 취착한다는 것을 압니다. 그리고 취착은 슬픔의 원인이라는 것도 압니다. 상응부에서 붓다는 생(生)에서 나타나는 모든 오온(五蘊)은 조건지워진 현상이라는 것을 있는 그대로 알아야 한다고 말합니다.26) 붓다께서 사왓티에 머물고 계실 때

수행승들이여,
지혜로서 알아야만 하는 것에 대하여 말하겠으니
자세히 들으라.
그렇다면 수행승들이여, 무엇을 알아야 하는가?
수행승들이여,
몸(色-역자)을 알아야 한다.
느낌을 알아야 한다.
인식, 상카라 그리고 알음알이도 알아야 한다.
이러한 것들을,
수행승들이여,
"이해하여야 한다."

그리고 수행들이여,
지혜란 무엇인가?
욕망의 파괴, 성냄의 파괴, 어리석음의 파괴.
수행승들이여,

이것을 일러 지혜라 한다.

만약 지금 바로 나타나고 있는 안식(眼識)과 이식(耳識) 혹은 다른 실재들에 대하여 바르게 마음을 챙기고 지혜가 있다면 윤회를 끝내게 될 것입니다.

제6장. 집중(ekaggatā)

에깍가따(ekaggatā)는 빠알리어로 집중(concentration) 혹은 하나됨(one-pointedness)이라는 의미인데 모든 유익한 마음(kusala), 해로운 마음(akusala), 과보의 마음(vipāka) 그리고 단지 작용만 하는 마음(kiriya)들과 반드시 함께 일어나는 7가지 마음부수인 '반드시들' 가운데 하나입니다. 즉 모든 존재계의 모든 마음들과 함께 일어난다는 의미입니다. 하지만 다른 종류의 마음들과 함께 할때에는 그것들의 특징은 달라집니다. 마음은 대상이 있음을 '아는 것(cognizing)'이 특징이므로 마음이 일어나기 위해서는 대상이 필요합니다. 대상이 없는 마음은 없고 모든 마음은 오로지 한 번에 하나의 대상만을 알 수 있습니다.

집중이라는 마음부수는 대상에 초점을 맞추는 역할을 합니다. 예를 들어 눈의 알음알이(眼識)는 단지 형상이라는 대상만을 알 수 있습니다. 이 순간에 다른 대상을 알 수는 없습니다. 이때 집중(ekaggatā)은 형상이라는 대상에 집중합니다. 귀의 알음알이(耳識)는 단지 소리만을 알고 형상이나 다른 대상은 알 수 없습니다. 그래서 이때의 집중(ekaggatā)은 소리라는 대상에만 집중합니다.

아비담마에 나오는 '대상'이란 우리가 흔히 말하는 관념적인 '대상'이나 어떤 '사물'과 같은 것은 아닙니다. 꽃병과 같은 대상을 우리는 일상의 언어로 '사물'이라고 합니다.

우리는 꽃병을 보면서 만집니다. 그리고 동시에 '이것은 꽃병'이라고 안다 생각합니다. 하지만 각각의 감각기관의 문을 통해 나타나는 다른 대상들을 아는 마음들은 서로 다른 마음들입니다. 그리고 이러한 마음들은 한 번에 하나씩 일어나므로 오로지 하나의 대상만을 알 수밖에 없습니다. 안식(眼識)은 형상이라는 대상만을 압니다. 감촉이나 개념과 같은 것은 알 수 없습니다. 형상이라는 대상은 오로지 눈을 통해서만 알 수 있고 몸으로 접촉할 수 없습니다.

이런 것을 우리는 이론적으로 이해할 수는 있지만 직접적인 체험을 통해 서로 다른 대상들이 한 번에 하나씩 나타나는 것을 마음챙김을 통해 확인해야만 합니다.

대상(ārammaṇa)에 대하여 이야기 할 때에는 어떤 대상인지를 먼저 명확히 해야 합니다. 안문(眼門)의 대상은 형상입니다. 이문(耳門)은 소리입니다. 냄새, 맛, 감촉이라는 대상은 각기 해당되는 감각의 문을 통해 나타납니다. 그러나 의문(意門)은 모든 이러한 대상들을 알 수 있습니다. 오문(五門)이나 오문을 통해 나타나는 궁극적 실재들은 물론 개념에 해당되는 생각들도 의문의 대상이 됩니다. 이렇게 아비담마에서 말하는 대상이란 이러한 세부적인 의미를 포함합니다.

'하나됨' 혹은 집중(心一境)이라는 뜻의 에깍가따(ekaggatā)는 대상에 초점을 맞추는 역할을 합니다. 우리는 흔히 집중은 선정을 닦는 사마타에만 있는 것이라 생각하는데 그렇지 않습니다. 고요함이 깊어지면 집중도 역시 깊어지지만 사마타에서만 집중이 있는 것이 아닙니다. 집중이라는 마음부수는 모든 종류의 마음들과 함께 하므로 그 종류도 다양합니다. 우리가 '산만'하다고 하는 순간에도 집중(ekaggatā)이 있습니다. 이때는 들뜸이라는 해로운 마음의 심리적 상태와 함께 합니다.

집중(ekaggatā)은 인지되는 그 순간의 대상에 집중합니다. 들뜸과 함께 하는 탐욕에 뿌리한 마음이 일어나면 거기에도 그 마음과 함께 하는 집중이라는 마음부수가 있습니다. 이렇게 모든 유형의 해로운 마음들에도 함께 하는 집중이 있습니다. 우리가 아름다운 광경이나 즐거운 음악을 즐길 때에도 탐욕에 뿌리한 마음과 함께 하는 집중이라는 마음부수가 있습니다. 그 순간의 집중은 즐거운 대상에 집중하게 합니다. 심지어 악한 행위를 할 때에도 집중은 있습니다.

해로운 마음과 함께 하는 집중(ekaggatā)은 '잘못된-삼매', 잘못된 집중이라고 하고, 유익한 마음과 함께 하는 집중은 '바른-삼매', 바른 집중이라고 합니다. 삼매(samādhi)는 집중(ekaggatā)의 다른 이름입니다. 잘못된 집중이나 바른 집중은 모두 집중(ekaggatā)이라는 공통점은 있어도 특성은 다릅니다. 즉 바른 사마디는 바르고 유익하게(kusala) 대상에 집중합니다. 이 바른 집중의 수준도 깊음의 정도가 다양합니다.

앗타살리니에 바른 집중, 바른 삼매에 대하여 나옵니다.27)

마음이 하나로 모이는 집중은 마음이 흩어지지 않는 것 혹은 (마음부수들이) 산만하지 않음이 특징이다. 마치 물에 풀어진 목욕가루가 반죽이 되어 뭉쳐지는 것처럼 함께 하는 마음부수들을 하나로 뭉치게 하는 역할을 한다. 마음의 고요함이나 지혜로 나타난다. 집중이 있으면 있는 그대로의 진리를 본다. 행복감이 가까운 원인이다.28)

집중은 바람이 없을 때 램프의 불꽃이 흔들리지 않는 것처럼 마음의 안정됨으로 알아야 합니다. 청정도론에도 집중은 마음의 고요함으로만 나타나고 지혜가 생기는 것이 아니라고 나옵니다.29)

사마타는 장애를 가라앉히고 선정을 얻기 위한 수행법입니다. 바른 집중은 선정의 요소 가운데 하나입니다. 일으킨 생각(尋, vitakka), 지속적인 고찰(伺, vicāra), 희열(喜, pīti), 행복(樂, sukha), 집중(ekaggatā)은 선정을 얻기 위하여 함께 닦아 나가야 합니다. 명상이 진전됨에 따라 모든 선정의 요소들은 삼매가 무르익도록 지원합니다.

어떤 수행자들은 잘못된 방법으로 사마타를 닦습니다. 예를 들어 이완을 목적으로 하나의 점에 집중하는 것이지요. 그러나 이완(휴식)하고자 하는 마음의 이면에는 취착하는 해로운 마음이 있습니다. 사마타는 우리가 말하는 '휴식'을 취하기 위하여 닦는 것이 아닙니다. 사마타 수행의 목적은 일시적으로 오염을 제거하는 것이 목표입니다.

사마타를 바르게 닦으려면 사마타에 대한 바른 이해가 필요합니다. 그리고 유익한 마음과 해로운 마음의 순간들을 정확하게 알고, 고요함의 특징을 알아야만 고요함을 개발할 수 있습니다. 고요함의 수준에도 여러 단계가 있습니다. 그리고 고요함은 닦을수록 고요해지고 삼매 역시 무르익습니다.30) 선정에 근접한 고요함을 근접삼매(upacāra-samādhi)라 합니다. 본 삼매는 선정을 의미합니다.

이때 색계 선정의 마음과 함께하는 집중은 욕계의 마음과 함께 하는 집중과는 완전히 다릅니다. 보다 높은 단계의 선정일수록 고요함의 정도도 깊어지고 미세해집니다. 무색계의 선정은 색계의 선정보다도 훨씬 집중과 고요함의 정도가 높고 미세합니다.

위빳사나에도 바른-삼매가 있습니다. 앗타살리니에 집중이라는 마음부수는 지혜를 생기게 한다고 나옵니다. 지혜(반야)가 정신(nāma)이나 물질(rūpa)을 있는 그대로 보는 그 순간에도 집중은 자기의 역할을 수행합니다. 바른-삼매는 팔정도 가운데 바른 선정(正定)을 의미합니다. 예를 들어 지혜가 '형상이란 단지 물질(rūpa)이라고 혹은 나마(nāma)의 대상'이라고만 안다면 그 순간의 집중은 바른 것입니다. 바른-집중은 바르게 대상에 초점을 맞춥니다. 바른 삼매(집중)가 초세간의 마음과 함께 할 때, 바른-삼매(집중) 역시 초세간으로 닙바나를 대상으로 집중합니다. 이때의 바른-삼매(집중)는 초세간 팔정도의 한 요인이 됩니다.

어떤 사람은 위빳사나를 할 때, 정신(nāma)과 물질(rūpa)을 있는 그대로 알기 위하여 특별한 정신(nāma)과 물질(rūpa)에 집중해야 한다고 생각합니다. 하지만 어떤 결과를 바라는 마음으로 집중을 한다는 것은 바른 집중이 아닙니다. 수다원이 되지 않는한 우리는 여전히 잘못된 방법으로 수행을 할 수 있습니다. 여전히 욕망에 집착하고 잘못된 길 위에 서 있습니다.

나마(nāma)와 루빠(rūpa)가 육문(六門) 가운데 하나에서 나타날 때 마음을 챙기면 그 순간에 그 실재에 대한 바른 지혜가 개발됩니다. 바른 집중을 하기 때문에 그런 지혜가 생기는 것입니다. 일어나기 위한 바른 조건이 충족되면 집중은 자신의 역할을 수행합니다. 어떤 대상에 집중하고 있다고 생각 할 필요가 없습니다.

궁극적 실재(眞諦)에 대한 마음챙김과 바른 지혜 그리고 바른 집중은 바른 조건들 때문에 일어나는 것이므로 이것들에는 실체가 없습니다. 무아(無我)입니다. 여기에는 이것들을 일어나라고 지시할 수 있는 마음이나 자아와 같은 것은 없습니다. 그리고 특별한 대상을 경험하도록 조정하는 자아와 같은 것은 없습니다. 하지만 바른 마음챙김과 바른 지혜가 일어나도록 해당되는 조건들을 닦아 나갈 수 있습니다. 이 조건들이란 궁극적 실재들이 무엇인지 공부하고 일상에서 그것들을 알아차리라는 붓다의 가르침을 따르는 것입니다.

증지부에 집중을 개발하는 4가지 방법이 나옵니다.31) 첫 번째는 바로 이 생에서 '행복한 삶'을 누리기 위하여 네 가지 선정을 닦는다하였습니다. 두 번째는 사마타 명상 주제로써 '마음의 빛'에 집중하는 것입니다. 바로 이것이 '알고 보는' 완벽한 통찰지로 이끌어 주게 하는 것으로 여기서 하고 싶은 이야기입니다. 이것은 주석서에 자세하게 나옵니다. 세 번째는 '마음챙김과 알아차림'을 통한 집중입니다.

여기 수행자들이여, 수행자에게 일어난 느낌이 분명하다. 그에게 남아 있는 느낌이 그에게는 명확하다. 사라져 가는 느낌이 수행자에게 명확하다. 그에게 일어난 인식이···.그에게 일어난 일련의 생각들이, 그에게 남아 있는, 그의 안에서 사라져 가는 것이 그에게 명확하다. 이 수행자를 마음챙김과 알아차림에 도움이 되는 "집중을 하는 이"라고 한다.

4번째는 오염들을 파괴하는 집중입니다.

그리고 만약 충분히 닦아서 오염들을 소멸시킬 수 있는 집중이 있다면 그것은 어떤 것인가? 여기 수행자가 다섯 가지 취착하는 무더기들의 일어남과 사라짐을 관찰하며 머문다. 그리하여, 그러한 것이 물질(rūpa)이다, 그러한 것이 물질(rūpa)의 일어남이다. 그렇게 사라진다. 그러한 것이 느낌이다. 그러한 것이 인식이다. 그러한 것이 상카라이다. 그러한 것이 알음알이다. 그러한 것이 알음알이의 일어남이다. 그러한 것이 알음알이의 사라짐이다. 수행승들이여, 이것이 오염을 파괴하는 "집중법" 이다.

이렇게 네 가지 형태가 있습니다. 붓다는 이것과 관련하여 '뿐냐까의 질문 경' '목표의 장'에서

세상을 돌아보면 만물들은 높거나 낮다.
아무것도 소유하지 않은 자,
세상에서 그를 움직이는 것은
고요함과 밝음, 즐거움, 집착으로부터의 자유로움!

나는 말한다.
그는 태어남과 늙음을 건넜다고.

특정한 대상에 집중을 하려하지 않아도, 나타난 나마(nāma)나 루빠(rūpa)에 대하여 바르게 마음을 챙기게 되면 바른 조건들 때문에 바른 집중이 일어납니다. 바른 집중을 통해 바른 지혜가 개발되면 오온의 일어남과 사라짐을 꿰뚫게 됩니다. 그리고 마침내 아라한과를 성취해서 오염원들을 모두 파괴합니다.

제7장 생명기능(jīvitindriya) 마음에 잡도리함 (mānasikara)

생명기능(jīvitindriya)과32) 마음에 잡도리함(mānasikara)은 모든 마음과 함께 하는 7가지 마음부수 가운데 하나입니다.

생명기능(jīvitindriya)

생명기능은 마음 그리고 이 마음과 함께 하는 마음부수들의 생명을 유지시켜 줍니다. 앗타살리니에 따르면 생명기능은 '끊임없이 지켜주는 것'이 특징이고 함께 하는 담마들의 생명을 유지시키는 역할을 합니다. 그것들을 확립하는 것으로 나타나고 유지되어야 할 담마들이 가까운 원인입니다.

생명기능의 역할은 마음 그리고 이 마음과 함께 하는 마음부수들을 유지시켜 주는 것입니다. 그것들이 사라질 때까지 그것들을 유지시켜 줍니다. 생명기능은 마음과 함께 일어나서는 사라집니다. 이 짧은 순간동안에만 자신의 역할을 수행합니다. 사실 모든 마음순간(心刹那)들은 아주 짧은 세 개의 아찰라(亞刹那)로 구성됩니다.
- **일어남**의 순간 (uppāda khaṇa)
- **머묾**의 순간 혹은 안정된 순간(ṭhiti khaṇa)
- **사라짐**의 순간(bhaṅga khaṇa)

제7장 생명기능(jīvitindriya) 마음에 잡도리함(mānasikara)

생명기능은 일어남의 순간에 마음과 함께 일어나서는 마음 그리고 함께 하는 마음부수들의 생명을 유지시킵니다. 하지만 사라짐의 순간 이후로는 이것들을 머물게 할 수 없습니다. 그래서 마음과 함께 하는 마음부수들은 사라져야만 합니다. 앗타살리니에

이것은 함께 하는 담마들이 존속하는 동안에만 세 개의 상태에 걸쳐서 그것들을 지켜준다. 마치 연꽃위의 물과 같다. 그리고 이것이 비록 다른 담마들을 지켜준다 하여도 자기 자신의 특성에 따라 일어나고, 유아(幼兒)를 돌보는 간호사와 같이. 생은 단지 함께 하는 담마들의 상태와 밀접한 관계 속에서 그들이 가면 이것도 간다. 마치 배의 조종사와 같이. 계속 유지 되어야만 하는 자아나 자아의 상태가 없기 때문에 사라짐의 순간을 넘어서는 존재할 수 없다. 사라짐의 순간에 생명기능도 무너지므로 다른 것들을 유지시키지 못한다. 마치 다 타버린 양초의 심지와 같이 불꽃을 유지시킬 수가 없다. 이것의 효력은 그것이 머무는 동안에만 발휘된다.

마음과 마음부수는 자신들의 생명을 유지시키는 생명기능 없이는 일어날 수 없고 생명기능은 마음 그리고 함께 하는 마음부수 없이는 일어날 수 없습니다. 예를 들면 안식(眼識)이 일어나면 생명기능은 안식(眼識)과 함께 합니다. 안식(眼識)은 아주 짧은 기간 존속하기 위하여 생명기능이 필요합니다. 안식(眼識)이 사라지면 생명기능도 사라지고 이어서 다른 마음이 일어납니다. 그리고 이 마음, 그리고 이 마음

과 함께하는 다른 마음부수들을 유지시켜주는 다른 생명기능이 아주 짧은 순간 동안 그들을 존속시킵니다. 생명기능은 마음 그리고 동반하는 모든 마음부수들의 생명을 유지시켜 주기 위하여 모든 마음들과 함께 일어납니다.

함께하는 나마(nāma)담마에게 생명을 불어넣는 생명기능도 역시 나마(nāma)입니다.

물질(rūpa)에도 생명기능이 있습니다. 물질(rūpa)의 생명기능은 업에서 만들어진 일종의 물질(rūpa)입니다. 그리고 함께 일어난 다른 물질(rūpa)들의 생명을 유지시킵니다. 물질(rūpa)은 그룹으로 일어나서 함께 사라집니다. 어떤 것은 업에서 만들어진 것이고, 어떤 것은 마음에서, 어떤 것은 영양소 그리고 다른 것은 온도에서 만들어진 것들입니다. 생명기능은 업에서 만들어진 물질(rūpa)입니다. 이것은 함께하는 물질(rūpa)들의 생명을 유지시키는 역할을 하고 그것들과 함께 사라집니다.

우리는 살아있는 다른 생명을 취하여 왔습니다. 그리고 생에 취착합니다. 우리는 그것을 '나의 것' 그리고 '나'라고 여깁니다. 그렇지만 여기에는 지속할 수 있는 물질(rūpa)이나 정신(nāma)은 없습니다. 생명기능은 상카라 담마, 조건지워진 담마로 머물 수도 없고, 실체가 있는 자아도 아닙니다. 이러한 생명기능의 실재에 대해서 공부를 하면 생(生)이란 단지 아주 짧은 순간 동안 존속하다가 바로 사라져가는 것이라는 것을 일깨워 줍니다.

마음에 잡도리함(mānasikara)

마음에 잡도리 한다는 뜻인 '주의(mānasikara, 마나시까라)'는 모든 마음과 함께 하는 공통된 마음부수들 가운데 하나입니다.33)

오문전향의 마음도 마나시까라입니다. 이 마음은 오문인식과정에서 가장 먼저 일어난 마음으로 대상으로 전향하는 마음입니다. 그래서 "오문인식과정의 통제자"라고 하지요. 다른 마나시까라는 의문인식과정에서 대상으로 전향하는 의문전향의 마음입니다. 이 마음의 뒤를 이어 속행(자와나)의 마음들이 일어납니다. 그래서 이것을 '속행의 통제자'라고 합니다. 앗타살리니에도34) 이 '주의'라는 마음부수에 대한 정의가 청정도론의 정의와 동일하게 나옵니다.35)

주의는 관련된 마음부수들을 대상으로 몰아가는 것이 특징이다. 묶어 주는 역할을 한다. (대상으로 관련된 마음부수들을 주목시킨다) 대상과 직면하는 것으로 나타난다. 상카라의 무더기에 포함되며 관련된 마음부수들을 조정하여 대상으로 몰아가는 것이 마부와 같다고 여겨야 한다. 대상이 가까운 원인이다.

'주의'로 번역하는 마나시까라는 '대상에 대한 통제자'입니다. 왜냐하면 마음을 대상으로 향하게 하기 때문입니다. 하지만 우리는 관습적으로 '산만'하다고 할 때에는 주의력이 없다고 생각합니다. 그러나 '주의'는 모든 마음들과 함께

하기 때문에 산만한 들뜸의 순간에도 있습니다. 들뜸과 함께 하는 탐욕에 뿌리한 마음이 일어날 때에도 마음은 대상을 인지하고, 주의(마나시까라)는 마음 그리고 함께 하는 다른 마음부수들을 '묶어서' 대상으로 보냅니다. 그래서 모든 마음들이 대상을 알려면 이 마나시까라가 필요합니다.

바로 이 순간에도 마음은 있습니다. 그렇다면 마나시까라도 있어야 합니다. 마나시까라는 마음이 대상을 경험할 수 있게 부딪치게 만드는 감각접촉과는 다릅니다. 그리고 하나의 대상에 초점을 맞추는 집중이라는 마음부수와도 다릅니다. 마나시까라는 자신의 일은 물론 마음이 대상을 인지하도록 지원하는 역할도 합니다.

마나시까라는 육문(六門) 가운데 하나를 통해서 나타난 대상이 무엇이건 간에 그 대상에 주목하고 마음과 동반하는 마음부수들을 '묶어서' 대상으로 전송합니다.

다른 종류의 마음들과 함께하는 마나시까라는 그 종류도 다릅니다. 예를 들어 안식(眼識)의 순간에 마나시까라는 안식 그리고 안식과 함께 하는 마음부수들을 묶어서 형상이라는 대상으로 전송하는 역할을 합니다. 이때 안식(眼識)은 과보의 마음입니다. 그러므로 마나시까의 종류는 역시 과보입니다.

안식이 사라지고 난 이후에 어떤 형태와 모양에 대한 주의(주목)가 있습니다. 이때의 대상은 개념이 아니고 형상입니다. 이 순간의 마음은 안식(眼識)에 있는 주의와는 '다른 주의'로 이때의 마음은 다른 유형의 마음입니다. 탐욕에 뿌리를 둔 마음과 함께 하는 주의도 앞에 일어난 주의와 다릅니다. 탐욕에 뿌리를 둔 해로운 마음과 함께 하는 '주의'는 해로운 것입니다. 유익한 마음과 함께 하는 주의도 역시 유익합니다.

시체에 대한 명상이나 붓다의 덕성에 대한 회상과 같은 사마타 수행을 할 때에도 주의는 마음 그리고 그 마음과 함께 하는 다른 마음부수들을 묶어서 명상의 대상으로 보냅니다.

색계(色界)의 유익한 마음이면, 함께 하는 '주의'도 역시 색계의 것으로 욕계의 것과는 다릅니다. 색계의 마음은 본삼매의 마음인데 이 마음과 함께 하는 '주의'는 이 마음과 함께 하는 다른 마음부수들을 '묶어서' 명상주제인 대상으로 전송합니다. 무색계의 마음과 함께 하는 **주의**는 색계의 마음과 함께 하는 **주의**보다도 훨씬 더 고요하고 미세합니다.

나마(nāma)와 루빠(rūpa)에 대한 바른 통찰지를 닦는 위빳사나를 할 때에도 마음 챙김의 주제인 나마(nāma)와 루빠(rūpa)에 대한 '주의'가 있습니다. '주의'는 이 마음을 다른 담마들과 묶어서 명상주제인 나마(nāma)나 루빠(rūpa)로 전송합니다.

초세간의 마음과 함께 하는 '주의' 역시 초세간입니다. 이때는 이 마음과 마음부수의 대상인 닙바나로 이것들을 묶어서 전송합니다.

우리는 이 대상이나 저 대상에 주목하는 것이 자아라고 생각을 합니다. 하지만 이 '주의(마음에 잡도리함)'는 조건지워진 담마입니다. 이것은 마음 그리고 함께 하는 다른 마음부수들에 의하여 조건 지워집니다. 그것들과 함께 일어나서 함께 사라집니다. 서로 다른 마음 순간들에 있는 '주의'는 종류가 같은 것이 아닙니다.

7가지 공통된 마음부수들은 자기 고유의 특징, 역할, 나타남과 가까운 원인을 가지고 있습니다. 그리고 다른 종류, 다른 존재계의 마음들과 함께 일어나기 때문에 각기 다른 특성을 가지고 있습니다. 공통되는 7가지 **'반드시들'**이란 :
- 감각접촉(觸, phassa), contact
- 느낌(受, vedanā), feeling
- 인식(想, saññā), remembrance or perception
- 의도(行, cetanā), volition
- 집중(心一境, ekaggatā), concentration or one-pointedness
- 생명기능(命根, jīvitindriya), life faculty
- 마음에 잡도리함 혹은 주의(作意, mānasikara), attention

모든 마음과 함께 하는 '반드시들'은 그 마음과 같은 대상을 공유합니다. 그들은 함께 하는 마음과 종류가 같고 존재계도 동일한 것입니다. 정신(nāma)과 물질(rūpa)이 함께 존재하는 세계에서 일어나는 마음부수들은 함께 하는 마음과 동일한 토대에서 일어납니다. 즉 눈의 토대, 귀의 토대, 코의 토대, 혀의 토대, 몸의 토대 혹은 심장토대에서 일어납니다. 마음부수들은 결코 홀로 일어나지 못합니다. 언제나 마음과 다른 마음부수들과 함께 합니다. 그러므로 우리가 마음부수들을 공부하려면 그들과 함께 하는 다른 마음들도 함께 이해하여야 합니다.

마음과 함께 일어날 수 있는 마음부수는 **반드시들** 말고도 다른 것들이 있습니다. 그것들이 일어날 때에는 **반드시들**도 언제나 같이 일어납니다. 이러한 **반드시들**만 동반하는 마음에는 전오식(前五識) 다섯 쌍으로 열 가지입니다. 즉 안식(眼識), 이식(耳識), 비식(鼻識), 설식(舌識) 그리고 신식(身識)이지요. 이러한 마음들은 뿌리 없는 과보의 마음들입니다. 이것들은 유익한 과보나 해로운 과보입니다. 그래서 다섯 쌍이지요.

안식이 일어날 때 함께 일어나는 **반드시들**은 자신들만의 역할을 수행합니다. 안식과 함께 하는 감각접촉은 형상을 접촉하는 눈의 접촉(cakkhu-samphassa)입니다. **눈의 접촉**이 일어난다는 것은 눈의 토대, 형상이라는 대상과 안식이 동시 일어난다는 것을 의미합니다. 이때의 **느낌**은 형상이라는 대상의 '맛'을 경험하는 무덤덤한 느낌입니다. **인식**은 형상이라는 대상에 '표시'를 하고 기억을 합니다. **의도**는 함께 하는 담마들의 과제들을 조정합니다. 안식(眼識)은 과보의 마음이므로 여기서의 '의도'는 조정만 합니다. 즉 유익하거나 해로운 행위를 하려는 '의지'가 없습니다. **집중**은 형상이라는 대상에 초점을 맞추지 다른 대상에 집중하지 않습니다. **생명기능**은 마음과 함께 하는 마음부수들이 사라질 때까지 생명을 유지시켜 줍니다. **주의**는 마음과 함께 하는 마음부수들을 대상으로 전송합니다. 안식(眼識)은 형상을 인지하기 위하여 반드시 함께 하는 '반드시들'을 필요로 합니다. 함께 하는 마음부수들의 도움 없이는 안식은 대상을 인지할 수도 없고 일어날 수도 없습니다.

지금 본 것처럼 전오식(前五識)에는 **반드시들**만 함께 하고 다른 마음부수들은 없습니다. 오문인식과정(五門認識過程)에서 일어나는 모든 다른 마음들과 의문인식과정(意門認識過程)에서 일어나는 모든 마음들 그리고 재생연결식, 바왕가 마음, 죽음의 마음에는 **반드시들** 이외에 다른 마음부수들도 함께 일어납니다.

이 **반드시들**은 다른 마음순간(심찰라)들에서도 일어나므로 그 마음과 같은 종류의 특징이 있습니다.

예를 들어 유익한 마음과 함께 하는 **반드시들** 및 함께하는 다른 마음부수들은 유익한 것입니다. 유익한 마음과 함께 하는 느낌은 즐거운 느낌이나 무덤덤한 느낌일 수 있습니다. 유익한 마음과 함께 하는 의도는 두 개의 역할을 수행합니다. 하나는 함께 하는 담마들의 과제를 조정하는 것이고, 다른 하나는 유익한 행위를 '하려는' 의지입니다. 만약 이 의도가 유익한 행위를 자극한다면 시기가 무르익었을 때 과보를 만들어 낼 수 있습니다. 유익한 의도는 과보의 마음과 함께 하는 의도와는 다릅니다.

마음이 해로운 것(akusala)이면 모든 함께 하는 마음부수들도 역시 해로운 것입니다. 해로운 마음과 함께 하는 느낌, 예를 들어 탐욕에 뿌리한 마음과 함께하는 느낌은 즐거운 것일 수 있고, 성냄에 뿌리한 마음에서는 불쾌한 느낌일 수 있습니다. 혹은 탐욕에 뿌리한 마음이나 성냄에 뿌리한 마음 모두 무덤덤한 느낌이 함께 할 수도 있습니다. 해로운 마음과 함께 하는 의도는 두 개의 역할을 수행합니다. 하나는 대상을 취하도록 함께 하는 담마들을 조정합니다. 다른 것은 해로운 행위를 하려고 합니다. 만약 의도가 해로운 행위를 하도록 자극하고 바른 시기를 만나면 해당되는 과보를 만듭니다. 해로운 마음과 함께 하는 집중은 유익한 마음과 함께 하는 집중과는 종류가 다른 것이지요.

이렇게 함께 일어난 정신 현상들의 조건은 제각기 다릅니다. 만약 이러한 현상들의 조건들에 대하여 보다 많이 이해한다면 그것들을 실체가 있는 사람이나 자아가 아니라 단지 '요소'로서만 보게 될 것입니다.

제 II 부

때때로들 6
(Pakinnaka)

제8장. 일으킨 생각(vitakka) 지속적인 고찰(vicāra)

모든 마음순간들에서 반드시 함께하는 '공통되는' 마음부수(sabbacitta-sādhāraṇa)에는 7가지가 있습니다. 그러나 모든 마음순간들에서 언제나 일어나지는 않지만 '때때로' 일어나는 마음부수들이 있습니다. 이 '반드시들'과 '때때로들'의 종류는 그들과 함께 하는 마음의 종류(jāti)와 같습니다. 그것들은 유익한, 해로운, 과보 혹은 단지 작용만 하는 것일 수 있습니다. 이외에도 해로운 마음들과 함께 일어나는 해로운 마음부수들과 오로지 아름다운(sobhana) 마음들과 함께 일어나는 아름다운 마음부수들이 있습니다.

일으킨 생각(vitakka)과 지속적인 고찰(vicāra)은 '때때로들'에 해당합니다. 생각하는 것이란 무엇이라고 우리는 안다고 생각합니다. 보는 것, 듣는 것, 냄새 맡는 것, 맛보는 것, 몸의 감성을 통해 경험하는 것이나 아이디어 혹은 개념과 같은 것들을 생각하는 것 말입니다. 우리는 경험을 반영하여 긴 이야기를 만들고는 거기에 빠져듭니다. 그러나 일으킨 생각(vitakka)과 지속적인 고찰(vicāra)을 관습적인 언어인 '생각하다'와 같은 것이 아니므로 오해해서는 안 됩니다. 아비담마와 주석서들을 통해 실재들에 대한 정확한 내용을 파악해야 합니다.

일으킨 생각(vitakka)

청정도론(IV, 88)에서 일으킨 생각(Vitaka)은

여기 생각함(vitakkama)이 일으킨 생각(尋, vitakka)이다. 친다(ūhana)는 의미이다. 이것의 특징은 대상으로 마음을 기울이는(abhiniropana) 것이다 (대상에 마음을 얹는 것). 앞으로 향해서 치고(āhañana), 뒤로 뒤집어서 치는(pariyāhañana) 역할을 한다. 그러므로 수행자가 일으킨 생각으로써 대상을 향해 앞으로 치고, 일으킨 생각으로써 뒤집어서 친다라고 설했다.36) 마음을 대상으로 인도함(ānayana)으로 나타난다.

앗타살리니의 정의도 비슷합니다.37) 왕궁에 '올라가려면' 왕의 총애를 받고 있는 친구나 친척에 의존해야 한다고 주석서에 나옵니다. 이러한 비유처럼 마음이 대상에 '올라가려면' 위딱까에 의지하여야 합니다. 대상으로 향하도록 지시를 받아야 하는 것이지요. 이렇게 위딱까가 마음을 대상으로 안내하기 때문에 마음이 대상을 인지할 수 있게 됩니다.

위딱까에 대하여 좀 더 알아보려면 위딱까와 함께 하는 마음에 대해서 알아야 합니다. 일반적으로 위딱까는 의문인식과정(意門認識過程)에서만 일어난다고 생각하기 쉽습니다. 하지만 그렇지 않습니다. 위딱까는 의문인식과정은 물론 오문인식과정(五門認識過程)에서도 일어납니다. 위딱까는 안식(眼識), 이식(耳識) 등과 같은 다섯 쌍의 전오식(dvi-pañcaviññāṇas)을 제외한 모든 욕계(欲界)의 마음(kāmāvacara)

과 함께 합니다.

그렇다면 위딱까는 왜 다섯 쌍의 전오식(前五識)과는 함께 하지 않을까요? 눈의 알음알이인 안식(眼識)은 형상이라는 대상을 '아는' 것이 역할입니다. 이런 '아는' 행위에 위딱까는 필요가 없습니다. 그러나 안문인식과정(眼門認識過程)에 있는 다른 마음들은 형상이라는 대상을 경험하기 위하여 위딱까가 필요합니다. 하지만 이 마음들은 형상을 보는 역할이 아닙니다.

예를 들어 안문인식과정의 첫 번째 마음순간인 전향하는 마음은 대상을 보지는 못하고 전향하도록 지시하는 위딱까의 도움을 받아 전향하는 역할을 합니다. 이 인식과정에 있는 다른 마음들도 마찬가지입니다. 하지만 다른 오문인식과정에 있는 다섯 쌍의 전오식(前五識)들은 대상을 경험하는데 위딱까가 필요없지만 다른 마음순간들에는 위딱까를 필요로 합니다. 의문인식과정(意門認識過程)의 모든 마음들도 위딱까를 필요로 합니다.

위딱까는 단지 인식과정 뿐만이 아니고 인식과정을 벗어난 마음인 재생연결식(paṭisandhi-citta), 바왕가(bhavaṅga) 그리고 죽음의 마음(cuti)에서도 일어납니다.

위딱까가 유익한 마음과 함께 한다면 이것 역시 유익한 것이고 해로운 마음과 함께 하면 이것 역시 해로운 것이 됩니다. 우리는 유익한 행위를 하지 않으면 해로운 행동이나 말 혹은 해로운 생각을 합니다. 이때에 함께하는 위딱까도 해로운 것이 됩니다. 우리는 언제나 보시와 지계 그리고 명상을 하지는 않습니다. 그렇다면 살아가면서 유익한 마음보다는 해로운 마음들을 더욱 자주 경험하게 되므로 결과적으로 해로운 과보를 더욱 많이 경험하게 됩니다.

어떤 즐거운 대상에 취착하는 순간에는 그 대상에 마음을 '얹어 놓는' 위딱까도 역시 해로운 것입니다. 혹은 뜻대로 일이 풀리지 않을 경우에 비록 아주 조금이라도 마음이 언짢다면 이것은 분명 성냄에 뿌리한 마음(dosa-mūla-citta)입니다. 이때의 위딱까도 해로운 것입니다.

경전에 특별히 해로운 위딱까에 세 가지가 나옵니다.
 - 감각적인 즐거움에 대한 생각(kāma-vitakka)
 - 적의(敵意, vyāpāda-vitakka)
 - 해로운 생각(vihimsa-vitakka)

중부의 '두 가지 생각에 대한 법문'에서 붓다는 그가 아직 보살이었을 때 해로운 위딱까와 유익한 위딱까가 일어날 때 어떻게 대처하였는지 말해줍니다.[38] 만약 욕계(欲界)의 즐거움이 생각나면 다음과 같이 반조하였다고 합니다.

감각적 즐거움에 대한 생각이 나에게 일어난다. "하지만, 이것은 나를 힘들게 한다. 다른 이들에게 상처를 준다. 나와 남 모두에게 상처를 준다. 이것은 직관적인 지혜를 파괴하고, 고민거리를 만들고, 닙바나를 얻지 못하게 한다."

하지만, 내가 "이것은 나에게 상처를 준다."라고 반조하는 동안에 그것은 가라앉았다. "이것은 남에게 상처를 준다."고 반조하는 동안에 그것은 가라앉았다. "이것은 직관적인 지혜를 파괴하고 고민거리를 만들고, 닙바나를 얻지 못하게 한다."고 반조하는 동안에 그것은 가라앉았다. 수행승들이여, 나는 감각적인 즐거움에 대한 생각이 계속해서 올라오면 계속 그렇게 제거하였다. 나는 계속해서 던져 버렸다. 나는 계속해서 그것들을 끝내려고 하였다."

성냄과 해로운 생각도 마찬가지입니다.

수행승들이여, 수행승이 심사숙고하는 내용이 무엇이든 간에 많이 숙고하는 쪽으로 그의 마음은 기울어진다.

수행승들이여, 만약 수행승이 감각적 즐거움에 대한 생각을 많이 하고 반조한다면 금욕에 대한 생각이 없어진다.

만약 감각적 즐거움에 대한 생각을 많이 한다면 그의 마음은 감각적 즐거움에 대한 생각으로 기울어진다.

수행승들이여, 만약 수행자가 성냄에 대한 생각을 많이 한다면, 그에게 성냄 없음에 대한 생각이 없어진다. 그의 마음은 성냄에 대한 생각으로 기울어진다.

수행승들이여, 만약 수행승이 해로운 생각을 많이 하면 그에게는 해로움 없음에 대한 생각이 없어진다. 만약 그가

해로운 생각을 많이 하면 그의 마음은 해로움에 대한 생각으로 기울어진다.

그래서 우리는 대부분의 시간에 무슨 생각을 하며 지내는지 알아야만 합니다. 마음을 챙겨보면 우리의 마음은 해로움으로 기울어져 있을 것입니다. 왜냐하면 습관적으로 해로움을 누적시켜 왔기 때문입니다. 그러므로 유익한 생각을 하기란 어렵습니다. 즐거운 대상을 보게 되면 감각적 즐거움에 대한 생각이 즉시 일어납니다. 불쾌한 대상을 경험하면 성냄이나 화내는 마음이 솟아오르거나 누군가를 해치려는 생각을 합니다. 누군가의 명예가 올라가거나 칭찬받는 것을 보게 되면 질투하는 마음이 일어납니다. 여기에는 성냄에 뿌리한 마음(dosa-mūla-citta)과 함께 하는 해로운 위딱까가 있습니다.

유익한 위딱까를 기르기는 어렵지만 붓다는 그것이 가능함을 보여 주었습니다. 경전에 해로운 위딱까의 반대가 되는 유익한 위딱까 세 가지가 나옵니다.
 - 금욕에 대한 생각(nekkhamma)
 - 성냄 없음에 대한 생각(avyāpāda)
 - 해침 없음에 대한 생각(avihimsa)

아직 보살이었던 붓다는 이러한 생각들은 자신과 남을 해롭게 하지 않고 '고민거리를 만들지도 않으며', 직관적 지혜를 증장시키고, '닙바나로 향하게 한다.'는 것을 깨달았습니다.

수행승들이여, 만약 수행승이 금욕에 대한 생각을 많이 하면 그는 감각적 즐거움에 대한 생각으로부터 벗어난다. 만약 그가 금욕에 대한 생각을 많이 하면 그의 마음은 금욕에 대한 생각으로 기울어진다. 수행승들이여, 만약 수행승이 성냄 없음에 대한 생각을 많이 하면 그는 성냄에 대한 생각으로부터 벗어난다. 수행승들이여, 만약 수행승이 해로움 없음에 대한 생각을 많이 하면 그는 해로움에 대한 생각으로부터 벗어난다. 만약 해로움 없음에 대한 생각을 많이 하면 그의 마음은 해로움 없음에 대한 생각으로 기울어진다.

그렇다면 금욕(nekkhamma)적인 생활을 위해서는 완전히 세속을 떠나 수행승으로서 살아가야만 하는 것인지 궁금할 것입니다. 비록 수행승의 생활이 적은 것에 만족하는 것일지라도 수행승에 따라서는 금욕이 몸에 배지 않을 수도 있습니다. 감각적 대상에 대한 갈애를 제거하지 않은 사람은 누구든지 '감각적 즐거움에 대한 생각'을 하게 되는 강한 조건을 가지고 있습니다. 이것은 수행승이냐 아니냐에 상관이 없습니다. 수행승이 맛좋은 음식을 공양받을 때 취착하는 마음이 없을 것 같습니까?

금욕의 수준도 그 깊이가 다릅니다. 그리고 수행승들만이 금욕이 필요한 것이 아니고 재가자 역시도 금욕적인 생활을 하여야 합니다. 알고 보면 모든 유익한 법(담마)들은 금욕입니다.[39] 우리가 보시를 하거나 계를 지킬 때 혹은 명상을 할 때에는 그러한 감각적 즐거움에 빠져있지 아니하므로 금욕이라고 하는 것입니다.

자애나 연민(karuṇā)의 마음이 있을 때에는 나를 먼저 우선시하지 않는다는 것을 알 수 있습니다. 이렇게 초연함에도 차이가 있습니다. 만약 나 자신만을 위한 즐거움과 편안함을 우선시하는 이기적인 생각이 결국은 손해라는 것을 알게 된다면 보다 남들을 친절하게 대하는 조건이 될 것입니다.

자아라는 개념에서 초연하려면 실재들에 대한 바른 지혜가 필요합니다. 바른 지혜를 닦아나가는 과정은 보다 높은 수준의 금욕을 달성하게 합니다. 수행승들이나 재가자 모두 이렇게 금욕을 해야 합니다.

자아에 취착하지 않게 되면 인색함도 제거됩니다. 그래서 이것은 관대함(보시)이 일어나기 위한 조건 가운데 하나가 됩니다. 이 순간에 지계(持戒)를 한다면 보다 청정하게 되고, 더 이상 오계(五戒)를 범하는 조건들은 갖지 않게 될 것입니다.

지속적인 고찰(vicāra)

위짜라는 '지속적인 고찰, 유지된 생각, 검증하는 마음'으로 번역합니다. 청정도론(IV, 88)에

> **위짜라(vicāra)는 유지된 마음이다. 지속적으로 유지된(anusancarana)것을 의미한다. 계속해서 대상을 문지르는 혹은 계속해서 대상을 잡고 있는 것이 특징이다. 함께하는 마음부수들을 대상에 유지시키는 역할을 한다. 대상에 마음의 닻을 내린 것으로 나타난다.**

앗타살리니의 정의도 이와 비슷합니다.[40]

위짜라는 위딱까와 다릅니다. 위딱까는 마음을 대상으로 보내지만 위짜라는 대상에서 마음이 떠나지 않도록 대상에 닻을 내립니다. 그래서 대상을 장악한 상태로 유지시킵니다. 그렇지만 위딱까와 위짜라는 하나의 마음순간 동안 함께 존재하면서 각자의 역할을 수행하고는 마음과 함께 즉시 사라져버린다는 사실을 기억해야 합니다.

청정도론과 앗타살리니에서 위딱까와 위짜라의 차이를 비유를 들어 설명하고 있습니다. 위딱까는 거칠고 위짜라는 보다 미세합니다. 청정도론(IV, 89)에

> **위딱까는 마치 종을 치는 것처럼 거칠고 발단이 된다는 의미에서 처음에 일으킨 한 생각을 뜻한다면, 위짜라는 마**

치 종소리가 퍼져나가는 것처럼 미세한 개별적 본성에 대한 지속적인 압력이라는 측면에서, 마음이 (대상에-역자) 닻을 내린 상태를 유지하는 행위이다.

위딱까와 위짜라의 차이를 설명하기 위해서 몇 가지 비유를 더 들어 보겠습니다. 위딱까는 새가 하늘로 날아오르기 위하여 날개를 펼치는 것과 같고, 위짜라는 날개를 편 상태에서 허공을 활공하는 것과 같습니다. 이러한 비유는 마치 위딱까가 먼저고 위짜라가 나중에 일어나는 것이라고 생각하기 쉽지만 그렇지 않습니다. 동시에 일어나고 동시에 사라집니다. 이런 비유를 통해 우리는 두 가지의 차이를 보다 쉽게 이해할 수 있을 것입니다.

또 다른 비유가 청정도론과 앗타살리니에 나오는데, 위딱까는 벌이 연꽃으로 곧바로 날아드는 것과 같고 위짜라는 벌이 연꽃에 도착한 이후에 연꽃 주위를 빙빙 돌며 선회하는 것과 같다고 합니다.

위딱까와 위짜라는 안식(眼識), 이식(耳識) 등 다섯 쌍의 전오식(前五識)을 제외한 모든 욕계의 마음들과 함께 일어납니다. 즉 안식(眼識)은 위딱까나 위짜라를 필요로 하지 않습니다. 왜냐하면 안식(眼識)은 단지 보는 것만 하기 때문이지요. 그러나 안문인식과정(眼門認識過程)에 있는 나머지 마음들은 형상이라는 대상으로 마음을 향하도록 하는 위딱까와 마음이 형상이라는 대상을 계속하여 장악한 상태를 유지시키는 위짜라를 필요로 합니다. 이것은 다른 오문인식과정에서도 마찬가지입니다. 위딱까와 위짜라는 의문 인식과정은 물론 과정을 벗어난 마음들과도 함께 합니다.

위딱까와 위짜라는 조건지워진 담마, 상카라 담마입니다. 이것들은 그들과 함께 하는 마음들과 함께 일어나서 같이 사라집니다. 아주 짧은 하나의 마음순간 동안만 머물며 자신들의 역할을 수행합니다.

이것들의 대상은 궁극적 실재나 개념 모두가 될 수 있습니다. 당신은 어떤 "이야기"를 생각하는데 어떻게 위딱까와 위짜라가 그 속에서 자신들의 역할을 수행하는지 궁금할 것입니다. 어떤 생각은 잠시 머물러 있는 것으로 보이지만 사실은 위딱까, 위짜라 그리고 다른 많은 마음부수들은 물론 함께 하는 많은 마음들은 하나가 사라지고 나면 즉시 다음 마음에 의해서 계속해서 이어지며 생멸을 거듭합니다. 우리가 과거에 있었던 일들을 기억해 내는 것은 인식(sañña)의 작용 때문입니다. 그래서 과거의 기억을 바탕으로 다른 생각들을 연결해 나갈 수 있습니다.

위딱까와 위짜라는 선정의 요소들로 사마타 수행을 할 때 계발되어야 하는 것들입니다. 선정의 요소들은 본 삼매에 방해가 되는 '장애들'을 억제하는 아름다운(sobhana) 마음부수들입니다. 사마타에서 위딱까는 명상주제를 '생각'하는 것으로 해태와 혼침(thīna/middha)이라는 장애를 제압합니다. 청정도론에 위딱까는

"그것 덕분으로 수행자는 대상을 향해 앞으로 치고, 뒤로 뒤집어서 친다."

한편 사마타 수행에서 위짜라는 본 삼매를 얻을 때까지 계속 반복해서 명상주제를 '터치'합니다. 선정의 요소인 위짜라는 명상주제에 마음의 닻을 내린 상태를 유지하는 것입니다. 이 위짜라는 의심이라는 장애를 극복합니다. 욕계의 마음들과 함께하는 위딱까와 위짜라는 선정의 마음들과는 차이가 있습니다.

초선정에 들기 위해서 위딱까와 위짜라 모두 필요합니다. 그래서 위딱까와 위짜라는 색계 유익한 마음, 색계 과보의 마음 그리고 색계의 단지 작용만 하는 마음들과 함께 합니다.[41] 두 번째 단계의 선정인 이선정에서는 본 삼매에 들기 위해서 위딱까가 더 이상 필요 없습니다. 이 단계에서 위딱까는 제거됩니다. 하지만 위짜라는 여전히 남아 있습니다. 이것은 색계선정을 오단계로 나눈 경우에 해당합니다. 삼선정은 이선정보다도 고요하고 미세합니다. 여기서 위짜라는 필요가 없으므로 제거 됩니다. 이렇게 선정을 닦을 때 하나씩 단계적으로 제거 하는 방법이 있고, 위의 두 가지를 한 번에 제거하는 방법이 있는데 두 가지를 한 번에 제거하는 경우 색계 선정은 사선정이 마지막입니다. 이것 때문에 색계 선정의 가장 높은 단계를 때로는 오선정이라 하고 때로는 사선정이라 합니다.

선정의 요소인 위딱까는 위짜라보다 훨씬 거칩니다. 초선정에서 위딱까는 필요하지만 보다 고요하고 미세한 이선정에서는 제거됩니다. 하지만 위딱까 보다 미세한 위짜라는 이선정에서도 일어납니다(색계선정을 오선으로 나눈 경우-역자).

선정을 닦는 수행자는 위딱까와 위짜라 같은 선정의 요소들은 물론 이것들의 차이를 이해하여야 합니다. 그래서 선정을 닦는 것은 매우 힘이 듭니다.

우리가 아비담마를 통해 실재들에 대한 공부를 더 많이 하게 되면 자신들만의 고유한 특징을 가진 다른 많은 현상들에 대한 지식이 많아지게 됩니다. 그것들은 한 번에 하나씩 나타납니다. 하지만 그것들에 이름을 붙이게 되면 특징에 대한 마음챙김 대신에 생각이라는 개념이 일어납니다.

때때로 어떤 '생각'이 들 때 이것은 위딱까인가 아니면 위짜라인가 하고 의심합니다. 이러한 어떤 실재를 파악하려는 노력은 쓸모가 없습니다. 왜냐하면 이미 실재들은 지나가 버렸고 그 순간의 실재에 대한 마음챙김을 놓쳤기 때문입니다. 하지만 생각이 일어나는 순간에 마음챙김을 하게 되면 그것의 특징을 알아차릴 수 있습니다. 그 순간에 그것이 위딱까나 위짜라라고 이름을 붙일 필요가 없습니다.

이제 위딱까의 다른 측면을 살펴보겠습니다. 팔정도(八正道)에 위딱까가 있습니다. 일명 바른 사유(正思惟, sammā-saṅkappa)가 그것입니다. 팔정도의 하나로서 바른 사유는 바른 지혜인 정견(sammā-diṭṭhi)과 함께 일어납니다. 팔정도는 바른 지혜(正見), 바른 사유(正思惟), 바른 말(正語), 바른 행위(正業), 바른 생계(正命), 바른 노력(正精進), 바른 마음챙김(正念), 바른 집중(正定)이라는 요인들로 구성되어 있습니다. 이 요인들은 마음의 오염을 제거하기 위하여 자신만의 고유한 역할을 수행합니다. 독자들은 이 책에서 통찰지나 위빳사나 혹은 사념처와 같은 용어를 접하였을 것입니다. 이 용어들의 의미를 설명해 보겠습니다.

위빳사나를 한다는 말이나 사념처(四念處), 혹은 팔정도(八正道)를 닦는다는 말은 궁극적 실재들인 나마(nāma)와 루빠(rūpa)에 마음을 챙겨서 이것들의 실체를 있는 그대로 알 수 있는 바른 지혜를 닦는다는 말입니다. 이렇게 육문(六門) 가운데 하나의 문에서 어떤 실재가 나타나면 이것은 그것의 특징을 알 수 있는 기회가 됩니다. 그 순간이 바로 사람이나 물건이 아닌 정신(nāma)과 물질(rūpa)이라고 그것을 볼 수 있는 순간이 됩니다. 실체가 없다는 무아(無我)의 참된 성품을 이해하기 시작하는 순간입니다. 그 순간에는 그 순간에 나타나는 실재들을 잊지 않는 마음 챙김이 있습니다.

나타나는 정신(nāma)과 물질(rūpa)에 대한 바른 지혜가 있다면 거기에는 위딱까와 위짜라도 있습니다. 하지만 위짜라는 팔정도의 요인이 아닙니다.

바른 사유인 정사유(正思惟)는 도(道)의 요인으로서 특별한 기능이 있는데 이것은 나타나는 정신(nāma)과 물질(rūpa)

을 '터치'하는 것입니다. 그러면 정견(正見)이 그것들의 실재를 있는 그대로 이해하기 위하여 그것들의 특징을 조사합니다. 그래서 정견(正見)을 갖추려면 정사유(正思惟)의 지원이 필요합니다. 수행의 초기에는 통찰지가 아직 무르익지 않아서 나마(nāma)와 루빠(rūpa)의 특징을 명확히 이해하기 어렵습니다.

예를 들면 소리가 들리면 거기에는 소리를 경험하는 실재인 귀의 알음알이가 있습니다. 하지만 소리와 귀의 알음알이의 특징들 간의 차이, 즉 나마(nāma)와 루빠(rūpa) 간의 차이를 구분하는 것은 어렵습니다. 마음챙김은 한 번에 하나의 실재만을 대상으로 합니다. 그렇기 때문에 여러 가지가 한 번에 나타나는 것 같다면 아직은 바른 마음챙김이 없다는 증거입니다.

한 번에 오로지 하나의 실재에 대한 바른 마음챙김이 있을 때만이 바른 지혜는 개발됩니다. 그 순간에 정사유(正思惟)가 마음챙김의 대상을 '터칭'하는 역할을 수행합니다. 정사유가 있다면 해로운 위딱까는 없습니다. 즉 감각적 욕망이나 성냄 혹은 남을 해하려는 생각이 없다는 말입니다.

팔정도가 무르익으면 성스러운 네 가지 진리를 알게 됩니다. 그리고 마침내 유익하지 않은 생각들은 제거될 것입니다. 상응부에서 붓다는 사왓티에서 수행승들에게 다음과 같이 말합니다.42)

수행승들이여, 악을 생각하지 말라. 욕망을 일으키지 말라, 성냄을 일으키지 말라, 어리석음과 같은 유익하지 않은 생각을 하지 말라. 그 이유는 무엇인가?

수행승들이여, 왜냐하면 이러한 생각들은 이익과 연결되어 있지 않고, 그것들은 성스러운 삶의 토대가 아니기 때문이다. 그것들은 불쾌함을 만들고, 냉정함을 잃게 하며, 소멸로 이르지 못하게 하고, 고요하지 않게 하며, 완전한 이해에 이르지 못하게 하고, 완벽한 지혜를 얻지 못하게 하며, 닙바나에 이르지 못하게 한다.

수행승들이여, 생각을 할 때에는 이런 생각을 하여야 한다. 이것은 괴로움이다. 이것은 괴로움의 일어남이다. 이것은 괴로움의 소멸이다. 이것은 괴로움의 소멸로 이르는 길이다. 그 이유는 무엇인가?

왜냐하면 수행승들이여, 이러한 생각들은 이로움과 연결되어 있고, 성스러운 삶의 토대이며… 이것들은 닙바나를 얻게 한다.

그러므로 깨달음을 얻기 위하여 정진하여야 한다. 이것은 괴로움이다. 이것은 괴로움의 일어남이다. 이것은 괴로움의 소멸이다. 이것은 괴로움의 소멸로 이르는 길(수행법)이다.

이 경에서 말하는 성스러운 네 가지 진리(四聖諦)에 대한 '

생각'이란 그냥 단순한 생각이 아닙니다. 이것은 성스러운 네 가지 진리를 직접적으로 깨치는 것을 말합니다. 즉 괴로움(dukkha), 괴로움의 원인인 갈애, 괴로움의 소멸인 닙바나, 괴로움의 소멸로 이르는 길인 팔정도를 직접 깨치는 것을 말합니다.

나타나는 실재들에 대한 바른 마음챙김이 있다면 정사유(正思惟)는 그것을 '터치'합니다. 그리하면 통찰지가 그 실재들의 특징을 있는 그대로 조사합니다. 이것이 바로 성스러운 네 가지 진리를 깨닫는 방법입니다. 이 깨달음의 순간에 성스러운 네 가지 진리는 꿰뚫어집니다. 그래서 마음이 초세간의 마음이면 정사유도 역시 초세간으로 이 마음의 대상인 닙바나를 '터치' 합니다.

제9장. 결심(adhimokkha)과 정진(viriya)

결심(adhimokkha)

아디목카(Adhimokkha)는 결정 혹은 결심이라는 의미로 모든 마음은 아니지만 4가지 종류(jāti)의 마음들과 함께 일어나는 '때때로'들 가운데 하나입니다. 청정도론에서는 이것을 43)

> **결심하는 것이 결심(adhimokkha, 勝解)이다. 그것은 결정하는 특징을 가진다. 더듬거리지 않는 역할을 한다. 결정하는 것으로 나타난다. 결정해야 할 법이 가까운 원인이다. 대상에 대하여 확고부동하기 때문에 이것은 마치 석주(石柱)와 같다고 알아야 한다.**

청정도론의 주석서인 빠라맛타만주사(Paramattha Manjusa)에 "결심한다는 것은 대상에 대하여 확신을 갖는 것으로 이해하여야 한다."고 나옵니다. 앗타살리니에는 '다른 요인들이 무엇이든 간에'라는 문구만 위의 정의에 추가되어 있으므로 청정도론의 정의와 같습니다.44)

앗타살리니와 청정도론은 결심을 '그 밖의 다른 것들(yevāpanakā)' 4개에 포함하여 분류합니다.45) 마나시까라도 이 '그 밖의 다른 것들'에 포함되어 분류합니다. '방해받음 없음에 관한 법문'에 마나시까라와 아디목카에 관한 설

명이 나옵니다.46)

아디목카는 우리가 일반적으로 사용하는 관습적 언어인 '결정(determination)이나 결심(decision)' 아닙니다.

아디목카는 '때때로들' 가운데 하나로 유익한, 해로운, 과보의 혹은 단지 작용만 하는 4가지 종류(jāti)의 마음과 함께 합니다. '때때로들'은 모든 마음들과 언제나 함께 하지 않기 때문에 때때로들이라고 합니다. 아디목카는 전오식(안식 등)에서는 일어나지 않습니다. 전오식(前五識)의 마음순간에는 단지 '반드시들' 만 있습니다. 예를 들어 안식(眼識)은 눈의 토대를 통해 형상이라는 대상을 압니다. 안식(眼識)은 대상을 알기 위하여 '반드시들' 7개만 필요로 합니다. 결심과 같은 다른 마음부수들은 필요하지 않습니다.

아디목카(결심)는 의심과 함께 하는 어리석음에 뿌리한 마음과는 함께 일어나지 않습니다. 왜냐하면 대상에 대한 의심이 있으면 대상에 대하여 '더듬거리지 않고' '확신을 하는' 아디목카의 기능과는 어울리지 않기 때문입니다.

아디목카는 앞에서 언급한 마음들 이외의 다른 모든 마음들과 함께 일어납니다. 의문인식과정뿐만이 아니라 오문인식과정에서도 일어납니다. 아디목카는 대상을 인지하도록 도와주는 마음부수 가운데 하나로 과정을 벗어난 마음인 재생연결식, 바왕가 마음 그리고 죽음의 마음들과도 함께 합니다. 대상을 '확신'하는 역할을 합니다.

우리가 '결심'이나 '결정'한다고 할 때에는 일반적으로 심사숙고 한 뒤에 내리는 결정이라는 말을 떠올립니다. 우리는 의도하지는 않아도 어떤 형상이 나타나면 의문인식과정은 물론 오문인식과정에서도 아디목카가 일어나서 마음이 대상을 인지하도록 도와줍니다.

해로운 마음과 함께 하는 아디목카는 해로운 것입니다. 예를 들어 누군가에게 욕을 하거나 때릴 때에는 화를 나게 하는 대상에 대한 확신을 갖는 해로운 아디목카가 있습니다. 유익한 마음과 함께 하는 아디목카는 역시 유익한 것입니다.

예를 들어 담마를 공부하기로 결심하면 유익한 마음과 함께 하는 유익한 아디목카가 일어납니다. 그러한 순간에도 다른 많은 유익한 마음부수들이 자신들의 역할을 수행합니다. 예를 들면 유익함을 '행하고자 하는' 의도, 탐욕 없음(alobha) 등과 같은 것들입니다. 이것들은 담마를 공부하기로 '결심함'에 있어 일정 역할을 담당합니다. 아디목카가 무엇인지 정확히 알기는 어렵습니다.

선정을 닦는 사마타 수행을 할 때 아디목카는 이것이 사마타 명상의 대상이라고 확신있는 결정을 합니다. 선정의 마음과 함께 하는 아디목카는 선정의 대상을 결정하는 역할을 수행합니다. 나마(nāma)와 루빠(rūpa)에 대한 바른 통찰지를 닦을 때에도 유익한 마음과 함께 하는 아디목카가 있습니다. 우리는 마음챙김(사띠)을 하겠다고 결심 할 수 있다고 생각하지만 이것을 결심하는 자아는 없습니다. 다만 마음 챙김과 지혜가 일어나기 위한 바른 조건이 무르익으면 유익한 마음과 함께 하는 아디목카가 자기의 역할(결심)을 수행하는 것 뿐입니다.

나마(nāma)와 루빠(rūpa)에 대한 바른 통찰지를 닦기 시작할 초기에는 그것들의 특징이 맞는 것인지 아닌지 의심합니다. 이러한 의심이 있으면 아디목카는 일어나지 않습니다. 아디목카는 나타나는 나마(nāma)와 루빠(rūpa)에 대한 바른 마음 챙김을 할 때 그 대상이 확실하다고 '확신하는' 역할을 합니다.

초세간의 마음과 함께 하는 아디목카는 초세간의 대상인 닙바나가 틀림없다고 '확신'하는 역할을 수행합니다. 아디목카는 자아가 아닙니다. 이것은 상카라 담마입니다. 함께 하는 마음들과 같이 일어나서 같이 사라지는 조건지워진 담마(현상)입니다. 이것은 단지 함께 하는 마음이 머무는 동안만 자신의 역할을 수행하고는 마음과 함께 사라져 버립니다. 만약 뒤에 일어난 마음이 아디목카와 함께 한다면 이것은 또 다른 아디목카이며 이것도 역시 사라질 것입니다.

아디목카는 열 개의 전오식(前五識)과 어리석음에 뿌리를 둔 의심하는 마음을 제외한 모든 마음들과 함께 하므로 89개의 마음 중 78개의 마음과 함께 일어납니다.47)

정진(Viriya)

정진(viriya)은 4가지 종류(jāti)의 마음들과 함께 하는 '때때로들'입니다. 청정도론에48)

정진은 원기 왕성한(vira) 사람의 상태이다. 추진하는 것이 특징이고, 함께 하는 마음과 마음부수들을 통합하는 역할을 한다. 무너지지 않음으로 나타난다. 증지부에 "분발하는 사람, 그는 현명하게 정진한다"라는 말이 있기 때문에 이것의 가까운 원인은 절박감이다. 혹은 가까운 원인은 정진해야 하는 동기가 토대가 된다. 바르게 추진하는 것, 이것은 모든 성취의 뿌리로 여겨야 한다.49) 유익한 마음과 함께 하는 바른 정진(viriya)은 모든 성취의 뿌리이다. 정진은 4종류(jāti)의 마음들과 함께 할 수 있으므로 해로운 정진, 과보의 마음과 함께 하는 정진 그리고 단지 작용만 하는 마음과도 함께 할 수 있다.

앗타살리니의 정의도 청정도론과 유사합니다.50) 한편 정진을 "통제기능"인 인드리야(indriya)의 차원에서 이해할 수 있습니다. 빠알리 용어로 인드리야(indriya)는 '통제하는 혹은 원칙을 지배하는'의 의미입니다. 유익한 정진이 무르익으면 '통제 기능'이 됩니다. 즉 정진은 정진과 반대되는 마음의 오염인 게으름을 '통제'하거나 '억제'하는 기능을 수행합니다.51) 앗타살리니에

게으름을 극복하기에 이것은 지배의 관점에서 통제 기능이다. 강화시키고, 움켜쥐거나 지원하는 것이 특징이다. 오래된 가옥에 새로운 기둥을 보강하면 유지가 되는 것처럼, 명상하는 사람이 정진에 의하여 강화되면 정신적 상태가 무너지거나 저하되지 않는다. 그래서 강화하는 것이 특징이라고 알아야 한다.

또한 앗타살리니에는 비유하기를 군대는 전장에서 패배할 것이지만 왕이 군대의 전력을 증강시키려면 적들을 물리칠 수 있는 것으로 비유하였습니다.

그리하여 정진은 관련된 마음부수들이 물러서거나 퇴각하는 것을 허용하지 않는다. 그것들을 부추기고 지원한다. 그래서 정진은 지원하는 것이 특징이다.

일반적인 언어인 '정진'은 마음부수인 정진(viriya)의 의미와 정확하게 일치하지 않습니다. 예를 들어 아주 에너지가 왕성한 경우에 이것을 무엇이라 합니까? 이것을 정진이라고 한다면 이 정진은 해로운 마음과 함께 합니까? 아니면 유익한 마음과 함께 합니까? 왜냐하면 마음부수인 정진은 이것 외에도 과보의 마음 그리고 단지 작용만 하는 마음들과도 함께 할 수 있기 때문입니다.

우리는 정진을 자아라고 여기는 경향이 있지만 정진은 상카라 담마로 조건지워진 담마 입니다. 정진은 마음 그리고 그 마음과 함께 하는 다른 마음부수들에 의하여 조건지워진 것입니다. 그래서 함께 하는 마음의 종류가 달라지면 정진의 종류도 달라집니다. 정진을 보다 정확하게 이해하려면 함께 하는 마음의 종류들을 알아야 합니다.

정진은 모든 해로운 마음들 그리고 아름다운 마음들과 함께 합니다. 그리고 아름다운 마음부수들과 함께 하는 과보의 마음들(아라한의 경우)과도 함께 합니다. 크게-유익한 마음들(mahā-kusala citta), 큰 과보의 마음들(mahā-vipāka citta) 그리고 크게-단지 작용만 하는 마음들(mahā-kiriya cittas)과도 함께 합니다. 여기서 '큰, mahā'이라는 말은 색계, 무색계 선정의 마음들과 초세간의 마음들도 포함된 '크게 아름다운 마음들'이라는 뜻입니다.

하지만 정진은 모든 **과보의 마음**들과 모든 **단지 작용만 하는 마음**들과 언제나 함께 하지 않습니다. 정진은 과보의 마음인 다섯 쌍의 전오식(前五識)들과도 함께 하지 않습니다. 안식(眼識)이나 이식(耳識)은 마음이 대상을 경험하는데 정진(원기왕성-역자)의 역할이 필요가 없습니다. 의문전향의 마음과 아라한의 단지 **미소 짓는 마음**은 단지 **뿌리 없는 마음**으로 정진과 함께 합니다.

청정도론에 정진은 함께 하는 **마음부수들을 통합**하는 역할을 한다 하였습니다. 정진은 함께 하는 마음 그리고 다른 마음부수들을 **강화하고 지원**합니다. 그것들의 역할을 수행할 수 있도록 하고 무너지지 않게 합니다.

정진은 모든 유익한 마음들과 함께 합니다. 그리고 정진은 함께 하는 마음 그리고 함께 하는 마음부수들을 지원하므로 그들은 유익한 방법으로 자신들의 역할을 수행합니다. 자애의 마음은 유익한 정진에 의하여 강화되고 지원됩니다. 만약 거기에 유익한 마음과 함께 하는 정진이 없다면 유익한 행위를 할 수가 없습니다.

또한 마음이 해로운 것일 때에도 정진은 동반하는 마음부수들과 함께 합니다. 그래서 해로운 방향으로 자신들의 역할을 수행할 수 있도록 합니다. 정진은 모든 해로운 마음들과 함께 합니다. 화를 내는 순간에는 정진이 화를 강화하고 지원하고 있습니다. 해로운 마음과 함께 하는 정진은 잘못된 정진이고 유익한 마음과 함께 하는 정진은 바른 정진입니다.

유익한 정진이란 보시와 지계 그리고 사마타나 위빳사나 수행을 하는데 필요한 정진입니다. 어떤 유익함이냐는 특정한 순간의 조건들에 달려있습니다.

예를 들어 선정을 닦아 마음의 오염들을 일시적으로 제거하기를 원할 때 이 수행법을 알고 있다면 인내심을 가지고 정진을 할 것입니다. 만약 있는 그대로의 실재들을 아는 것이 목표라면 이것은 위빳사나 정진의 필요조건이 됩니다. 그래서 바로 지금 이 순간 나타나는 나마(nāma)나 루빠(rūpa)에 대한 마음 챙김이라는 정진으로 나타날 것입니다.

바른 정진은 일어나기 위한 바른 조건을 만나면 일어납니다. 거기에는 스스로를 힘쓰게 만드는 실체와 같은 것은 없습니다. 알아차림을 하게 만드는 자아는 없습니다. 바른 정진은 조건지워진 담마, 상카라 담마입니다. 일어나기 위한 조건 때문에 일어납니다. 이것은 지속되지 않습니다. 이것은 함께 하는 마음들이 사라질 때 바로 같이 사라져 버립니다.

청정도론에 나오는 정진의 가까운 원인은 '절박감이나 정진을 해야만 하는 이유'라고 하였습니다. 태어남과 늙음 그리고 죽음은 우리로 하여금 윤회에서 벗어나기 위해 통찰지를 개발해야만 한다는 절박감을 생기게 합니다. 이렇게 실재들에 대한 마음 챙김을 해야 한다는 강박감이 드는 순간에는 정진을 하게 만드는 자아라는 것은 없습니다. 정진도 하나의 실재로서 일어나기 위한 바른 조건 때문에 일어납니다. 마음챙김과 함께 하는 마음을 강화하고 지원하는 역할을 수행합니다. 이렇게 이해를 한다면 용기와 인내를 가지고 팔정도를 닦아 나가게 될 것입니다. 왜냐하면 괴로움을 소멸시키는 단 하나의 길이 팔정도라는 믿음이 있기 때문이지요.

청정도론과 앗타살리니에는 증지부의 말씀을 인용하여 정진의 가까운 원인을 절박감이라고 하였습니다. 증지부의 '**회초리 경**'에 '절박한 자, 슬기롭게 노력한다.'라는 말씀을 인용한 것입니다. 이 경(經)에 4가지 종류의 말(馬) 이야기가 나오는데 첫 번째 말은 채찍의 그림자만 보아도 움직이려고 하고, 두 번째 말은 그림자를 볼 때에는 움직이지 않다가 채찍이 코트 위에 떨어질 때에야 움직이며, 세 번째 말은 오로지 채찍이 그의 갈기 위로 직접 날아 올 때야 움직입니다. 그러나

수행자들이여, 한 가지 더 생각해보면 혈통이 상당히 좋은 준마가 있다고 하자. 이 말은 채찍의 그림자로도, 코트 위에 떨어진 채찍으로도, 피부에 채찍이 날라와도 움직이지 않다가 고통이 뼈에 사무칠 때야 움직인다.

이제 이러한 종류의 말들을 사람에 비유해 보자.
여기에 아직 혈통이 좋은 어떤 사람이 어떠어떠한 마을 혹은 시내에 있는 여자 혹은 남자가 괴로워하고 있거나 죽었다는 소리를 듣는다. 그 때문에 그는 분발을 한다. 힘을 낸다. 그 힘을 그는 엄격하게 자신에게 적용한다. 그렇게 적용을 하여 그는 최상의 진리를 깨닫는다. 통찰지를 가지고 그것을 꿰뚫어 본다.

다시 수행자들이여, 여기 혈통 좋은 사람이 있다고 하자. 그는 그러그러한 마을 혹은 시내에 있는 남자 혹은 여자가 괴로워하거나 혹은 죽었다는 소리를 듣지는 못하였다. 하지만, 그는 자신의 눈으로 직접 그것을 본다. 그래서 그는 분발을 한다.

그리고 또 다시, 수행자들이여, 여기 혈통 좋은 사람이 있다고 하자. 그는 그러한 소리를 듣지 못하고… 그의 눈으

로 남자나 여자 혹은 시체를 보지는 못하였다. 하지만, 그의 인척이나 집안사람들이 괴로움을 당하거나 죽었다. 그래서 그는 분발한다.

다시 수행자들이여, 여기 혈통이 좋은 사람이 있다고 하자. 그는 소문을 듣지도… 눈으로 보지도….그의 인척이나 집안사람들이 괴로워하거나 죽은 것을 자신의 눈으로 보지는 못하였다. 하지만, 자신이 직접 자신의 생을 고갈시키는 고통스러운 몸의 느낌, 쓰라린, 날카로운, 파멸, 혼란스러움, 불편함으로 고통 받는다. 그래서 그는 분발한다. 그는 흥분한다. 그렇게 엄격하게 스스로 분발을 한다. 그래서 그는 자신과 최상의 진리 모두를 깨닫는다. 통찰지를 가지고 그것을 꿰뚫어 본다.

질병과 늙음 그리고 죽음은 매일 매일 이 순간에도 일어나고 있는 실재들입니다. 이것들은 우리로 하여금 바른 통찰지를 어서 계발하도록 위기감을 느끼게 합니다. 이것들은 우리를 움직이게 하는 '채찍'입니다. 이것들은 지금 이 순간에 나타나는 실재에 대하여 마음챙김을 하게 만드는 바른 정진을 하게 하는 가까운 원인들입니다.

정진은 청정도론의 정의처럼 모든 성취의 뿌리입니다. 또한 바른 정진은 통제기능(indriya)의 하나입니다. 이것은 선정을 얻기 위하여 그리고 깨달음을 얻기 위해서 다른 기능들과 함께 닦아야만 합니다. 앗타살리니에 나오는 것처럼 선정과 깨달음의 장애물인 게으름을 정진은 통제하고 억제

합니다. 바른 정진은 팔정도(八正道)의 정정진(samma-vayama)을 말합니다. 바른 정진은 도(道)의 요인이라는 관점에서 바른 통찰지와 바른 견해를 가져다줍니다. 팔정도의 바른 정진은 사념처를 통해 개발됩니다. 바로 지금 이 순간에 나타나는 실재들에 대한 마음챙김을 한다면 여기에는 바른 정진이라는 마음부수가 있습니다.

정진은 깨달음의 요인입니다. 깨달음의 요인들은 마음챙김(念), 법에 대한 조사(擇法), 정진(精進), 희열(喜), 고요함(輕安), 사마디(定) 그리고 평온(捨)입니다. 이러한 깨달음의 요인들이 무르익으면 성스러운 네 가지 진리를 깨닫게 되는데 이것은 사념처를 통해 완성됩니다.52)

경전에 나오는 '네 가지 바른 정진'들은 정진의 여러 다른 측면을 말하는 것입니다. 예를 들어 중부에서 사리뿟따가 수행자들에게 네 가지 성스러운 진리에 대해서 설명합니다. 그는 괴로움과 괴로움의 원인, 괴로움의 소멸 그리고 괴로움의 소멸에 이르는 길인 팔정도에 대하여 이야기 하는데 팔정도의 한 요인으로서 바른 정진을 들고 있습니다. 네 가지 바른 정진은

스님들이시여, 무엇이 바른 정진입니까? 이것에 대해서 스님들이시여, 한 수행자가 노력하기를 원하고, 애를 쓰고, 분발해서 정진합니다. 마음을 다해 노력합니다. 그리고 아직 일어나지 않은 불선한 상태를 일어나지 않게 하려고 노력합니다. 이미 일어난 불선한 상태를 제거하기 위하여 노

력합니다. 아직 일어나지 않은 유익한 상태를 일어나게 하려고 노력합니다. 이미 일어난 유익한 상태를 유지, 보호, 증장, 성숙, 개발, 완성하기 위하여 노력합니다. 이것이 스님들이시여, 바른 정진입니다.

지금 나타난 형상이라는 대상에 대하여 마음챙김, 지금 나타난 안식, 지금 나타난 소리, 지금 나타난 이식, 혹은 지금 나타난 다른 실재들에 대하여 마음을 챙기면 팔정도(八正道)의 바른 지혜가 개발됩니다. 그리고 이것이 해로움을 피하고 극복하고, 유익함을 일어나게 하고, 유익함을 유지시키고, 공덕이 되는 가장 효과적인 방법입니다. 바른 마음챙김의 순간에 있는 바른 정진이 유익한 마음을 강화하여 팔정도(八正道)를 닦는 불굴의 노력을 하게 만드는 것입니다.

제10장. 팔정도에서의 바른 정진

9장에서 본 것처럼 유익한 정진, 바른 정진에는 여러 측면이 있습니다. 통찰지와 함께 하는 바른 정진이 팔정도에 마음을 챙기게 한다면 이 정진은 팔정도의 정정진(正精進, samma-vayama)이 됩니다. 이러한 노력이나 정진은 미래가 아닌 바로 지금 여기에서 마음챙김을 하는 것입니다. 바로 지금 나타나는 실재들의 특징에 바르게 마음을 챙기면 바른 정진이 역할을 하고 있는 것입니다.

일상에서의 마음챙김은 자주 되지 않습니다. 절박감이 부족하기 때문입니다. 앗타살리니와 청정도론에 의하면 정진을 하게 만드는 가까운 원인은 절박감이라 하였습니다. 청정도론에 절박감이 일어나게 하는 방법과 마음을 추스리는 방법이 나옵니다.53)

마음을 추슬러야만 한다면 어떻게 마음을 추스리는가? 수행자가 통찰지를 닦음에 게으른 마음으로 나태해져 있을 때 혹은 지복의 고요함에 들지 못하고 있을 때, 그는 절박감을 일으키는 8가지 토대로서 마음을 부추겨야 한다. 이것들은 태어남, 늙음, 병듦과 죽음, 이렇게 네 가지이고, "상실의 상태"라는 괴로움이 다섯 번째, 다시 태어나는 토대로써 과거의 뿌리라는 괴로움, 다시 태어나는 토대로서 미래의 뿌리라는 괴로움, (다시 태어나는-역자) 자양분을 찾

아다니는 현재의 뿌리라는 괴로움이 그것이다.

이때 수행자는 붓다, 담마 그리고 승가의 특별한 덕성에 관한 회상을 통하여 믿음을 새로이 한다. 이것이 마음을 추슬러야 할 때 마음을 추스르는 방법이다.

청정도론에서 언급한 '상실의 상태'는 '행복한 세계로부터 떨어져'54) 악처에 태어나는 것입니다. 즉 동물, 아귀, 아수라의 세계나 지옥에 다시 태어나는 것을 말합니다.

지금 바로 마음을 챙기기 시작하면 마침내는 다시 태어나는 위험으로부터 자유로워 질 것입니다. 악처에 다시 태어나는 것에 대한 공포감이 일어날 때 마음을 챙기지 않는다면 성냄이라는 해로운 마음이 일어날 것입니다. 그렇지만 그러한 두려움도 마음 챙김의 대상임을 명심하십시오. 성냄에 뿌리한 마음이 사라진 다음에 마음을 챙길 수도 있습니다. 마음챙김의 대상은 그 순간에 나타나는 실재들의 특징이 무엇이든 간에 알아차리는 것입니다. 즐거운 것이거나 해로운 마음이라도 모두 대상이 됩니다. 이렇게 마음을 챙길 때에는 바른 정진이라는 마음부수가 있습니다.

우리는 계속해서 마음챙김의 절박함을 생각할 수는 있지만 현실적으론 마음챙김을 거의 하지 않습니다. 참을성도 없고 사념처를 닦아 성취한다는 것이 어렵다고 생각합니다. 증지부에 '정진, 전념, 분투'에 방해가 되는 요인 몇 가지가 나옵니다. 유익함을 사라지게 하는 다섯 가지 원인이

되는 다섯 장애는55)

여기 한 수행자가 스승을 의심하고 흔들리고 있다. 그에게 열중하지 않는다. 그에 대한 확신이 없다.

다시, 수행자들이여, 한 수행자가 담마를 의심한다. 승가를....., 가르침을 의심한다. 그는 성스러운 삶을 살아가는 도반들을 귀찮아하고, 화가 나고, 마음속에 장애가 생기고 그만 두려고 한다. 이와 같은 수행자는 노력하지 않으려 하고, 시도하지 않으려 하고, 인내하지 않으려 하고, 분투하지 않으려고 한다.

우리는 팔정도를 닦아 깨달음을 얻은 '성스러운 승가'가 있을 수 있는지 의심합니다. 바로 지금, 형상이라는 대상에, 혹은 소리나 나타나는 다른 대상에 대하여 마음을 챙기는 유용성에 대하여 의심합니다. 이러한 의심하는 마음이 있으면 바른 정진을 할 수 없습니다.

바른 수행자가 설하는 바른 담마를 듣는다면, 경전을 읽는다면, 배운 것을 생각해 본다면 그리고 우리 스스로에게 그것의 의미를 직접 적용해 본다면 의심은 줄어들고 확신은 커질 것입니다. 우리는 배운 것을 일상에서 직접 적용해 봄으로써 그 진리를 증명할 수 있습니다.

위에서 인용한 경에는 역시 선행(kusala)의 방해가 되는 다섯 가지 '마음의 속박'에 대해서도 나옵니다.

여기 한 수행자가 감각적인 것들에 초연해하지 않는다. 그에게 욕망, 애정, 갈망, 괴로움의 원인 그리고 갈애는 제거되지 않았다.

다시, 수행자가 몸에 대하여 초연해 하지 않는다. 물질(rūpa)들의 형상에 대하여 초연해하지 않는다. 배가 부르게 먹고 등을 대고 눕거나 옆으로 눕는 즐거움을 누리며 살고, 잠에 취한다. 혹은 천신들과 교류하기 위하여 다음과 같은 생각으로 성스러운 삶을 살아간다. "이러한 삶의 방식이나 수행 혹은 금욕이나 성스러운 삶의 덕분으로 나는 천신이 되거나 다른 것으로 태어날 것이다" 이러한 목적을 가진 수행자라면 누구라 할 것 없이 노력하지 않고, 전념하지 않고, 인내하지 않고, 분투하지 않는다.

우리는 삶의 즐거움에 몰입합니다. 그러한 순간에는 사념처라는 명상주제를 망각합니다. 경(經)에 포기한 수행자는 정신적 장애는 물론 "마음의 속박"은 증가하게 되고, 추구의 대상인 유익함은 줄어든다고 하였습니다.

그렇지만 이러한 모든 장애들이 한 번에 극복되는 것이 아닙니다. 심지어 의심을 여의고 삼보(三寶)에 대한 믿음이 흔들리지 않는 수다원도 감각적 즐거움에 여전히 취착합니다. 하지만 그는 잘못된 사견을 제거하였으므로 자아가 있다고 믿거나 자아와 같은 다른 실체가 있다는 견해를 더 이상 취하지 않습니다. 그는 해로운 담마들은 물론 모든 실재들이 나타나는 순간에 알아차림 함으로써 바른 통찰지를 닦았습니다. 그래서 수다원은 팔정도에서 더 이상 벗어나지 못합니다. 그는 모든 조건지워진 실재들은 무상하고 괴로움이라는 진리를 깨달았기 때문에 괴로움에서 벗어나고자 하는 절박감이 괴로움의 진리에 대한 이론적인 지식에 머물지 않고 체험으로 다가옵니다. 그의 마음 깊은 곳에 있는 절박감 때문에 그는 팔정도(八正道)에서 벗어날 정도로 흔들리지 않습니다.

사념처 수행을 시작한 지 얼마 안 되었다면 마음챙김이 잘 되지 않을 것입니다. 수행자들은 도대체 얼마나 수행을 해야 진전이 있을 것인지 궁금해 합니다. 이러한 수행의 목표에 대한 욕망이나 혹은 실패에 대한 두려움을 갖는 것은 해로운 마음입니다.

우리는 어느 정도의 진전이 있을 것인지 아무도 모릅니다. 하지만 육문(六門) 가운데 하나에서 나타나는 실재에 대하여 한 순간이라도 마음을 챙긴다면 통찰지는 조금씩 익어 갈 것이라는 사실은 분명합니다. 마음챙김은 일어나서는 사라지지만 결코 없어지지 않습니다. 한번 마음을 챙긴 것은 나중에 다시 마음을 챙기게 하는 조건이 됩니다. 깨달음에 대한 욕망 대신에 우리는 지금 이 순간의 실재에 대한 통찰지가 보다 가치 있음을 알아야 합니다.

유익한 정진이 마음챙김과 함께 한다면 정진은 그 마음 그리고 함께 일어난 마음부수들을 강화하고 지원하게 됩니다.

그리고 바른 통찰지를 닦아 나가는데 인내심을 갖게 합니다.

수행은 나타나는 모든 현상들에 마음을 챙기는 것입니다. 심지어 피하고 싶은 해로운 담마일지라도 마음을 챙겨야 합니다. 그러기 위해서는 많은 인내와 용기, 심지어 영웅과 같은 꿋꿋한 기개가 있어야 합니다.

바른 통찰지는 짧은 시간에 개발될 수 없습니다. 붓다도 4 아승지겁 하고도 십만 겁 동안을 보살로서 닦아야만 하였습니다. 그는 인내심을 가지고 흔들림 없이 사념처를 닦았습니다. 이 정진은 그가 닦은 여러 "바라밀" 가운데 하나일 뿐입니다. 만일 붓다가 되지 않았다면, 그는 모든 중생들의 이익을 위하여 기꺼이 오랜 세월을 노력하고 정진하려고 하였을 것입니다.

담마상가니(13)에 정진이란 **"열의와 열정, 정신력과 물러나지 않는 꿋꿋함, 흔들리지 않는 노력의 상태"**, **"단호히 물러서지 않는 상태 그리고 부담에 대한 확고한 극복"**이 정진의 역할이라 합니다.

붓다께서는 전생에서 그가 아직 보살이었을 때, 물러서지 않는 인내심을 가지고 보리수 아래에 앉아 명상을 할 때에는 해결 해야 할 과제를 남겨 놓지 않았습니다. 그의 활력과 꿋꿋함은 능가할 이가 없었습니다. 증지부에서 그는 자신의 물러남 없는 정진에 대하여 수행자들에게 이렇게

이야기합니다.56)

"나의 정강이와 힘줄과 뼈들은 드러나고 내 몸의 살과 피가 말라버린다 하여도, 만일 내가 오로지 인간의 힘으로, 인간의 정진으로, 인간의 분투로서 승리할 수 있는 것에 내가 승리의 순간까지 버틸 수만 있다면 그래도 나는 기뻐할 것이다"

붓다의 많은 제자들 역시 팔정도를 닦아 깨달음을 얻었습니다. 그렇지만 그들 역시 깨달음을 얻기 전까지는 셀 수도 없는 생에서 통찰지를 닦아야만 하였습니다. 붓다의 제자들에 관한 이야기인 **장로-장로니-게**를 보더라도 그들 역시 우리들처럼 사념처를 닦음에 태만한 적이 있었습니다. 그렇지만 그때마다 그들은 삶에서 일어나는 평범한 일들이 그들로 하여금 바른 통찰지를 닦아야 한다는 물러설 수 없는 절박감을 일으켰습니다.

웃띠야 장로는 계를 지키지 않았고 깨달음도 얻지 못하였습니다. 붓다는 그에게 계(戒) 청정과 봄에 의한 청정인 견청정(見淸淨)을 간략히 설하였습니다.57) 그런데 웃띠야가 통찰지를 닦을 때 그만 병이 들었습니다. 장로게(Thera-gatha)의 주석서인 빠라맛타디빠니에 "걱정을 하면서도 그는 할 수 있는 모든 노력을 다하였다. 그는 아라한이 되었다" 그는 자신을 추스르고 통찰지를 닦는데 물러나지 않도록 다음과 같은 게송을 지었습니다.

병이 나에게 들이 닥쳤으므로.
오! 이제 진정한 마음챙김을 해보자.
병이 이제 나를 덮쳤으니
나에게는 더 이상 미루거나 장난할 시간이 없네.

병은 우리에게 이 몸의 주인은 우리가 아니라는 사실을 일깨워 줍니다. '우리의 몸'과 '우리의 마음'은 단지 **통제할 수 없는** 조건지워진 물질과 정신입니다. 만약 우리가 단순히 정신과 물질만을 머리에서만 생각한다면 그것들의 실체를 있는 그대로 보지 못할 것입니다. 지금 나타난 실재에 대하여 마음을 챙긴다면 마침내 우리는 실재들에 대한 진정한 성품을 알게 될 것입니다. 이것이 유일한 길입니다.

붓다는 중생들의 업을 알고 그의 근기에 맞도록 법을 설하였습니다. 그는 종종 사념처를 닦기 전에 "수명이 짧은 이 몸"의 혐오스러움에 대하여 명상하도록 하였습니다. 어느 때 붓다는 낌빌라 장로를 깨닫게 하기 위하여 그의 앞에 아름다운 여성의 모습을 만들어 보여준 후에 그녀가 늙어가는 모습을 신통력으로 보여주었습니다. 주석서에 그는 이것을 보고 아주 크게 흔들렸다고 합니다. 그는 게송으로58)

어떤 힘에 의해서 그녀가 늙어가네.
그녀의 모습은 다른 사람과 같고 예전과 같지 않네.
이제
떠나본 적 없는 이 내 자신이

내가 생각하던 자신과는 다르다는 것을 알았네.

낌발라는 그가 자아라고 생각했던 자신이 계속해서 변화해 간다는 사실을 깨달았습니다. 관습적인 말로 '현재의 나' 라고 하는 것은 '과거의 나'가 변화되어 온 것입니다. 여기에 어떤 실체가 있는 자아라는 것은 없습니다. 현 순간의 실재들은 일어나자마자 사라져버립니다. 완전하게 사라집니다. 주석서에 낌발라는 무상이라는 진리를 깨우칠 때 심하게 진동했다고 나옵니다. 그는 붓다의 가르침에 따라 수행을 하여 아라한이 되었습니다.

몸의 혐오스러움과 쇠퇴해 가는 표상은 계속해서 나타납니다. 우리의 몸은 쇠약해지기 쉽고 죽음은 언제라도 찾아옵니다. 마지막 죽음의 마음이 언제 일어날 것인지 아무도 모릅니다. 하지만 죽음을 계속해서 생각하는 사람은 죽음에 대한 마음챙김을 할 수 있습니다.

붓다의 제자들은 살아가는 동안 어떤 일에 자극을 받으면 그것을 계기로 '육체적인 욕망을 제거하기 위하여' 정진하였습니다. 예를 들어 사마라는 여자 수행자 이야기가 장로니게(29)에 나오는데 그녀는 25년 동안 마음의 평화를 얻지 못하였습니다. 나이가 들어 그녀는 붓다의 말씀에 자극을 받아 아라한이 됩니다. 그녀는 게송을 읊습니다.

"괴로움을 일으키는 모든 길로부터 자유롭기 위하여, 나는 육체적인 욕망과 싸워 승리하였네!"

이러한 게송을 읽을 때 우리는 오해하기 쉽습니다. 우리는 흔히 정진은 자신이라는 자아가 힘을 써서 하는 노력이라고 생각해 왔으므로 조건들 때문에 정진을 할 수 있다는 사실은 알지 못합니다.

실재들은 이미 오문과 의문을 통하여 나타나고 있습니다. 예를 들어, 형상과 같은 대상을 계속해서 나타납니다. 그때 우리는 단지 눈이라는 감성을 통하여 나타난 어떤 것 혹은 어떤 사람이 아닌 단지 형상이라는 대상으로서 그것들의 특징을 알 수 있을 때까지 명상할 수 있습니다. 여기에는 정진을 하게 하는 자아라는 존재가 없어도 이미 정진을 하고 있는 것이지요.

비록 우리가 이제 막 수행의 길을 걷기 시작한 초심자라 하더라도 살아오면서 겪은 많은 일들은 지금 이 순간에 깨어 있어야만 한다고 일깨워 줍니다. 마치 붓다의 제자들이 그들의 생에서 일어난 사건들에 자극을 받은 것과 같이 말입니다.

마음챙김의 이익에 대해서 의심하거나 혹은 하는 일에 푹 빠져 있으면, 예를 들어 친구들과 노는 것에 빠져있다면 그러한 순간들은 마음을 챙기지 아니하고 즐거운 일들에만 열중할 것입니다. 비록 이론적으로는 어떠한 실재라도 마음챙김의 대상이 될 수 있다는 것을 알면서도 오랜 세월을 나태하게 보냅니다. 그러다가 아주 친한 누군가 세상을 떠나게 되면 그때야 실재들의 본성이 무엇인지 우리를 돌아보게 합니다.

이 고통스러운 사건은 우리를 자극합니다. 만약 한 순간만이라도 실재들을 확실하게 꿰뚫어 본다면 이것은 도움이 됩니다. 이것은 사념처를 계속 닦게 하는 조건이 되고, 정진을 계속하게 되는 조건이 됩니다. 바른 지혜가 없는 인생이란 의미가 없음도 알게 됩니다.

제11장. 희열(pīti)

삐띠(pīti)는 희열, 열광, 강한 흥미 혹은 환희라고 번역합니다. 모든 마음과 언제나 함께 하지 않고 때때로 함께 하는 6개의 '**때때로들**' 가운데 하나입니다. 희열은 유익한, 해로운, 과보의 혹은 단지 작용만 하는 마음과 함께 할 수 있습니다.

우리는 일반적으로 희열이란 언제나 유익한 것으로 생각합니다. 그리고 열광하는 사람을 우리는 칭찬합니다. 그러나 아비담마에서의 희열은 언제나 유익한 것이 아닙니다. 왜냐하면 희열은 해로운 마음들과도 함께 하기 때문입니다.

살다보면 유익한 마음보다는 해로운 마음이 우리에게 보다 자주 일어납니다. 그래서 유익한 마음보다는 해로운 마음과 함께 하는 희열이 보다 자주 일어납니다. 문제는 우리가 해로움을 유익함이라고 오해하는 데 있습니다.

아비담마를 공부하면 유익함과 해로움 그리고 이것들이 일어나는 조건들을 보다 잘 이해하게 됩니다. 청정도론에서 희열은59)

… 이것은 만족한다(pīṇayati)라고 해서 희열(pīti)이라 한다. 60) 충분히 만족하는 것(sampiyāyana)이 특징이다.61) 몸과 마

음을 상쾌하게 하는(pīnana, 강하게 하는) 역할을 한다.62) 혹은 (수승한 형상 등으로 몸을)충만하게 하는(pharaṇa) 역할을 한다(황홀해서 가슴이 떨린다. 혹은 소름이 끼친다). **의기양양함(odagya)으로 나타난다.**

앗타살리니에도 희열(pīti)의 정의는 비슷합니다.63)

희열은 마음이 인지한 그리고 함께 하는 마음부수들이 경험하고 있는 대상에 대하여 흥미 있어 하는 것이다. 그 대상에 만족하고 기뻐한다. 그리고 이것은 마음과 그리고 이 마음과 함께 하는 마음부수들을 '상쾌하게' (재충전)한다.

욕계의 마음에서 희열은 정신적인 기쁨(somanāssa, 喜)과 함께 일어납니다. 그래서 정신적인 기쁨(somanāssa, 喜)이 있으면 희열도 역시 존재합니다. 희열(pīti)은 느낌(受蘊)이 아니고 상카라(行蘊)입니다. 즉 정신적 기쁨이 가지고 있는 특징 그리고 역할과는 다른 것입니다. 여기서 상카라의 무더기(行蘊)란 느낌(受蘊)과 인식(想蘊)을 제외한 나머지 모든 마음부수들을 포괄하는 무더기입니다.

정신적 기쁨(somanāssa, 喜)인 느낌은 대상의 맛을 경험합니다. 이런 저런 방법으로 대상의 원하는 측면을 향유하는 역할을 합니다. 그러나 희열은 느끼는 것이 아니고 만족하는 것입니다. 몸과 마음을 **상쾌하게 하고 원기를 회복시키고 혹은 황홀감으로 충만하게** 만드는 역할을 합니다. 희열은 대상에 대하여 흥미 있어 하고 만족하는 것입니다. 이것은 자신의 역할을 통해 마음을 지원합니다. 느낌의 역할과는 다릅니다.

청정도론에 초선정의 마음부수인 행복(sukha)과 희열(pīti)의 차이점이 나옵니다.64)

그리고 이 두 개가 함께 할 때마다, 희열은 원하는 대상을 얻어서 만족하는 것이다. 행복은 원하는 대상을 실질적으로 경험하는 것이다. 행복이 있으면 희열이 있다. 하지만, 희열이 있다고 행복이 필요한 것은 아니다.65) 희열은 상카라 무더기에 속하고 행복은 느낌의 무더기에 속한다. 만약 어떤 사람이 사막에서 지쳐있는 상태인데 나무 그늘이 있는 오아시스를 발견하였거나 오아시스가 있다는 소리를 듣는다면 그는 매우 기뻐(희열)할 것이다. 그래서 그는 나무 그늘에서 물을 마시고 목욕을 하고는 행복감을 느낀다.

행복과 희열을 묘사하기 위하여 사용된 다른 용어들 그리고 윗글에서 언급된 비유는 이러한 두 개의 실재들을 이론적으로 이해하는데 도움이 됩니다. 하지만 이것들이 나타날 때 마음을 챙긴다면 보다 자세하고 정확하게 그것들의 특징을 이해하게 될 것 입니다. 그렇지만 어떤 실재를 잡으려 해서는 안 됩니다. 마음챙김의 대상인 실재는 조건들에 의지하여 일어난 것들이기 때문입니다.

욕계의 마음에서 희열은 정신적인 기쁨(somanāssa)과 함께 합니다. 대상에 대한 흥미와 즐거움이 있으면 정신적인 기쁨(somanāssa)도 함께 있습니다. 이러한 경우 무덤덤한 느낌이나 괴로운 느낌은 함께 할 수가 없습니다.

해로운 마음들에서는 희열이 즐거운 느낌과 함께 하는 탐욕에 뿌리한 마음들과 함께 일어납니다. 탐욕에 뿌리한 마음이 무덤덤한 느낌보다는 즐거운 느낌과 함께 할 때가 그 힘이 강렬합니다. 즐거운 느낌을 동반하는, 탐욕에 뿌리한 마음과 함께하는 희열은 대상에 흥미 있어 하고, 기뻐하며, 가슴이 두근거리는 것입니다.

예를 들어 아름다운 음악에 완전히 감동을 받았다면 음악이 끝난 후에는 열광적으로 박수를 칠 것입니다. 음악가나 화가 혹은 유명한 스포츠맨 등을 존경한다면 거기에는 희열과 함께 하는 탐욕에 뿌리를 둔 마음이 있습니다. 어떠한 대상에 대한 탐욕스러운 마음이 일어날 때에는 즐거운 느낌과 함께 하는 희열도 역시 일어납니다. 즉 아름다운 광경, 매혹적인 소리, 훌륭한 향기, 훌륭한 맛, 유쾌한 감촉 혹은 의문을 통해 원하던 대상이 떠오르면 거기에는 우리가 알아차리지는 못하지만, 많은 희열이 있습니다. 이때의 희열은 해로운 것입니다.

희열은 성내는 마음과 함께 하지 않습니다. 성냄과 함께 하는 마음은 어떤 대상을 싫어하는 마음입니다. 그래서 그 대상에 대한 기분 좋은 흥미를 가질 수가 없습니다.

또한 희열은 어리석음에 뿌리한 마음과 함께 일어나지 않습니다. 그래서 어리석음에 뿌리를 둔 마음의 순간에도 희열은 없습니다.

다음은 뿌리 없는 마음과 희열과의 관계입니다. 해로운 뿌리가 없거나 혹은 아름다운(kusala-역자) 뿌리가 없는 '뿌리 없는 마음'은 18가지가 있습니다. 즉 오문전향의 마음, '다섯 쌍'의 알음알이(五識=안식. 이식. 비식. 설식. 신식-역자), 두 종류의 **받아들이는 마음**, 세 종류의 **조사하는 마음, 의문전향의 마음**과 **아라한의 미소 짓는 마음**이 그것입니다. 이 중에서 정신적 기쁨과 함께 하고 희열을 동반하는 것은 단지 두 가지입니다. 하나는 유익한 과보인 **조사하는 마음**으로 매우 즐거운 대상을 조사합니다. 그리고 다른 하나는 **아라한의 미소 짓는 마음**(hasituppāda-citta)입니다.

오문인식(五門認識)과정에 해당하는 안식(眼識)은 단지 대상을 보는 것으로 형상이라는 대상에 대한 기쁨이나 열정(희열)이 없습니다. 만약 형상이 극단적으로 즐거운 것이라면 그 인식과정에 있는 조사하는 마음이 즐거운 느낌과 희열을 동반합니다. 그 인식과정에 있는 자와나(속행)의 마음들은 희열이 함께 할 수도 있고 혹은 함께 하지 않을 수도 있습니다. 만약 자와나(속행)가 정신적 기쁨(소마낫사)과 함께 하는 것이라면 희열도 역시 있겠지요.

욕계의 아름다운 마음들에서는 정신적 기쁨(소마낫사)이 있을 때만 희열도 함께합니다. 우리가 보시를 하거나, 기쁜 마음으로 다른 사람을 돕는 것은 즐거운 느낌과 함께 하는 유익한 마음입니다. 이때에는 몸과 마음을 활기 있게 하는 희열도 함께 합니다. 비록 방금 전까지 피곤함이 있었더라도 그 순간에 사라져 버립니다. 희열 때문에 원기가 회복되는 것이지요.

이와 같은 일은 기쁘고 열정적인 유익한 마음으로 경을 읽을 때에도 일어납니다. 이러한 순간에는 따분함이나 피곤함 같은 것은 없습니다. 왜냐하면 대상에 대하여 즐거운 마음으로 흥미를 갖게 되는 희열 때문입니다.

때로는 우리가 다른 사람들을 도와주거나, 무엇인가를 줄 때, 혹은 다른 유익한 행위를 할 때, 우리는 충만한 기쁨과 희열을 느낍니다. 하지만 언제나 기쁨과 희열을 느끼는 것은 아닙니다.

무덤덤한 느낌(upekkhā)과 함께 하는 유익한 마음은 희열과 함께 하지 않습니다. 희열이 있느냐 없느냐는 조건에 따라 다릅니다. 유익한 행위(kusala)에 대한 강한 믿음을 가지고 유익한 행위(kusala)의 이익을 보는 것은 그 일을 하는 동안 기쁨과 희열이 일어나게 되는 조건이 됩니다. 즐거운 느낌과 함께 하는 희열은 그 마음과 다른 마음부수들을 활기차게 합니다.

희열은 정진(viriya)을 강화시킵니다. 유익한 행(kusala)에 대한 기쁨과 희열이 있으면 마음챙김의 힘은 더욱 강해집니다.

희열(喜, pīti)은 또한 깨달음의 요인 가운데 하나입니다. 깨달음의 다른 요인들에는 마음챙김(念, sati), 법에 대한 조사(擇法, dhamma vicaya), 정진(精進, viriya), 고요(輕安, passaddhi), 집중(定, samadhi), 평온(捨, upekkhā)이 있습니다. 이러한 깨달음의 요인들이 사념처를 통해 무르익으면 성스러운 네 가지 진리가 실현됩니다. 이제 막 정신(nāma)과 물질(rūpa)에 마음챙김을 시작하였다면 이 깨달음의 요인들은 아직 무르익지 않았을 것입니다. 그러나 사념처(四念處) 수행을 닦아 나가면 무르익게 될 것입니다.

앗타살리니(75)에 깨달음의 요인인 희열을 경험하려면

붓다, 담마, 승가, 계, 보시, 천신, 열반에 대하여 계속해서 생각(隨念)하고, 나쁜 성격을 가진 사람과 같은 거침을 피하고, 유순한 사람들을 도와주고, 믿음을 증장시키는 경전의 내용을 기억하라. 이러한 것들을 회상하는 것은 희열의 요인이 된다.

경전을 읽을 때 그 내용에 대하여 묵묵하게 생각해 보고 붓다께서 설하신 실재들에 직접 마음을 챙겨서 그 뜻을 반복적으로 확인해 본다면 그 진리를 직접 증명할 수 있습니다. 이렇게 하면 붓다와 담마 그리고 승가에 대한 우리의 믿음은 증진되고, 계속하여 팔정도를 닦을 수 있습니다. 그리고 희열이 마음과 함께 하는 마음부수들을 활기차게 만듭니다. 희열도 마음챙김의 대상이므로, 지혜로 희열의 모습을 있는 그대로 보게 되면 무아(無我)라는 것을 알 수 있습니다. 사념처(四念處)를 닦지 않으면 깨달음의 요인인 희열은 물론 다른 요인들도 개발되지 않는다는 사실을 기억하십시오.

증지부의 '마하나마-경'에서 붓다는 붓다, 담마, 승가, 계, 보시 그리고 천신들의 덕성을 수념(隨念)하라고 마하나마에게 가르칩니다. 청정도론에 의하면 마하나마는 수다원이었습니다. 그는 나마와 루빠에 관한 바른 통찰지가 개발되어 자아와 같은 실체는 없다는 사실을 알았습니다.

마하나마여, 성스러운 제자가 여래의 덕성을 수념하고 있으면, 결코 탐욕이 그의 가슴을 압도하지 않고, 성냄에 휩싸이지도 않고, 어리석음으로 좌우되지 않는다. 그리하면 여래 때문에 틀림없이 그의 마음은 올곧게 된다. 그의 마음은 바른 길을 가게 된다.

마하나마여, 성스러운 제자는 목표, 담마에 몰입하게 된다. 담마와 관련된 기쁨이 넘치고 희열이 생겨난다. 그의 마음이 희열로 충만하게 되면 그의 전 존재는 고요하게 된다. 고요한 존재, 그는 편안함을 경험한다. 그는 편안한 마음으로 머문다.

마하나마여, 이러한 성스러운 제자가 말한다. 평탄하지 않은 사람들 속에서 그는 평탄하게 살아간다. 문제가 많은 사람들 속에서 그는 성가심 없이 살아간다. 담마를 듣는 귀를 열어놓고, 그는 계속해서 붓다를 생각한다.

명상주제를 계속 회상하는 다른 명상법도 위와 동일합니다.

청정도론(VII, 121)에는 단지 성스러운 제자만이 위에서 언급한 명상주제를 계속해서 닦아 나갈 수 있다고 나옵니다. 왜냐하면 성자(聖者)가 아닌 범부는 이러한 주제들의 의미를 정말로 이해하지 못하기 때문입니다. 만약 깨달음을 얻지 못하였다면 깨달음의 의미를 어떻게 알 수 있겠습니까? 그리고 '붓다'의 의미를 어떻게 명확하게 이해할 수 있겠습니까? 그렇지만 성자(聖者)가 아닌 우리들도 믿음을 가지고 붓다의 덕성에 대해서 계속 생각할 수 있습니다. 이렇게 하면 역시 희열이 일어납니다.

희열은 오로지 조건이 충족되면 일어나는 것으로 의도적으로 일어나게 할 수는 없습니다. 유익한 희열은 일어나면 바로 사라지고 이어서 탐욕의 마음이 일어나기 쉽습니다.

우리는 일상에서 '우리가 행한 유익함'에 매우 만족해하며 희열은 중요하다고 생각합니다. 그리고 희열은 지속될 수 있는 것이라고 생각합니다. 하지만 희열은 일어나자마자 즉시 사라집니다.

유익한 마음과 해로운 마음을 식별할 수 있는 것은 아주 중요합니다. 그렇게 되면 매 순간의 마음이 유익하지 않다는 것을 알게 됩니다. 심지어 유익한 행위를 하는 순간에도 해로운 마음이 일어납니다. 우리는 다른 사람들로부터 즐거움을 기대합니다. 다른 이들로부터 칭찬을 받고 싶어 합니다. 다른 이들에게 나의 선한 성품과 공부한 지식을 보여주고 싶어 합니다. 혹은 곁에 있는 사람에게 취착합니다. 오염의 뿌리는 이렇게 깊어서 기회가 있을 때마다 일어나게 되어 있습니다.

많은 대상들이 탐욕의 마음을 일으키는 조건이 됩니다. 탐욕은 정신적 기쁨(소마낫사)과 희열을 동반할 수 있고 해로운 희열이 유익한 희열의 바로 뒤에 일어날 수 있습니다.

그런데 우리는 이런 것들의 차이를 알지 못합니다. 그리고 유익한 마음보다는 해로운 마음이 내 안에서 더욱 많이 일어난다는 사실을 알게 된다면 의기가 소침해질 수 있습니다. 하지만 있는 그대로 해로운 마음을 아는 순간에 바른 지혜가 있습니다. 이 지혜가 있는 순간은 유익합니다. 이러한 순간에는 성을 내는 마음이나 낙담하는 마음이 없습니다.

정신적 기쁨(소마낫사)을 동반하는 욕계(欲界)의 유익한 마음, 즉 **크게 유익한 마음**이 희열과 함께 일어납니다. 그러나 이것뿐만 아니라 정신적 기쁨을 동반하는 **큰 과보의 마음** 그리고 **크게 작용만 하는 마음**도 희열을 동반하며 일어납니다.

큰-과보의 마음은 업 때문에 일어납니다. 그래서 이것은 소마낫사와 희열이 있느냐 없느냐에 상관없이 큰-과보의 마음은 업에 의존해서 일어납니다. 그래서 어떤 사람은 정신적 기쁨(소마낫사)과 희열이 있는 큰-과보의 마음을 가지고 태어나고 어떤 사람은 희열이 없는 평온한(우뻬카) 마음을 가지고 태어납니다. 만약 소마낫사와 희열을 가지고 태어났다면, 그 생(生)의 모든 바왕가 마음과 죽음의 마음에도 소마낫사와 희열이 존재하게 됩니다.

희열에는 강렬한 힘이 있습니다. 청정도론(IV, 94)과 앗타살리니(II, Part IV, Chapter 1, 115, 116)에는 5가지 희열에 대하여 나옵니다. 먼저 청정도론에

> 하지만 이것에는 미미한 희열, 순간적인 희열, 흠뻑 젖는 희열, 들어 올리는 희열 그리고 충만한(미칠 듯한) 희열 다섯 가지가 있다.
>
> 여기서 단지 몸의 털을 일어나게 할 수 있는 정도라면 미미한 희열이다.66) 만약 재생연결이 뿌리 없는 과보의 마음이라면67) 희열은 이 마음과 함께 할 수 없다. 순간적인 희열은 다른 순간에 번쩍하는 번갯불과 같다. 흠뻑 젖는 희열은 해안에 파도가 연이어 밀려오는 것처럼 반복해서 몸에 퍼부어진다.
>
> 들어 올리는 희열은 몸을 공중으로 붕 뜨게 할 정도의 힘이 있을 수 있고 공중으로 솟아오르게 할 수 있다. …
>
> 하지만 미칠 듯이 충만한 희열이 일어나면 온몸이 완전하

게 충만되는 것이, 마치 오줌보가 꽉 채워지는 것처럼, 바위 동굴에 커다란 해일에 밀려와 채워지는 것과 같다.(IV, 98)

희열 때문에 육체적인 현상이 나타날 수 있습니다. 네 번째 종류인 '들어 올리는 희열'은 심지어 몸을 부양시킬 수 있습니다. 청정도론과 앗타살리니에 나오는 이야기입니다. 한 젊은 여인이 담마를 들으러 절에 가고자 하였으나 그녀의 부모는 허락하지 않았습니다. 그래서 그녀는 자기 집 베란다에 서서 수도원 쪽을 향해 합장하고 있었습니다. 그때 달빛 아래에서 불전에 예배드리고 탑돌이를 하는 사람들의 모습이 보이고 염불소리가 들렸습니다. 그 순간 온몸에서 '들어 올리는 희열'이 일어나 그녀를 공중으로 솟구치게 하였고 그녀는 그녀의 부모보다도 먼저 사원에 도착하게 되었습니다.

욕계의 마음에서 희열은 언제는 소마낫사와 함께 일어납니다. 선정의 마음에서는 항상 그렇지는 않습니다. 희열은 선정의 요소 가운데 하나입니다. 마음의 장애를 제압하기 위하여 사마타 수행을 통해 선정에 들 수 있습니다. 이때의 희열은 악의와 같은 장애를 제압합니다. 명상주제에 대한 희열이 있다면 악의나 지루함 같은 것이 있을 수 없겠지요.

희열의 종류에는 다른 힘을 가진 다섯 종류가 있습니다. 다섯 번째가 '충만된 희열'로 가장 힘이 강합니다. 이것이

바로 '본 삼매의 뿌리'이고 '본 삼매와 함께 증장되어 나타나는 것'입니다.68)

초선정에는 다섯 가지 선정의 요인들이 함께 일어납니다. 높은 단계의 선정으로 갈수록 선정의 마음은 더욱 미세해지고 고요해집니다. 단계가 올라감에 따라 선정의 요소들은 순차적으로 제거가 됩니다. (5선정 가운데) 두 번째 선정에서 일으킨 생각(위딱까)이 제거되고, 삼선정에서 지속적인 고찰(위짜라)이 제거됩니다. 그래서 이 단계에서는 희열과 행복 그리고 집중이라는 세 개의 요소만 남게 됩니다. 사선정에서 희열은 제거가 되지만 행복은 여전히 남아 있습니다. 욕계의 마음에서 정신적 기쁨(소마낫사)이 있으면 희열은 언제나 함께 합니다. 하지만 사선정에서는 그렇지 않습니다. 희열이 제거된 선정의 마음은 조금 더 고요해지고 더욱 미세해집니다. 이 단계에서 가장 강력한 '충만 하는 희열'이 제거됩니다. 이러한 희열을 경험하고도 버릴 수 있는 사람은 칭찬 받아 마땅합니다.69)

색계선정의 가장 높은 단계에서 행복(수카)이 제거됩니다. 그리고 이 단계에서 희열은 일어나지 않습니다. 무색계의 마음은 색계 선정의 마지막 선정의 마음과 종류가 같습니다. 그래서 희열이 없습니다. 초세간의 마음에서는 언제나 희열이 함께 하지 않습니다. 이것은 다른 조건들에 의존합니다.70)

희열은 다른 종류의 마음과 함께 하기 때문에 종류도 여러 가지입니다. 탐욕에 뿌리를 둔 마음과 함께 하는 희열은 유익한 마음과 함께 하는 희열과 전혀 다른 것입니다. 선정의 마음과 함께 하는 희열도 다른 것입니다. 가장 힘이 있는 희열인 다섯 번째 '충만한 희열'은 '본 삼매의 뿌리'입니다.

또한 희열은 깨달음의 요인 가운데 하나입니다. 나마(nāma)와 루빠(rūpa)에 마음을 챙기는 명상을 할 때 나타나는 희열은 다른 희열과 종류가 다릅니다.

상응부에 세속적인 희열, 세속적이지 아닌 희열 그리고 어느 것보다도 세속적이지 않은 희열에 대하여 나옵니다.71)

그리고 수행승이여, 세속적인 희열은 무엇인가? 다섯 가지 감각적인 요소를 말한다. 다섯 가지란 무엇인가?
눈으로 보여지는 형상이라는 대상들로, 즐거운 기쁨을 주는 그리고 소중히 여기게 되는, 탐착하기 쉬운, 욕정을 부추기는 것들이다.
귀로 듣는 것들이다.
코로 냄새를 맡는 것들이다.
입으로 맛을 보는 것들이다.
몸으로 느낄 수 있는 감촉, 원하는, 즐거운, 수행자들이여, 이러한 것들은 감각적 요소들이다. 수행자들이여, 이러한 다섯 가지로 인하여 일어나는 모든 희열은 그 내용에 상관없이 "세속적인 희열"이라고 한다.

'세속적이지 않은 희열'이란 선정의 마음과 함께 하는 희열입니다. 선정의 마음에서 세속적인 희열은 일시적으로 가라앉습니다. 이 순간에는 다섯 가지 감각적 요소들에 끄달리지 않게 됩니다. 이제 '어느 것보다도 세속적이지 않은' 희열에 대하여 알아봅시다.

그리고 수행자들이여,
그 어느 것보다도 세속적이지 않은 희열이란 무엇인가?

오염들을 파괴한 수행자에게 일어나는 희열을 말한다. 그의 마음은 탐욕에서 자유롭다 – 이 희열은 그 어느 것 보다도 세속적이지 않은 희열이다.

즐거운 것(pleasure), 무덤덤한 것(indifference) 그리고 초연함(release)에도 세속적인 것, 세속적이지 않은 것 그리고 그 어느 것보다도 '세속적이지 않은' 것이라는 개념이 적용됩니다. '그 어느 것 보다도 세속적이지 않은'이라는 말은 모든 형태의 갈애를 제거한 아라한에게만 적용되는 말입니다. 그렇기 때문에 그에게는 결코 이런 것들이 다시 일어나지 않습니다.

이 경은 한 번에 하나씩 다른 문을 통하여 나타나는 실재들에 마음을 챙기라고 일깨워 줍니다. 우리는 흔히 실재들보다는 사람이나 사물과 같은 개념에 몰입합니다. 눈을 통해서 경험되는 것은 사실 사람이 아닌 단지 형상이라는 물질(rūpa)에 불과합니다. 그것은 지속되지 않습니다.

그러나 우리는 경험하고 있는 대상에 매몰되어 버립니다. 그리고 그 순간에 '세속적 희열'이 존재한다는 사실을 깨닫지 못합니다. 세속적인 희열은 우리가 육문(六門)을 통하여 경험되는 모든 종류의 대상에 대해서 일어날 수 있습니다.

이 경은 다른 종류의 마음이 일어날 때 얼마나 다양한 희열이 일어나는지 보여줍니다. 희열은 함께 하는 담마들에 의하여 조건 지워지지만 그 담마들도 역시 희열에 의하여 조건 지워집니다. 희열은 상카라 담마로 실체가 있는 자아가 아닙니다.

우리는 어느 것이 유익한 희열이고, 어느 것이 해로운 희열인지를 알기 어렵습니다. 하지만 그것의 특징을 알기 위하여 나타나는 순간에 마음을 챙긴다면 보다 자세하게 알게 될 것입니다.

제12장. 열의(chanda)

찬다(chanda)는 일반적으로 열의(zeal), 의욕(desire) 혹은 "~하고자함(wish to do)"으로 번역됩니다. 이것은 4가지 종류의 마음과 함께 하는 6개의 '때때로들' 가운데 하나인 마음부수로 언제나 모든 마음들과 함께 하는 것은 아닙니다. 열의라는 말을 들을 때 우리는 이 열의(chanda)가 탐욕(lobha)과 동일한 것이라고 생각하기 쉽습니다. 하지만 열의는 **유익한, 해로운, 과보 혹은 단지 작용**만 하는 마음들과 함께 할 수 있습니다. 그래서 탐욕과는 다른 것이지요. 열의는 자신만의 고유한 특징과 역할을 가지고 있습니다.72) 청정도론에73)

열의(欲)는 하고 싶어함(kattu-kāmatā)과 같은 말이다. 그러므로 이것은 하고 싶어하는 특징을 가진다. 대상을 찾는(pariyesana) 역할을 한다. 대상을 원함(atthikatā)으로 나타난다. 바로 그 대상이 가까운 원인이다. 이 열의는 대상을 잡는데 있어 마음의 손을 뻗는 것과 같다고 알아야 한다.

앗타살리니의 정의도 비슷합니다. 열의는 마음이 인지하는 대상을 찾고 탐색합니다. 대상을 필요로 합니다. 그리고 그 대상이 가까운 원인입니다.74)

열의는 여덟 가지 종류의 **탐욕에 뿌리한 마음**과 함께 일어납니다. 열의가 탐욕에 뿌리한 마음(lobha mūla citta)과 함께 일어나는 순간에 열의는 원하는 대상을 찾습니다. 대상을 필요로 합니다.

열의가 비록 탐욕은 아닐지라도 해로운 마음부수인 탐욕이 열의와 함께 일어날 때에는 이들을 구분하기가 쉽지 않습니다. 우리가 어떤 즐거운 대상을 좋아한다 할 때에는 탐욕은 대상에 달라붙지만, 그 대상을 취할 수 있는 것은 열의입니다. 탐욕 혼자서는 스스로 어떠한 일도 할 수 없습니다. 대상을 취할 필요가 없음에도 취착하고 있다면 거기에는 탐욕에 뿌리한 마음과 함께 하는 열의가 있습니다.

열의는 두 가지 성냄에 뿌리를 둔 마음과 함께 일어납니다. 열의는 성냄에 뿌리를 둔 마음과 함께 싫어하는 대상을 '탐색'합니다. 여기서의 열의는 탐욕에 뿌리를 둔 마음과 함께 하는 열의와는 확실히 다르다는 것을 알아야 합니다.

열의는 어리석음에 뿌리한(moha mūla) 두 가지 마음과는 함께 하지 않습니다. 그 첫 번째는 의심입니다. 의심(vicikicchā)은 '흔들리게 하는' 역할을 하므로 대상에 대한 확신이 없습니다. 대상에 대한 확신이 없으므로 대상으로 마음의 손을 뻗는 '열의'를 가질 수가 없습니다. 이 의심은 확신을 가지고 대상을 '결정(adhimokkha)'할 수 없습니다.

어리석음에 뿌리한 두 번째 마음은 들뜸입니다. 이 들뜸도 역시 열의와 함께 할 수 없습니다.

뿌리가 없는 마음들은 열의를 동반하지 않습니다. 예를 들어 뿌리 없는 마음인 안식(眼識)은 형상이라는 대상을 봅니다. 이 눈의 알음알이인 안식(眼識)이 '보는' 역할을 함에는 열의가 필요 없습니다. 이 안식(眼識)이 본 대상을 '받아들이는 마음(sampaṭicchana-citta)'은 '받아들이는' 역할을 수행함에 있어 열의는 필요하지 않습니다. 조사하는 마음(santīraṇa-citta)과 다른 뿌리 없는 마음(ahetuka cittas)들도 마찬가지입니다.

만약 뿌리 없는 마음이 재생연결식, 바왕가 그리고 죽음의 마음의 역할을 담당한다면 여기에 열의는 함께 할 수 없습니다.75)

욕계의 아름다운 마음은 언제나 열의를 동반합니다. 우리가 유익한 행위를 할 때에는 언제나 유익한 마음이 유익한 행위를 하고 싶어하는 열의(chanda)와 함께 합니다. 이 열의는 유익한 마음이 인지하는 대상을 탐색해서 유익한 마음이 자신의 일을 잘 수행할 수 있도록 지원합니다.

그렇다면 이 열의와 유익함을 행하고자 하는 의도(cetanā)와는 어떤 차이가 있을까요? 유익한 의도(cetanā)는 유익한 행위를 하도록 **동기를 유발**시킵니다. 의도는 시간이 흘러 바른 조건을 만나게 되면 과보를 맺을 수 있습니다. 또한 유익한 행위를 할 수 있도록 함께 하는 담마들을 **지휘**합니다. 이렇게 의도와 열의의 특징과 역할은 서로 다릅니다.

모든 종류의 유익한 행위를 할 때 열의가 필요합니다. 예를 들어 보시를 하거나 지계(持戒) 혹은 명상을 할 때 열의가 필요합니다. 우리가 환자를 방문하거나, 곤경에 처한 사람을 위로할 때, 물에 빠져 허우적대는 곤충을 구해주려고 할 때에는 이러한 유익한 마음을 지원하는 열의가 있어야만 합니다. 만약 어떤 '행동하기를 원하는' 유익한 열의가 없다면 위와 같이 자애와 연민(karuṇā)의 마음을 가진 행동을 할 수 없습니다.

열의는 선정을 닦을 때에도 필요합니다. 앗타살리니의 자애(慈, mettā), 연민(悲, karuṇā), 함께 기뻐함(喜, muditā), 평온(捨, upekkhā)에 관한 명상주제의 장에76)

맨 처음은 '~하기를 원하는 것'이다. 중간은 장애를 버리는 것이다. 마지막이 본 삼매이다.

명상주제를 닦으려면 '하기를 원하는' 것이 필요합니다. 이러한 유익한 소망 없이는 그것을 닦을 수가 없습니다. 고요함이 무르익으면 좀 더 많은 장애들을 한시적으로 제거하여 선정을 얻습니다. 선정의 마음에도 열의가 함께 합니다.

열의는 모든 종류의 아름다운 마음들과 함께 합니다. 색계(色界)의 마음이나 무색계(無色界)의 마음들과도 함께합니다.

이런 서로 다른 존재계의 마음들과 함께하는 열의도 종류가 다릅니다. 선정의 마음과 함께하는 열의는 본 삼매를 경험하는 선정의 마음과 함께 일어나서 해당되는 명상주제를 '탐색'합니다.

초세간의 마음에는 대상인 닙바나를 '찾는' 열의가 있습니다. 이때의 열의는 초세간으로 닙바나를 열망하는 것과는 다릅니다. 이 열의는 초세간의 마음이 역할을 제대로 수행하도록 도와줍니다. 초세간의 마음과 그리고 이 함께하는 열의가 직접적으로 닙바나를 경험합니다.

열의가 유익한 것인지 해로운 것인지를 어떻게 알 수 있을까요? 예를 들어 우리가 마음을 챙기고자 한다면 이것은 유익한 열의인가요? 아니면 해로운 탐욕인가요?

우리는 셀 수도 없는 탐욕심을 습관처럼 키워 왔습니다. 그래서 유익한 열의보다는 탐욕의 마음이 일어날 가능성이 더욱 큽니다. 우리는 마음챙김이라는 개념에 취착합니다. 그리고 마음챙김을 할 수 있다고 생각합니다. 그러나 마음챙김을 원하는 것과 마음챙김을 실천하는 것은 다릅니다. 우리는 대부분의 시간에 마음을 챙기지는 않지만 때로는 육문(六門)에서 나타나는 하나의 실재에 대하여 마음을 챙길 수도 있습니다. 이러한 마음챙김의 순간에는 유익한 열의가 자신의 역할을 수행합니다.

유익한 열의는 팔정도를 닦는데 필요합니다. 만약 원하지 않는다면 닦을 수가 없을 것입니다. 그러나 이러한 열의를 가져야 한다는 결심해서 열의가 생기는 것이 아닙니다. 왜냐하면 열의는 일어나기 위한 바른 조건이 충족되어야 일어나기 때문입니다.

상응부에 열의는 성스러운 팔정도(八正道)가 일어나기 위한 여러 가지 '선행요소' 가운데 하나라고 합니다.77)

수행승들이여, 이와 같이 여명이 먼저이다. 태양이 떠오르기 전에 앞에 간다. 이와 같이 열의를 갖춤이 먼저이다. 성스러운 팔정도가 일어나기 전에 앞서 간다. 닦기를 원하는 수행승은 수행승들이여, 성스러운 팔정도를 닦을 것이다. 그는 많은 노력을 기울여 팔정도를 닦을 것이다.

유익한 행위를 할 때에는 열의가 우세합니다. 즉 함께하는 다른 담마들보다도 열의가 우세하다는 것입니다. 이 우세한 요인들을 지배라고 하는데 4가지가 있습니다. 하지만 한 번에 하나의 요인만이 지배할 수 있습니다. 이 4가지의 지배는 열의(chanda), 정진(viriya), 마음(citta)78) 그리고 조사 혹은 검증(vimamsa)79)이라고 하는 요인들 입니다.80)81)

마음도 지배의 요인이 될 수 있지만 모든 마음들이 되는 것은 아니고 적어도 뿌리가 있는 마음이어야 합니다. 그리고 자와나(속행)의 마음이어야 합니다. 왜냐하면 그것들은 하나 이상의 뿌리를 가지고 있기 때문입니다. 그리고 어리석음에 뿌리한 마음은 여기에 해당이 안 됩니다. 어리석음은 뿌리가 하나뿐이기 때문입니다. 유익한 행위를 함에 있어 열의나 정진 혹은 검증이 지배하지 않을 경우에는 유익한 마음이 확실히 지배를 할 수 있습니다.

이러한 네 가지 요인들은 무르익으면 신통력(abhinnas)을 얻는데 필요한 네 가지 성취수단(iddhipada)이 됩니다. 오신통(五神通)을 얻으려면 무색계 선정을 닦아야 합니다.82) 여섯 번째 신통인 육신통(六神通)은 위빳사나를 통해 모든 오염들을 소멸시키는 누진통(漏盡通)입니다. 이때에는 열의나 다른 세 가지 성취수단 가운데 하나가 지배가 됩니다.83)

이렇게 열의의 종류는 다양하고 수준도 다양합니다. 열의는 상카라 담마, 조건지워진 담마로 마음과 함께하는 다른 마음부수들에 의하여 조건 지워집니다. 그래서 조건이 바뀌면 다른 종류의 열의가 일어납니다. 마음부수들은 한 번에 여러 가지가 동시에 일어나 자기들만의 역할을 수행하기 때문에 이것들을 구분하기는 어렵습니다.

앞에서 본 바와 같이 '반드시들'은 모든 마음들과 함께 일어납니다. 이것들은
  - 감각접촉(phassa)
  - 느낌(vedanā)
  - 인식(saññā)
  - 의도(cetanā)
  - 집중(ekaggatā)

- 생명기능(jīvitindriya)
- 마음에 잡도리함(manasikāra)

6가지의 '때때로들'은 모든 마음에서 일어나지는 않지만, 4가지 종류의 마음들과 함께 할 수 있습니다.
- 일으킨 생각(vitakka)
- 지속적인 고찰(vicāra)
- 결심(adhimokkha)
- 정진(viriya)
- 희열(pīti)
- 열의(chanda)

'반드시들'과 '때때로들'은 4가지 종류의 마음들과 함께 일어납니다. 그리고 위의 13가지 마음부수들을 하나의 그룹으로 묶어 안나사마나(annasamāna cetasikas)라고 하는데 안나(Anna)는 '다른', 사마나(samāna)는 '공통되는'이란 뜻입니다. 안나사마나(annasamāna)는 같은 종류에서 함께 일어나는 것이 마치 그것들과 마음이 함께 일어나는 것과 같습니다. 그것들은 모두 변화합니다. 마음의 종류가 달라지면 그것들의 종류도 '다른 것'이 됩니다. 해로운 것은 유익한 것과 '다른 것'이고 유익한 것은 해로운 것과 '다른 것'입니다.

안나사마나(annasamāna)는 오로지 해로운 마음들과 함께 하는 마음부수들과 오로지 아름다운 마음들과 함께 하는 마음부수들과는 다릅니다. 하지만 '반드시들'과 '때때로들'이 해롭거나 아름다운 것이 될 수 없다는 뜻은 아닙니다. 안나사마나(annasamāna) 마음부수들은 해로운 마음과 함께 하면 해로운 것이 됩니다. 해로운 마음이 자신의 역할을 잘 수행하도록 지원합니다. 만약 유익한 마음과 함께 한다면 이것들도 역시 모두 유익한 것이 됩니다. 이것들은 유익한 마음이 자신의 역할을 잘 수행하도록 돕는 역할을 합니다.

마음부수들은 마음과 함께 하는 다른 마음부수들에 의하여 조건지워집니다. 마음부수들은 함께 하는 마음의 종류가 해로운, 유익한, 과보의 혹은 단지 작용만 하는 마음이냐에 따라 속성이 완전히 달라집니다.

해로운 마음이 일어날 때에는 '반드시들' 그리고 일으킨 마음, 고찰하는 마음, 결심(의심이 함께 하는 어리석음에 뿌리를 둔 마음의 경우는 예외), 정진과 열의(열의를 동반하지 않는 어리석음에 뿌리를 둔 두 가지 종류의 마음의 경우는 제외)와 같은 '때때로들'이 함께 일어납니다. 정신적인 기쁨이 일어나면 언제나 희열도 함께합니다.

또한 해로운 마음에서만 일어나는 마음부수들도 일어납니다. 이 경우에 '반드시들'과 '때때로들'은 모두 해로운 것이 됩니다.

예를 들어 의도는 해로운 '행위를 하려는 의지'를 갖습니다. 일으킨 마음이 해로운 방식으로 대상을 '생각'하도록 합니다. 만약 결심이 일어났다면 해로운 마음의 대상인 그 대상에 대하여 결심이 확신을 합니다. 정진은 마음 그리고 이 마음과 함께 하는 마음부수들을 지원합니다. 희열은 대상에 대한 흥미를 갖습니다. 열의는 대상을 필요로 하고 대상을 찾는 역할을 수행합니다.

크게 유익한 마음(mahā-kusala citta)은 '반드시들'과 '때때로들'인 일으킨 마음, 고찰하는 마음, 결심, 정진과 열의와 함께 일어납니다. 정신적 기쁨(소마낫사)이 있으면 희열도 함께 합니다. 이 마음은 또한 오로지 아름다운 마음과 함께 일어나는 아름다운 마음부수들과도 함께 합니다. '반드시들'과 '때때로들'은 이 경우에 모두 유익한 것이 됩니다.

예를 들어 의도는 유익한 행위를 '하려는 의지'를 보입니다. 일으킨 생각은 유익한 방식으로 대상을 '생각합니다.' 결심은 유익한 마음의 대상인 그 대상에 대하여 확신을 갖습니다. 정진은 마음 그리고 그 마음과 함께 하는 마음부수들을 지원합니다. 만약 희열이 있다면 대상에 흥미 있어 하고, 마음 그리고 그 마음과 함께 하는 마음부수들을 '원기 왕성하게 만들고 쾌활'하게 합니다. 열의는 마음을 지원하고 대상을 탐색하는 역할을 합니다.

이미 우리가 알아본 것과 같이 마음부수는 다른 종류의 마음들과 함께 함으로써 그 종류가 달라집니다. 만약 마음부수들은 마음과 함께 사라진다는 것을 깨닫는다면 그리고 그 다음에는 바로 다른 마음이 다른 마음부수들과 함께 일어난다는 것을 깨닫는다면, 정진, 결심 혹은 희열과 같은 속성을 내가 소유한다는 생각을 덜하게 될 것입니다.

공부를 할수록 적어도 이론적 수준에서는 모든 일어나는 현상들은 조건지워진 현상, 상카라 담마라는 것을 이해하게 됩니다. 우리는 아직도 자아가 있다고 생각하고 행동합니다. 하지만 붓다의 가르침에 대한 믿음이 증장되게 되면 모든 현상들은 상카라 담마이고 자아가 아니라는 것을 직접적인 체험을 통해 확인하게 될 것입니다.

제 III 부

해로운 마음부수들
(akusala)

제13장. 개요

해로운 마음과 해로운 마음부수는 해로운 담마들입니다. 유익하지 않고, 이익이 되지 않으며, 깨끗하지 않고 순수하지 않는 것입니다. 어느 순간이 해로운 마음인지 알고 계신가요? 유익한 마음이 없을 때에 우리는 해로운 마음으로 행동하고 말하거나 생각을 합니다. 불친절이나 거친 욕망에 대한 생각은 않지만 해로운 마음일 수 있습니다. 유익한 생각을 하지 않는 순간에서는 대부분 해로운 마음들이 일어납니다. 우리는 계속해서 어떤 사람을 생각하고, 이미 일어난 일이나 일어날 일들에 대하여 생각합니다.

우리는 어느 순간이 유익한 마음이고 어느 순간이 해로운 마음인지를 알아야 합니다. 당신은 공상을 할 때 유익한 생각을 합니까? 그렇지 않다면 해로운 것입니다.

해로운 마음은 나 자신은 물론 다른 사람 그리고 우리 모두를 해롭게 합니다. 그러나 이것을 보기는 쉽지 않습니다. 비록 우리가 다른 이들을 해하거나 혹은 상처를 입히지 않는다 할지라도 마음은 해로운 것일 수 있습니다. 예를 들면 경치가 좋은 자연풍광에 매료되는 바로 그 순간은 탐욕의 마음입니다. 탐욕은 유익한 마음이 아니지요. 그리고 이타적인 것과도 다릅니다.

우리는 거친 해로운 마음의 위험을 볼 수는 있지만 미세한 해로운 마음의 위험은 보기가 어렵습니다. 그렇지만 담마를 계속 공부해 가다보면 해로운 담마들에 대하여 보다 자세히 이해하게 될 것이고 모든 해로움의 위험을 보게 될 것입니다.

유익한 마음순간에는 유익한 행위(kusala)에 대한 믿음이 있습니다. 이 마음은 순수합니다. 행복이라는 결과를 만들어냅니다. 반면에 해로운 마음은 순수하지 않고 괴로움을 가져다줍니다.

해로운 마음(akusala)의 순간에는 유익한 행위에 대한 믿음이 없습니다. 해로운 마음은 불순하고 해롭다는 것을 그 순간에는 보지 못합니다. 예를 들면 기분 좋은 광경을 보는 순간에는 탐욕과 함께 하는 해로운 마음들이 일어납니다. 바로 그 순간에는 경험하고 있는 대상에 대한 '현명하지 못한 주의'가 있습니다. 우리는 그 대상에 사로잡혀 해로움의 위험을 보지 못합니다. 그래서 점점 더 해로움은 쌓여만 갑니다.

만약 담마를 듣지 않는다면 무엇이 유익함이고 무엇이 해로움인지를 정확히 알지 못합니다. 이것은 오문(五門)과 의문(意門)에서 나타나는 대상들에 '현명하지 못한 주의'를 기울이게 되는 조건이 됩니다. 어리석은 친구들과 사귀는 것도 역시 해로운 마음을 일으키는 조건이 됩니다. 해로운 마음을 자주 일으키는 사람은 그와 비슷한 성향을 가진 사람을 친구로 삼게 됩니다. 결과적으로 그는 점점 더 부도덕하게 됩니다. 계를 지키는 것이나 유익한 행위의 방향으로 돌아서기가 점점 더 어렵게 됩니다.

해로운 마음은 유익한 마음보다도 자주 일어납니다. 이것은 과거로부터 헤아릴 수도 없는 해로운 마음을 일으켰기 때문입니다. 그래서 이미 해로운 마음은 일어나기 위한 조건들을 갖춘 셈입니다. 만약 바른 지혜를 개발하지 않는다면 해로움은 제거될 수 없고, 계속해서 해로운 행위를 하게 될 것입니다.

붓다는 해로운 행위의 결과는 불행이라고 가르쳤습니다. 해로운 업은 불행한 곳에 다시 태어나게 할 수 있습니다. 혹은 바로 그 생에서 불쾌한 경험을 하게 합니다. 악한 행동은 나쁜 명성을 얻게 되고 자기 주변에서 사람이 떠나게 됩니다. 게다가 죽을 때에는 고요하고 편안하게 죽을 수가 없습니다.

증지부에서 브라흐민 자눗소니는 붓다에게 사람은 모두 죽음을 두려워한다고 말합니다. 그러자 붓다는 자눗소니에게 죽음을 두려워하는 네 종류의 사람과 그렇지 아니한 사람에 대하여 말합니다. 붓다는

이 경우에, 브라흐민이여, 어떤 사람이 욕망으로부터 자유롭지 못하고, 욕정으로부터 자유롭지 못하고, 갈망과 갈애로부터 자유롭지 못하고, 목마름과 열기로부터, 탐욕으

로부터 자유롭지 못하다. 그러면 가혹한 아픔이 그런 사람을 괴롭힌다. 가혹한 아픔이 그에게 일어난다. 아! 아! 내가 사랑하는 것이 나에게서 떠나간다. 또는 나는 내가 사랑하는 것으로부터 멀어진다. 그 결과 그는 몹시 슬퍼하고 통곡하고, 비탄에 빠지고 가슴을 치며 어찌할 줄 몰라 한다. 브라흐민여, 이 죽음에 떨어지기 쉬운 존재는 두려워한다. 그는 죽음에 대한 생각으로 전율한다.

다시 브라흐민여, 여기 어떤 사람이 그의 몸에 대한 욕망으로부터 자유롭지 못하다. 갈애로부터 자유롭지 못하다. 그러면 가혹한 아픔이 그를 괴롭힌다. 그러한 괴로움이 그에게 일어난다. 아! 아! 내가 사랑하는 이 몸은 나를 떠날 것이다. 또는 나는 내가 사랑하는 몸을 떠나게 된다.

그 결과 그는 몹시 슬퍼하고… 그리고 어찌할 줄을 몰라 한다. 브라흐민이여, 이 죽음에 떨어지게 되어 있는 존재는 두려워한다. 그는 죽음에 대한 생각으로 전율한다.

선행을 하지 않고 악행을 하는 사람 그리고 '진정한 담마'에 대하여 의심하는 사람들도 위와 같다고 하였습니다. 위에 나온 인용문과 반대가 되는 경우는 이러한 부도덕함이 없는 진실한 사람입니다. 가혹한 아픔이 이들을 괴롭힐 때에도 이들은 죽음을 두려워하지 않습니다.

해로운 행위와 말 그리고 생각 때문에 우리 자신은 불행해집니다. 마음에는 평화가 없습니다. 해로운 행위는 정신적인 병입니다. 이것은 육체적인 병보다도 더한 파멸이라고 알아야 합니다.

해로운 마음의 위험과 불행한 과보를 바르게 이해하는 것은 유익한 마음을 일어나게 하는 조건이 됩니다. 하지만 유익한 마음이 사라진 다음에는 또다시 해로운 마음이 일어납니다. 이 해로운 마음의 순간에는 유익한 행위에 대한 믿음이 없습니다.

예를 들어 누군가에게 나쁜 말을 하면서 화를 냅니다. 시간이 지나면 화를 내는 순간들은 사라집니다. 그때가 되어야 자신을 돌아봅니다. 그리고는 어떻게 그런 나쁜 행동을 하게 되었는지 모르겠다고 말합니다. 그 순간에 전혀 다른 사람처럼 행동한 것을 믿을 수가 없다고 합니다.

그러나 궁극적 실재들의 관점에서 보면 자아라는 것은 없습니다. 어떤 때는 유익한 행동을 하게하고 다른 때에는 해로운 행동을 하게 하는 자아라는 것은 없습니다. 때로는 유익한 마음이 일어난다고 하여도 대부분은 해로운 마음들입니다. 마찬가지로 여기에도 해로운 마음을 일어나지 못하게 하는 자아와 같은 것은 없습니다.

우리는 무명 때문에 감각기관을 통해 경험하는 즐거움을 진정한 행복이라고 오해하면서 만족해합니다. 그리고 즐거움이 인생의 목표라고 생각합니다. 그렇지만 즐거운 일들은 지속되지 않는다는 사실을 망각합니다. 우리의 몸은 쇠약해져서 병이 들고 죽게 된다는 사실은 잊은 채 살아갑니다. 이러한 순간들에는 해로운 마음과 함께 하는 무명이 있습니다. 해로움이 쌓여가고 있다는 사실도 모르고 해로움의 위험도 잊은 채 살아갑니다.

만약 실재들에 대한 바른 지혜를 개발하지 않는다면 우리는 꿈속에서 헛것을 보면서 사는 것과 같습니다. 우리는 행복을 원하지만, 무엇이 진정한 행복이고 유익한 것이며, 무엇이 해로운 것인지를 알지 못합니다. 일반적으로 선한 성품은 줄어드는 경향이 있습니다. 증지부에84)

수행승들이여, 만약 수행승이 여섯 가지를 따른다면 날이 새고 밤이 옴에 따라 올바른 것들은 떨어져 사라지기만 하고 증장되지 않는다. 무엇이 여섯인가?

여기 수행승들이여, 욕망이 많고, 화를 잘 내고, 가사, 탁발음식, 거주처, 의약품 등 이것저것 생필품에 만족하지 않는 수행승은 믿음이 없다 혹은 덕(계)이 없다. 게으르고 마음챙김을 하지 않고 통찰지가 부족하다.

수행승들이여, 만약 수행승이 이와 같은 여섯 가지를 따른다면, 날이 새고 밤이 되면, 올바른 것들은 떨어져 사라져 버리고 증장되지 않는다. (진실한 자는 이와 반대가 된다.)

이 경은 이 순간에 나타나는 실재에 대한 마음챙김이 없다면 지혜의 개발도 없고 선한 성품들이 감소한다는 사실을 수행승들과 재가자들 모두에게 일깨워 줍니다.

붓다께서 아직 보살이었을 때 생에 대한 만족과 슬픔 그리고 그것으로부터 벗어나는 것에 대하여 생각해 보았습니다. 증지부에 85)

수행승들이여, 내가 깨달음을 얻기 전 내가 아직 보살이었을 때, 나에게 이런 일이 일어났다. 세상에서 만족이란 무엇인가? 세상에서 불행이란 무엇이며 그것으로부터 어떻게 하면 벗어날 수 있을까?

그때 수행승들이여, 나에게 이러한 생각이 일어났다. 조건 때문에 세계(나-역자)에서 즐거움이 일어난다. 조건 때문에 행복이 일어난다. 그것이 세계(나-역자)에 대한 만족이다.86) **그 무상, 그 괴로움, 그 세계의 불안정 - 이것이 세계(나)의 슬픔이다. 세계에 대한 갈애와 욕망에서의 벗어남, 이러한 단속이 그것으로부터의 벗어남이다.**

이 '벗어남'은 통찰지를 개발해야 가능합니다. 실재들에 대한 바른 통찰은 궁극적으로 모든 해로움으로부터 벗어나 자유를 얻게 하고 모든 슬픔을 종식시킵니다.

아비담마 스승들은 모든 해로운 현상들에 대하여 자세하게 가르쳤습니다. 그러나 이것들은 읽어만 보고 기억만 해서 되는 일이 아닙니다. 이것들은 일상에서 실재적으로 일어나는 실재들로써 마음챙김을 하면 알 수 있습니다. 만약 해로운 담마들이 일어날 때 그것들에 대한 마음챙김을 한다면 보다 자세하게 알게 됩니다.

가만히 생각해보면 남이 좋아할 만한 말이나 행동을 하는 것은 나의 이기심에서 비롯된 사실임을 알게 됩니다. 예를 들어 다른 사람에게 호의를 기대하면서 혹은 사랑받기를 기대하면서 선물을 하는 경우가 있습니다. 이러한 우리의 말과 행위를 자세히 돌아본다면 유익한 마음보다는 해로운 마음들이 대부분일 것입니다.

이렇게 아비담마를 공부하면 반복적으로 일어나는 많은 종류의 오염들에 대하여 알게 됩니다. 그리고 전에는 몰랐던 내 마음속의 해로운 성향도 알게 됩니다.

해로운 마음부수들 가운데 뿌리의 역할을 하는 것에는 세 가지가 있는데 이것들은 해로운 마음의 토대가 됩니다. 이것들은
- 탐욕(lobha)
- 성냄(dosa)
- 어리석음(moha)

이러한 뿌리들 이외에 해로운 마음과 함께할 수 있는 다른 해로운 마음부수들도 모두 각자만의 고유한 특징과 역할이 있습니다. 해로운 마음은 12가지로 뿌리에 따라 분류하여 보면 다음과 같습니다.

- 8가지 탐욕에 뿌리를 둔 마음(lobha-mūla-citta)
- 2가지 성냄에 뿌리를 둔 마음(dosa-mūla-citta)
- 2가지 어리석음에 뿌리를 둔 마음(moha-mūla-citta)

탐욕에 뿌리한 마음들은 어리석음과 탐욕을 뿌리로 합니다. 성냄에 뿌리한 마음들은 어리석음과 성냄을 뿌리로 합니다. 어리석음에 뿌리한 마음들은 바로 그 어리석음이 뿌리입니다. 모든 해로운 마음들에는 어리석음이 있습니다.

해로운 마음들은 '반드시들'과 '때때로들'에 해당하는 마음부수와 함께 합니다. 하지만 모든 '때때로들'이 모든 해로운 마음과 함께 하는 것은 아닙니다. 반드시들과 때때로들이 해로운 마음을 동반하면 이것들도 역시 해로운 것입니다. 해로운 마음과 함께 할 수 있는 해로운 마음부수는 14가지입니다. 하지만 모든 해로운 마음부수들이 각각의 해로운 마음순간에서 언제나 함께 하는 것은 아닙니다. 어떤 해로운 마음부수들은 특정한 해로운 마음들 하고만 일어납니다.

해로운 마음의 종류에는 12가지가 있습니다. 하지만 때에 따라 다른 마음부수들과 함께 하기 때문에 종류는 훨씬 다양합니다. 그리고 해로운 마음들의 수준도 다양합니다. 해로운 마음은 해로운 행위, 해로운 업의 길을 걷도록 유인하는 강도가 센 것도 있고 그렇지 않은 것도 있을 수 있습니다.

모든 해로운 마음과 언제나 함께 하는 마음부수는 4가지입니다.

- 어리석음(moha)
- 양심(부끄러움없음)(ahirika)
- 수치심(두려움없음)(anottappa)
- 들뜸(uddhacca)

이것들 가운데 어리석음은 뿌리이고, 다른 세 가지는 뿌리가 아닙니다. 이 네 가지는 자기들의 역할을 통해 마음을 지원합니다. 해로운 마음이 제거되지 않는 한 이러한 유형의 마음부수들은 언제라도 일어납니다.

오로지 아라한만이 이러한 네 가지 마음부수를 제거합니다. 아라한은 이러한 해로움이 일어나는 조건들을 더 이상 갖고 있지 않기 때문입니다.

제14장. 어리석음, 양심없음, 수치심없음, 들뜸

어리석음(moha)

어리석음(moha)은 언제나 해로운 마음과 함께 하는 네 가지 해로운 마음부수 가운데 하나입니다. 담마상가니에 어리석음에 대한 설명이 나옵니다.87)

어떤 경우에 어리석다고 하는가?
알고(知) 보는(見) 통찰지가 부족한 경우를 어리석다고 한다. 조정과 판단 그리고 깨달음이 부족한 경우 어리석다고 한다.

깨달음이 부족하다는 것은 무상, 괴로움, 무아를 모르고, 실재가 아닌 것을 (실재라고) 왜곡되게 인식하고, 꿰뚫어 보지 못한다는 의미이다. 네 가지 성스러운 진리를 꿰뚫지 못한다는 뜻이다. 이해하지 못하고 철저하게 파악하지 못하는 것이다. 비교하고, 숙고하고 증명해보는 능력이 없는 것이다. 어리석음은 어린 아이와 같이 지혜가 없고 이해력이 부족한 것이다. 어리석음은 모호하고, 어둡고, 무지하다. 어리석음은 폭류(ogha)이고, 어리석음은 속박(yogo)이며, 어리석음은 편견, 어리석음은 망상, 어리석음은 장벽이다. (그리고-역자) 어리석음은 악행의 뿌리이다. 이것이 어리석음이다.

어리석음은 확고하게 잠재되어 있으므로 제거하기 어렵습니다. 앗타살리니에 어리석음이란 [88]

어리석음의 특징은 어두운(눈이 먼) 것이다. 혹은 알지 못하는 것이다. 핵심을 꿰뚫지 못함 혹은 대상의 내재된 본성을 가리는 역할을 한다. 바른 수행의 결여로 혹은 어두움으로 나타난다. 현명하지 못한 주의가 가까운 원인이다. 모든 해로움의 뿌리(akusala mūla)로 여겨야 한다.

청정도론의 정의도 이와 비슷합니다. 어리석음(moha)은 과학이나 역사와 같은 세간적 지식이 부족한 것이 아니고 궁극적인 실재들에 관한 무지(無知)입니다. 어리석음의 수준도 여러 가지 입니다. 어리석음이란 나타난 대상의 진정한 본성을 모르는 것이므로 앗타살리니의 정의처럼 대상을 꿰뚫어 알지 못하고 내재하고 있는 대상의 본성을 덮어버리는 역할을 합니다.

어리석음이란 나마(nāma)와 루빠(rūpa)를 무상하고, 괴로움이며, 무아라고 알지 못하는 것입니다. 어리석음은 모든 해로움의 뿌리로 해로운 마음은 모두 어리석음에 뿌리하고 있습니다. 어리석음에 뿌리한 의심과 들뜸 두 가지 뿐만이 아니라 탐욕과 성냄에 뿌리한 마음들도 역시 어리석음의 뿌리를 가지고 있습니다.

어리석음(moha)은 모르는 것입니다. 어리석음의 가까운 원인은 경험하고 있는 대상에 대한 현명하지 못한 주의력입니다. 예를 들어 맛있는 음식을 보고 있으면 탐욕이 일어나기 쉽습니다. 이 순간에도 어리석음이 있습니다. 그래서 경험하고 있는 대상에 노예가 됩니다. 그러나 우리는 그 순간에 어리석은 주의력이 움직이고 있다는 사실을 모릅니다.

어리석음은 해로움을 해로움이라고 모르고 유익함을 유익함이라고 알지 못하고 그것들이 일어나는 조건들을 모르는 것입니다. 만약 담마를 공부하지 않는다면 어떠한 주의를 기울이냐에 따라 해로운 마음과 유익한 마음을 결정되는 것이지 대상 자체가 즐거운 것이냐 불쾌한 것이냐에 따른 것이 아니라는 사실을 모를 것입니다.

이렇게 해로운 마음과 유익한 마음은 경험하고 있는 대상이나 외부의 환경이 아니라 결정하기에 따라 달라집니다. 우리는 살면서 즐거운 대상을 경험하기도 하고 불쾌한 대상을 경험하기도 합니다. 만약 불쾌한 대상을 경험한다면 실망하고 슬퍼합니다.

만약 담마를 공부하지 않았다면 업과 업의 과보를 모를 것입니다. 몸의 감관을 통해 경험하는 불쾌함과 고통은 과보라는 사실을 알지 못합니다. 이것은 우리가 과거에 행한 어떤 나쁜 행위의 결과인 것입니다.

이렇게 붓다의 가르침을 공부해 나가면 실재들에 대한 무지(無知)는 줄어들 것입니다. 업과 과보, 궁극적 실재들의 유익함과 해로움에 대한 이해가 증장될 것입니다.

그렇지만 어리석음(moha)은 단지 실재들을 생각해 보는 것만으로는 제거되지 않습니다. 실재들의 진정한 본성을 아는 지혜가 있을 때만이 어리석음은 제거됩니다.

이렇게 유익함과 해로움이 무엇인지를 배웠을지라도 지금 나타나는 대상에 대하여 현명한 주의를 기울입니까? 증지부에는 공양을 받는 두 수행승 이야기가 나옵니다.[89] 탁발음식에 취착하는 이야기인데

이제 그에게 이런 마음이 일어난다. '재가자 혹은 재가자의 아들로부터 공양을 받게 되다니 참으로 좋은 일이구나!' 그래서 그는 생각한다. '나는 앞으로도 이 재가자 혹은 그 아들에게 지금과 같이 계속 공양을 받으려면 정말로 기뻐해야 한다.' 그래서 그는 그 음식을 즐긴다. 그것에 매료되고, 그것에 빠진다. 그것에 탐닉한다. 그는 그것의 위험을 보지 못한다. 그는 그것으로부터 벗어나는 것에 무지하다. 이런 감각적 사고습관은 결과적으로 타인의 불행을 기뻐하고 해를 끼치게 된다. 이제 수행승들이여, 나는 말한다. 그러한 수행승에게 보시를 하면 큰 과보가 없다고. 왜 그러한가? 그 수행승은 바르게 살지 않기 때문이다.

그 다음에 붓다는 탁발음식에 취착하지 않는 수행승의 이야기를 합니다. 이런 분에게 공양을 올리면 아주 큰 과보를 받는다고 합니다. 왜냐하면 그는 (감각기관을-역자) 단속

하고 있기 때문입니다. 만약 식사를 하는 도중이라도 마음챙김을 한다면 바른 지혜가 개발될 것입니다.

어리석음은 거칠거나 미세한 해로움의 뿌리이며, 모든 이익되지 않음의 뿌리입니다. 몸과 말과 마음으로 해로운 업을 짓는 순간에는 어리석음이 있습니다. 어리석음은 해로운 업을 지으면 불행한 과보를 받게 되고 심지어 악처에 태어나게 된다는 위험을 모르는 것입니다.

어리석음은 모든 해로운 마음들과 함께 합니다. 인색과 질투 혹은 자만과 같은 해로운 마음에도 역시 어리석음이 있습니다. 궁극적 실재들을 자아라고 여기는 것은 사견입니다. 바로 그 순간에 어리석음이 있습니다. 어리석음은 사견을 갖게 하는 조건입니다. 이 둘은 다른 실재들로 어리석음은 실재들의 진정한 본성을 모르는 것이고, 사견은 그것들에 대하여 잘못된 견해(고집)를 갖는 것입니다.

육문(六門)을 통해 나타나는 대상들을 경험하는 인식과정에는 많은 어리석음이 있습니다. 보는 순간이나 듣는 순간 혹은 생각하는 바로 그 순간을 알아차리고 있습니까? 아니면 이러한 것들을 모두 동시에 경험하는 것으로 보이지는 않는가요? 이것들은 오로지 한 번에 하나의 대상이 하나의 문을 통해 경험할 수 있습니다. 귀의 알음알이인 이식(耳識)은 단지 소리만을 경험합니다. 우리가 어떤 사람이 한 말의 의미를 생각한다는 것은 듣는 것이 아니고 개념을 생각하는 것입니다.

생각은 다른 인식과정을 통해 일어납니다. 이것을 의문인식과정(意門認識過程)이라 하는데 이것은 이문인식과정(耳門認識過程)과는 다른 것입니다. 그렇다면 귀의 알음알이(耳識)는 잠시라도 머물러 있을 수 있을까요? 그렇지 않습니다. 아주 빠르게 사라집니다. 우리에게 바른 통찰지가 없다면 이것들이 아주 빠르게 일어나서는 사라지는 것을 알아차릴 수가 없습니다.

어리석음은 실재들의 진정한 본성을 모르는 것입니다. 있는 그대로의 나마(nāma)와 루빠(rūpa)를 모르는 것입니다. 어리석음은 성스러운 네 가지 진리를 모르는 것입니다. 괴로움, 괴로움의 원인, 괴로움의 소멸 그리고 괴로움의 소멸에 이르는 길을 모르는 것입니다.

어리석음이 제거되지 않는 한 우리는 다시 태어나는 윤회를 거듭 해야만 합니다. 빠알리어로 아윗자(avijjā)는 무명(無明)입니다. 조건지워진 현상들의 일어남을 설명하는 윤회의 사이클인 12연기에서 무명은 첫 번째 연결고리, 첫 번째 조건의 사슬입니다.

아라한이 되면 무명은 완전히 제거됩니다. 다시 태어남을 만드는 조건이 더 이상 존재하지 않는 것이지요. 상응부 요소상응에는 이시빠따나 사슴 공원에서 마하 꼿티까가 사리뿟따에게 다음과 같이 말하는 장면이 나옵니다.[90]

"무명(無明)! 무명(無明)이라는 말은 도반 사리뿟따여, 설하소서. 도반이여. 무엇이 무명(無明)이고 어떻게 무명(無明)에서 벗어나는지?"

"여기, 도반이여, 배움이 없는 범부가 몸이라는 괴로움의 실재를 있는 그대로 알지 못하고, 벗어나지 못하면서 만족해한다. 이렇게 느낌과 인식과 상카라와 알음알이가 괴로움임을 있는 그대로 알지 못하고, 벗어나지 않고 만족해한다." 도반이여, 이것이 무명이다. 이렇게 무명에서 벗어난다.

다음 경(經, 130)에 지혜는 오온이라는 괴로움의 실재를 있는 그대로 알고 그것으로부터 벗어남에 만족해하는 것이라고 나옵니다. 만약 바른 지혜가 없다면 조건지워진 실재들의 일어남을 보지 못합니다. 그래서 또 다시 어두움에 떨어지고 괴로움으로부터 벗어날 수 없게 되는 것입니다.

어리석음의 특징을 아는 것은 어렵습니다. 붓다는 나타나는 실재들에 마음을 챙기라고 가르칩니다. 하지만 우리에게는 어리석음의 순간들이 많이 있습니다. 우리는 실재들에 대한 마음챙김과 이것을 잊고 지내는 순간과의 차이를 알아야 합니다. 나타나는 실재들을 모르고 있는 순간은 해로운 마음입니다. 비록 성냄과 탐욕의 마음이 없다고 하더라도 해로운 마음인 들뜸과 함께하는 어리석음에 뿌리를 둔 마음(moha-mūla-citta)일 가능성이 높습니다. (어리석음에 뿌리를 둔 마음에는 두 가지가 있는데 하나는 의심, 다른 하나는 들뜸입니다.)

이런 마음은 다른 해로운 마음과 마음 사이에서도 아주 빈번히 일어납니다. 하지만 이것을 알아차리지 못할 뿐 입니다. 그래서 무명은 위험합니다. 무명은 제거하기가 아주 어렵습니다. 수다원은 그것들의 실체를 있는 그대로 보기에 사견이 없지만, 수다원도 무명을 완전하게 제거하지는 못하였습니다. 무명은 이렇게 단계적으로 제거되다가 아라한이 되면 완전히 제거됩니다.

양심없음(ahirika)과 수치심없음(anottappa)

양심없음(ahirika, 無慚)과 수치심없음(anottappa, 無愧)은 각각 부끄러움없음과 비난에 대한 두려움없음입니다. 이것들은 모든 해로운 마음들과 함께 하는 해로운 마음부수 들입니다. 청정도론에

부끄러워하지 않는다(na hiriyati)고 해서 양심이 없는 자라고 하고 양심이 없는 자의 상태를 양심없음(ahirika, 無慚)이라 한다. 두려워하지 않는다고 해서 수치심없음(anottappa, 無愧)이라 한다.

양심없음은 몸으로 짓는 나쁜 행위 등에 대해 혐오하지 않는(ajigucchana) 특징을 가진다. 혹은 부끄러움없음(alajjā)이 특징이다. 수치심없음은 그 행위에 대해 걱정하지 않는(asārajja) 특징을 가진다. 혹은 두려워하지 않는(an-uttasa) 특징을 가진다.

앗타살리니의 정의도 비슷합니다. 그런데 청정도론과 앗타살리니에는 양심없음(부끄러움없음)과 수치심없음(두려움없음)의 역할과 나타남 그리고 가까운 원인은 나오지 않습니다. 청정도론의 주석서인 빠라맛타만주사(마하 띠까)에는 나옵니다.

빠라맛타만주사에 부끄러움 없이 악을 행하는 것이 양심없음(ahirika)의 역할이고 두려움 없이 악을 행하는 것이 수치

심없음(anottappa)의 역할이라고 나옵니다. 두 가지 모두 악으로부터 움츠려 들지 않음 혹은 물러나지 않음으로 나타난다고 하였습니다.

양심없음(ahirika)과 수치심없음(anottappa)은 그 뜻이 아주 비슷합니다. 하지만 특징이 다릅니다. 양심없음(ahirika)은 악을 부끄러워하지 않고 혐오하지 않기 때문에 악으로부터 움츠려들지 않는 것입니다. **빠라맛타만주사**에 이것을 더러움을 혐오하지 않는 돼지에 비유합니다. 마음의 오염들은 더러움입니다. 이것들은 깨끗하지 않고 순수하지 않습니다. 양심없음(ahirika)은 이 오염들을 혐오하지 않고 오히려 취착하게 합니다. 성냄, 어리석음, 인색, 질투, 자만 혹은 다른 해로운 마음의 상태와 함께 합니다.

수치심없음은 해로움의 위험을 보지 않기 때문에 악을 혐오하지 않고 악으로부터 물러나지 않습니다. 악처에 태어나는 것과 같은 해로운 행위의 과보에 대한 두려움이 없기 때문입니다. 빠라맛타만주사에는 수치심없음을 불을 두려워하기는 커녕 불에 매료된 불나방에 비유합니다. 당신은 지금 어떤 즐거움에 사로잡혀 있습니까? 우리는 심지어 결과를 알면서도 몸과 말과 마음으로 해로운 행위를 합니다. 수치심없음은 해로운 행위의 위험을 두려워하지 않습니다. 그래서 해로운 행위의 결과에 관심이 없습니다.

양심없음의 가까운 원인은 자신을 존중하지 않는 것입니다. 수치심없음의 가까운 원인은 남을 존중하시 않는 것입니다. 보다 자세히 이해하기 위해서는 이것들과 반대되는 것들을 공부해야 합니다. 도덕적 부끄러움 혹은 양심을 뜻하는 히리(hiri) 그리고 비난에 대한 도덕적인 두려움 혹은 수치심인 옷땁빠(ottappa)가 이것입니다. 양심(부끄러움)은 자기 스스로 영향을 받는 것이므로 자신이 원인입니다. 그래서 이것의 가까운 원인은 자기를 존중하는 것입니다. 한편 수치심(비난에 대한 두려움)은 외부적 요인인 세상에 의하여 영향을 받습니다. 그래서 가까운 원인이 다른 사람을 존중하는 것입니다.

앗타살리니에 양심(hiri)은 자신의 태생, 나이, 용기, 강인함과 같은 영웅주의 그리고 자신의 폭넓은 경험을 고려하는 데에서 나오므로 자신이 원인이라 하였습니다.91) 양심없음(ahirika)은 위와 같은 것들을 고려하지 않는 상태입니다. 예를 들면 다른 사람이 칭찬받는 것을 보거나 혹은 다른 즐거운 일들을 경험하는 것을 볼 때 질투를 하거나 화를 낸다면 이것은 우리가 받은 인성교육에 대한 생각이 없다는 것입니다. 그러한 순간에 도덕적인 힘은 없습니다. 이럴 때 우리는 나약하고 바보같으며 어린 아이처럼 행동합니다. 그래서 해로운 마음이 일어난 그 순간에는 자신을 존중하지 않는 것입니다. 붓다의 모든 가르침을 잊어버리지요.

수치심없음(aottappa)의 원인을 알려면 우선 이것과 반대되는 것부터 알아야 합니다. 이것의 반대는 수치심(ottappa)입니다. 잘못된 행위의 결과에 대한 두려움 혹은 도덕적 비난에 대한 두려움(ottappa)이 그것입니다. 우리는 다른 이들의 비난이나 외부의 비난이 두렵기 때문에 악행을 자제합니다. 그래서 비난에 대한 두려움의 원인은 외부적인 것입니다. 수치심없음(aottappa)은 세상 사람들의 비난이나 처벌에 대한 두려움이 없는 것입니다. 예를 들어 도둑질을 하면 평판이 나빠지고 형사처벌을 받습니다. 하지만 해로운 마음이 일어난 바로 그 순간에는 이러한 것에 생각이 없습니다. 거기에는 다른 사람들에 대한 존중이 없는 것입니다.

해로운 마음이 일어나게 되는 조건에 부합되면 양심없음(ahirika)은 해로운 행위를 부끄러워하지 않고, 수치심없음(aottappa)은 그 행위의 결과에 대하여 두려워하지 않습니다. 우리는 살생이나 도둑질 같은 짓을 부끄러워하기 때문에 결코 그러한 일들을 하지는 않지만, 상황이 어려워지면 우리는 선의(善意)를 잊어버리고 악행에 대한 부끄러움이나 두려움이 없어집니다. 예를 들어 가족이나 친구들을 보호하려고 부끄러움도 없이 거짓말을 하는 경우가 있습니다.

해로운 마음들은 계속해서 일어납니다. 그것들은 언제나 양심없음(ahirika)과 수치심없음(anottappa)을 동반합니다. 또한 해로운 마음이 악행을 유발하는 강한 힘이 없을 때에도 양심없음(ahirika)과 수치심없음(anottappa)은 자신들의 역할을 수행합니다. 예를 들면 어리석음때문에 실재들을 놓치고 있는 경우입니다.

우리는 나타나는 실재들에 마음을 챙기지 않는 것은 위험하지 않다고 생각합니다. 왜냐하면 이것 때문에 다른 이들을 해롭게 한다고 생각하지 않기 때문입니다. 그렇지만 모든 종류의 해로움은 정도는 미약하더라도 위험합니다. 만약 바른 통찰지가 없으면 오염은 제거되지 않습니다. 그렇게 되면 우리는 계속해서 다시 태어나서는, 늙고, 병들고 죽어야만 합니다.

마음을 챙기지 않다가 많은 시간이 흐른 후에 마음챙김을 다시 할 수 있습니다. 그때서야 실재들을 잊고 있었음과 우리의 어리석음에 대하여 부끄러워하고 그것들의 위험을 봅니다. '여시어(如是語)'에92)

고귀한 분께서 말씀하셨다. "수행승들이여, 어리석음은 이익이 되지 않는 것들을 경험하는 길로 안내한다. 부끄러움과 받게 될 비난은 생각하지 아니하고 그 길을 간다. 하지만 수행승들이여, 지혜는 비난에 대한 두려움으로부터 움츠려들게 함으로써 이익이 되는 것들을 얻는 길로 이끌어준다."

이것이 그 의미이다. 이 세상과 다음 세상에서 이러한 것들의 목적지는 어디인가?

 모든 탐욕의 뿌리는 어리석음. 그리고
 사악한 자는 부끄러움이 없고
 두려워하는 마음이 없다.
 그러므로 그는 악한 행위를 한다.

그 악한 행위 때문에 그는 악처에 떨어진다.

갈애와 욕정 그리고 어리석음을 버린다면
그에게 지혜가 일어난다.

수행승은 하나의 악행도 행하지 말고
모든 악행을 멀리 해야 한다.

이 순간에 나타나는 딱딱함이나 눈의 알음알이 혹은 소리와 같은 실재들에 대한 마음챙김을 놓치지 않게 되면 모든 해로운 담마들은 흉하고 깨끗하지 않다는 것을 보게 됩니다.

실재들에 마음을 챙기는 것이 오염들을 제거하는 지혜를 증장시키는 유일한 길입니다. 아라한에게는 더 이상 해로운 행위를 일으키는 조건이 없습니다. 그래서 그에게는 양심없음(ahirika)과 수치심없음(anottappa)이 더 이상 없습니다.

들뜸(uddhacca)

빠알리어로 웃닷짜(uddhacca)는 들뜸, 동요, 흥분 혹은 혼란으로 번역되는 마음부수로 모든 해로운 마음들과 함께 일어납니다. 앗타살리니에 들뜸은93)

바람에 출렁이는 물처럼 고요하지 않음(avūpasama)이 특징이다. 흔들리는 깃발처럼 동요하는(anavaṭṭāna) 역할을 한다. 돌 맞은 재가 흩어지는 것처럼 산란한 움직임(bhantatta)으로 나타난다. 마음의 동요에 대해 현명하지 않은 주의를 기울이는 것이 가까운 원인이다. 대상에 대한 마음의 산만함과 동요라고 알아야 한다.

청정도론(XIV, 165)의 정의도 비슷합니다. 주석서들에는 비유로써 들뜸을 설명하고 있습니다. 들뜸에는 확고함이 없고, 안정이라는 조건이 없고, 고요함이 없고 유익함이 없습니다. 그래서 들뜸은 유익함을 잊게 됩니다. 반면에 마음챙김은 방심함이 없고, 유익함을 잊지 않게 하고, 관대하고 도덕적이며, 선정이나 지혜를 닦게 됩니다. 마음챙김은 깨어음의 상태이므로 유익한 행위를 할 기회를 놓치지 않습니다.

들뜸은 관습적 언어로 표현되는 '들뜸'이나 '동요'를 뜻하는 것이 아닙니다. 들뜸이라는 말에서 우리는 일반적으로 성냄이나 불쾌한 느낌을 떠올립니다. 하지만 들뜸은 성냄에 뿌리한 마음 뿐만이 아니라 탐욕에 뿌리한 마음과 어리석음에 뿌리를 둔 마음에서도 모두 일어납니다. 모든 해로운 마음들과 함께 하는 것이지요. 들뜸이 있으면 유익한 행위(kusala)를 잊게 되므로 어떠한 종류의 유익한 행위도 할 수 없게 됩니다.

예를 들어 고요한 장소에 취착할 때 혹은 행복한 느낌이 일어날 때에도 들뜸은 탐욕에 뿌리한 마음과 함께 일어납니다. 우리는 그러한 순간은 고요하다고 생각하지만 사실은 마음의 동요인 들뜸이 있는 것입니다.

우리는 어느 것이 유익한 마음이고 언제가 해로운 마음인지 알지 못합니다. 실제로는 해로운 마음을 고요함이라고 오해합니다. 사마타를 닦아서 마음이 고요해지는 것은 유익합니다. 사마타 수행자는 언제가 유익한 마음이고 언제가 해로운 마음인지를 정확히 알아야 합니다. 사마타는 바른 지혜 없이는 닦을 수 없습니다. 바른 지혜는 마음이 고요하면 유익한 것이라고 알고, 마음이 고요함에 취착할 때에는 해로운 마음이라고 꿰뚫어 알게 합니다.

들뜸은 모든 해로운 마음과 함께 합니다. 즉 탐욕과 성냄과 어리석음에 뿌리한 마음과 함께 일어납니다.

어리석음에 뿌리한 마음에는 두 가지가 있습니다. 하나는 의심이고 다른 하나는 들뜸입니다. 그런데 "들뜸과 함께 하는" 어리석음에 뿌리한 마음이 있다고 들뜸이 의심과 함께 못한다는 소리가 아닙니다.

어리석음에 뿌리한 두 번째 마음부수는 "들뜸과 함께 하는" 것입니다. 이것은 첫 번째 어리석음에 뿌리한 의심과 구분됩니다.

들뜸은 자주 일어나지만 우리는 그것을 알지 못합니다. 그것은 다섯 가지 장애(五蓋) 가운데 하나로 감각적 욕망, 악의, 해태와 혼침, 들뜸과 후회가 그것입니다. 들뜸은 후회와 쌍을 이룹니다. 들뜸은 마음이 유익한 행위를 하는 것을 방해하므로 장애라고 하는 것입니다.

우리는 종종 유익한 행위를 할 기회를 놓칩니다. 계속해서 해로운 생각만 합니다. 예를 들어 눈앞에 산적한 일에 대하여 걱정을 합니다. 하지만 이러한 생각을 하는 도중에도 유익한 행위를 할 기회는 있습니다. 바로 지혜를 닦는 것입니다. 모든 마음순간들에는 각기 다른 특징을 가진 실재들이 항상 존재합니다. 이것을 잊지 않는다면 우리는 알 수 있습니다. 또한 생각이라는 것도 자신만의 특징을 갖춘 하나의 실재로서 일어나는 순간 알 수 있습니다. 이렇게 마음을 챙기게 되면 들뜸은 사라집니다.

오직 아라한만이 들뜸이 없습니다. 해로운 마음이 일어나는 조건들이 있으면 실재들을 꿰뚫어 보지 못하는 어리석음(moha), 해로운 행위를 혐오하지 않는 양심없음(ahirika), 해로운 행위의 결과를 두려워하지 않는 수치심없음(anottappa) 그리고 유익한 행위에 방해가 되는 들뜸은 항상 일어납니다. 해로운 마음이 거친 것이든 보다 미세한 것이든 상관없이 위와 같은 네 가지 해로운 마음부수들은 언제나 해로운 마음들과 함께 합니다. 그리고 자신들의 역할을 통해 해로운 마음이 역할을 수행하도록 지원합니다.

제15장. 탐욕(lobha)

해로운 담마(현상)들은 유익한 것들과는 다릅니다. 해로운 담마들은 순수하지 않고 위험하며 슬픔을 만듭니다. 앞에서 본 것처럼 어리석음(moha), 양심없음(ahirika), 수치심없음(anottappa) 그리고 들뜸(uddhacca)은 모든 해로운 마음들과 언제나 함께 합니다. 이것들 말고 해로운 마음과 함께할 수 있는 다른 것들이 여러 가지 있습니다.

탐욕(lobha)이나 취착은 또 다른 해로운 마음부수입니다. 탐욕은 모든 해로운 마음들에서 언제나 일어나지는 않습니다. 오로지 여덟 가지 탐욕에 뿌리한 마음(lobha-mūla-citta)에서만 일어납니다. 이 탐욕에 뿌리한 마음들은 사실 어리석음(moha)과 탐욕(lobha) 두 가지를 뿌리로 합니다.

담마상가니(1059)에 뿌리 가운데 하나로써 탐욕을 다루는 장이 있습니다. 여기에서는 탐욕의 다른 측면들을 설명하려고 탐욕의 다른 이름들을 길게 나열하고 있습니다.

탐욕은 덩굴식물(creeper)과 같아서 나무를 감아 조이는 것이 마치 희생자의 목을 감아 질식시키는 것과 같습니다. 탐욕은 큰 바다와 같아서 만족할 줄을 모릅니다. 탐욕은 욕망이나 어떤 기대와 같이 거칠 수도 있고 아니면 미세한 것일 수도 있습니다. 탐욕은 중생들을 윤회에 구속시키므

로 '속박'이고 마음을 오염시키므로 '해로움(akusala)'입니다.94)

청정도론(XIV, 162)에 탐욕은

탐욕은 '원숭이를 잡는 끈끈이'처럼 대상을 움켜쥐는 것이 특징이다. 뜨거운 팬에 달라붙는 고기 덩어리처럼 달라붙는 역할을 한다. 램프의 검댕이처럼 포기하지 않음으로 나타난다. 가까운 원인은 구속될 대상들에서 달콤함을 보기 때문이다. 탐욕은 갈애의 강물로 불어나 중생을 악처로 인도한다고 알아야 한다. 마치 넘실거리는 강이 바다에 이르는 것처럼.

앗타살리니의 정의도 이와 비슷합니다.95)

탐욕은 원숭이를 잡는 끈끈이처럼 움켜쥐는 것이 특징이다.

원숭이를 잡는 회반죽은 사냥꾼들이 사용하는 것입니다. 상응부에 끈끈이를 사용해서 원숭이를 잡는 이야기가 나옵니다. 만약 원숭이들이 '어리석음과 탐욕'이 없다면 결코 함정에 빠지지 않을 것입니다.

하지만 탐욕스럽고 어리석은 원숭이는 손을 뻗어 그것을 한 손으로 만져본다. 그러면 손이 붙어버린다. 그때 원숭이는 "내손을 빼내어야 한다."고 생각하며 다른 손으로 밀어 보지만 그 손마저 붙어 버린다. 두 손을 떼어내기 위하여 이번에는 한 발로 밀어 보지만 그것도 붙어 버리고 이렇게 남은 발마저 붙어 버린다. 두 손과 두 발을 떼려고 이번에는 주둥이를 사용해 보지만 역시 붙어버린다. 원숭이는 이렇게 다섯 가지 함정에 빠져 울부짖는다. 불행은 이렇게 다가온다.

사냥꾼들은 이런 식으로 원숭이를 잡아 불에 구워 먹습니다. 붓다는 마음챙김을 하지 않는 수행승은 형상과 소리, 냄새와 맛 그리고 감촉이라는 다섯 가지 감각적인 요소들의 함정에 빠진다고 설합니다.

이러한 대상들에 사로잡히게 되면 '마라가 다가온다.'

여기서 마라는 악, 해로움(akusala) 그리고 넓게는 괴로움을 야기시키는 모든 것을 말합니다. 취착은 위험합니다. 자기 자신을 스스로 무너지게 합니다. 이 순간에도 당신은 다섯 가지 감각적인 요소 가운데 하나에 취착하고 있지는 않습니까?

사실 우리들은 '함정'에 빠져 있습니다. 탐욕의 마음이 일어난 그 순간에 우리는 대상에 빠져서 즐깁니다. 그리고 탐욕의 노예가 되어있다는 사실을 깨닫지 못하고 탐욕의 위험을 보지 못합니다. 그래서 탐욕의 가까운 원인을 구속받게 될 대상들에게서 달콤함을 보는 것이라 한 것입니다. 탐욕이 갈애의 강물로 불어나면 탐욕은 우리를 악처로 인도합니다. 탐욕은 우리로 하여금 악처에 떨어지게 할 해로운 행위를 하게 합니다. 탐욕이 제거되지 않는 한 우리는 다시 태어나서는 늙고 병들어 죽게 될 것입니다.

탐욕의 대상도 많고 정도도 다양합니다. 탐욕(lobha)과 같은 말로 갈망(rāga), 간탐(abhijjā), 갈애(taṇhā)가 있습니다.

거친 탐욕은 몸과 말과 마음으로 해로운 업의 길에 들어서도록 등을 떠밉니다. 원하는 것을 얻기 위하여 많은 악행을 짓습니다. 만약 이 해로움의 정도가 힘이 있으면 그 결과는 악처에 떨어지거나 바로 이번 생에서 감각기관을 통해 불쾌한 경험을 하게 될 것입니다.

탐욕은 몸으로 짓는 해로운 업의 길을 가도록 등을 떠밉니다. 훔치게 하고 잘못된 성행위를 하게 합니다. 그리고 말로 짓는 해로운 업의 길, 예를 들면 거짓말, 비방, 실없는 말을 하게 합니다. 탐욕은 다른 이의 재산을 갖고자 하는 욕망인 간탐을 자극합니다. 이것은 마음으로 짓는 해로운 업의 길입니다. 게다가 사견과 함께 하면 탐욕은 잘못된 견해를 갖도록 합니다. 이것도 마음으로 짓는 해로운 업의 길입니다. 항상 그런 것은 아니지만 어떤 사견은 마음으로 짓는 해로운 업의 길에 해당됩니다.

다음은 간탐(慳貪)입니다. 앗타살리니에 간탐은 다른 이가 이룩한 번영에 마음의 손을 뻗는 것이라 하였습니다.96) 만약 다른 사람의 것이 내 재산이었으면 하는 마음만 있고 실질적으로 그것을 취하기 위한 계획을 세우지 아니하였다면 이 탐욕은 '해로운 업의 길'에 해당이 안 됩니다.

탐욕에도 여러 수준이 있습니다. 만약 누군가의 재산을 취하기 위하여 정말로 계획을 세웠다면 이것은 마음으로 짓는 해로운 업의 길에 들어선 것입니다.97)

우리에게 훔친다는 의도는 없지만 그것을 갖고 싶다는 생각은 할 수도 있습니다. 어떤 것들은 우리가 바르지 않은 행동과 말을 하게하는 조건이 됩니다. 분별론에 마치 훌륭한 성품을 갖춘 것처럼 꾸며서 행동하는 '나쁜 욕망'에 관한 이야기가 나옵니다.98) 이들은 계를 지키는 것처럼 행동하고 심지어는 마음의 오염이 없는 성인처럼 행동합니다. 한편 수행승들도 필수품을 얻기 위하여 그런 위선적인 행동을 할 수 있습니다. 분별론에 '교활함'과 '넌지시 비치는' 위선의 예가 나옵니다.99)

`교활함'이란 무엇인가? 명예와 명성에 의지하여 공양을 받는 자가 원하는 만큼의 공양을 얻지 못해 곤란을 겪고 있다. 이때 그는 나쁜 욕심을 가지고 필수품을 사용하며, 넌지시 빗대어 말하고, 어떤 준비를 하거나 조치를 취한다, 혹은 짐짓 그럴듯하게 자세를 꾸민다. 얼굴을 찌푸리고, 눈썹을 꿈쩍 꿈쩍한다. 여기에는 교활, 교활함, 교활함의 상태가 있다. 이것이 교활함이다.

그러면 넌지시 비추어 하는 말이란 무엇인가? 명예와 명성에 의지하여 공양을 받는 자가 원하는 만큼의 공양을 얻지 못하여 곤란을 겪고 있다. 이때 이 사람이 나쁜 욕심을 가지고 다른 이들이 좋아할 만한 말, 넌지시 비추어 하는 말, 재미있는 말을 한다. 칭찬하는 말, 아부하는 말, 추정하는 말, 연거푸 추정하는 말, 구슬리는 말, 되풀이하여 구슬리는 말, 계속해서 즐거운 말을 하고, 노예근성으로 말을 하고, 하는 말 가운데 진실은 거의 없고 대부분 거짓말을 한다. 아이를 흔들어 주고 어르며 달래는 행동을 한다. 이것이 넌지시 비추어 하는 말이다.[100]

위와 같은 말씀은 재가자들에게도 좋은 규범이 됩니다. 겉으로는 사랑스러운 척하지만 안으로는 위선으로 가득 차 있고, 꾸밈으로 가득 차 있을 수 있기 때문입니다. 이기적인 동기에서 듣기가 좋은 입에 발린 말을 쉽게 할 수가 있습니다. 다른 이로부터 사랑을 받기 위하여 우리는 거짓말을 하고 비방을 합니다.

그러나 현재의 실재에 대하여 마음을 챙겨 보면 우리가 하는 말들이 유익한 것인지 아니면 아첨하고 구슬리는 말인지 알 수 있습니다. 그래서 마음챙김을 통해 우리의 행동은 더욱 진솔해집니다.

우리가 어떤 물건을 원할 때에만 탐욕이 있는 것이 아닙니다. 즐거운 광경이나 소리, 냄새, 맛, 감촉과 마음에서 떠오르는 생각들을 즐기고 있을 때에도 탐욕이 있습니다. 사실 앉거나 누울 때 부드러운 것이 좋지 않습니까? 딱딱한 마루에 앉으면 불편하고 편안한 의자에 앉으면 기분이 좋지 않나요? 여기에 탐욕이 있습니다. 우리는 너무 덥지도 않고 춥지도 않은 알맞은 온도를 좋아하지 않나요? 커피를 마시거나 차를 마실 때에도 우리가 좋아하는 온도가 있습니다. 이렇게 먹거나 마실 때 우리는 맛뿐만이 아니라 온도에도 탐착하는 것입니다. 그리고 음식의 냄새나 차려놓은 음식의 모습, 음식의 거침이나 부드러움을 좋아하지 않습니까? 육문(六門)을 통해서 나타나는 대상들에 우리는 계속해서 탐착하고 있습니다.

탐욕은 정신적 기쁨이나 무덤덤한 느낌을 동반합니다. 정신적 기쁨(somanassa)이 있으면 희열(pīti)도 역시 함께 합니다. 즐거운 느낌에 우리는 기뻐하므로 즐거운 느낌은 탐욕의 대상이 됩니다.

탐욕이 있으면 어리석음, 양심없음, 수치심없음 그리고 들뜸이 함께 합니다. 어리석음이란 취착하게 되는 대상의 참된 본성을 꿰뚫어 보지 못하는 것입니다. 어리석음이란 탐욕이 단지 조건지워진 현상으로서 머물 수 없는 것이라는 것을 보지 못하는 것입니다. 양심없음은 해로운 행위에 대하여 부끄러움을 느끼지 못하는 것이고, 수치심없음은 이 행위의 결과에 대한 위험을 보지 못하는 것입니다. 들뜸은 해로움으로 인하여 안정되지 못한 것이고 마음이 유익한 행위를 행함에 방해가 되는 것입니다.

탐욕이 무덤덤한 느낌과 함께 할 때에는 즐거운 느낌을 동반할 때보다 그 정도가 미약합니다. 우리가 어느 곳을 가보길 원하거나 혹은 어떤 일을 원할 때 탐욕이 일어납니다.

하지만 언제나 즐거운 느낌을 동반하는 것은 아니며 무덤덤한 느낌이 있을 수도 있습니다. 무덤덤한 느낌과 함께하는 탐욕에 뿌리한 마음(lobha-mūla-citta)은 헤아릴 수도 없이 일어납니다. 하지만 어리석음 때문에 우리는 그것을 알지 못합니다.

어떠한 종류의 탐욕이라도 탐욕은 위험합니다. 심지어 그것이 아주 미세한 형태라도 말이지요. 우리가 다른 이를 해롭게 하는 행동이 바로 탐욕의 위험을 말해주고 있습니다. 하지만 즐거운 광경이나 소리를 단지 즐기고 다른 이들을 해롭게 하지 않는다면 이러한 탐욕은 미세해서 탐욕의 위험을 보기가 매우 어렵습니다. 거친 탐욕이든 미세한 탐욕이든 우리를 구속합니다. 탐욕이 있으면 그 순간에 나타난 대상에 대하여 취착하게 됩니다. 그러나 우리는 그것을 행복이라고 느낍니다.

그러나 바로 그 순간에 즐거운 대상은 사라집니다. 그리고는 성냄의 마음이 일어나기 쉽지요. 붓다는 사람들에게 감각적 욕망은 가치가 없다고 설하였습니다. 법구경에101)

**무엇 때문에 웃고, 무엇 때문에 기뻐한단 말인가?
세계는 불타오르고 있는데**

어둠 속에 갇혀 빛을 찾지 않는구나.

이 아름다운 몸을 보라,
병이 들고, 괴로움들의 모임, 덩어리.

아무리 생각해 보아도 지속되는 것 하나 없고,
유지되는 것 하나 없네.

이 몸은 질병들의 둥지,
분명히 스러져 사라지리.

악취가 나는 이 무더기는 스러지니
생은 확실히 죽음으로 끝이 난다.

탐욕은 과거의 생(生)들로부터 지금까지 지속적으로 누적되어 온 것이기 때문에 제거하기가 아주 어렵습니다. 이것의 뿌리는 아주 깊습니다. 심지어 담마를 공부하고 있는 순간에도 그리고 탐욕의 위험에 대하여 듣고 있는 순간에도 우리는 여전히 즐거운 것들을 마음속에서 원하고 있습니다. 소유하기를 원하고 어떤 사람들에 대하여 집착합니다. 탐욕이 일어난 바로 이 순간에도 우리가 원하는 것들은 변해만 가고, 지속되지 않는다는 사실을 알아차리지 못합니다.

중부에 '성자의 구함에 관한 법문'이 있는데 여기서 붓다는 수행승들에게 성자의 구함과 범부의 구함에 대하여 설합니다.102) 범부의 구함은 무상한 것들을 찾아다니는 구함이라고 하였습니다. 붓다는 태어남의 원인에 대해서도 이야기하였습니다. 태어나는 모든 것은 쇠약해져서 죽습니다. 조건들 때문에 일어난 모든 것들은 무엇이든 간에 사라져야만 합니다. 그렇기 때문에 이러한 것들이 참된 행복일 수 없습니다.

그리고 수행승들이여, 범부의 구함은 무엇인가?

수행승들이여, 태어나기 쉬운 것을 찾아다니기 때문에 태어난다. 늙어 가야만 하는 것을 찾아다니기 때문에 중생은 늙는다. 쇠퇴해지기 쉬운 것을… 쇠퇴한다, 죽기 마련인 것을… 죽는다, 슬픔인 것을… 슬픔을 겪는다, 오염되기… 오염된다.

그리고 수행승들이여, 태어나게 되어 있는 것이 무엇이냐?

아들과 아내, 수행승들이여, 이들은 태어나게 되어있다. 여자 노예와 남자 노예는 태어나게 되어 있다. 양들과 염소들도 태어나게 되어 있다, 금과 은은 태어나게 되어 있다.

수행승들이여, 이러한 탐욕들은 일어나게 되어 있다. 태어나기 쉬운 것을 찾아다니기 때문에 이 중생은 구속되고, 열중하게 되고, 중독이 되고, 태어나게 된다.

태어나는 모든 것들은 늙고, 병이 들고, 죽고, 슬프고 그리고 오염됩니다. 우리는 가족에 매달리고, 금과 은같은 소유물이 우리에게 즐거움을 준다고 믿으며 이것들에 취착합니다. 우리는 즐거움을 열망하고 얻지 못하면 화가 납니다. 그래서 우리의 탐욕은 끝이 없고 좌절의 원천이 됩니다.

위의 경을 끝까지 읽어 보면 찾아다니는 모든 것들은 무상한 것이라는 것을 알고 그것들의 위험을 본 사람은 "태어남이 없는, 최고의 안식처인 닙바나"를 구한다고 하였습니다. 이것이 현자(賢者)가 구하는 것입니다.

우리는 탐욕의 불이익을 이해할 수는 있지만 제거하지는 못합니다. 그래서 이 경(經)은 실재들에 대한 바른 통찰지를 개발해야만 모든 탐욕을 제거할 수 있다고 하였습니다.

붓다는 사람들에게 나타나는 것이 무엇이든 간에 그 실재들에 대하여 마음을 챙기라고 가르쳤습니다. 해로운 담마가 나타나면 그것은 마음 챙김과 바른 지혜의 대상이 됩니다. 어떤 사람은 즐거운 것들에 대한 탐욕의 마음이 일어나면 죄책감을 느끼고는 그 탐욕에 마음을 챙기면 안 된다고 생각합니다.

만약 어떤 사람이 습관적으로 그림과 음악을 해왔다면 위빳사나를 하기 위하여 이것들을 포기해야만 할까요? 그렇다면 이것은 바른 수행이 아닙니다.

우리는 일상에서 실재들을 알아 차려야만 합니다. 어떤 사람의 직업은 미술가입니다. 어떤 사람은 요리사 혹은 글을 쓰는 작가입니다. 우리 모두는 이런 일들을 습관적으로 해 왔습니다. 그렇다고 재가자가 수행자의 삶을 살 수는 없는 것 아닙니까? 재가자들은 수행승으로 살아가기 어렵습니다.

조건들 때문에 일어나는 모든 실재들은 무엇이든 간에 마음을 챙겨야 하는 것이므로 우리는 일상에서 바른 지혜를 닦아 나갈 수 있습니다.

탐욕의 특징은 단지 그것이 나타날 때만이 알 수 있습니다. 우리가 누군가를 도와주는 관대한 마음이 일어난 순간에도 탐욕의 많은 순간들이 일어나기 쉽습니다. 동료들을 돕는 것이 즐겁습니까? 그에게 애틋한 마음을 갖습니까? 그리고 내가 행하는 유익한 행위에 대하여 기뻐합니까? 누군가에게 베푼 친절의 대가로 무엇인가가 돌아오기를 기대합니까?

나타나는 실재들에 대한 마음챙김은 유익하고 해로운 마음 순간들을 보다 명확하게 아는 유일한 길입니다. 이러한 마음챙김은 나 자신에게 스스로 속고 있는 것을 방지해 줍니다.

심지어 유익한 행위를 할 때에도 탐욕이 있을 수 있습니다. 예를 들면 고요함이나 마음챙김과 같은 것에 말이지요. 우리는 자주 마음 챙기기를 원하고 그것이 지속되기를 바랍니다. 하지만 이러한 마음은 마음챙김이 아닙니다. 이것은 취착입니다. 이러한 취착하는 마음이 나타날 때 이것에 대한 알아차림을 피해서는 안 됩니다. 그렇게 한다면 우리는 그것을 제거하지 못할 것입니다.

각기 다른 문들을 통해서 우리는 반복되는 대상들을 경험합니다. 보거나 듣고 혹은 접촉하는 대상을 우리는 경험하고 그것에 대하여 생각을 합니다. 모든 이러한 경험들은 끊이지 않고 바로 바로 이어서 일어납니다. 이것들은 서로 다른 마음의 인식과정들입니다.

이러한 인식과정들에는 유익한 마음이나 혹은 해로운 마음들인 속행의 마음(javana-cittas)이라고 하는 것이 있습니다. 예를 들면 과보의 마음인 이식(耳識)이 일어나서는 사라진 직후에 소리에 취착하는 탐욕의 마음이 있다면 거기에는 속행(javana)에 해당하는 탐욕에 뿌리한 마음들이 있습니다. 심지어 의문인식과정에서 그 대상을 경험하기도 전에 오문인식 과정에서 탐욕이 일어날 수도 있습니다. 육문(六門)을 통해 경험하는 대상들은 다른 인식과정에 있는 속행의 마음들의 대상이 되는데 유익한 마음보다는 해로운 마음들이 더욱 자주 일어납니다.

하지만 우리는 그것들을 무시합니다. 소리와 같은 감각적 대상이 이문(耳門)에 나타나면 이어지는 의문인식과정에서 그 소리를 대상으로 취합니다. 오문인식과정(五門認識過程)의 뒤에 일어나는 의문인식과정(意門認識過程)은 오문인식과정의 바로 그 대상만을 경험합니다. 이문인식과정(耳門認識過

程)이라면 바로 뒤에 이어지는 의문인식과정의 마음들은 단지 소리가 있음을 알고 그것이 무슨 소리인지, 어떠한 종류의 소리인지 모릅니다. 그 인식과정이 지나간 이후에 어디에서 난 소리인지, 무슨 의미인지와 같은 개념을 생각하는 다른 의문인식과정의 마음들이 일어나서 이 역할을 수행합니다. 안식(眼識)이나 이식(耳識)의 다음 혹은 다른 감각기관을 통해 나타난 대상을 경험한 이후에 그것이 무엇이라고 개념을 정의할 때에는 비록 특별한 기쁨을 느끼지는 않는다 할지라도 일반적으로 그것은 탐욕의 마음입니다.

예를 들면 어떤 소리를 들은 후에 우리는 그것이 '새소리구나!' 하고 압니다. 이것은 귀의 알음알이인 이식(耳識)이 아니고 개념을 정의하는 마음입니다. 이러한 생각은 일반적으로 탐욕의 마음입니다. 왜냐하면 우리는 들린 것이 무슨 의미인지 알기를 원합니다. 우리는 감각기관을 통해 나타나는 모든 것들의 의미를 알기를 원하기 때문입니다.

우리는 어떤 것의 모습이나 형태에 주의를 기울이고난 다음에 그 개념을 생각합니다. 이것은 일반적으로 탐욕의 마음입니다. 우리는 주변에서 일어나는 모든 익숙한 것들에 대하여 알고 싶어합니다. 놓치는 것을 싫어합니다. 그래서 많은 탐욕의 순간들이 오문인식과정과 의문인식과정에서 일어납니다.

사실 우리가 생각하는 것보다도 더욱 많은 탐욕의 순간들이 있습니다. 이것을 깨달아야 합니다. 이 말은 나타나는 모든 실재들의 있는 그대로의 모습을 알기 위해서는 마음을 챙겨야 한다는 의미입니다.

붓다는 바른 통찰지를 닦는데 도움이 될만한 여러 가지 탐욕의 형태에 대하여 설하였습니다. 실재들에 대한 분류는 여러 경에서 나옵니다. 예를 들어 갈애(taṇhā)는 탐욕(lobha)의 다른 말입니다. 갈애의 종류는 세 가지입니다.103)

 감각적인 갈애(kāma-taṇhā)
 존재에 대한 갈애(bhava-taṇhā)
 비존재에 대한 갈애(vibhava-taṇhā)

감각적인 갈애(kāma-taṇhā)는 욕계의 마음 그리고 이 마음과 함께 하는 마음부수들에 대한 갈애뿐만 아니라 육문(六門)을 통해 경험되는 모든 감각적 대상들에 대한 갈애입니다. 우리는 형상이나 소리라는 대상뿐만 아니라 보는 것과 듣는 것에 취착합니다. 우리는 보고 듣기를 원합니다. 우리는 감성을 통해 대상들을 경험하기를 원합니다. 감각적 갈애는 사견과 함께 할 수 있고 혹은 사견과 함께하지 않을 수도 있습니다.

존재에 대한 갈애(bhava-taṇhā)는 사견을 동반할 수도 있고 하지 않을 수도 있습니다. 사견과 함께 하는 존재에 대한 갈애는 실재들이 지속된다고 믿는, 항상(恒常)하다고 하는 견해인 상견(常見)입니다. 이 상견 때문에 계속해서 영원히 존재하는 자아가 있다고 믿는 것입니다. 하지만 자아가 계속해서 존재한다는 사견은 없어도 다시 태어나는 것에 취착할 수도 있습니다. 색계 범천의 세계에 다시 태어나게 하는 색계 선정의 과보에 대한 취착, 무색계 범천의 세계에 다시 태어나는 무색계 선정의 과보에 대한 취착은 바로 존재에 대한 갈애에 포함됩니다.

비존재에 대한 갈애(vibhava-taṇhā)는 사견의 일종인 단견(斷見)입니다. 이것은 죽은 후에 실체인 자아가 완전하게 끊어진다고 믿는 것입니다. 이 견해를 가지고 있는 사람들이 만약 나마(nāma)와 루빠(rūpa)의 일어남은 조건들 때문이라는 사실을 깨닫지 않는 한 그들은 계속해서 태어나게 될 것입니다. 이것을 이해하지 못하기 때문에 그들은 다시 태어남이 없다고 믿는 것입니다.

갈애를 분류하는 다른 방법으로 청정도론에서는 갈애를 108 가지로 분류합니다.104) 육문(六門)을 통해 경험하는 여섯 가지 대상에 대한 갈애가 있습니다. 그리고 이러한 여섯 종류 각각은 일어나는 형태에 따라서 세 번 곱해집니다(6*6*6=108). 즉 감각적 대상들에 대한 갈애, 존재에 대한 갈애 그리고 비존재(존재하지 않음)에 대한 갈애가 그것입니다.

존재에 대한 갈애인 상견(常見)은 각각의 육문(六門)을 통해 경험되는 것들에 대한 것일 수 있습니다. 즉 이러한 대상들이 지속된다고 믿는 것입니다. 존재하지 않음에 대한 갈애인 단견도 각각의 여섯 문을 통해서 경험되는 것과 연결되어 일어 날 수 있습니다. 이런 식으로 갈애에는 18가지가 있습니다.

이것은 안의 형상 등으로 18가지이고 밖의 형상 등으로 18가지가 되어 모두 36가지입니다. 이와 같이 과거의 갈애 36가지, 미래의 갈애 36가지, 현재의 갈애 36가지로 108가지의 갈애가 있습니다. 다시 그들을 요약하면 형상 등 대상으로 여섯이고, 감각적 욕망에 대한 갈애 등으로 셋이라고 알아야 합니다.(이 부분은 역자가 이해하기 쉽도록 조금 부연하여 설명하였음)

갈애를 이렇게 분류하는 것은 우리로 하여금 여러 대상에 대한 탐욕이 많다는 사실을 보여주는 것입니다.

수다원은 사견을 동반하는 탐욕은 제거하였지만 다른 형태의 탐욕은 여전히 남아 있습니다. 아나함은 모든 형태의 감각적 욕망은 제거하였지만 태어남에 대한 취착은 남아 있습니다. 아나함은 색계선정과 이것의 과보 그리고 무색계 선정과 이것의 과보에 대하여 취착할 수 있습니다. 아나함에게는 사견이 없기 때문에 상견(常見)이 없습니다. 아라한은 모든 종류의 탐욕을 제거하였습니다. 그는 어떠한 형태로도 다시 태어나는 것에 대하여 취착하지 않습니다. 그에게는 더 이상 다시 태어나게 하는 조건들이 남아 있지 않습니다.

현재에 나타나는 대상들에 대한 마음챙김을 자주하다보면

탐욕이라는 뿌리가 얼마나 깊은지 명확하게 알게 됩니다. 이렇게 우리는 아비담마의 내용을 증명할 수 있습니다. 육문(六門)을 통해 경험하는 모든 대상들에 우리가 취착하고 있다는 것을 알게 될 것입니다.

탐욕이 있는 한 태어나서는 늙고, 병들어서 죽는 것을 반복해야 합니다. 괴로움의 원인인 갈애는 두 번째 성스러운 진리입니다. 괴로움의 원인에 대하여 사리뿟따가 수행승들에게 설하는 것이 중부에 나옵니다.105)

그리고 스님들이시여, 괴로움의 일어남에 대한 성스러운 진리란 무엇입니까? 기쁨과 함께 하는 갈애와 취착은 무엇이든 간에 다시 태어남과 연결되어 있습니다. 이것과 저것에서 기쁨을 찾는, 이름 하여 감각적 즐거움에 대한 갈애, 존재에 대한 갈애, 단멸에 대한 갈애….

이것이 스님들이시여, 이름 하여 괴로움이 일어나는 성스러운 진리라는 것입니다. 갈애는 12연기의 연결고리 가운데 하나입니다. 태어나서는 죽는 사이클, `윤회의 사이클'의 뿌리는 무명과 갈애입니다.106)

다시 태어나게 만드는 업-지음을 장로게경에서는 오두막으로 표현하였습니다. 집짓기를 원하는 자는 다시 태어납니다. 한 장로가 오래된 오두막에서 공부를 합니다. 그는 "이 오두막은 오래되어서 썩었다. 이제 다른 집을 지어야겠다."고 마음먹습니다. 그는 새로운 일(업)을 하기로 합니다. 이때 안식(安息)을 구하던 한 정령이 그에게 말합니다.

**이것은 오래된 오두막, 당신이 말했지? 지어야 한다고
다른 오두막, 새로운 것이 당신의 바램인가?
오! 오두막을 향한 갈망을 던져 버려라!
수행자여!
새로운 오두막은 당신에게는 새로운 괴로움!**

장로는 이 게송을 듣고 충격을 받았습니다. 그래서 통찰지를 닦아 아라한이 됩니다. 이제 그에게는 다시 태어남을 만드는 조건들은 더 이상 남아 있지 않습니다. 왜냐하면 탐욕으로부터 완전히 자유로워졌기 때문입니다.

제16장. 사견(diṭṭhi)

붓다는 일상에서 일어나는 모든 실재들에 대한 진신을 가르치셨습니다. 안식(眼識), 이식(耳識), 탐욕, 부드러움, 뜨거움, 차가움 그리고 다른 모든 경험할 수 있는 현상들에 대해서 가르치셨습니다. 그렇지만 우리는 아직도 내 안에서 혹은 주변에서 일어나는 실재들에 대하여 알지 못합니다. 그래서 그것들에 대한 잘못된 견해를 갖습니다.

사견이란 무엇입니까? 실재들에 대한 왜곡된 견해로 그것들을 잘못 이해하고 있는 것입니다. 예를 들어, (어떤 소리가) 들리는 것은 다만 하나의 요소로써 다만 들린다고 알고 있습니까? 혹은 듣는 자아가 있다는 생각에 여전히 취착하고 있습니까? 소리를 있는 그대로, 들림의 대상인 실재(대상-역자)로서 알고 있습니까? 혹은 들리는 소리를 '사람'이나 목소리 또는 차와 같은 어떤'것'으로 알고 있지는 않습니까? 사람이나 목소리 그리고 차라는 것은 개념에 해당하는 것으로 들을 수가 없습니다. 듣는 것과 생각하는 것은 다른 인식과정에서 일어납니다. 우리의 마음은 오로지 한 번에 하나의 대상을 해당되는 문에서만 경험하지만 우리는 여전히 이러한 실재들을 오해합니다. 담마를 공부하면 실재들은 무상하고 자아가 아니라는 것을 이론적으로 알게 됩니다. 하지만 이론적인 이해만으로는 사견은 제거되지 않으므로 팔정도를 닦아야 제거할 수 있습니다.

앗타살리니에 사견은107)

현명하지 못한 고집이 특징이다. 왜곡시키는 작용을 한다. 잘못된 고집으로 나타난다. 성자(聖者)들을 친견하는 것을 원치 않음이 가까운 원인이다. 가장 큰 잘못으로 알아야 한다.

청정도론의 정의도 비슷합니다.108) 담마상가니(38)에서는 사견을 '잘못된 길'에 비유합니다. 앗타살리니에109)

바른 길이 아닌 것을 '잘못된 길'이라 한다. '이 길은 마을로 돌아가는 길'이라고 길 잃은 사람은 믿고 있지만 그는 결코 마을에 도착하지 못한다. 이런 잘못된 의견을 가진 사람은 이 길은 행복으로 가는 길이라 생각하더라도 그곳엔 도달할 수 없다. 이렇게 바른 길이 아닌 것이 잘못된 길이다.

사견의 특징은 현명하지 않은 고집(ayoniso abhinivesa)입니다. 실재들에 대한 잘못된 견해에 집착하게 합니다. 그래서 사견의 역할은 집착하는 것이 됩니다.110) 사견은 무상한 것을 영원한 것으로 여기고 무아인 것을 자아가 있다고 고집합니다. 무명은 실재들의 진정한 본성을 덮어 버립니다. 그래서 사견은 그것들을 왜곡된 것으로 봅니다. 사견은 잘못된 길(道)로 가게 하는 요인이므로 이 길을 따라가면 오염들을 제거할 수 없습니다. 그래서 윤회의 사이클은 끝이 나지 않습니다. 사견 때문에 어떤 이는 잘못된 수행을 마음의 오염들을 청정하게 하는 길이라고 믿습니다. 이런 이야기가 경에 있습니다. 그들은 개나 소처럼 행동하는 수행을 통해 마음이 청정하게 될 것이라고 믿었습니다. 이러한 것이 의례와 의식에 대한 취착입니다. 비록 바른 길(道)에 대한 이론적인 이해를 하고 있어도 사견이 제거되지 않는 한 바른 길(道)에서 벗어나는 조건이 됩니다.

붓다는 육문(六門)을 통해 나타나는 모든 실재들은 마음챙김의 대상이 될 수 있다고 가르쳤습니다. 어떤 사람은 일상에서 바로 지금 이 순간에 나타나는 나마(nāma)와 루빠(rūpa)를 아는 것은 불가능하다고 생각합니다. 어떤 사람은 사념처를 닦을 때에는 독서나 대화를 하지 말아야 한다고 주장합니다. 그들은 소음이 없는 고요한 곳에서 수행을 해야 한다고 생각합니다. 해로운 마음들이 덜 일어나는 환경이 필요하다고 생각합니다. 그리고 수행의 초기에는 해로운 담마들에 마음을 챙기면 안 된다고 합니다.

그러나 해로운 담마들도 역시 알 수 있는 것이고, 그것들만의 고유한 특징을 가지고 있습니다. 만약 그것들을 조건 때문에 일어난 하나의 나마(nāma)로서 있는 그대로 꿰뚫지 못하면 그것들을 제거할 수 없습니다. 비록 나마(nāma)와 루빠(rūpa)라는 실재들을 일상에서 잊어버리기 쉽고 챙기는 마음이 무딜지라도 그것들의 특징을 알 수 있습니다.

마음을 챙기는 순간과 챙기지 아니하는 순간의 차이를 아는 것은 중요합니다. 대부분의 시간에는 실재들을 잊고 살지만 가끔씩은 마음챙김을 할 수 있습니다. 바로 이 마음챙김의 순간에 그 차이가 명확히 드러납니다.

사견의 가까운 원인은 '성자를 친견하지 아니 하려함'입니다.111) 여기서 성자를 친견하지 아니 하려함이란 무상, 괴로움, 무아의 3특상을 깨닫지 못하고, 성자들이 얻은 담마를 얻지 못함을 의미합니다(빠빤짜수다니, 중부, 존재의 뿌리경의 주석서). '담마를 알고 있는 훌륭한 도반'이 설명하는 담마를 듣지 못한다면 그리고 그것에 따라 수행을 하지 않는다면 바른 지혜를 얻을 수 있는 조건들이 없습니다. 그래서 바른 도반에게 법을 듣는 대신에 잘못된 길을 가는 사람과 사귑니다. 분별론에 나쁜 친구란112)

그래서 `나쁜 친구를 사귄다는 것'은 무슨 뜻인가? 유익한 행위에 대한 믿음이 없는 자, 도덕적으로 살지 않는 자, 배움이 없고, 방편이 없고 지혜가 없는 자를 말한다. 이러한 자들에게 의지하고, 강하게 의존하고, 완전하게 의존하고, 다가가고, 다가가서 친밀하게 하고, 헌신하고, 완전하게 헌신하고 얽히게 되는 것을 말한다. 이것을 일러 나쁜 친구들을 사귄다고 하는 것이다.

바른 지혜를 닦는 사람은 담마를 아는 훌륭한 도반을 만나게 될 조건을 갖추고 있습니다. 사견을 가지고 있는 사람은 역시 사견을 가진 사람과 어울리게 되어 있습니다. 그래서 그들은 더욱 더 잘못된 견해를 축적해 갑니다.

잘못된 견해는 '가장 큰 잘못'으로 알아야 한다고 하였습니다. 사견은 많은 악행을 유도하므로 위험합니다. 증지부에113)

수행승들이여, 아직 일어나지 않았건 혹은 일어났건 간에 해로운 상태를 만드는 원인으로, 해로운 행위를 점점 더 많이 하게하고 증가시키는 원인으로 왜곡된 견해(사견) 이외의 단 하나의 어떠한 것도 나는 알지 못한다.

수행승들이여, 왜곡된 견해 하나가 있으면 해로운 상태는 아직 일어나지 않은 것이든 혹은 일어난 것이든 일어난다. 그리고 점점 더 늘어나게 된다.

수행승들이여, 아직 일어나지 않았건 혹은 일어났건 선한 상태를 일어나지 않게 하고, 없어지게 하는 원인으로 왜곡된 견해 이외에 다른 단 하나의 것도 나는 알지 못한다.

수행승들이여, 왜곡된 견해 하나가 있으면 일어난 것이든 일어나지 않은 것이든 선한 상태는 일어나지 않는다. 사라져 버린다.

수행승들이여, 아직 일어나지 않은 것이든 혹은 이미 일어난 것이든 왜곡된 견해를 일어나게 만드는 원인으로, 왜곡된 견해를 증가시키는 원인으로 현명하지 않은 주의(시스템적이지 않은 주의)말고 다른 어떠한 것도 나는 알지 못한다.

현명하지 않은 주의를 기울이는 자에게 일어나지 않은 것이든 혹은 이미 일어난 것이든 왜곡된 견해는 늘어난다.

수행승들이여, 몸이 스러지고 죽은 다음에 쓸모없는 곳, 끔찍한 길, 실패, 지옥에 다시 태어나게 하는 원인으로 왜곡된 견해 이외의 다른 어떠한 한 가지도 나는 알지 못한다.

위에 나온 글의 반대는 바른 견해입니다. 같은 경에서 잘못된 견해를 덩굴이나 오이 씨앗에 비유하는 장면이 나옵니다.

땅이나 물에서 나온 정수가 무엇이건 간에, 그 모든 것들은 오이덩굴의 쓴 맛, 그것의 매움, 그것의 불쾌함으로 귀결된다. 그것의 원인이 무엇인가? 그 씨앗이 갖고 있는 나쁜 성품 때문이다.

단지 그렇게 수행승들이여, 왜곡된 견해를 가진 사람은 하는 행위가 무엇이건 간에 모든 행위는….해로움으로 귀결된다. 그것의 원인이 무엇인가? 수행승들이여, 그것은 왜곡된 견해 때문이다.

바른 견해는 사탕수수, 벼 혹은 포도의 씨앗에 비유할 수 있다. "땅이나 물에서 나온 정수가 무엇이건 간에, 그것은 모두 달콤함, 즐거움 그리고 맛이 좋다" 이렇게 바른 견해를 가진 사람의 행위는 모두 행복으로 귀결된다.

이 경의 의미를 보다 잘 이해하기 위해서는 범부의 삶과 수다원의 삶의 차이를 이해해야 합니다. 범부는 아직 사견을 제거하지 못해서 악처에 떨어질 수 있는 해로운 업을 짓는 조건들을 갖고 있습니다. 위험합니다. 하지만 수다원은 사견을 제거한 분으로 오계를 범하는 조건을 더 이상 가지고 있지 않습니다. 악처에 떨어질 수 있는 해로운 업을 짓는 조건을 더 이상 갖고 있지 아니합니다. 그는 인색함과 질투를 제거하였으므로 그의 마음은 관대합니다. 우리가 자아라는 개념에 더 이상 취착하지 않게 되고, 실재들을 있는 그대로 보게 되면 몸과 말과 마음으로 짓는 행위들을 절제하게 됩니다.

사견은 모든 종류의 마음과 함께 하지 않습니다. 사견은 취착과 관련이 있습니다. 사견은 탐욕에 뿌리한 마음(lobha-mūla-citta)하고만 일어납니다. 사견과 함께 하는(diṭṭhigata-sampayutta) 탐욕에 뿌리를 둔 마음은 네 가지입니다. 이 가운데 두 가지는 즐거운 느낌(somanassa)을 동반하고 두 가지는 무덤덤한 느낌(upekkhā)을 동반합니다. 이것들은 '자극받지 않은'(asaṅkhārika, 자신 혹은 타인으로부터 권유를 받지 않고)것일 수도 있고 혹은 자극받은 것(sasaṅkhārika, 자신 혹은 타인으로부터 권유를 받고)일 수도 있습니다. 탐욕에 뿌리한 마음과 함께 하는 견해(diṭṭhi)는 언제나 사견(miccha-diṭṭhi)입니다.

사견의 종류와 정도는 다양합니다. 사견은 마음으로 짓는 해로운 업의 길에 해당하므로 악처에 태어나게 하는 원인

이 됩니다. 그것들은

1) 업의 과보는 없다 (natthika-diṭṭhi)
2) (어떤 것이 일어나기 위한)원인은 없다 (ahetuka-diṭṭhi)
3) 업과 같이 작용을 하는 그러한 것은 없다 (akiriya-diṭṭhi)

첫 번째 견해는 아지따 께사깜바리의 것으로 죽으면 모든 것은 단절된다고 그는 가르쳤습니다.114)

두 번째 견해는 막칼리의 가르침으로 중생의 타락이나 청정함에는 원인이 없다고 가르쳤습니다. 그리고 모든 살아있는 존재들은 '운명대로 되고, 우연히 혹은 자연'에 의해서 결정되므로 인간의 노력은 (소용이) 없다 가르쳤습니다.115)

세 번째 견해는 뿌라나 깟싸빠의 가르침입니다. 그는 해로운 업과 유익한 업을 부정하였습니다.116) 그는 남을 괴롭히는 것은 악한 행위가 아니라고 하였습니다.

이러한 세 가지 견해는 각기 다르다 할지라도 이것들은 서로 관련이 있습니다. 만약 업을 원인으로 보지 않는다면 업의 과보 역시 고려하지 않을 것입니다. 그리고 업의 과보를 무시한다면 그것의 원인인 업도 무시할 것이기 때문입니다.117)

만약 위의 세 가지 견해 가운데 어느 한 가지에 대한 확고한 믿음이 있다면 이 견해는 마음으로 짓는 해로운 업의 길에 해당합니다.

사견의 종류는 많이 있습니다. 그것들이 해로운 업의 길은 아니라 할지라도 역시 위험합니다. 경전에는 종종 상견(常見)과 단견(斷見)에 대한 이야기가 나옵니다. 상견은 영원히 변치않는 자아가 있다는 믿음입니다. 단견은 죽은 다음에는 자아라는 것이 단절된다는 믿음입니다. 여기에도 역시 얼마간의 상견(常見)이 들어 있습니다. 어떤 사람은 어떤 현상은 영원하다고 생각을 합니다. 그리고 때로는 상견에 취착하고 때로는 단견에 취착합니다.

범망경에 62가지 사견이 나옵니다.118) 과거에 대한 18가지의 특별한 이론과 미래에 대한 44가지의 이론들입니다. 세계의 존재는 유한한 것인지 아니면 무한한 것인지 그리고 영혼과 세계의 기원에 대한 특별한 설명들이 나옵니다.

사람들은 언제나 특별한 이론에 혹하는 경향이 있습니다. 그리고 오늘 날도 여전히 그러한 견해들이 남아 있습니다. 과거와 미래의 생으로 이어지는, 한 생에서 다른 생으로 넘어가는 자아가 있다고 굳게 믿습니다. 그래서 자아라는 용어를 쓰게 됩니다. 단견은 영혼이 단멸된다거나 죽은 다음에는 모든 것이 단멸된다는 견해입니다. 이런 견해를 가진 자들은 윤회의 조건이 남아 있는 한 죽음의 마음이 사라진 직후에 다음 생의 최초의 알음알이인 재생연결식이 일어난다는 사실을 모릅니다. 나마(nāma)와 루빠(rūpa)는 일어나서는 사라지는데 여기에서 얻어지는 무상함이라는 지혜와는 단견은 다른 것입니다. 아라한에게는 더 이상 다시 태어남을 만드는 조건이 없습니다. 아라한의 죽음의 마음은 재생연결식으로 이어지지 않습니다. 이것은 단견이 아닙니다. 이것은 죽어서 다시 태어나야만 하는 윤회로부터의 자유입니다. 아라한은 이러한 자유를 얻는 바른 조건을 갖춘 분입니다.

자아에 대한 사견이 제거되면 이러한 특별한 이론들에 더 이상 취착하지 않게 됩니다. 하지만 여전히 자아가 있다는 믿음을 가지고 있다면 이러한 특별한 이론들에 끌리게 됩니다. 우리 모두는 '유신견(有身見, sakkāya-diṭṭhi)'을 축적해 왔습니다. 상응부에 수행승 이시닷따가 재가자인 찟따에게 말합니다.119)

여기 재가자여, 그러한 것들을 성자로부터 구분하는 법을 배우지 못한 범부는 성자의 가르침에 능숙하지 못하고 성자의 가르침에 따라 훈련받지 못하였다. 그들은 몸을 자아로 여기고, 자아가 몸을 가지고 있는 것으로 여기며, 자아 안에 몸이 있다고 여기며, 자아가 몸 안에 있다고 여긴다.

이렇게 물질의 무더기(色蘊)인 몸에 대한 사견인 유신견(有身見)에는 네 가지가 있습니다. 이와 같은 방식으로 네 가지 정신 무더기인 느낌(受), 인식(想), 상카라(行)와 알음알이(識) 무더기에 대해서도 적용됩니다. 사견(邪見)인 유신견(有身見)에 네 가지가 있으므로 각각의 오온에 적용해보면 모

두 20가지의 사견이 됩니다.120)

우리는 '내가 본다', '나의 몸' 혹은 '나의 의지'라고 믿는 잘못된 견해를 가지고 있습니다. 하지만 그것들은 단지 무더기들로 일어나서는 사라지는 조건지워진 요소들에 불과합니다.

보고, 듣고, 생각하는 것과 같은 정신들에 대한 사견이 있고 딱딱함이나 형상과 같은 감관의 대상인 물질에 대한 사견이 있습니다. 눈의 알음알이와 같은 정신을 자아라고 여기고, 형상이라는 대상을 사람으로 여기거나, 존재하는 실체로 받아들입니다. 이와 같이 어떤 것들을 자아라고 생각하면 그것들은 요소로 보이지 않습니다. 한 번에 하나씩, 해당되는 문을 통해 경험할 수 있는 요소로 보지 못합니다. 형상이라는 대상은 오직 안문(眼門)을 통해 경험할 수 있는 물질(rūpa)에 불과합니다. 이것은 사람도 아니고 사물도 아니고 다시 사라지는 것입니다. 소리는 단지 이문(耳門)을 통하여 경험할 수 있는 물질(rūpa)의 한 종류에 불과합니다. 이것은 사람도 아니고 사물도 아닙니다.

한 번에 하나의 대상을 경험하는 각각의 마음이, 해당되는 문을 통해 일어나서는 사라져 버립니다. 이것은 앞에서 일어난 마음과는 다른 것입니다. 눈의 알음알이는 단지 보기만 하고, 들을 수도 없고 생각할 수도 없습니다. 분별론(763)에 121)

'각각 다른 대상을 경험하지 못함'이란 다음과 같은 의미이다. 귀의 알음알이인 이식(耳識)은 눈의 대상을 경험하지 못한다. 눈의 알음알이인 안식(眼識)은 귀의 알음알이인 이식(耳識)의 대상을 경험하지 못한다. 코의 알음알이인 비식(鼻識)은 눈의 알음알이인 안식(眼識)의 대상을 경험하지 못한다. 눈의 알음알이인 안식은 역시 코의 알음알이인 비식(鼻識)의 대상을 경험하지 못한다. 혀의 알음알이인 설식(舌識)은 눈의 알음알이인 안식의 대상을 경험하지 못한다. 안식(眼識)은 설식(舌識)의 대상을 역시 경험하지 못한다. 몸의 알음알이인 신식(身識)은 안식(眼識)의 대상을 경험하지 못한다. 안식(眼識)은 신식(身識)의 대상을 역시 경험하지 못한다.

우리는 누군가가 우리가 경험하는 것들을 조정한다고 생각합니다. 우리는 누군가를 보면서 동시에 그의 말도 듣는다고 생각합니다. 아비담마의 용어들과 항목들은 단지 이론적인 이해에만 유용한 것이 아니고 수행을 하는데 적용됩니다. 이것들은 지금 나타나는 실재들에 마음을 챙기라고 상기시켜 줍니다. 마음을 챙기면 사견은 제거됩니다. 귀의 알음알이(耳識)가 일어나면 그것의 특징을 알 수 있습니다. 이렇게 바른 지혜는 듣고 있는 자아가 아닌 단지 하나의 나마(nāma)에 불과하다고 있는 그대로 알게 합니다. 여러분은 이식(耳識)과 그 소리가 어떤 의미인지를 생각해보는 것과의 차이가 무엇일까 궁금하지 않습니까? 이식(耳識)은 생각이라는 개념을 경험하지 못합니다.

실재들에 대한 지적인 이해는 마음챙김을 하게 하는 조건이 됩니다. 하지만 일반적으로 우리는 즐거운 대상에는 몰입을 하고 불쾌한 대상은 거부하며 마음을 챙기지 않습니다. 예를 들면 날씨가 무더우면 화가 나게 되고, 일어난 뜨거운 느낌이나 성냄이라는 실재를 놓칩니다.

사견이 제거되지 않는 한, 이것이 일어나기 위한 바른 조건을 만나면 그것들은 일어나게 되어있습니다. 오로지 마음챙김을 통해서만이 사견이 일어나는 순간을 알 수 있습니다. 사람이나 사물과 같은 개념을 생각할 때에는 사견이 필요 없습니다. 우리는 어떤 사람에 대한 연민의 마음(karuṇā)과 같은 유익한 마음으로 그 사람을 생각합니다. 혹은 사견이 없이 탐욕에 뿌리한 마음을 가지고 어떤 이를 생각할 수도 있고 혹은 성냄에 뿌리한 마음을 가지고 다른 사람을 생각할 수 있습니다.

사견은 다른 오염들보다도 먼저 제거되어야 합니다. 앞에 나온 것처럼 범부는 사견이 제거되지 않았기 때문에 여전히 오계를 범하는 조건을 가지고 있습니다. 그는 여전히 살생, 도둑질, 잘못된 성행위, 거짓말, 음주와 마약을 하는 조건을 가지고 있습니다. 자아라는 개념에 취착하게 되면 삶을 살아가는데 많은 문제가 생깁니다. 이것을 이해한다면 사견은 우리에게 유익하지 않다는 사실과 바른 지혜를 닦는 것의 유익함을 알게 됩니다. 만약 사견의 위험을 진정으로 이해한다면 이것은 마음챙김의 조건이 됩니다. 그래서 바른 지혜를 개발할 수 있게 됩니다.

바른 지혜는 오로지 지금 이 순간에 일어나는 실재들에 마음챙김을 통해 무르익습니다. 어떻게 하면 마음챙김을 더 잘 할 수 있는지 생각만 하고 있다면 바른 지혜는 계발되지 않을 것입니다.

제17장. 자만(māna)

자만(māna)은 또 다른 해로운 마음부수입니다. 내 자신을 중요하다고 여기는 순간에는 자만이나 자부심이 있습니다. 자만 때문에 다른 이들과 비교하는 것입니다. 다른 이들보다도 내가 우월하다고 생각하는 것만 자만이라고 생각하지만 그렇지 않습니다. 자만은 나 자신을 받드는 것입니다. 자신을 중요하다고 여기는 것입니다. 다른 이들과 나 자신을 비교하는 마음이 있으면 어떠한 방식이든 상관없이 그것은 자만입니다. 담마상가니(1116)에

자만이라는 족쇄는 무엇인가?
"내가 더 나은 사람이다"라고 생각할 때, "나도 그들만큼은 훌륭하지"라고 생각할 때, 그리고 "나는 아무개보다 못하다"라고 생각하는 것이 자만이다. 모든 이러한 종류의 자만은 오만함, 자부심, 거만함, 도도함, 과시(깃발을 나부끼는), 외람됨, 가슴속에서부터 자신을 널리 알리고 싶어하는 욕망, 이러한 것들이 자만이다.

실제로 남들보다 뛰어난 사람들이 남과 비교해 보곤 합니다. 그리고 실제로 서로 동등한 사람도 남과 비교해 봅니다. 또한 남보다 쳐지는 사람도 다른 사람과 비교해 봅니다. 이렇게 자신을 남과 비교하는 경우가 세 가지이므로 자만은 모두 9종류가 있을 수 있습니다.122)

우리는 사실 탁월하든지, 동등하든지 혹은 레벨이 떨어지든지 간에 비교할 필요가 없습니다. 어떠한 관점에서건 내 자신이 다른 이들보다 더 중요하다고 생각할 때마다 해로움은 쌓여만 갑니다.

심지어 다른 이들과 비교는 않더라도 나 자신을 중요하게 생각한다면 거기에는 자만이 있습니다. 자만은 언제나 탐욕과 함께 합니다. 자만은 사견을 동반하지 않는 네 가지 탐욕에 뿌리한 마음과 함께 일어날 수 있습니다. 그러나 자만과 사견은 동시에 일어나지 않습니다. 누군가 어떤 실재들을 영원한 것으로 혹은 자아라고 받아들인다면 그것은 사견입니다. 이때 자부심을 갖는 자만이나 스스로를 앞세우고자하는 자만은 일어나지 않습니다. 그런데 이 말이 사견과 함께 하지 않는 탐욕에 뿌리를 둔 마음이 일어날 때마다 언제나 자만이 함께 한다는 의미가 아닙니다. 사견이 없는 탐욕에 뿌리한 마음은 때로는 자만을 동반하고 때로는 하지하지 않을 수 있습니다.

앗타살리니에 나오는 자만의 정의는 다음과 같습니다.[123]

자만은 허영심(추정, 헛된 공상)이다. 오만함이 특징이다. 스스로를 칭찬하는 역할을 한다. 깃발을 흔들고 싶어함(자신을 광고하는 것처럼)으로 나타난다. 탐욕과는 분리된 사견(자기주장을 고집하는)이 가까운 원인이다. 정신적인 광기로 여겨야 한다.

탐욕이 자만의 가까운 원인이지만 이 탐욕은 사견과 분리된 것(diṭṭhigata-vippayutta)입니다. 즉 자만은 사견과 함께 일어나지 않습니다. 사견과 분리된 **탐욕에 뿌리를 둔 마음**(lobha-mūla-citta)과 함께 일어납니다.

청정도론(XIV, 168)의 정의도 비슷합니다. 다른 점은 자만이 허영심으로 나타난다고 한 것입니다. 그리고 깃발을 흔드는 것처럼 자신을 알리고 싶어하는 욕망에 대한 설명은 없습니다.124)

앗타살리니에서는 자만이란 자신을 과시하고픈 욕망의 깃발을 높이 쳐들어 흔드는 것과 같다고 하였습니다. 깃발을 공중에 높이 매달면 모든 사람들이 그것을 볼 수 있습니다. 사실 우리는 자신을 중요하다고 생각하며 떠받드는 경향이 있습니다.

자만은 광기나 광란의 상태라고 표현합니다. 자기 자신을 과시할 필요가 없을 지라도 혹은 다른 이들과 자신을 비교할 필요가 없다 할지라도 그렇게 하는 것입니다. 왜냐하면 자만은 습관이기 때문입니다. 이렇게 해로운 담마들을 공부하는 것은 아주 도움이 됩니다. 만약 자만이 어떤 것이고 어떤 경우에 일어나는지를 모르면 우리는 점점 자만을 누적시켜 나갈 것입니다.

자만이 제거되지 않는다면 이것이 일어날 수 있는 기회는 우리가 생각하는 것보다 훨씬 많습니다. 분별론에서 자부

심과 자만심이 일어날 수 있는 대상들은 다음과 같다고 합니다.125)

태생에 대한 자부심, 종족에 대한 자부심, 건강에 대한 자부심, 젊음에 대한 자부심, 소득에 대한 자부심, 얻은 명예에 대한 자부심, 받는 존경에 대한 자부심, 탁월함에 대한 자부심, 지지자들이 있다는 자부심, 재산에 대한 자부심, 외모에 대한 자부심, 학식에 대한 자부심, 지능에 대한 자부심, 식견이 있는 권위에 대한 자부심, 정기적인 보시 모음자로서의 자부심, 사람들이 (자기를)싫어하지 않는다는 자부심, 성취에 대한 자부심, 대중성에 대한 자부심, 계를 지키고 있다는 자부심, 선정에 들 수 있다는 자부심, 재치가 있다는 자부심, 키가 크다는 자부심, 몸매에 대한 자부심, 형태에 대한 자부심, 신체적인 완벽성에 대한 자부심…

이러한 모든 대상들은 중독과 자만의 원인이 되므로 일상에서 이것들에 대하여 생각해 보아야 합니다. 그래서 위에서 일일이 열거한 것입니다. 자만심은 감각기관을 통하여 나타나는 모든 대상과 연관되어 일어날 수 있습니다. 하나의 감각기관을 통해 즐거운 대상을 경험하게 되면 그것 때문에 자만심이 일어날 수 있습니다. 그러한 즐거운 대상을 경험하지 못하는 사람들과 나를 비교해 보고 내가 우월하다고 생각하는 것이지요. 이 순간에 즐거운 대상을 경험하는 것은 단지 과거에 지은 업에 의하여 조건지워진 결과라는 사실을 망각합니다.

이런 것을 안다면 즐거운 대상을 경험하는 것에 대하여 자부심을 가질 이유가 없습니다. 하지만 실체를 덮어 버리는 어리석음이 있으면 모든 해로운 담마들을 일어나게 만드는 조건이 됩니다.

자만심은 감관을 통해 나타나는 대상들에 대해서만 일어나는 것이 아니고 감관 자체에 대해서도 일어날 수 있습니다. 예를 들어 맹인을 보고는 자신의 건강한 눈에 대한 자부심이 일어날 수 있습니다.

어떤 사람은 자기 가문에 대하여 혹은 자기의 태생에 대한 자부심이 있습니다. 혹은 국가나 피부색이 같은 종족에 대한 자부심이 있습니다. 어떤 사람은 자신들의 피부색이 다른 종족의 피부색보다 좋다고 생각합니다. 이것이 자만심입니다. 자만심은 아름다움과 소유, 서열 혹은 하는 일 때문에도 일어납니다. 혹은 자신의 스킬, 지식, 교육 혹은 지혜 때문에도 일어납니다. 이러한 것들을 광고하고 싶어하는 것이지요.

우리는 칭찬과 명예를 원합니다. 그래서 다른 이들로부터 잊혀지고 무시 받는 것은 최악이라 생각합니다. 자신이 다른 사람들로부터 '어떤 사람'이라고 기억되길 원하지 '아무런 가치도 없는' 사람으로 여겨지는 것을 원치 않습니다. 우리의 말과 생각 그리고 행위는 종종 경쟁심에서 출발됩니다. 그래서 다른 사람들이 나보다 좋아지는 것을 원치 않습니다. 심지어 유익한 행위나 바른 지혜에서도 마찬가지입니다.

분별론에서는 자만의 여러 측면들을 다른 방법으로 분류합니다. 예를 들면 '자신을 업신여기는 자만'(omāna, 881)이 있습니다. 자기 경멸이나 자기를 비하하는 상황에서도 내면에는 여전히 자신을 떠받들고 중요하다고 생각합니다. 이것들도 역시 '과대평가된 자만'입니다. 어떤 수행자가 자신이 선정에 들었다고 혹은 깨달음을 얻었다고 오해할 수 있습니다. 그런데 그는 그것에 대한 자만하는 마음이 있는 것입니다. 분별론(17장, 882)에 나오는 과대평가된 자만(adhimāna)이란

그럼 과대평가된 자만이란 무엇인가? 아직 도달하지 않았는데 도달하였다고 생각한다. 하지 않았는데 하였다고 생각한다. 얻지 못하였는데 얻었다고 생각한다. 깨닫지 못하였는데 깨달았다고 생각한다. 자만, 자만하는, 자만하는 상태, 거만, 건방짐, (과시하는) 깃발, 외람됨, 깃발을 올리고 싶은 마음의 욕망 등과 같은 것이다. 이것을 과대평가된 자만이라고 한다.

자만의 형태에는 여러 가지로 오랫동안 습관처럼 누적되어 왔습니다. 그래서 계속해서 일어나기 쉽습니다. 다른 이들이 나를 대하는 태도에 불만족하게 되면 그 순간 화가 납니다. 그러한 순간에 바로 자만이 있습니다. 왜냐하면 우리는 자신을 중요하게 생각하며 자신을 과시하고 싶어 하기 때문입니다. 그러한 욕망 때문에 고통받는 것입니다. 우리

는 존중받기를 원합니다. 해박한 자신의 식견에 대하여 자만심이 일어날 수 있습니다. 이와 같은 것들을 분별론에서는 자세히 정의해 놓았습니다. 우리는 담마를 많이 알고 있는 것을 남들에게 보여주어 자신의 가치를 증명하고자 합니다. 바로 이때가 자만의 깃발을 높이 치켜 올리는 순간입니다.

우리는 사람에 대한 편견을 갖기 쉽습니다. 심지어 친척이라도 말이지요. 그들을 깔볼 수가 있습니다. 우리는 다른 사람들과 함께 하는 순간에 자만심이 일어나는지 알아차려야 합니다. 만약 자만과 다른 모든 해로운 담마들의 불이익을 이해한다면 이것은 자애와 연민(karuṇā)과 같은 유익한 성품이 일어나는 조건이 됩니다.

우리가 다른 이들을 불쾌하게 만드는 것은 화나 성냄 때문이라고 생각합니다. 하지만 자만도 역시 다른 이들에 대한 친절과 배려가 부족한 것입니다. 자애로운 마음이 있다면 자만은 일어나지 못합니다.

깨어있지 못하는 많은 순간들에서 우리는 자만이 있음을 알아차리지 못합니다. 내 자신을 떠받드는 순간에 자만은 쉽게 일어납니다. 예를 들어 다른 사람이 얼마를 번다는 이야기를 들으면 내 수입과 비교해 봅니다. 이 순간에는 바로 자신을 떠받드는 마음이 있습니다. 혹은 차를 운전하고 가다가 많은 이들이 버스를 기다리는 모습을 봅니다. 이 순간 자애와 연민(karuṇā)의 마음보다는 '나는 차가 있다.

나는 행운아다'와 같은 짧지만 비교하는 마음이 일어납니다. 그때 우리는 그러한 생각을 하는 흉한 자신을 발견하고는 기분이 상쾌하질 않습니다.

그런데 그것들은 일어나기 위한 조건이 충족되었기 때문에 일어나는 것입니다. 자만은 조건지워진 담마(상카라 담마)입니다. 우리는 해로운 담마들을 포함하여 일어나는 실재들을 진지하게 알아차려야 합니다. 이것이 그러한 것들은 실체가 없다는 것을 깨닫게 되는 유일한 길입니다.

젊은이는 늙은 사람과 자신을 비교해 봅니다. 누군가 아픈 사람을 보거나 죽어가는 사람을 보게 되면 나는 건강하고 살아있음에 기쁨을 느낄지도 모르겠습니다. 그 순간에 나의 건강에 대한 자만이 있습니다. 우리도 바로 이 순간에 늙고 병들고 죽어가고 있는데 말입니다. 비교할 필요가 없습니다. 자만하지 말고 모든 조건지워진 실재들의 무상함을 보아야만 합니다.

자만심은 광기와 같습니다. 자만은 바보 같은 짓입니다. 자만은 해로운 담마로 순수하지 않습니다. 자만심이 일어나면 실재들의 진정한 본성을 모르는 어리석음도 함께 일어납니다. 그리고 마음이 유익한 행위를 안정되게 할 수 없도록 방해하고 혼란하게 하는 들뜸과 해로운 행위를 부끄러워하지 않는 양심없음 그리고 해로운 행위의 결과에 대한 위험을 보지 않는 **수치심없음**이 있습니다.

자만은 아라한이 되어야만 제거됩니다. 수다원, 사다함 그리고 아나함도 여전히 자만심이 있습니다. 심지어 자아에 대한 사견을 제거한 사람도 그리고 소위 사람이라는 것은 단지 일어나서는 사라지는 나마(nāma)와 루빠(rūpa)에 불과하다는 것을 깨달은 사람이라도 여전히 자만심을 가지고 나마(nāma)와 루빠(rūpa)에 취착합니다.

자만심은 오랜 기간 동안 누적되어 온 것입니다. 누군가는 자신의 나마(nāma)와 루빠(rūpa)가 다른 이들보다 훌륭하다고 생각합니다. 혹은 같거나 수준이 떨어진다고 생각합니다. 비록 그들이 자아가 없다는 것을 깨달았다고 하더라도 말이지요.

아라한이 아닌 모든 사람들은 심지어 아라한이 아닌 성자(聖者)들이라 할지라도 모든 해로운 담마들을 제거할 때까지는 사념처(四念處)를 닦아야 합니다. 지금 나타나는 것이 자만이라고 할지라도 알아차려야만 합니다.

비록 우리가 많은 인식과정들을 볼 수는 없다고 하더라도 계속해 일어나는 해로운 담마들은 우리로 하여금 마음을 챙겨야 한다는 필요성을 일깨워 줍니다.

우리는 담마(법)를 가르쳐주신 붓다에게 감사해야 합니다. 만약 자만에 대한 가르침이 없었다면 우리는 자만이 일어나는 많은 순간들을 모를 것입니다. 자신에게 일어나는 해로운 담마들을 볼 수 있다는 것은 매우 유익합니다.

제18장. 성냄(dosa)

성냄(dosa)은 또 다른 해로운 마음부수입니다. 마음이 경험하고 있는 대상을 싫어할 때 거기에는 성냄이 있습니다. 성냄의 느낌은 언제나 불쾌합니다. 우리는 불행을 원치 않고 불쾌함은 피하려고 합니다. 그렇지만 성냄에 뿌리한 마음은 일어나기 위한 바른 조건을 만나면 일어납니다.

우리가 불쾌한 느낌을 가라앉히려 하는 것은 즐거운 느낌에 취착하기 때문입니다. 그리고 우리는 불쾌한 느낌의 진정한 원인과 해로운 마음의 불이익은 외면합니다.

우리는 성냄에 뿌리한 마음의 조건에 대하여 알아야 합니다. 경전과 주석서들에는 성냄의 여러 가지 측면들이 나옵니다. 이러한 것들을 공부하면 성냄의 위험과 불이익에 대한 이해의 폭이 커질 것입니다. 바른 지혜는 해로움의 위험과 유익함의 조건들을 압니다. 성냄에 대한 바른 이해 없이 성냄을 가라앉히려고 하는 것 보다는 성냄에 대한 바른 지혜를 갖추는 일이 더욱 도움이 됩니다.

성냄의 원인은 언제나 많이 있습니다. 그리고 성냄의 원인은 늘 우리의 외부에 있는 것처럼 보여집니다. 즉 다른 사람들의 행동 때문에 불쾌한 경험을 한다고 생각합니다. 그렇지만 성냄의 진정한 원인은 내 안에 있습니다. 성냄은 습관처럼 누적되어 온 것이므로 어디에서나 성냄의 대상을 발견합니다. 우리는 즐거운 대상에 취착하고 즐거운 대상을 경험하지 못하면 화가 납니다. 성을 낸다는 것은 성냄의 조건인 탐욕이 아주 강하다는 의미입니다.

앗타살리니에 성냄은126)

두드려 맞은 뱀처럼 화를 내는 것이 특징이다. 혹은 심술궂음이 특징이다. 한 방울의 독처럼 번져나가는 역할을 한다. 혹은 숲속에 난 불처럼 자신의 의지처를 태우는 것으로 나타난다. 성가심으로 혹은 기회를 포착한 원수처럼 성냄으로 나타난다. 성냄의 대상이 가까운 원인이다. 독소가 섞인 오줌으로 여겨야 한다.

청정도론(XIV, 171)의 정의도 비슷합니다. 두드려 맞은 뱀처럼 화를 내고 있는 것이 성냄의 특징이라 하였습니다. 뱀을 건드리면 사납게 공격을 합니다. 성냄은 공격적인 것이 마치 두드려 맞은 뱀과 같다는 것입니다. 성냄의 역할은 독이 퍼지는 것처럼 번져나가는 것입니다. 독이 몸에 들어오면 온 몸에 퍼져서 고통스럽습니다. 이처럼 성냄은 나쁜 결과를 맺으므로 해롭습니다. 성냄은 자기가 서 있는 숲을 태우는 불과 같습니다. 성냄은 불이 숲 전체를 태우는 것처럼 파괴적입니다. 자기가 의지하는 숲을 태우는 작용을 합니다. 성냄의 가까운 원인은 마치 독소가 섞인 오줌과 같은 대상(토대)때문입니다. 독이 섞인 오줌을 좋아할 사람은 아무도 없습니다. 비록 요즘 오줌은 인도에서는 약으로 쓰이고 있지만 말입니다. 성냄의 가까운 원인이 대상 때문이라는 것을 아는 것은 유용합니다. 성냄은 다른 사람의 행동이나 말 때문에 자주 일어납니다. 비록 누군가의 선행은 나에게는 성냄의 원인이 될 수 있습니다. 왜냐하면 그 사람을 좋아하지 않기 때문입니다. 분별론(17장, 960)에 화가 나게 되는 아홉 가지 이유가 나옵니다.

그러므로 화가 나는 아홉 가지 토대는 무엇인가?
① "그가 나를 해코지 했다" 그래서 화가 난다.
② "그는 나를 해코지 하고 있다", 그래서 화가 난다.
③ "그는 나를 해할 것이다", 그래서 화가 난다.

④ "그는 내가 사랑하고 즐거워하는 것에 해악을 끼쳤다.
⑤ … … … … … … … … … 것에 해악을 끼치고 있다.
⑥ … … 것에 해악을 끼칠 것이다". 그래서 화가 난다.

⑦ "그는 내가 좋아하지 않고 반갑지 않은 이들에게 선한 일을 하였다.
⑧ … … … … … … … … 이들에게 선한 일을 하고 있다.
⑨ … 이들에게 선한 일을 할 것이다", 그래서 화가 난다.
이것이 화가 나게 되는 아홉 가지 토대이다.

성냄은 자극받은 마음(sasaṅkhārika)과 자극받지 않은 마음(asaṅkhārika)에서 두 종류의 마음과 함께 일어납니다. 성냄의 수준도 여럿입니다. 화가 약간 치미는 정도 혹은 조금 더 강한 화, 나쁘게 성질냄 혹은 증오와 같은 것이 있습니다.

성냄이 강하면 거칠게 말을 하거나 집에 있는 물건들을 집어 던집니다. 자포자기를 하고 자살의 충동도 느낍니다. 다른 사람을 때리거나 심지어는 살인도 합니다. 다른 사람이 저지른 범죄 소식을 들으면 화가 나고 세상에 어떻게 그런 일이 있는지 분개합니다. 화가 치밀어 오르면 상상도 할 수 없는 해로운 업을 짓습니다. 강한 성냄은 죽는 즉시 악처에 태어나게 할 정도의 '극악한 범죄'(anantarika kamma)를 저지를 수 있습니다. 증지부에127)

수행승들이여, 지옥에 떨어지는 것을 피할 수 없게 하는 행위에는 다섯 가지가 있다. 무엇이 다섯인가? 나쁜 마음으로 ① 어머니 ② 아버지 ③ 아라한의 목숨을 빼앗았다 ④ 여래의 몸에서 피를 흘리게 하였다 ⑤ 승가를 분열시켰다. 수행승들이여, 틀림없이 이들 다섯 부류는 반드시 지옥에 떨어진다, 피할 수 없다.

모든 성냄은 위험하다는 것을 기억해야 합니다. 아주 미약한 성냄이라도 위험합니다. 만약 바른 통찰지를 개발하지 않는다면 성냄을 알아차리지 못하고 더 많이 축적해 갈 것입니다. 그러므로 성냄의 다섯 측면을 검토하는 것은 유익합니다. 성냄은 몸과 말과 마음을 통해 해로운 업의 길에 들어서도록 등을 떠밉니다.

몸을 통한 해로운 업의 길에는 화가 나서 살생하는 것이 포함됩니다. 그리고 도둑질도 탐욕이나 성냄 때문에 할 수 있습니다. 다른 사람을 해롭게 하려는 마음이 있다면 이때에는 성냄의 마음이 등을 떠미는 것입니다.

말로 하는 해로운 업의 길에는 네 가지가 있습니다. 거짓말, 비방(중상모략), 욕설 그리고 실없는 말로 이것들은 성냄이나 탐욕을 원인으로 합니다. 만약 다른 이를 해코지 하기를 원한다면 이는 성냄 때문입니다. 욕설과 같은 해로운 업의 길은 성냄 때문에 동기가 유발됩니다.

마음으로 짓는 해로운 업의 길인 악의는 성냄에 의하여 유발됩니다. 악의란 다른 이들을 상처주거나 해롭게 하려는 의도입니다. 이러한 해로운 업은 금생과 다음 생에 괴로움을 초래 합니다. 해로운 업을 지은 사람은 그것이 가져올 과보에 대하여 두려워하게 되고 마음에는 평화가 없습니다.

성냄은 몸과 마음 모두에게 해롭습니다. 왜냐하면 성을 내면 보기 흉하게 얼굴이 붉어지고, 불쾌한 모습이 되고, 입이 앞으로 삐져나옵니다. 다른 사람들에게 불쾌한 표정을 짓는 것은 사려 깊지 못한 행동입니다. 이것을 기억한다면 인내하게 될 것입니다.

화를 내게 되면 나쁜 과보들을 받게 됩니다. 잠을 못 이루고, 친구를 잃고, 재산과 명성 그리고 이뤄놓은 번영을 잃게 됩니다. 생을 마쳐서는 성냄 때문에 악처에 태어날 수도 있습니다.

해로운 업의 길은 아니지만 미세한 성냄이 있습니다. 이렇게 미미한 성냄도 불쾌한 행동이나 말을 하게 되는 조건이 됩니다. 과거를 돌이켜 보면 이것 때문에 누군가에게 쉽게 거친 말을 하였던 기억이 있을 것입니다.

성을 내게 되면 비록 작은 화라 할지라도 자애의 마음이나 상대방의 기분을 배려하는 마음이 없습니다. 예를 들면 갑자기 찾아온 손님들에게 방해받길 원치 않는데 손님이 오면 화가 납니다. 그러한 순간에는 정신적으로 뻣뻣한 상황이므로 친절이나 호의와 같은 마음을 일으킬 수 없게 됩니다. 분별론(17장, 833)에 한 쌍씩 요약하여 정리해 나가는 장이 있는데 이것은 우리에게 매우 도움이 됩니다.

부드러움 없음과 불친절.

이 말은 일상에서 우리에게 실재들을 알아차리도록 상기시켜 줍니다. 불친절함은 정신적 뻣뻣함인 부드러움 없음과 함께 간다는 말이 정말일까요? 예기치 않은 방문객을 맞게 되면 우선 화는 날지라도 바른 지혜가 있다면 우리의 태도를 변화시킬 수 있습니다. 지혜가 있다면 우리는 다른 이들에 대한 배려와 부드러움의 이익과 관대함이 없을 때의 불이익을 봅니다. 그렇게 때문에 손님은 친절하게 맞게 되고 우리 안에는 더 이상 정신적인 경직성과 까칠함이 없게 되어 유연한 마음을 갖추게 됩니다.

성냄은 두려움이라는 형태로 나타날 수 있습니다. 두려움이 있으면 경험하고 있는 대상을 싫어하는 것이므로 몸과 마음에 해롭습니다. 우리는 어떤 사람이나 상황, 병듦과 늙음 그리고 죽음을 두려워합니다. 성냄이 근본적으로 제거되지 않는다면 성냄의 대상은 언제라도 나타납니다.

사람들의 습관은 서로 달라서 어떤 사람은 괜찮은데 다른 사람은 화를 냅니다. 성냄은 어떤 사람 때문만이 아니라 육문(六門)에서 나타나는 대상들 때문에 일어납니다. 어떤 사람은 비나 태양 혹은 바람 때문에 화을 냅니다. 앗타살리니에.128)

'혹은 이유도 없이 속이 상하게 되면'이라는 말은 화가 이유도 없이 난다는 뜻이다. 예를 들면 "비가 너무 오는 군", "비도 안와.", "햇볕이 너무 뜨거워" "해도 안 뜨네."라고 하며 화를 낸다. 바람이 불어도 화가 난다, 바람이 없어도 화가 난다, 보리수 잎을 쓸어도 쓸어도 끝이 안날 때 화가 난다, 가사를 입을 수 없을 때 화가 난다, 바람 때문에 화가 난다. 그루터기에 걸려 넘어져서 화가 난다.

붓다는 화를 아주 쉽게 내는 사람을 벗겨진 상처에 비유하였습니다. 벗겨진 상처는 조금만 건드려도 아픕니다. 보기에도 혐오스럽고 불쾌하지요. 증지부에 129)

수행승들이여, 벗겨진 상처와 같은 사람은 어떤 종류의 사람인가? 여기에 화를 잘 내고 격한 사람이 있다. 얼마나 사소한 것이냐에 상관없이 그에게 무엇이라고 말만 하면 그는 화를 내고, 분노가 솟아오르고 싸우려고 한다. 그것에 분개하고 화를 내며 증오하고 골을 낸다. 예를 들면 마치 상처가 곪았을 때 막대기나 조각으로 건들면 고름이 솟아 나오는 것처럼. 비록 그렇게 수행승들이여, 어떤 사람이 화를 내고 성을 내고 토라진다. 이런 사람을 "그의 마음은 벗겨진 상처와 같다."고 하는 것이다.

붓다는 그때 네 가지 성스러운 진리를 깨달았지만 아직 아라한이 되지 아니한 사람의 '섬광 같은 마음'과 아라한의 '다이아몬드 같은 마음'에 대하여 설하였습니다. 다이아몬드는 보석이나 심지어 바위 같은 것도 자를 수 있습니다. 그렇게 아라한은 번뇌를 잘라버리고 부셔 버립니다.

우리가 만약 얻음과 명성, 칭찬과 행복 같은 세간적인 행복의 조건들(loka-dhamma)에 대하여 취착한다면 그것들이 변화하는 것을 보면 화가 날 것입니다. 그러나 그것들은 원래 항상 변화하는 것이 당연하지만 우리는 그것들의 무상함을 잊어버립니다. 그래서 소유물을 잃게 되고, 명예를 얻지 못하면, 혹은 비난을 받거나 고통을 받게 되면 화가 나고 슬퍼집니다.

업과 업의 과보와 같은 실재들에 대한 바른 이해는 우리에게 일어나는 즐겁거나 불쾌한 사건들에 좀 더 평온한 마음을 갖도록 해줍니다. 감각기관에서 불쾌한 대상을 경험하는 것은 과거에 내가 행한 해로운 업의 결과입니다. 그리고 과보란 일어나기 위한 시기가 무르익으면 아무도 해로운 과보를 아무도 피할 수 없습니다. 해로운 과보의 원인이 되는 성냄이 유익하지 않다는 것을 이해한다면 여기에는 "현명한 주의"가 있습니다.

실재들에 대한 지적인 이해만 한다면 성냄은 물론 다른 오염들도 제거할 수 없습니다. 오로지 위빳사나를 통해 무르익은 바른 통찰지만이 오염들을 제거할 수 있습니다.

성냄은 사마타를 닦아서도 일시적으로는 제거할 수 있습니다. 감각적인 대상에 취착하는 것의 불이익을 보고서 본삼매의 수준까지 선정을 닦는다면 감각적인 욕망을 일시적으로 잠재울 수 있습니다.

색계(色界)의 유익한 마음인 색계선정의 마음은 색계 범천의 세계에 태어나게 하는 결과를 만들 수 있고 무색계(無色界)의 유익한 마음인 무색계 선정의 마음은 무색계 범천의 세계에 다시 태어나게 할 수 있습니다. 탐욕과 어리석음도 이러한 세계에서 일어날 수 있지만130) 성냄을 일어나게 하는 조건들은 없습니다. 하지만 욕계에 다시 태어난다면 성냄은 다시 일어납니다.

감각적 대상에 대한 취착은 성냄의 조건이 됩니다. 아나함이 되면 비로소 성냄이 제거됩니다. 아나함은 감각적인 대상에 취착하지 않으므로 성냄을 일으키는 조건을 갖고 있지 않습니다.

오로지 실재들에 대한 바른 통찰지를 통해서 성냄은 제거됩니다. 바른 통찰지는 성냄을 조건지워진 담마, 실체가 없는 무아(無我)라고 있는 그대로 봅니다. 성냄에 대한 마음챙김을 하면 그것의 특징을 바로 알 수 있습니다. 우리는 성내고 있음을 알아차리기는 쉽습니다. 그러나 성냄이라는 개념만 아는 것이므로 성냄의 진정한 특징을 알기 어렵습니다. 우리는 여전히 어떤 조건들 때문에 일어난 나마(nāma)에 불과하다는 것을 깨닫지 못하고 '내가 화를 내고 있다'고 인식합니다.

화가 나면 성냄과 불쾌한 느낌들이라는 실재에 대한 마음챙김을 하는 것은 불가능하다고 생각합니다. 이론적으로는 나타나는 실재들에 마음챙김을 할 수 있다고 알고 있습니다. 그러나 현실은 어떻습니까? 나타나는 실재들에 대한 바른 지혜는 유익하다는 것을 안다면 마음챙김의 조건이 됩니다.

내 마음속에 증오하는 마음이나 화가 없다고 성냄이 제거된 것은 아닙니다. 성냄이라는 잠재적 성향이 남아 있는 한 성냄은 어느 때라도 다시 일어납니다. 중부에 나오는 위데히까라는 사람은 성을 내지 않고 고요히 지내는 사람이었습니다.131) 그녀는 전혀 화를 낼 줄 모르는 사람으로 알려졌기에 평판이 좋고 칭송이 자자했습니다. 그녀의 외모는 부드럽고, 유순하며 하나의 시금석 같았습니다. 그런데 어느 날 그녀의 시녀인 깔리가 그녀를 시험해보자고 마음을 먹고 매일같이 지각을 합니다. 그러자 위데히까는 마침내 성질을 참지 못하고 깔리의 머리를 그만 문을 잠그는 빗장으로 내려칩니다. 이 일로 인해 그녀의 소문은 나빠지고 평판도 나빠졌습니다. 붓다는 수행승들에게 말합니다.

**비록 그렇게, 수행승들이여,
여기 어떤 수행자는 자기를 공격하는 불쾌한 말을 듣지 않는다면 아주 부드럽고, 유순하고, 고요하게 지낸다. 하지만 불쾌한 말을 들을 때야말로 부드럽고, 유순하고, 고요하게 지내야 하는 것이다.**

붓다는 비록 다른 이들이 불쾌한 말을 할지라도, 심지어 강도들이 사지를 하나하나 양면 톱으로 썬다고 하더라도 친절한 마음을 유지해야 한다고 수행승들에게 훈계하였습니다.

성냄을 제거한 아나함과 아라한은 결코 화를 내거나 미미한 수준이라도 불쾌감을 갖지 않습니다. 참기 힘든 어려운 상황일지라도, 심지어 병으로 인한 고통을 참고 있는 순간이라도 말이지요. 일상에서 우리는 몸이 아프거나 병이 들면 신경이 날카로워져 화를 내기 쉽습니다. 불쾌한 대상이 몸의 감각기관을 통해서 부딪쳐오면 몸의 알음알이가 고통스러운 느낌을 경험합니다. 이때의 몸의 알음알이인 신식(身識)은 해로운 업의 과보를 경험하는 마음입니다.

성냄에 뿌리한 마음들의 인식과정이 지나간 바로 직후에 그 성냄의 마음이 다시 일어나기 쉽습니다. 대부분 불쾌한 대상을 경험하는 몸의 알음알이가 일어난 직후에 성냄의 마음은 피할 수 없는 것으로 보여집니다.

내 몸과 마음에서 일어나는 현상들에 대한 바른 지혜를 닦기 위해서는 나마(nāma)와 루빠(rūpa)에 마음을 챙겨야 합니다. 마음 챙김의 대상에는 우리가 고통스러워하거나 고통 때문에 일어나게 되는 성냄과 같은 여러 종류의 나마(nāma)와 루빠(rūpa)들이 있습니다.

이것들은 한 번에 하나씩 나타나는 실재들로 마음챙김의 대상이 됩니다. 나마(nāma)와 루빠(rūpa)에 대한 바른 통찰지는 큰 고통을 참을 수 있게 해주고 아플 때에도 참을 수 있게 해줍니다. 만약 이 순간에 나타나는 실재들에 대한 바른 통찰지를 닦기 시작했다면 병이 나거나 죽음에 이르러서도 마음챙김을 할 수 있는 조건들을 갖추기 시작한 것입니다.

제19장. 질투(issā), 인색(macchariya), 후회(kukkucca)

질투(issā)

성냄과 함께 일어날 수 있는 해로운 마음부수는 질투(issā)와 인색(macchariya) 그리고 후회(kukkucca) 이렇게 세 가지입니다. 우리는 습관처럼 성을 내왔기 때문에 성냄은 오문과 의문인식과정에서 자주 일어납니다. 성냄에 뿌리한 마음은 언제나 불쾌한 느낌을 동반합니다. 우리는 성냄과 불쾌한 느낌은 물론 이것들과 함께 일어 날 수 있는 다른 오염들도 알아야 합니다. 바로 질투와 인색 그리고 후회가 그것입니다. 이 해로운 마음부수들은 한 번에 하나씩 성냄에 뿌리한 마음과 함께 일어납니다. 이것은 성냄에 뿌리한 마음이 언제나 이 세 가지 가운데 하나와 일어난다는 뜻이 아닙니다. 어느 때는 성냄에 뿌리한 마음이 이 세 가지 가운데 하나와 함께 하지만 때로는 어느 것하고도 함께하지 않습니다. 지금부터 이 세 가지 해로운 마음부수들에 대하여 알아보겠습니다.

시기와 질투는 다른 이들이 즐거운 대상을 경험하는 것을 보게 될 때 일어납니다. 그러한 순간 '왜 나에게는 그러한 일이 생기지 않지' 하면서 질투하는 마음이 일어납니다. 질투는 언제나 불쾌한 느낌을 동반합니다. 왜냐하면 이것은 나타난 대상을 좋아하지 않는 성냄에 뿌리한 마음과 함께 하기 때문입니다. 우리는 불쾌한 느낌을 싫어하는 것만으로는 유익한 마음을 일으키는데 도움이 안 됩니다. 그러나 그것들의 특징과 역할, 나타남과 가까운 원인에 대하여 공부하는 것은 유익합니다. 우리가 오염된 마음들의 추함과 위험을 알게 되면 오염을 제거하는 유일한 수단인 사념처를 닦아야 한다는 생각을 하게 될 것입니다. 다른 방법은 없습니다.

앗타살리니에 질투란132)

다른 이들의 성공을 참지 못하는 것이 특징이다. 남의 성공을 기뻐하지 않는 역할을 한다. 그러한 성공을 혐오하는 것으로 나타난다. 타인의 성공이 가까운 원인이다. 족쇄로 알아야 한다.

청정도론(XIV, 172)의 정의도 비슷합니다.133)

질투의 가까운 원인은 타인의 성공입니다. 질투심이 일어나면 다른 사람이 즐거워하는 것을 참을 수가 없습니다. 그 순간에는 '함께 기뻐함'(muditā)도 있을 수 없습니다. 우리는 누군가 좋은 보시를 받는 것을 보면, 혹은 누군가가 그의 지혜나 훌륭한 성품 때문에 명예가 높아지고 칭찬 받는 것을 보게 되면 시기하는 마음이 일어납니다. 이 시기와 질투의 마음은 그 사람이 행복을 누리는 것을 원치 않습니다. 심지어 그 사람이 누리는 즐거움이나 선한 성품들이 없어지기를 바랍니다.

질투는 위험합니다. 강한 질투심은 해로운 업의 길입니다. 그래서 질투는 악처에 태어나게 할 수 있습니다. 심지어 질투 때문에 누군가를 살해하기도 합니다.

우리 습관처럼 질투하는 마음을 누적시켜 오고 있습니다. 그래서 일어나기 쉬운 것입니다. 그러나 질투가 일어나는 순간에 그것이 비록 미세한 질투라도 마음을 챙기는 것은 도움이 됩니다. 누군가 칭찬받는 것을 보면 질투심이 일어납니다. 우리는 내가 칭찬받기를 원하지 나 말고 다른 이들이 칭찬받는 것을 원치 않습니다. 이것은 나 자신을 중요하게 생각하기 때문입니다.

그러나 실재로는 자아도 없고 오로지 정신(nāma)와 물질(rūpa)만이 있습니다. 이것들은 바른 조건을 만나면 일어납니다. 수다원은 실재들에 대한 바른 지혜 때문에 즐거운 대상을 경험하는 자아나 즐거운 대상을 소유할 수 있는 사람과 같은 실재는 없다는 것을 압니다. 모든 경험하는 것들은 단지 조건지워진 실재로써 머물지 않으며, 자아에 속해 있는 것도 아니라는 사실을 깨닫습니다. 그래서 수다원에게는 질투심이 없습니다. 이미 그것을 제거해 버렸기 때문이지요.

질투심의 불이익을 보게 된다면 질투하는 마음은 점점 줄어듭니다. 이것은 질투를 자제하는 조건이 됩니다. 질투의

제19장. 질투(issā), 인색(macchariya), 후회(kukkucca) 279

반대는 함께 기뻐함(muditā)입니다. 함께 기뻐함은 누군가의 성공과 행복을 함께 기뻐하는 것입니다. 붓다가 가르친 유익한 행위 가운데에는 이 함께 기뻐함도 포함되는데 여러 방법으로 닦아나가라 하였습니다. 사실 수행의 초기에는 다른 이의 행복을 진정으로 기뻐하는 것은 어렵습니다.

하지만 **함께 기뻐함**의 유익함에 대한 감사의 마음은 함께 기뻐함이 일어나는 조건이 됩니다. 다른 이의 성공을 함께 기뻐하는 것은 점차적으로 우리의 성품이 될 수 있습니다. 함께 기뻐하는 마음은 유익합니다. 탐욕 없음, 성냄 없음과 함께 하는 각각의 유익한 마음은 바른 지혜와 함께 할 수도 있고 함께 하지 않을 수도 있습니다. 우리가 비록 많은 순간 "함께 기뻐하는" 습관이 형성된다고 하여도 이것만으로는 질투가 제거되지 않습니다. 오로지 나마(nāma)와 루빠(rūpa)에 대한 바른 통찰지만이 질투를 제거합니다.

인색(macchariya)

인색함(macchariya)은 성냄에 뿌리한 마음과 함께 일어나는 해로운 마음부수입니다. 하지만 성냄에 뿌리한 마음과 언제나 함께 하는 것은 아니고 인색함이 일어날 때에는 성냄에 뿌리한 마음과 함께 한다는 이야기입니다. 즉 인색함이 일어나면 그 대상에 대한 성냄도 함께하므로 불쾌한 느낌입니다. 인색은 탐욕에 뿌리한 마음이나 어리석음에 뿌리한 마음과 함께 할 수 없습니다.

앗타살리니에 인색(macchariya)이란134)

이미 획득한 자신의 성공이나 획득하게 될 자신의 성공을 숨기는 것이 특징이다. 자신의 성공을 다른 이들과 공유하는 것을 참지 못하는 역할을 한다. 나눔으로부터 움츠려듦 혹은 쩨쩨함이나 속이 쓰림으로 나타난다. 자신의 성공이 가까운 원인이다. 그리고 이것은 정신적인 추함으로 여겨야 한다.

청정도론(XIV, 173)의 정의도 이와 비슷합니다.

인색함은 속이 좁은 마음의 상태이다. 남에게 선물을 하기 위한 손을 뻗지 못한다. 인색함의 가까운 원인은 자신의 성공이다. 인색함이 있으면 자신이 가진 것(갖게 될 것)을 남과 공유할 수 없다.

인색함의 대상은 다섯 가지입니다. 담마상가니(1122)에 인색이라는 족쇄의 정의가 나옵니다.

다섯 가지는 주거, 가족, 보시(선물), 명성, 담마에 대한 인색함입니다. 이런 모든 종류의 마음들은 오그라드는 것이다, 싫어한다, 비열한 마음이다, 인색하고 수치스럽다, 쩨쩨한 것이다. 그래서 마음으로부터의 관대함을 필요로 한다. 이것이 인색이라는 족쇄이다.

앗타살리니에 담마상가니의 내용을 설명하면서 인색한 사람은 다른 이가 보시하는 것도 막는다는 내용이 나옵니다. 예를 들어 인색한 사람은 남편이나 아내가 보시하려고 할 때 조금만 하라고 하거나 혹은 하지 말라고 강요할 수 있습니다. 앗타살리니에

**그리고 이것도 역시 다음과 같은 것이다.
심술궂다, 쩨쩨하다, 비열하다, 잘못된 것이다.
이런 사람은 가난한 사람에게 보시하는 것도 막는다.**

'쩨쩨한' 사람은 구걸하는 사람을 보면 입안에 신맛이 도는 것처럼 마음이 움츠려듭니다. 이런 상태가 '쩨쩨함'입니다. 또 '쩨쩨함은 숟가락으로 퍼주는 것'과 같습니다. 마치 항아리에 입구까지 가득한 음식을 떠내려면 가장 자리부터 숟가락으로 떠내야 합니다. 이때는 한 숟가락 가득 퍼 담을 수가 없습니다. 이러한 인색은 오그라드는 마음입니다. 마음이 오그라들면 몸도 오그라들고, 움츠려 들어

펴지지가 않습니다. 그래서 쩨쩨함이라고 하는 것입니다.

'마음의 관대함이 부족'하다는 것은 마음을 닫아걸고 움켜쥔 상태를 말합니다. 그래서 보시(선물) 등을 한다거나 다른 이들을 위해 봉사(서비스) 하기 위하여 손을 내밀지 않는 것입니다.

인색한 사람은 자기 것은 주지 않고 다른 사람 것은 갖기를 원하는 것이므로 자신의 성공을 숨기거나 움켜쥐는 것이 특징이라고 한 것입니다. **'이러한 경이로움이 나에게만 일어나고 다른 이에게는 일어나지 않기를~.'** 하고 바라는 마음이 인색이라는 것입니다.

인색의 대상으로 다섯 가지에 대한 설명이 앗타살리니에 있습니다.135) 여기에서는 주었을 때 잘못 사용하게 될 사람에게 그것을 나눠주지 않는다 하여도 인색이 아니라고 하였습니다. 또한 승가에 치명적인 불명예를 가져올 사람에게 주지 않는다 하여도 이것은 인색함이 아니라 합니다.

'주거에 대한 인색'은 수도원 생활에서도 해당이 됩니다. 방 하나 혹은 머물 수 있는 어떤 장소 그리고 그것이 크거나 작거나 간에 적용됩니다. 마음에 드는 방이나 혹은 앉을 자리 같은 곳(명상하기 좋은 곳)에 우리는 인색할 수 있습니다.

'가족에 대한 인색'은 수도원에서 일하는 재가 도우미의 가족이나 그 사람들의 친척에 관한 이야기입니다. 인색한 비구는 다른 비구가 그 도우미의 집을 방문하는 것을 싫어합니다. 왜냐하면 그가 받는 공양물을 다른 이들과 나눔을 원치 않기 때문입니다.

우리는 재물 뿐만 아니라 칭찬에도 인색합니다. 예를 들어 다른 사람들과 함께 어떤 자선을 베풀었다 합시다. 이때 우리는 나만 칭찬 받기를 원하고 다른 사람은 그런 명예나 칭찬 받기를 원치 않습니다. 다른 이들도 칭찬 받아 마땅한데도 말이지요.

이런 형태의 인색함에 대하여 우리는 꼼꼼히 생각해 보아야 합니다. 그렇게 하면 다른 사람을 칭찬하기가 더욱 쉬워 집니다. 다른 이의 덕행을 칭찬하는 것은 보시에 해당합니다. 만약 이 사실을 기억한다면 칭찬의 기회가 있을 때마다 다른 사람을 칭찬할 것입니다. 누군가를 칭찬하는 순간에는 마음에 인색함이 없습니다.

일상에서 행할 수 있는 유익한 행위는 많습니다. 혼자 있거나 혹은 다른 이들과 함께 있거나 상관없이 유익한 일을 할 기회는 언제나 있습니다.

어떤 사람은 담마에 대하여 인색합니다. 그는 다른 사람들이 자기만큼 담마를 알게 되거나 혹은 더욱 많은 사람들이 알게 되는 것을 두려워합니다. 그래서 다른 이들에게 담마를 나눠주지 않으려 합니다.

수다원은 성스러운 네 가지 진리를 깨쳤고, 모든 형태의 인색함을 제거하였습니다. 그는 자신이 깨달은 담마를 모든 이들이 알고 깨닫게 되기를 바랍니다. 하지만 범부들은 담마에 대하여 인색할 수 있습니다.

살다보면 담마를 가르치지 않는 것이 좋은 경우도 있습니다. 담마를 욕보이기 쉬운 사람, 담마를 잘못 해석하는 사람 혹은 자기의 지식 때문에 자기가 아라한이라고 착각하는 사람에게는 담마를 가르치면 안 됩니다. 그런 사람에게 담마를 가르치지 않는 것을 인색이라고 말할 수 없습니다. 왜냐하면 이런 행위는 담마와 다른 사람들에 대한 배려의 행위이기 때문입니다.

궁극적 관점에서 우리가 소유할 수 있는 물건들은 하나도 없습니다. 오로지 나마(nāma)와 루빠(rūpa) 만이 있을 뿐입니다. 이것을 기억한다면 일어나서는 사라지는 실재들이 나에게 속해 있고, 그것들을 유지할 수 있다는 생각은 어리석음이라는 것을 알게 될 것입니다. 왜 우리에게 속해 있지도 않은 것을 가지고 인색하여야 합니까?

죽을 때는 아무것도 가져갈 수 없습니다. 우리의 삶은 이렇게 짧은데 인색함 때문에 유익한 행위를 행할 기회를 많이 놓칩니다. 절대적인 관점에서 보면 자아도 없고 어떤 것을 소유할 수 있는 실체도 없습니다. 우리의 생은 일어나서는 사라지는 나마(nāma)와 루빠(rūpa)로 구성되어 있습니다.

생은 사실 나타나는 대상을 경험하는 하나의 마음순간일 뿐입니다. 이 순간이 사라지고 난 직후에 다른 마음 순간들이 일어나서는 이어집니다. 형상이라고 하는 대상 혹은 딱딱함과 같은 대상은 우리들이 결코 소유할 수 없습니다. 이것들은 단지 머물러 있지 않고 우리에게 귀속되어 있지 않은 물질(rūpa)들입니다. 통찰지가 개발되면 인색함은 점점 줄어들게 됩니다. 수다원은 나마(nāma)와 루빠(rūpa)를 있는 그대로 봅니다. 자아가 아닌 무상(無常)한 것으로 말이지요. 그래서 그에게는 인색한 마음이 일어나기 위한 조건이 더 이상 남아 있지 않습니다.

우리는 인색한 이유를 알아야 합니다. 우리는 나의 소유물들이 사라지는 것을 원하지 않고 두려워하기 때문에 보시를 안 합니다. 바로 이것 때문에 고통을 받습니다. 감각기관을 통해 나타나는 것들은 우리가 행한 업의 과보입니다. 상응부에 사뚤라빠 그룹의 천신들이 붓다에게 와서 인색함과 관대함에 대한 이야기를 나누는 대목이 나옵니다. 그들 가운데 한명이136)

> 구두쇠는 걱정을 한다, 그래서 보시를 않네,
> 주지 않음이 위험인 것을.
> 배고픔과 목마름
> 이것 때문에 그는 두려워하네
> 바로 이렇게 마음을 쓰는 어리석은 이는
> 이곳 혹은 다른 세계로 떨어지네.
> 그러니 인색함을 가라앉히고

**자선하는 마음으로,
오염을 극복하는 보시를 하라.
틀림없이 미래에는 어떤 선처에
이 선행의 보상으로 좋은 몸 받아 태어나리.**

다섯 종류의 인색함은 악처에 태어나게 하거나 혹은 바로 그 생에서 과보를 받게 만드는 해로운 업을 짓도록 합니다. 그래서 고난과 빈곤 그리고 질병과 불명예스러운 삶을 살아야만 합니다. 이 다섯 가지 인색함이 만들어 내는 불행한 결과들 그리고 칭찬과 담마에 인색한 결과가 앗타살리니 인색의 장(375)에 나옵니다.

스스로는 칭찬하고 다른 사람들은 칭찬하지 않는 자, 이런 저런 잘못을 지적하거나 혹은 "그가 칭찬받을 만한 일을 한 것이 무엇이 있어?"라고 말하는 자, 그리고 어떠한 배움의 교리도 나눠주지 않는 자는 보기 흉하게 되거나 혹은 침 흘리는 입을 갖게 된다.

침 흘리는 입을 가진 사람은 이야기를 즐겁게 할 수도 없고 보기에도 흉합니다. 그러므로 사람들은 그에게 이야기 듣는 것을 좋아하지 않습니다. 앗타살리니에 칭찬에 인색하면 모습이 아름답지 않게 태어나거나 좋지 않은 명성을 누리는 삶으로 태어난다고 하였습니다. 담마에 인색하면 소(小) 지옥 가운데 하나인 '뜨거운 잿더미 지옥'에 떨어질 수 있습니다. 수다원이 되지 않는 한 이러한 인색함은 자주 일어납니다.

특히 인색한 사람이 있습니다. 그리고 어떤 사람은 돈과 같은 특별한 대상에 대해서는 인색하지만 담마나 칭찬과 같은 것들에는 인색하지 않습니다.

이 모든 인색함들은 습관 때문에 형성된 것이지만 변화될 수 있습니다. 바른 통찰지를 닦아 나가면 점차 관대해집니다.

수다보자나-자따까에 관대함을 최고 수준까지 닦은 수행승의 이야기가 나옵니다.137) 그는 붓다와 같은 시대의 수행승으로 음식 공양을 받을 때마다 그것을 모두 남에게 주었습니다. 비록 마실 것이 한 홉 정도밖에 되지 않아도 탐욕으로부터 벗어나기를 원한 그는 여전히 그것을 남들에게 주어 버립니다. 이렇게 관대한 이 수행승도 옛날에는 아주 인색하여 잔 끝에 묻은 한 방울의 기름도 남에게 주지 않았습니다.

붓다는 수행승 가운데 한명의 전생 이야기를 하였습니다. 전생에 그는 구두쇠 꼬시야라고 불리던 수행승의 이야기인데 이것이 '수다보자나 자따까'입니다.

꼬시야는 대대로 조상들이 해온 보시의 전통을 따르지 않는 구두쇠로 살았습니다. 어느 날 그는 쌀죽이 먹고 싶었습니다. 그때 그의 아내가 이왕이면 바라나시의 모든 주민들을 위하여 쌀죽을 만들어 보시하겠다고 하자 그는 '몽둥이로 머리를 맞는'듯한 충격을 받았습니다. 앗타살리니에 인색은 자기의 성공을 남과 나누는 것으로부터 움츠려듬이나 쩨쩨함 혹은 속이 쓰린 것으로 나타난다고 하였는데 바로 그와 같았습니다. 인색한 마음은 언제나 불쾌하고 어떠한 행복도 느낄 수 없습니다.

그래도 꼬시야의 아내는 계속해서 어느 골목길에 거주하는 사람들만을 위해서, 집에 찾아오는 방문객들만을 위해서, 가족들만을 위해서, 자기 부부만을 위해서 요리를 하겠다고 말했지만 꼬시야는 계속해서 그녀의 모든 의견을 거절하였습니다. 그는 오로지 자기 혼자만 숲속에서 먹을 수 있을 분량만 만들라고 하였습니다. 숲속에서 먹으면 아무도 먹는 것을 볼 수 없기 때문입니다. 인색함은 이렇게 자신의 성공을 숨기는 것이 특징입니다. 나눔을 원치 않기에 숨기려고 하는 것입니다.

붓다께서 전생에 삭까 천왕이었을 때 구두쇠의 마음을 돌리려고 브라흐민으로 변장한 네 명의 천신과 함께 그를 찾아 갔습니다. 천신들은 한 명씩 구두쇠에게 접근하여 죽을 좀 달라고 청하였습니다. 그리고 삭까는 다음과 같이 관대함을 찬탄하는 시를 읊습니다. 자따까(387)에

조금 보시하면 조금 밖에 받을 수 없네,
인색함이 마치 구두쇠 같구나.
앞으로는 많이 많이 보시하라
아무 것도 주지 않으면 질문도 할 수가 없네.

그러면 그대에게 이렇게 말하리라. 꼬시야야,
네가 가진 것을 보시하라.
혼자 먹지 말라. 혼자 먹으면 행복하지 않다.
보시를 하면 성스러운 길을 따라 천상에 나게 된다.

이 말을 들은 꼬시야는 마지못해 그들에게 죽을 조금 나눠 주었습니다. 그때 브라흐민 한 명이 개로 변신하여 침을 꼬시야의 손에 떨어뜨렸습니다. 그러자 꼬시야는 강으로 손을 씻으러 간사이에 그 개가 꼬시야의 음식 그릇을 핥았습니다. 그러자 꼬시야는 위협하여 개를 쫓으려 하자 그 개는 곧 '혈마(血馬)'로 변해 꼬시야에게 달려듭니다. 그때 하늘에서 삭까와 그의 부하들이 연민의 마음(karuṇā)을 가지고 꼬시야에게 그렇게 하면 악처에 태어난다고 경고하자 드디어 꼬시야는 인색함의 위험을 이해하게 됩니다. 그는 가지고 있던 모든 것을 던져 버리고 수행의 길을 떠납니다.

이 자따까의 끝에 붓다는

"이번만이 아니다, 수행승들이여, 옛날에도 역시 나는 이 완고한 구두쇠였던 쩨쩨한 친구를 교화하였다"

바른 통찰지는 해로움의 위험을 보게 합니다. 이 지혜는 꼬시야가 마음을 바꾸는 조건이 되었습니다.

우리가 여전히 자신의 소유물에 대하여 취착하고, 인색하면 자아로부터 벗어나기가 더욱 어렵게 됩니다. 우리는 관대한 마음으로 쓸모가 있는 것들은 보시해야 합니다. 그리고 그런 보시행을 하는 사람들을 칭찬해야 합니다. 우리는 유익한 모든 행위의 가치를 알아야 합니다.

유익한 마음에 인색함은 없습니다. 인색함은 나타나는 실재들이 어떠한 것이든 바른 통찰지를 개발하게 되면 제거할 수 있습니다.

후회(kukkucca)

후회는 성냄에 뿌리한 마음과 함께하는 해로운 마음부수입니다. 하지만 후회가 성냄에 뿌리한 모든 마음과 언제나 함께 하는 것은 아닙니다. 후회가 일어나면 언제나 성냄이 있습니다. 후회하는 마음에는 그 대상에 대한 성냄의 마음도 있기 때문입니다. 그러므로 후회하는 순간에는 불쾌한 느낌이 함께 합니다.

앗타살리니에 후회는138)

후회하는 것이 특징이다. 이미 행한 일이나 아직 행하지 아니한 일에 대하여 근심하는 역할을 한다. 후회하는 것으로 나타난다. 해야 할 행위와 하지 말아야 할 행위가 가까운 원인이다. 노예의 상태로 여겨야 한다.

청정도론(XIV, 174)에 비슷한 정의가 나옵니다.

후회의 특징은 나중에 속을 태우는(anutāpa) 것이다. 좋은 일을 행하지 아니한 것과 나쁜 일을 행한 것을 슬퍼하는 (anusocana)역할을 한다. 뉘우침(vip-paṭisāra)으로 나타난다. 행하고 행하지 아니함이 가까운 원인이다. 노예의 근성(dāsabya)과 같다고 보아야 한다.

이렇게 후회의 특징은 뉘우치는 것입니다. 뉘우치는 것 (repentance)은 일반적으로는 덕이라고 생각하지만, 사실 후회(kukkucca)는 유익한 것이 아닙니다. 왜냐하면 성냄에 뿌리한 마음과 함께 하기 때문입니다. 해로움의 불이익과 유익함의 가치를 고려하는 유익함과 악을 행하고 유익한 행위를 하지 않음에 대한 "후회"는 다릅니다.

관습적 용어로 "걱정"이라는 말을 후회(kukkucca)라고 번역하는데 정확한 표현은 아닌 것 같습니다. 걱정은 후회(kukkucca)가 아닙니다. 예를 들어 문제를 어떻게 풀어 갈 것인가 하고 미래에 대한 걱정을 할 수 있습니다. 그러나 이러한 걱정을 후회(kukkucca)라고는 할 수 없습니다.

후회의 가까운 원인을 생각해 본다면 후회가 무엇인지 보다 잘 이해하게 될 것입니다. 후회의 가까운 원인은 몸과 말과 마음으로 지은 해로운 업 그리고 몸과 말과 마음으로 짓지 않은 유익한 업입니다. 담마상가니(1304, 1305)에

어떤 상태에 대하여 후회하는가?
행동과 말 그리고 마음으로 지은 잘못된 행위.
이것 말고도 모든 해로운 상태는 후회의 대상이다.
후회하지 않게 되는 상태란 어떠한 것인가?
몸과 말과 마음으로 지은 유익한 행위이다. 유익한 상태가 아니면(선함이 없으면) 후회하게 된다.

앗타살리니에는 위의 담마상가니에 나오는 구절을 다음과 같이 설명합니다.139)

'후회하게 하는'(Dhammasangani, 1304)이라는 구절은 후회란 어떤 일을 행한 것으로부터 그리고 어떤 일을 행하지 아니한 것으로부터 일어난다는 의미이다. 잘못된 행위를 한 것에 대하여 속을 태우고, 유익한 행위를 하지 않은 것에 대하여 속을 태우는 것이다.

그래서 어떤 이가 "내가 잘못했구나.", "행위를 바르게 하지 않았구나.", "말을 잘못했구나."라는 후회(속을 태운다)를 한다.

그렇다면 어떻게 하면 '후회하지 않게 되는가?' 하는 것도 위와 비슷합니다. 그래서 자기를 채찍질을 하는 사람은 행하거나 행하지 아니한 행위에 대하여 후회하지 않습니다. 남을 비방하거나 혹은 거친 말을 해 놓고는 나중에 후회를 합니다. 여기에도 역시 유익한 행위를 무시한 것에 대한 후회가 있습니다.

우리는 종종 유익한 행위를 할 기회를 놓칩니다. 누군가에게 보시를 할 기회 혹은 칭찬을 받을 만한 사람에게 칭찬할 기회를 인색한 마음 때문에 놓쳐버립니다. 혹은 실재들에 대한 지혜를 닦는 일을 무시하고 나중에 가서 후회를 합니다. 유익한 행위를 하지 않은 결과는 나중에 후회라는 결과로 돌아옵니다.

중부에 '바보와 현자에 대한 법문'이 있습니다. 이것은 몸과 말과 입으로 잘못된 행위를 한 바보가 괴로워하는 이야기입니다.140) 그는 자기가 행한 해로운 행위에 대하여 다른 사람들이 수군거리자 마음이 괴로웠습니다. 그는 나쁜 명성을 얻고 자기가 행한 나쁜 행위에 대하여 처벌을 받지 않을까 두려워하면서 걱정합니다. 게다가 자기가 행한 악한 행위와 행하지 않은 유익한 행위에 대하여 후회를 합니다.

그리고 다시, 수행승들이여, 어리석은 자가 의자나 침대 혹은 바닥에 누워있을 때, 과거에 행한 몸과 말과 마음의 잘못된 행위들이 누워있는 그에게, 그의 마음속에 일어난다.

수행승들이여, 황혼이 지는 저녁 무렵, 아주 큰 산봉우리의 그림자가 땅에 지고, 드리우고, 정착한다. 그렇게 수행승들이여, 과거에 몸과 말과 마음으로 잘못된 행위를 한 어리석은 자에게 이러한 생각이, 그가 의자에 앉거나 침대나 바닥에 누울 때, 가슴에 지고, 드리우고 정착한다.

그러므로 수행승들이여, 어리석은 자에게 그러한 일이 일어난다. 정말로 내가 해야 할 사랑스러운 일은 아직 하지 않았다. 대신에 피난처도 없는 두려운 과보들은 이미 만들어졌다. 악한 행위를 하였다. 잔인하게 행동하고 폭력적인 행위를 하였다. 사랑스러운 일은 행하지 아니하고, 여전히 행하지 아니한 그들에게 두려움(과보)을 피할 수 있는 피난처는 만들어지지 않았다.

악을 행하고, 잔인하고 폭력적인 자는 장차 그 세계로 가게된다. 가슴이 아프게 되고, 한탄하게 되며, 비탄스러워

하고, 가슴을 치며, 울부짖고 환멸에 빠지게 된다.

해로운 업을 짓고 유익한 업을 짓지 않는 것은 후회의 조건이 됩니다. 그리고 후회하게 되면 행복하지 않고 평화롭지 않습니다. 해로운 업은 내생에 악처에 떨어지게 하고 그 생에서는 감관을 통해 불쾌한 경험을 하게 됩니다.

후회는 장애의 하나로 들뜸(uddhacca)과 짝을 이룹니다. 장애란 유익한 행위를 방해하는 해로운 마음부수를 말합니다. 후회를 하는 순간에는 유익한 행위를 할 수 없습니다. 그래서 후회를 노예의 상태라고 한 것입니다.

후회하는 마음은 자유롭지 않습니다. 구속되어 있는 것입니다. 그러한 순간에 마음의 평화는 없고 행복하지 않습니다. 만약 담마에 대한 공부를 아니하고 일어나는 후회의 종류에 대하여 모른다면 유익한 행위를 하는 조건들은 많지 않을 것입니다.

만약 유익한 행위를 하지 않는다면 해로운 마음 더욱 자주 일어나게 되고 후회하는 마음도 더욱 자주 일어날 것입니다. 수행승들은 율장의 계목을 지켜야하는 것에 대하여 걱정할 수 있습니다. 그래서 때로는 양심의 가책을 받고, 계율을 어긴 것은 아닌지 고민합니다. 혹은 이런 걱정과 의심을 하는 가운데 계를 지킬 수도 있습니다. 담마상가니 (IX, 1161)에

후회란 무엇인가?
행하지 말아야 할 것을 행한 것에 대한 양심의 가책
지켜야 할 행위를 지키지 않은 것에 대한 양심의 가책
도덕적이어야 하는데 비도덕적인 것에 대한 양심의 가책
비도덕적인 것을 하지 말아야 하는데 행한 것에 대한
양심의 가책141)

- 이 모든 걱정과 안절부절, 지나친 마음씀과 양심의 가책 그리고 상심 - 이것이 후회이다.

수다원도 후회를 제거하지 못하였습니다. 수다원은 악처에 떨어지게 하는 해로운 잠재성향을 제거한 분입니다. 그래서 이 정도의 해로운 업에 대한 후회를 하지는 않지만, 그래도 여전히 탐욕과 성냄 그리고 어리석음에 뿌리를 둔 마음이 있고 후회하는 마음이 있습니다. 그러나 질투나 인색함은 남아 있지 않습니다.

수다원에게도 여전히 성냄에 뿌리한 마음이 일어납니다. 때때로 후회와 함께 하는 성냄에 뿌리한 마음이 일어납니다. 수다원도 거친 말을 할 수 있고 혹은 유익한 행위를 하지 않을 수도 있습니다. 그렇게 되면 후회하는 마음이 일어나게 됩니다. 그러나 수다원의 후회는 범부의 후회보다는 덜 일어납니다.

깨달음을 얻지 못한 사람들은 종종 과거를 골똘하게 되돌아 봅니다. 그러나 수다원은 사념처(四念處)를 닦으므로 범부보다는 과거에 대한 걱정을 덜 합니다. 후회하는 마음이 일어나면 그는 단지 그것을 조건지워진 담마, 상카라 담마라고 마음을 챙깁니다. 그리고 그것을 실체가 있는 자아라고 생각하지 않습니다.

하지만 우리는 여전히 '내가 후회'를 한다고 생각합니다. 우리가 행한 해로운 행위에 대해서 후회하고 마음챙김을 하지 않은 것에 대하여 후회합니다. 그러나 이러한 후회는 크게 도움이 되지 않는다는 것을 깨닫게 된다면 유익한 행위를 하게 되는 조건이 될 것입니다.

실재들에 대하여 잊고 있다 하여도 그것들은 단지 조건지워진 실재이며 자아가 아니라는 사실을 기억해야 합니다. 해로운 담마들의 특징은 실체가 있는 자아가 아니라고 알아야 합니다.

청정도론에 따르면 아나함에게 후회란 없습니다.142) 그에게는 더 이상 성냄에 뿌리한 마음이 일어나지 않습니다. 그래서 후회도 일어날 수 없는 것입니다.

우리는 성냄의 특징만을 알아서는 안 됩니다. 성냄의 마음과 함께 하는 질투와 인색 그리고 후회와 같은 해로운 마음부수들의 특징에 대해서도 알아야 합니다.

이미 공부한 것처럼 성냄에 뿌리한 마음은 한 번에 단지 이 세 가지 마음부수 가운데 하나 하고만 일어날 수 있습니다. 이것들 세 가지는 동시에 일어나지 않습니다. 이것들은 성냄에 뿌리를 둔 마음이 일어날 때 함께 할 수도 있고 함께 하지 않을 수도 있습니다.

때로는 이러한 세 가지 해로운 마음부수들 없이도 성냄에 뿌리한 마음은 일어나고, 때로는 이러한 세 가지 가운데 하나를 동반하면서 성냄에 뿌리한 마음이 일어납니다. 바로 그것들에 마음을 챙기면 다른 오염들의 특징도 보다 명확하게 알게 될 것입니다.

제20장. 해태(thīna) 혼침(middha) 의심(vicikicchā)

해태(thīna) 혼침(middha)

해태(懈怠, thīna)와 혼침(昏沈, middha)은 항상 짝으로 같이 일어나는 해로운 마음부수입니다. 해태(thīna)는 나태함(sloth)이나 둔함(stolidity)으로 혼침(middha)은 무기력함(torpor)이나 나른함(languor)으로 번역합니다. 해태와 혼침이 있으면 유익한 행위를 하기 위한 에너지가 없습니다. 해태와 혼침을 보다 자세히 이해하기 위해서는 이것들의 특징, 역할, 나타남 그리고 가까운 원인에 대하여 알고, 이것들이 어떠한 마음들과 함께 하는지 알아야 합니다.

앗타살리니에 해태(懈怠)와 혼침(昏沈)은

"(해태는-역자) 밀어붙이는(striving) 힘이 없고, (혼침은-역자) 일에 적합하지 않다는(inability) 의미이다"143) 현명하지 않은 주의가 두 가지 모두의 가까운 원인이다. 불만족한 상태 혹은 어떤 대상에 탐닉하고 있는 상태에서는 일어나지 않는다.

'해태·혼침'은 해태+혼침이라는 복합어이다. 해태는 밀어붙이는 힘없음이 특징이다. 혹은 밀어부침(drive)의 반대가 특징이다. 에너지를 파괴하는 혹은 정진을 없애는 역할을 한다. 관련된 마음부수들을 가라앉힘으로 나타난다.

혼침은 적합하지 않음이 특징이다. 마음의 문을 덮어버리는 역할을 한다. 대상을 취하지 아니하고 움츠려 드는 것으로 혹은 졸음으로 나타난다.

해태와 혼침의 가까운 원인은 둘 다 불만족(discontent)하지 않은 상태에서 체계적이지 않은 생각(현명하지 않은 주의력-역자)과 게으름(laziness)이 가까운 원인이다.

청정도론(XIV, 1671)의 정의도 이와 비슷합니다. 담마상가니에는 해태를 마음의 병, 마음의 부적합함(1156)이라 하였고, 혼침(昏沈)을 마음부수의 병, 마음부수의 부적합함(1157)이라 하였습니다.144) 해태와 혼침이 있으면 유익한 행위에 필요한 마음의 적합함은 없고, 대신에 정신적인 뻣뻣함(stiffness)이라는 병, 경직이라는 병 그리고 게으름이 있습니다.

앗타살리니에는 해태의 특징을 '분투' 혹은 '정진'의 반대라고 하였습니다. 해로운 마음도 정진(viriya)이라는 마음부수와 함께 하지만 이 경우의 정진은 잘못된 노력입니다. 즉 유익한 마음과 함께하는 바른 노력과는 다른 것입니다. 해태와 혼침이 있으면 보시를 하거나 계(戒)를 지키는 힘도 없고 정진도 없습니다. 담마를 듣거나 공부하고 선정을 닦는 노력도 없고 에너지도 없습니다. 또한 지금 나타나는 실재에 대한 마음을 챙기는 정진도 없습니다. 이 말은 마음챙김을 하지 않고 있는 순간마다 해태와 혼침이 있다는 뜻이 아닙니다. 알게 되겠지만 이것들은 모든 해로운 마음과 언제나 함께 하지는 않습니다.

혼침(昏沈, middha)의 특징은 적합하지 않은 것입니다. 마음의 문을 닫는 작용을 합니다. 유익한 행위에 부적합하기 때문에 유익한 행위를 방해하고, 누르고(opress), 상처를 낸다고 앗타살리니(378)에 나옵니다. 해태는 '관련된 마음부수들을 가라앉힘'으로 나타납니다. 함께 하는 마음과 마음부수들을 쇠퇴시킵니다. 혼침은 '대상을 취함에 있어서 가라앉는 것'으로 나타납니다. 혹은 '졸음'으로 나타납니다.

담마상가니(1157)에 혼침은 '졸음, 잠, 비몽사몽'이라고 나옵니다. 앗타살리니(378)에는 여기에 '졸음이 눈꺼풀을 (무겁게) 끔벅거리게 한다, 등'과 같은 졸음에 관한 내용이 더 있습니다. 아라한에게 해태와 혼침은 없습니다. 아라한도 몸의 피곤함을 느끼고 잠을 자야 하지만 해태와 혼침은 없습니다.145)

일반적으로 해태와 혼침은 졸릴 때에만 있다고 생각하는 경향이 있습니다. 그러나 해태와 혼침을 동반하는 마음의 종류를 공부할 때, 졸리지는 않더라도 해태와 혼침을 경험하는 많은 순간들이 있다는 것을 알게 됩니다.

해태와 혼침의 가까운 원인은 '불만족한 상태가 아닌 상황에서 체계적이지 않은 생각(unsystematic thought)과 게으름(laziness)'이 가까운 원인입니다. 즉 경험하고 있는 대상에 대한 현명하지 않은 주의력(ayoniso mānasikara) 때문입니다. 순간에는 인생은 짧고 모든 종류의 유익한 행위를 하기에는 시간이 많지 않다는 사실을 알지 못합니다. 그리고 실재들에 대한 통찰지를 닦는 것이 시급한 일이라는 것도 알지 못합니다.

경전을 읽거나 담마를 공부할 때에 에너지가 미약한 순간이 있습니다. 이때는 공부할 생각도 없고 담마를 생각하는 것에 대한 흥미도 없어서 따분해합니다. 혹은 아주 바쁘다고 생각합니다. 그렇지만 때때로 몇 줄의 경전을 읽는 것은 아주 큰 이익이 되는 것을 경험합니다. 특히 나타나는 실재들에 마음을 챙겨야 한다는 사실을 일깨워 줄 때에는 더욱 그러합니다.

해태와 혼침이 있을 때에는 단순하게 유익한 행위를 안 하고 머물러 있는 것이 아니라 '가라앉는' 중이고, '내리막으로 향하는' 중임을 알아야 합니다. 왜냐하면 그 순간에는 더욱 많은 해로운 행위를 할 수 있기 때문입니다. 만약 바른 통찰지는 미래의 어느 순간이 아니고 바로 지금 이 순간에 닦는 것이라는 것을 안다는 것은 마음챙김의 조건이 되고 '현명하지 않은 주의' 대신에 '현명한 주의'가 있게 됩니다.

해태와 혼침은 오로지 자극받은(sasaṅkhārika) 해로운 마음들과 함께 합니다. 해로운 마음들 가운데 몇 가지는 자극 받지 않은(asaṅkhārika) 마음들이고 몇 가지는 자극받은 (sasaṅkhārika) 마음들입니다. 자극이란 누군가에 의해서 혹은 본인 스스로가 일으킵니다. 자극 받은 마음들을 청정도론 (XIV, 91)에서는 '나태함 그리고 자극받은'으로 표현합니다. 그래서 유익한 행위에 게으르고 무딘 상태인 해태와 혼침은 오로지 자극받은 해로운 마음들과 함께 일어납니다.146)

이것들은 자극받은 네 가지 종류의 탐욕에 뿌리한 마음 (lobha-mūla-citta)과 자극받은 한 가지 종류의 성냄에 뿌리를 둔 마음(dosa-mūla-citta)과 함께 합니다.147) 그러나 이것이 자극받은 해로운 마음들과 언제나 함께 한다는 소리는 아닙니다. 이것들은 다섯 종류의 해로운 마음과 함께 일어날 수도 있고 일어나지 않을 수도 있습니다. 어리석음에 뿌리를 둔 두 가지 마음(moha-mūla-citta)은 '자극받은' 것이 아닙니다. 그래서 이것들은 해태와 혼침을 동반하지 않습니다.

해태와 혼침은 잘못된 사견과 함께 일어날 수 있습니다. 이 경우에는 사견과 함께하는 자극받은 탐욕에 뿌리한 마음과 함께 합니다. 해태와 혼침은 자만과 함께 일어날 수 있는데 이 경우에 이것들은 사견이 없이 그리고 자극받지 않은 탐욕에 뿌리한 마음과 함께 합니다.148) 해태와 혼침은 탐욕에 뿌리한 마음과 함께 즐거운 느낌이나 혹은 무덤덤한 느낌을 동반합니다.

해태와 혼침은 질투와 인색 혹은 후회하는 마음과 함께 할 수 있습니다. 이것들은 성냄에 뿌리를 둔 마음과 함께 하는데 이런 경우의 성냄에 뿌리한 마음은 자극받은 것으로 불쾌한 느낌입니다. 해태와 혼침은 제거하기 어렵습니다. 수다원, 사다함 그리고 아나함에게도 여전히 해태와 혼침이 있습니다. 오로지 아라한만이 해태와 혼침이 없습니다.

우리는 많은 순간에 해태와 혼침을 경험합니다. 하지만 이 것들이 있다는 것을 알기는 쉽지 않습니다. 사견, 자만, 질투 혹은 후회와 같은 오염들이 자극받아 일어난 것이라면 해태와 혼침이 함께 한다는 사실을 기억해야 합니다. 해태와 혼침은 정신적인 부적합함 그리고 정신적인 병이나 병듦의 원인입니다. 그래서 활력도 없고 유익함을 행하는 에너지도 없습니다. 해로운 것입니다. 이것들은 "장애들"로서 보시와 지계 혹은 명상을 하지 못하도록 방해합니다. 붓다는 수행승들에게 먹는 것을 절제하라고 하시며 '침상의 편안함'에 취착하는 것을 경계하였습니다. 왜냐하면 이런 취착은 정신적인 병듦과 유익한 행위를 하는 정진을 파괴하는 해태와 혼침을 만들기 때문입니다.

중부에 붓다께서 사왓티 근처의 제따 동산에 머물고 계실 때 정신적 무력감과 속박에 대하여 말씀하셨습니다.149) 정신적 속박의 한 가지는 음식과 잠에 대한 취착입니다. 붓다는 다음과 같이 말합니다.

그리고 다시 수행승들이여, 배가 꽉 차게 먹는 수행승은 쉽게 자리에 누우려는 생각을 하고 쉽게 잠에 떨어지게 된

다. 무엇을 먹든 수행승이 배가 꽉 차게 먹게 되면 쉽게 자리에 누우려는 생각이 나고, 쉽게 잠에 떨어지게 될 것이며, 그의 마음은 몰입하지 못하게 되고, 지속적으로 노력하지 않게 되며, 노력하지 않게 될 것이고, 깨어있지 못하게 될 것이다.

이런 말씀은 수행자에게만 유익한 것이 아닙니다. 이러한 것들이 유익한 행위를 함에 있어 게으름을 피우게 하는 조건이 된다는 사실은 모든 이들에게 교훈이 됩니다.

증지부에 한 수행승이 자기의 계사스님에게 자기는 유익한 행위를 하는 힘이 부족하다고 털어놓습니다.150)

어떤 수행승이 그에게 계를 준 스님에게 말했다. "스님, 내 몸은 약 먹은 것처럼 혼미합니다. 나는 명확하게 볼 수가 없습니다. 명상의 대상들이 명확하게 보이지 않습니다. 해태와 혼침이 있고 그것들이 나의 마음을 지배합니다. 기쁨도 없이 나는 성스러운 삶을 살고 있습니다. 그리고 (명상시 나타나는-역자) 대상들을 의심합니다."

이러한 독백은 우리에게 익숙합니다. 우리도 '약 먹은' 것과 같은 때가 있습니다. 실재들에 대한 의심은 바른 통찰지가 무르익지 않으면 해결되지 않습니다. 언제나 나마(nāma)와 루빠(rūpa)는 흘러갑니다. 안식(眼識), 형상이라는 대상, 이식(耳識), 소리, 성냄 혹은 탐욕과 같은 통찰지의 대상은 언제나 분명합니다.

하지만 그것들을 알아차리지 못하는 것뿐이지요. 그래서 계사스님은 이 수행승을 붓다에게 데리고 갑니다. 그때 붓다는

"수행승이여, 그것은 이러한 것이다! 먹는 것을 절제하지 아니하고, 경계하지 아니하고, 바른 일들을 추구하지 아니하고, 날이 오고 날이 가도 깨달음으로 이끌어 주는 수행은 하지 않고, 감각기관을 단속하지 않고 머문다면, 몸은 약 먹은 것 같이 되고, (명상의-역자) 대상들은 보이지 않고, (보이더라도) 대상들은 명확하지 않고, 해태와 혼침이 내 가슴을 지배하고 머문다. 기쁨도 없이 성스러운 삶을 살아간다. 그리고 대상(담마)들에 대한 의심을 한다(확신을 갖지 못한다-역자)."

이렇게 붓다는 그 수행승에게 감각기관을 단속하고, 먹는 것을 절제하고, 경계하며, 깨달음으로 이끌어 주는 요인들을 닦으라고 합니다. 수행자에게 한 붓다의 조언은 그에게 통찰지를 개발하는 바른 조건이 되어서 그는 마침내 아라한이 됩니다. 더 이상 해태와 혼침에 빠지지 않게 된 것입니다.

해태와 혼침은 유익한 행위를 하는 에너지를 파괴합니다. 바른 정진을 할 때에는 해태와 혼침이 없습니다. 이런 이렇게 유익한 행위를 하고, 담마를 공부하게 하거나 혹은 바른 통찰지를 개발하라고 시키는 자아는 없습니다.

유익한 행위를 미루지 않고 정진해 나간다면 우리는 이것을 증명할 수 있습니다. 즉 자아라는 것이 있어 유익한 행위를 하게 만든다는 것이 사실이 아님을 증명할 수 있습니다. 이 말은 바른 정진이란 단지 조건지워진 담마이고 실체가 없는 무아라는 뜻입니다.

나태함은 오랜 기간 지속될 수 있습니다. 하지만 가르침을 잊지 않고 기억이 떠오르는 바른 조건을 만나게 되면 바른 지혜를 닦아야 한다는 마음이 일어날 것입니다. 또한 슬픈 일을 당하면 모든 조건지워진 실재들은 무상하다는 생각이 들것입니다. 그 순간만큼은 부지런히 감각기관들을 지키고 경계하게 되겠지요. 감각기관의 문들을 통해 나타나는 실재들에 마음을 챙기게 될 것입니다.

금생에 우리는 인간의 몸을 받았기에 모든 유익한 행위를 할 수 있습니다. 담마를 공부하고 바른 지혜를 닦을 수 있습니다. 수행의 목표는 모든 오염원들을 제거하는 아라한이 되는 것입니다. 우리가 해야 할 일을 알게 되면 해로운 행위에 시간을 낭비하지 않게 됩니다. 바른 지혜를 닦아야 한다는 진정한 절박감이 있다면 해태와 혼침은 줄어듭니다. 게으름을 피우면 실패할 것이고, 바르게 정진한다면 성취할 것입니다. 붓다께서는 목표를 위하여 부지런히 정진하라고 격려합니다(상응부).[151]

슬프게도, 수행승들이여,

해태한 사람은
나쁜 것에 의지하고 사악한 것들에 의지한다.
그래서 안식(安息)의 위대함을 얻지 못한다.

하지만,
분발해서 정진을 하고,
행복하게 살아가며,
악을 방지하고,
해로운 것들을 단속하면서 살아간다면,
위대한 구원은 실현될 것이다.

의심(vicikicchā)

의심은 해로운 마음부수입니다. 이것은 어리석음에 뿌리한 마음(moha-mūla-citta vicikicchā sampayutta) 하고만 함께 합니다.

여기서 말하는 의심(vicikicchā)은 일상에서 흔히 사용하는 의심이 아닙니다. 즉 누군가의 이름이나 날씨 등과 같은 것에 관한 의심이 아닙니다. 의심은 정신(nāma)과 물질(rūpa), 원인과 결과 그리고 네 가지 성스러운 진리인 사성제, 12연기에 관한 의심을 말합니다. 앗타살리니에 의심은152)

바뀌기 쉬운 것이 특징이다. 정신적으로 흔들리는 역할을 한다. "이것이다"라고 결정하지 않음 혹은 불확실한 것으로 나타난다. 시스템적이지 않은 사고(현명하지 않은 주의)가 가까운 원인이다. 그리고 증득(성취)함에 있어 위험이라고 알아야 한다.

청정도론(XIV, 177)의 정의도 이와 비슷합니다.

의심이 있으면 `흔들린다' 실재들에 대하여 (이것이 그것인지-역자)확신하지 못한다.

담마상가니에 의심이란 '조사함(명상)에 있어서의 불확실함', '마음의 뻣뻣함'이라고 설명합니다. 앗타살리니에 153)

"이 상태는 영원한 것인가 아니면 무상한 것인가?" 등….

'의심'은 어떠한 것도 결정하지 못하게 한다. 왜냐하면 이해하지 못했기 때문이다. 그러므로 '잡는 것을 불확실해 하는 것(확신이 없으므로 결정하지 못함-역자)'이다.

불안한 마음이 일어나면 마음이 경직되는 것처럼, '뻣뻣함'이란 '마음이 경직'되는 것이기 때문에 (궁극적 실재라는 명상의-역자) 대상을 결정하지 못한다는 뜻입니다. 여기서 의심이란 명상의 대상들인 실재들에 대한 의심입니다. "이것이 그것인가 아니면 그것이 이것인가?"

예를 들면 나타난 실재가 영원한 것인지 아니면 무상한 것인지 결정하지 못하고, 나타난 실재가 정신(nāma)인지 아니면 물질(rūpa)인지 모르는 것입니다. 이러한 의심은 정신적인 뻣뻣함이라 말하는데 이는 실재들의 이해에 필요한 '마음의 적합함'이 없기 때문입니다. 그래서 의심은 '증득을 방해하는 위험' 요소입니다. 즉 의심하는 마음이 있으면 수행을 계속 진행할 수 없다는 말입니다.

의심은 궁극적 실재들을 모르는 어리석음(moha)과는 다릅니다. 의심은 모든 해로운 현상(법)들과 함께하는 어리석음(moha)과 언제나 함께합니다. 해로운 마음과 의심이 함께 할 때에는 '대상에 대하여 확신'할 수 없으므로 결심(adhimokkha)할 수 없고, '대상을 찾고' 대상을 '원하는' 열의(chanda)가 있을 수 없는 것입니다. 의심의 가까운 원인은 그 순간에 나타난 대상에 대한 "현명하지 못한 주의"입니다. 증지부에서 붓다는 수행승들에게154)

수행승들이여, 나에게는 의심과 흔들림이 없었다. 만약 의심하고 흔들렸다면 일어남의 원인이 되는 그러한 힘들에 대해서 단 한 가지도 깨치지 못하였을 것이다.

혹은 현명하지 않은 주의 때문에 의심하고 동요하는 마음이 일어났다면 의심은 더욱 많이 일어났을 것이다. 아직 일어나지는 않았지만 '현명하지 않은 주의'를 기울이면 의심과 동요는 일어난다. 만약 일어났다면 의심은 더욱 많아지고 증가하게 된다.

보시와 지계(持戒) 그리고 담마를 공부하는 순수한 그 순간이나 정신(nāma)과 물질(rūpa)에 대하여 마음챙김을 하는 순간에는 '현명한 주의'가 있기 때문에 의심이 없습니다.

붓다께서는 사왓티 근처의 제따 동산에서 모든 오염들을 통제하는 법에 관하여 설하시는 것이 중부에 나옵니다.[155] 이때 붓다는 현명한 주의력을 기울이지 않음으로써 일어나게 되는 의심, 즉 과거와 현재 그리고 미래에 대한 의심에 대하여 설하였습니다.

이런 것은 현명한 주의가 아니다.
"나는 과거에 존재하였을까? 나는 과거에 존재하지 않았을까? 나는 과거에 무엇이었을까? 나는 과거에 어떤 존재로 있었을까?"

이제 (과거에) 존재하였음을 싫어하며, "과거에 어떤 상태로 존재하였었을까?"와 같이 생각한다.

미래와 현재에 대한 의심도 위와 같습니다. 의심이 쌓여가면 다른 것들에 대해서도 의심하게 됩니다. 담마상가니(1004)에는 붓다, 담마, 승가, 계율, 과거생, 미래생, 과거생과 미래생 그리고 12연기에 대한 의심과 같은 것이 있을 수 있다 합니다.156)

앗타살리니에 삼보인 붓다와 담마 그리고 승가에 대한 의심이란 붓다의 특성(덕성)이나 32상과 같은 붓다의 신체적인 특징과 깨달음은 가능한가? 닙바나는 있는가? 혹은 깨달음을 얻을 수 있는 사람은 있는가와 같은 의심들입니다.157) 과거와 미래에 대한 의심이란 '무더기들(蘊, khandha)', '요소(界, dhātu)', '감각 장소(處, āyatana)'158)에 관한 것입니다.

당신은 다시 태어난다는 것에 대한 확신이 있습니까? 당신은 금생의 마지막 순간의 마음이 다음 생의 첫 번째 마음으로 이어진다는 사실을 의심할 수 있습니다. 하나의 마음이 사라지고나면 다음 마음이 일어난다고 이론적으로 이해는 하지만 마음속의 의심은 남아 있을 수 있습니다. 때로는 바른 지혜의 개발은 가능한지 그리고 이 길이 깨달음에 이르는 길이 맞는지 의심합니다. 이런 의심은 결코 생각만으로 제거되지 않습니다. 그리고 나마(nāma)와 루빠(rūpa)에 대한 바른 통찰지를 닦기 시작한 초기에는 그 순간에 나타나는 실재가 나마(nāma)인지 루빠(rūpa)인지 의심할 수 있습니다. 그것들의 특징들은 아주 다르지만 말입니다. 하지만 한 번에 하나씩 나타나는 그것들에 계속해서 마음을 챙겨 나가면 의심은 적어질 것입니다.

예를 들어 딱딱함은 몸의 감성과 다르고 형상은 눈의 알음알이와 다르다는 것은 오로지 직접 마음을 챙겨보아야 알 수 있습니다. 그래서 의심이 해롭다는 사실을 알아야만 합니다. 의심은 보시와 지계 그리고 수행을 하는데 장애가 됩니다.

그렇지만 의심도 마음챙김의 대상입니다. 일어나는 의심의 특징을 있는 대로 마음을 챙겨 본다면 바른 지혜는 그것을 꿰뚫어 볼 것입니다. 사성제를 깨닫지 못한 범부들은 여전히 실재들에 대한 의심이 있습니다. 그러나 수다원은 실재들을 있는 그대로 보기 때문에 의심에서 완전히 벗어났습니다. 경에서도 수다원이란 "의심을 벗어난 이"라 하였습니다. 예를 들어 중부 브라흐마유-경에159)

담마를 보면, 담마를 얻고, 담마를 알고, 담마에 몰입되고, 의심을 극복하며, 불확실함을 피하고 스승(붓다-역자)의 가르침에 대한 전적인 믿음으로 다른 도움 없이도 증득한다.

수다원도 계속해서 사념처를 닦아야 합니다. 하지만 깨달음의 흐름에 이미 들었기에 그는 마침내 윤회에서 벗어날 것입니다. 그는 붓다와 담마와 승가에 대한 전적인 믿음이 있습니다. 그의 믿음은 굳건해서 흔들리지 않습니다. 붓다와 담마 그리고 승가에 대한 의심이 더 이상 없습니다.

깨달음을 얻지 못한 범부는 법문을 자주 들어야 합니다. 그래서 수행을 통해 실재들에 마음을 챙겨야 의심이 제거됩니다. 이렇게 여러 가지 해로운 마음과 그리고 그것들과 함께 하는 마음부수들을 공부하는 것은 유익합니다. 이러한 공부는 해로운 마음들이란 일어나기 위한 조건을 만나면 일어난다는 사실을 깨닫게 합니다. 함께 하는 마음과 마음부수들은 서로에게 의지하는 조건이 됩니다. 궁극적 실재들에 대한 공부를 계속하게 되면 해로운 마음의 현상들은 사람이나 자아 혹은 자아에 속한 것이 아니라는 사실을 알게 됩니다.

하지만 이러한 진리를 이론적으로 이해하는 것에 머물면 안 됩니다. 끊임없이 육문(六門)을 통해 나타나는 실재들에 대한 마음챙김을 통해 바른 지혜를 닦아야 합니다.

해로운 마음의 현상들은 바로 제거할 수 없습니다. 우리는 우선 그것들이 조건지워진 실재라고 있는 그대로 보는 것부터 시작하여야 합니다. 즉 조건지워진 나마(nāma)로서, 자아가 아닌 것으로 보는 법을 배워야 합니다. 실재들에 대한 바른 지혜를 통해서 의심과 사견 그리고 다른 모든 해로운 법들은 제거됩니다.

제21장. 해로운 범주들 I

우리는 삶에서 겪게 되는 괴로움들은 대부분 외부에서 일어나는 불쾌한 사건들이나 다른 사람들 때문이라고 생각합니다. 그렇지만 괴로움의 진정한 원인은 우리의 내부에 있습니다. 우리 마음속의 오염들이 슬픔을 만듭니다.

붓다께서 가르치신 담마의 목표는 마음의 오염을 제거하는 것입니다. 나타나는 궁극적 실재들을 꿰뚫어 보는 바른 지혜를 개발하지 않는다면 이 목표는 달성될 수 없습니다. 경장, 율장, 논장, 이 삼장(tipitaka)의 내용은 수행을 통해 마음의 오염을 종식시키라는 가르침으로 요약할 수 있습니다. 만약 이 목표를 생각하면서 경전의 어느 한 부분을 펼쳐 읽게 된다면 지금 이 책을 통해 공부한 덕택으로 큰 이익을 얻게 될 것입니다.

아비담마에서는 궁극적 실재들을 여러 방식으로 분류합니다. 아비담마의 세 번째 책인 담마상가니(法集論)는 해로운 담마들을 그룹별로 묶어서 분류합니다. 이러한 범주(그룹)들은 해로움의 위험을 이해하는데 큰 도움이 됩니다.

그렇지만 역시 나타나는 오염들의 실재를 보려면 마음을 직접 챙겨야 합니다. 우리는 형상과 소리와 맛과 감촉 그리고 마음에 떠오르는 대상들에 취착할 수 있다는 것을 우리는 이론적으로 압니다. 하지만 마음을 챙긴다면 지금 바로 체험을 통해 알 수 있습니다.

눈의 알음알이(眼識)가 일어난 후에 혹은 귀의 알음알이(耳識)가 일어난 바로 다음 순간에 탐욕의 마음이 일어날 수 있습니다. 이런 마음들은 반복해서 일어납니다. 이러한 오염들은 단지 추상적인 것들이 아닙니다. 이 실재들은 어느 순간이든지 나타날 수 있습니다. 이것들은 우리가 생각하는 것보다 훨씬 많이 일어납니다.

해로운 마음들과 함께 일어나는 14가지의 해로운 마음부수들은 서로 다른 범주들로 분류할 수 있습니다. 이러한 범주들은 각각 해로운 마음들의 특별한 측면과 역할을 다시 한번 인식시켜 줍니다. 어떤 마음부수들은 중복되어 여러 범주들에 나타나는데 이것은 이 마음부수의 다른 여러 측면들을 생각해보게 합니다. 예를 들어 탐욕은 모든 범주들에 나타납니다. 이 이야기는 평소 우리가 다양하게 그리고 여러 가지에 취착하고 있다는 사실을 알려주는 것입니다.

번뇌(āsava)의 범주

빠알리어 아사와(āsava)는 번뇌나 독이라고 번역합니다. 이 번뇌의 범주에 네 가지가 있습니다.160)

감각적 욕망이라는 번뇌(kāmāsava)
존재라는 번뇌(bhāvasava)
사견이라는 번뇌(diṭṭhāsava)
무명이라는 번뇌(avijjāsava)

감관과 마음으로부터 흘러나오는 번뇌에 대한 설명이 앗타살리니에 있습니다.161) 번뇌는 정신(nāma)이 존재하는 모든 중생계에서 일어납니다. 심지어 가장 높은 중생계인 무색계 네 번째 범천의 세계에서도 번뇌는 일어납니다. 번뇌는 오랜 시간동안 흔들어놓는 마약이나 술과 같습니다.162) 청정도론에 번뇌는 깨진 독에서 흘러나오는 물처럼 단속되지 않은 감관의 문을 통해 계속 흘러나오는 것과 같다고 하였습니다. 번뇌는 태어나면서부터 죽을 때까지 계속 흘러나옵니다. 지금 이 순간에도 번뇌는 흘러나오고 있습니다.

우리는 지금 이 순간 보고 있는 것에 취착하고 있지는 않습니까? 그렇다면 감각적 욕망이라는 번뇌가 있는 것입니다. 눈의 알음알이(眼識)가 형상이라는 대상을 경험합니다. 그리고 눈의 알음알이가 사라진 다음에는 대부분의 경우 탐욕과 성냄 혹은 어리석음에 뿌리한 마음들이 일어납니다.

즐거운 대상에 우리는 습관적으로 수많은 탐욕을 누적시켜 왔기 때문에 취착하는 마음이 일어납니다. 우리는 형상과 소리, 냄새와 맛 그리고 감촉에 취착합니다. 우리는 감관을 통해 경험하는 대상들에 몰입합니다. 그리고 계속해서 그것들을 원합니다. 어리석게도 실제로는 무상한 것에 취착하는 것이므로 우리는 다시 태어나는 윤회를 반복해야 합니다.

우리는 번뇌들이 완전히 소멸될 때까지 다시 태어남을 반복 합니다. 우리는 태어남이 괴로움인 것을 이해하지 못합니다. 하지만 통찰지가 무르익으면 모든 무상한 것들은 슬픔이라는 것을 알게 됩니다.

우리는 감관을 통해 경험하는 모든 것들과 삶에 취착합니다. 이러한 취착은 누적되어 왔으므로 그 뿌리가 깊습니다. 심지어 금생의 최초의 마음인 재생연결식 이후의 첫 번째 마음도 탐욕에 뿌리한 마음입니다. 이것은 살아 있는 모든 중생들에게 똑같습니다.

다시 태어나고픈 욕망이라는 번뇌(bhavāsava)는 또 다른 독(毒)입니다. 앗타살리니에 '색계(色界)나 무색계(無色界)로의 삶을 동경하며 다시 태어나기를 바라는 갈애 때문에' 이것이 일어난다고 하였습니다.163)

감각적 대상에 대한 취착을 모두 제거한 아나함도 선정수행의 결과로 다시 태어날 수 있는 범천의 세계에 대하여 취착할 수 있습니다. 어떠한 것이든 다시 태어나고픈 취착이 남아 있는 한 윤회의 사이클은 계속됩니다.

담마상가니(1009)에 따르면 사견이라는 번뇌(diṭṭhasava)는 세계와 영혼 그리고 몸에 대한 상견(常見)이나 단견(斷見)과 같은 모든 사변론적 이론들을 포함한다 하였습니다. 깨달음을 얻지 못하면 자아라는 개념에 취착할 수밖에 없습니다. 이것의 뿌리는 너무 깊어 제거하기가 어렵습니다.

무명이라는 번뇌(avijjāsava)는 어리석음(moha)이라는 마음부수입니다. 네 가지 성스러운 진리를 모르고, 과거와 미래 그리고 과거와 미래 모두를 모르는 것, 그리고 12연기를 모르는 것을 무명이라고 합니다.164) 우리는 셀 수도 없는 무명의 순간들을 수 없이 보내고 있습니다. 어리석음(moha)의 마음이 일어나면 무명이 있다는 사실을 알지 못하므로 이것은 위험입니다.

우리는 계속해서 번뇌들에 의하여 흔들립니다. 그러나 번뇌들의 위험을 알고 보는 것은 어려운 일입니다. 감관을 통해 나타나는 대상에 우리는 어쩔 수 없이 취착할 수밖에 없습니다. 어떻게 즐거운 대상을 좋아하지 않을 수가 있겠습니까?

그러나 붓다는 감각적 즐거움의 위험에 대하여 경고합니다. 중부 '물뱀의 우회'에서 붓다는 담마를 오해하고 있는 수행승인 아릿타에게 '걸림돌'에 대하여 말합니다.165) 붓다

는

감각적 즐거움은 만족이 적고, 고통이 많고, 시련이 많은 반면에 위험은 많다고 나는 말한다. 감각적 즐거움은 나에게는 뼈다귀 같고, 고기 덩어리 같고, 마른 콩으로 만든 횃불 같고, 타오르는 잿더미 같고, 꿈과 같고, 빌린 것 같고, 나무의 (쓴-역자)열매와 같고, 도살장 같고, 화형대(사형장)의 막대기 같다. 나에게 있어 감각적 즐거움은 뱀 대가리 같고, 많은 고통, 많은 시련으로 매우 큰 위험이다.

감각적 즐거움을 누리고 있는 사람들은 위의 말씀을 이해하지 못합니다. 그런 사람들은 감각적 즐거움이 슬픔이고 위험이라는 말을 좋아하지 않습니다. 나타난 대상에 취착하고 있는 순간에는 즐거움이라고 생각합니다. 그러나 그것이 바로 탐욕에 묶여 있음이라고 보지 못합니다. 그러한 감각적 즐거움의 위험을 지혜(paññā)는 바로 봅니다.

아나함과 아라한은 감각적 즐거움의 위험을 잘 알고 있습니다. 그들은 감각적 즐거움이라는 독을 완전하게 제거하였습니다. 그래서 더 이상 이것들이 일어나는 조건들을 가지고 있지 않습니다.

궁극적 실재들에 대한 지혜를 개발하고 있는 수행의 초기에는 아직 감각적 즐거움으로부터의 초연함을 얻을 수 없습니다. 어떤 사람들은 정신(nāma)과 물질(rūpa)에 대한 바른 통찰지를 닦기도 전에 초연한 마음을 유지해야 한다고 생각합니다. 이것은 바른 수행이 아닙니다. 나타나는 실재가 비록 탐욕과 같은 것일지라도 나타나는 것은 무엇이건 간에 있는 그대로 바른 지혜로 꿰뚫어야 합니다. 오로지 정신(nāma)과 물질(rūpa)의 실재를 있는 그대로 아는 지혜가 무르익어야 초연하게 될 수 있습니다.

청정도론에서는 독을 '단속되지 않는 감각의 문을 통해 흘러나오는' 것에 비유하여 설명합니다. 감각기관의 문은 사념처를 통해 지켜집니다. 세 가지 특성을 갖춘 수행승은 '확실한 길로 인도하는 수행에 능숙하고, 독들을 파괴하는 튼튼한 토대를 갖추고 있다'고 증지부에 나옵니다.166) 세 가지 특성이란 먹는 것을 절제하고, 육문(六門)을 단속하고 깨어있는 것입니다. 육문(六門)을 단속하는 것과 관련하여

그는 감각기관들의 문을 단속하는가?
여기 한 수행승이 눈으로 대상을 봄에 있어, 일반적인 모습들은 마음에 두지 않는다. 또는 그것들의 자세한 모습들을 움켜쥐지 아니한다. 갈망하고 낙담하기 때문에 해로운, 이익되지 않은 상태들이 눈의 기관을 단속하지 않고 사는 자를 지배한다. 감관을 단속하는 자는 눈이라는 감관에 문지기를 세워 놓고 그것을 단속한다.

다른 감각기관의 문들도 마찬가지입니다. 이렇게 육문(六門)을 지켜야만 합니다. 눈으로 대상이 보이는데 "어떻게 일반적인 특징이나 그것의 자세한 모습을 마음에 두지 않고 보라는 말인가?" 이 말은 나타나는 실재들에 마음을

챙기라는 말입니다. 이렇게 하면 궁극적 실재들이 무상하고, 괴로움이며 무아라는 것을 있는 그대로 볼 수 있습니다.

그렇지만 사견을 제거한 수다원이라 할지라도 여전히 감각적 대상들에 취착합니다. 비록 나타나는 형상이나 소리가 비록 일어나서 사라짐을 깨닫는다 하여도 여전히 그것들에 취착할 수 있습니다. 취착은 생에서 생으로 습관처럼 누적된 것인데 어떻게 한 번에 초연할 수 있겠습니까?

깨달음의 단계에는 네 단계가 있습니다. 그리고 각각의 단계에서 해당되는 오염들이 제거됩니다. 오염들을 제거하기 위해서는 지혜가 점점 날카로워져야 합니다. 첫 단계의 깨달음인 **수다원** 도(道)의 마음, 즉 처음으로 닙바나를 경험하는 초세간 도(道)의 마음(lokuttara magga-citta)은 단지 사견이라는 번뇌만을 제거합니다. 그래서 수다원에게는 여전히 감각적인 욕망의 독, 다시 태어나고픈 욕망의 독 그리고 무명의 독이 남아 있습니다. 하지만 그의 욕망은 범부(puthujjana)들의 욕망보다 거칠지 않습니다. **사다함** 도(道)의 마음은 욕망을 제거하지는 못하였지만, 미약하게 만듭니다. **아나함** 도(道)의 마음은 감각적 욕망이라는 독을 제거합니다. 하지만 다시 태어나고픈 욕망의 독과 무명이라는 독은 여전히 남아 있습니다. **아라한** 도(道)의 마음은 다시 태어나고픈 욕망과 무명이라는 독을 완전히 제거합니다. 아라한은 모든 독, 즉 모든 번뇌에서 자유롭습니다.

폭류(ogha)의 범주

또 다른 오염들의 범주로 폭류 혹은 빠알리어로 오가(Ogha)라는 범주가 있습니다.167) 폭류는 '번뇌'의 범주와 같은 네 가지 오염들입니다. 이렇게 재분류하여 봄으로써 오염들의 다른 측면을 보게 됩니다.

 감각적 욕망이라는 폭류(kāmogha)
 다시 태어나고픈 욕망의 폭류(bhavogha)
 사견이라는 폭류(diṭṭhogha)
 무명이라는 폭류(avijjogha)

앗타살리니에서 '폭류'란 중생들을 윤회의 사이클에서 빠져나오지 못하도록 계속해서 가라앉게 만드는 것이라고 나옵니다.168) 청정로론에(XXII, 56)

폭류란 존재의 바다로 쓸어가 버린다는 뜻에서 폭류라고 한다. 중생들이 건너기 어렵다는 의미이다.

폭류라는 측면으로 오염을 범주화한 것은 그것들의 위험을 보여주기 위함입니다. 폭류라는 말에서 우리는 위험을 느낍니다. 폭류는 우리를 익사시킬 수 있기 때문입니다.

다시 태어나야만 하는 윤회의 사이클을 경(經)에서는 건너야만 하는 위험한 바다라고 표현합니다. 상응부에169)

수행승들이여,
큰 바다다! 대양이다!
무지한 범부는 (이렇게) 말한다. 하지만 수행승들이여,
그것은 성자들의 가르침인 바다가 아니다.
그 바다는 산더미 같은 물이 감돌아 떨어지는
거대한 물의 폭류이다.

중생의 눈에, 수행승들이여, 그것은 바다이다.
그 대상은 충격으로 다가온다.
나타난 그 대상의 충격을 누가 어떻게 견디는가?

수행승들이여, "그는 건넜다고 말한다."
파도가 치고 소용돌이가 치는 그 눈의 바다,
바다의 상어들(사실이 아닌 것-역자)과 악령들(해로움-역자),
브라흐민은 건넜다. 그리고 그 너머로 넘어갔다."

눈으로 보이는 대상에 대한 취착이 더 이상 없거나 혹은 다른 실재들에 취착하지 않는 사람은 이미 '건너간' 사람입니다. 붓다는 계속해서

누가 그렇게 건넜는가?
악마와 두려움이 넘실거리는
건널 수 없는 이 괴물이 우글거리는 바다를.
그는 이렇게 불리우는 자이다.
'가르침에 정통하다', '성스러운 삶을 산다.'
'세상의 끝으로 간' 그리고 '저 너머로 건너간 자.'

아라한은 이렇게 다시 태어나는 윤회의 바다를 건넜습니다. 그는 세상의 끝으로 가서 "그 너머로 건너갔습니다."

중생들이 빠져 죽는다는 위험은 사실입니다. 우리는 형상과 소리, 냄새와 다른 육문(六門)을 통해 경험하는 모든 대상들에 몰두합니다. 어느 하나의 감각적인 대상에 갈애의 마음이 일어나는 순간 우리는 감각적인 욕망이라는 폭류에 휩쓸려 떠내려갑니다.

우리는 이러한 폭류의 위험을 보지 못한 채 오랜 시간을 마음도 챙기지 아니하고 살아갑니다. 붓다는 중생들에게 즐거운 대상들이란 지속되지 않으며 우리 모두는 늙음과 병듦 그리고 죽음이라는 고통을 견뎌야 한다고 하였습니다. 만약 통찰지를 닦지 않는다면 붓다께서 하신 말씀의 진정한 의미를 알 수 없을 것입니다.

만약 우리가 나타나는 모든 실재들을 꿰뚫어 보게되는 바른 지혜를 개발한다면 우리는 나타나는 대상에 취착하고 있다는 사실을 명확히 알게 되고 취착의 위험을 보게 될 것입니다. 폭류는 해당되는 마음의 오염들이 제거되는 깨달음의 단계에서 제거됩니다.

속박(yoga)의 범주

다른 오염의 범주로 속박(yoga)이 있습니다. 이 범주에 해당되는 오염들은 번뇌와 폭류를 구성하는 동일한 오염들입니다. 속박이란 중생들을 윤회에 구속시키는 것이라고 앗타살리니에 나옵니다.170)

청정도론(XXII, 56)에

속박이라고 하는 것은 대상으로부터의 자유를 허용하지 않고 괴로움(dukkha)으로부터의 자유를 허용하지 않기 때문에 속박이라고 부른다.

네 가지 속박은 :

 감각적 욕망이라는 속박(kāmayoga)
 다시 태어나고픈 욕망에 대한 속박(bhavayoga)
 사견이라는 속박(diṭṭhiyoga)
 무명이라는 속박(avijjāyoga)

이 속박들은 번뇌와 폭류에 해당되는 오염들과 같지만 속박으로 다시 범주화하여 우리가 윤회에 속박되어 있다는 것을 보여줍니다. 이 속박들은 번뇌와 폭류들이 제거되는 해당되는 깨달음의 각각의 단계에서 제거됩니다.

제22장. 해로운 범주들 II

탐욕과 사견 그리고 어리석음이라는 해로운 마음부수들은 네 개의 번뇌, 네 개의 폭류, 네 개의 속박들에 해당합니다. 이 범주들을 구성하는 오염들은 모두 같은 것들이지만 이렇게 범주를 달리해봄으로써 오염들의 다른 측면이 부각됩니다. 번뇌는 지금 이 순간에도 흘러나오고 있으며 우리를 중독시키는 것이 마치 술과 같습니다. 폭류는 위험합니다. 우리를 휩쓸어 물에 빠뜨려 목숨을 앗아가기 때문입니다. 이렇게 폭류는 우리를 다시 태어남의 바다로 쓸어가 버립니다. 속박은 죽어서는 다시 태어나는 윤회에 우리를 구속시킵니다.

매듭(gantha)

오염들의 다른 측면을 알아보기 위하여 다른 범주로 재 구성해 봅시다. 그 중의 하나가 묶거나 매듭을 짓는 매듭(gantha)입니다. 간타(gantha)라는 말 대신에 몸의 매듭(kāya gantha)이라는 용어가 잘 사용됩니다. 여기서 몸이란 정신적인 몸과 육체적인 몸을 의미합니다.171) 그래서 매듭은 우리를 다시 태어나는 윤회에 묶어 버립니다.(앗타살리니)172)

매듭이라는 범주는 계속해서 다시 태어나는 윤회에 중생을 묶거나 혹은 매듭을 지어 둔 상태라는 의미에서 "매듭"이라고 합니다. 몸의 매듭(kāyagantha)에는 네 가지가 있습니

다.173)

간탐이라는 몸의 매듭 (abhijjha kāyagantha)
악의라는 몸의 매듭 (vyāpāda kāyagantha)
의식과 계율 혹은 잘못된 수행에 대한 취착이라는 몸의 매듭 (sīlabbata parāmasa kāyagantha)
이것만이 진리라는 **독단적 신조**라는 몸의 매듭 (idaṁ-saccābhinivesa kāyagantha)

첫 번째 매듭은 모든 종류의 **간탐**(慳貪)으로 구성됩니다. 거칠거나 미세한 모든 탐욕들을 의미합니다. 희망과 같은 것을 마음속에 품고 있을 때에는 탐욕이 있습니다. 건강하기를 바라거나 다른 이들이 나를 좋아하기를 바라고 명예를 얻거나 칭찬받기를 바랍니다. 그리고 하고 있는 일에서 성공하기를 바랍니다. 모든 종류의 탐욕은 수준에 상관없이 우리를 윤회의 수레바퀴에 묶어 매듭을 지어버립니다.

악의의 매듭은 성냄입니다. 짜증, 나쁜 성질, 증오 혹은 적대감과 같은 모든 성냄은 우리를 윤회에 묶어 매듭지어 버립니다.

의례와 의식에 대한 취착의 매듭은 잘못된 수행을 말합니다. 이것은 사견의 한 형태입니다. 어떤 사람들은 깨달음을 얻기 위하여 특별한 음식을 금하고 책을 읽거나 말을 하지 않는 것과 같은 규정을 따라야만 된다는 잘못된 믿음을 가지고 있습니다. 이것이 매듭입니다.

잘못된 사견이 제거되지 않으면 잘못된 수행을 하게 되는 가능성이 많아지고 잘못된 수행을 바른 수행이라고 착각할 수 있습니다.

사람들은 사념처를 닦는데 특별한 장소나 상황에 취착하는 경향이 있습니다. 그들은 마음챙김은 오로지 그러한 장소나 상황에서만 할 수 있다고 믿습니다. 그렇다면 잘못된 수행을 할 수 있습니다. 잘못된 수행이라는 것을 안다면 치유할 수 있겠지만 그렇지 않다면 문제입니다.

이것만이 진리라는 **독단적 신조**의 매듭(idaṁ-saccābhinivesa)은 모든 형태의 사견으로 다만 위에 나온 세 번째 매듭인 잘못된 수행은 제외됩니다. 사람들은 실재들을 잘못 해석하거나 자기들이 믿는 것만이 진리라고 생각할 수 있는데 이때가 이 네 번째 매듭에 해당됩니다. 예를 들어 업도 없고 업의 과보도 없다고 믿는다면 그는 이 네 번째 매듭에 얽혀 있습니다. 업도 없고 업의 과보도 없다는 견해는 아주 위험합니다. 이것은 해로운 행위를 하게 만드는 조건이 됩니다. 어떤 사람은 죽은 다음에는 모든 것이 단멸되어서 다시 태어남은 없다고 믿습니다. 이것도 이 네 번째 매듭에 얽혀있는 것입니다.

사견(diṭṭhi)은 앞에서 본 것처럼 번뇌이고, 폭류이며, 속박이고 매듭입니다. **사견**의 매듭이라는 측면에서 보면 잘못된 수행과 잘못된 견해 이렇게 두 가지입니다.

수다원 도(道)의 마음은 세 번째와 네 번째 매듭을 제거합니다. 수다원은 바른 도(道)를 압니다. 그는 바른 길(道)에서 이탈할 수 없습니다. 잘못된 수행을 하는 조건이 남아 있지 않습니다. 그는 실재들에 대한 잘못된 견해를 갖고 있지 않습니다. 하지만 여전히 그는 첫 번째 간탐의 매듭과 두 번째 악의라는 매듭에 얽혀 있습니다. 하지만 이것들의 강도는 미약해서 수다원을 악처에 떨어지게 할 정도는 아닙니다.

아나함의 도(道)의 마음은 악의라는 두 번째 매듭을 제거합니다. 아나함은 감각적인 대상들에 취착하지 않지만 색계와 무색계 범천의 세계에 다시 태어나고 싶어 하는 것과 같은 미세한 형태의 취착은 제거하지 못하였습니다. 아나함은 여전히 다시 태어나는 것에 취착할 수 있습니다. 그에게는 간탐(慳貪)이라는 첫 번째 매듭이 남아 있습니다.

아라한 도(道)의 마음은 첫 번째 매듭인 간탐(慳貪)을 제거합니다. 아라한에게 취착은 더 이상 없습니다. 다시 태어나는 것에 대해서도 더 이상 취착하지 않습니다. 그는 네 가지 매듭에 더 이상 얽매이지 않습니다.

취착(upādāna)

다른 범주로는 취착(upādāna)이 있는데 네 가지입니다.(담마상가니 1213-1217)

감각적 욕망에 대한 취착 (kāmupādāna)
사견에 대한 취착 (diṭṭhupādāna)
의례와 의식에 대한 취착 (sīlabbatupādāna)
자아의 교리에 대한 취착 (attavādupādāna)

첫 번째 감각적 욕망에 대한 취착은 감관을 통해 나타나는 모든 대상들에 취착하는 것입니다.174) 우리는 이 순간에도 취착이 있는지의 여부를 세밀히 살펴야 합니다. 우리는 보는 것, 듣는 것, 냄새 맡는 것, 맛보는 것, 감촉을 느끼는 것 혹은 마음에서 떠오르는 대상들에 취착합니다. 알아차리지는 못하지만, 부드러운 의자에 앉을 때의 그 푹신함에 취착합니다. 우리는 새나 강아지 혹은 고양이를 볼 때에도, 그 것이 무엇이라고 정의를 내리기 전에 이미 마음은 취착으로 기울어져 있음을 알아차리지 못합니다.

취착은 계속해서 윤회를 하게 만드는 새로운 조건들을 만들어 냅니다. 취착은 윤회의 굴레를 표현한, 조건 지워져 일어나는 현상인 12연기의 12각지 가운데 하나입니다. 갈애(taṇhā) 때문에 우리는 단단히 움켜잡고 취착(upādāna)합니다. 그래서 어떠한 형태로든 취착이 남아 있으면 다시 태어나는 윤회는 계속됩니다. 상응부에175)

고귀한 분께서 사왓티에 머물고 계실 때

수행승들이여, (즐거움의-역자)향유를 거듭 생각하는 자에게
취착하게 되는 갈애가 자라난다.
취착은 갈애에 의존한다.
존재는 취착하기 때문에 일어난다.
태어남은 존재 때문에 일어난다.
늙고 죽는 것은 태어났기 때문이다.
(태어났기에-역자) 슬픔, 비탄, 고통, 외로움, 절망감이
일어난다. 이것이 괴로움이라는 전체 무더기의
일어남이다.

붓다는 타고 있는 모닥불에 연료를 계속 공급하면 불은 계속해서 타오를 수밖에 없다는 비유를 들어 설명합니다. 만약 제공되는 연료가 없다면 불은 꺼질 것입니다. 붓다는

괴로움을 소멸시키기 위하여 명상하는 그에게는 취착을 일으키는 갈애가 소멸된다. 그래서 취착이 소멸된다. 존재, 태어남, 늙음과 죽음 그리고 슬픔이 소멸된다. 이것이 이 괴로움의 전체 무더기의 소멸이다.

우리는 감관을 통해 대상을 경험하기를 원합니다. 이것은 통제할 수 없습니다. 그렇지만 모든 조건지워진 것들은 무상하고, 늙어 죽는다는 붓다의 말씀은 생의 실재를 일깨워 줍니다. 모든 것은 단지 거품과 같은 덧없는 현상에 불과합니다.

다른 세 가지 취착은 사견과 관련된 것들입니다. 잘못된 사견에 관한 취착은 업과 업의 과보에 대한 잘못된 견해와 다른 사변적인 이론들에 취착하게 합니다. 잘못된 수행에 대한 취착이란 잘못된 수행을 바른 수행이라고 여기는 것으로 실재들에 대한 바른 통찰지를 개발할 수 없습니다. 그래서 사견은 제거되지 않습니다. 앞에서 본 것처럼 잘못된 수행도 '매듭들' 가운데 하나입니다.

자아의 교리에 대한 취착은 다섯 무더기를 '자아'라고 믿을 때 생기는 잘못된 사견의 한 형태입니다. 우리는 '몸'이나 '마음'과 같은 개념을 생각한다 하여도 여기에 반드시 사견이 개입되는 것은 아닙니다. 그렇지만 수다원이 되지 않으면 이 사견이라는 잠재성향은 남아 있습니다.

우리 모두는 자아가 있다고 믿습니다. 이러한 견해는 일어나기 위한 조건이 무르익으면 일어나게 되어 있습니다. 누군가 물질무더기(rūpa, 色蘊)에 대한 잘못된 견해를 가지고 취착한다면 그는 몸을 자아라고 여길 것입니다. 늙고 병이 드는 것은 확실한 몸의 변화이지만 여전히 몸속에 자아가 있다고 생각합니다. "나의 몸"은 일어나서는 사라지는 전혀 다른 물질(rūpa)들의 계속될 뿐입니다. 걸을 때나, 서있을 때, 앉아있거나 혹은 누워 있을 때 이것들은 무엇인가를 직접으로 경험할 수 있는 '나의 몸'이 아닙니다. 이것들은 단지 딱딱함, 부드러움, 뜨거움이나 차가움과 같은 물질(rūpa) 요소에 불과합니다. 그리고 이러한 것들은 한 번에 하나씩만 경험할 수 있습니다. 마음챙김을 통해 한 번에 하나의 실재만을 알아차릴 수 있습니다. 이렇게 바른 통찰지가 개발되면 잘못된 자아에 대한 사견은 제거됩니다.

혹자는 느낌의 무더기를 자아로 여깁니다. 하지만 느낌도 항상 변화합니다. 지금 일어나는 느낌은 방금 전에 일어난 느낌과는 다른 것 입니다. 인식의 무더기 즉 인식도 각각의 순간에 달라집니다. 하지만 우리는 그것을 자아라고 여깁니다. 우리가 무엇인가를 인지하거나 기억할 때에는 자아가 하는 것이라고 생각하지만 그렇지가 않습니다. 인식(想,saññā)의 작용일 뿐입니다.

형성 혹은 의도라는 상카라의 무더기(느낌과 인식을 제외한 나머지 모든 마음부수들)는 항상 변화하고 있습니다. 때로는 해롭고 때로는 유익한 마음부수들이 일어납니다. 하지만 우리는 여전히 마음부수들을 자아로 여깁니다. 알음알이의 무더기들도 계속 변화하고 있습니다. 계속 변화하고 있는 다른 순간들에서 우리는 보고, 듣고 혹은 개념을 생각합니다. 하지만 우리는 자아에 대한 뿌리 깊은 인식 때문에 '내가 본다.' '내가 듣는다.' '내가 생각한다.'고 믿습니다.

그러나 실제로 보는 것은 눈의 알음알이요, 듣는 것은 귀의 알음알이입니다. 그리고 다른 인식과정에 있는 마음들이 이 개념을 생각합니다. 그것들은 각기 다른 마음들로 자아가 아닙니다. 한 번에 하나씩 일어나서는 사라지는 다른 마음들일 뿐입니다. 그리고 그것들 각각은 단지 하나의 대상만을 경험합니다. 이러한 진리는 이론적인 이해가 가능하지만 사견의 뿌리는 깊어서 생각하는 것만으로는 제거되지 않습니다. 바로 지금 이 순간에 나타나는 실재들에 대한 바른 지혜만이 그것들을 제거할 수 있습니다.

이렇게 **사견에 대한 취착**에는 세 가지가 있는데 잘못된 견해(사변적 이론)에 대한 취착, 잘못된 수행에 대한 취착 그리고 자아에 대한 교리에 대한 취착이 그것입니다. 이러한 세 가지 각각의 범주는 사견의 다른 모습들을 보여줍니다.

수다원 도(道)의 마음은 이러한 세 가지 사견에 대한 취착을 제거합니다. 하지만 첫 번째 감각적 욕망에 대한 취착은 제거되지 않습니다. 비록 사다함과 아나함이라 할지라도 첫 번째 것에 대한 취착은 남아 있습니다. 아나함은 더 이상 감각적인 대상에 취착하지 않지만 여전히 선정의 결과로 다시 태어나고 싶어 하는 것에 취착할 수 있습니다. 첫 번째 형태의 취착입니다. 아라한의 도(道)의 마음은 첫 번째 형태의 취착인 **감각적 욕망**에 대한 취착도 제거합니다.(청정도론, XVII, 245)

장애(Nīvaraṇa)

오염들은 장애(Nīvaraṇa)라는 차원에서도 범주화할 수 있습니다. 담마상가니(1151-1163)에 나오는 다섯 장애는
  감각적 욕망 (kāmacchanda)
  악의 (vyāpāda)
  해태와 혼침 (thīna-middha)
  들뜸과 후회 (uddhacca-kukkucca)
  의심 (vicikicchā)
  무명 (avijjā) 176)

경전과 청정도론(IV, 103, 105)에 나오는 장애는 다섯 가지로 무명이 포함되지 않습니다. 그러나 이 책에서는 포함시켰습니다. 그렇다고 이 책이 틀렸다고 말해서는 안 됩니다. 왜냐하면 그룹별로 범주화하는 데에는 정해진 틀이 없기 때문입니다. 이렇게 하는 것은 실재들에 관한 여러 측면을 일깨워주기 위함입니다.

장애들은 마음을 지배하고, 통찰지를 약하게 만듭니다.177) 그리고 유익한 행위를 행함에 장애가 됩니다. 우리가 즐거운 형상과 소리, 사람이나 특별한 장소에 취착할 때에는 감각적 욕망이라는 장애가 있습니다.

그 취착의 순간에 우리는 그것이 유익한 행위를 방해한다는 사실을 깨닫지 못합니다. 그러나 그러한 마음의 순간에는 관대함이나 자애의 마음이 함께 하지 못한다는 사실을

알아야만 합니다.

악의는 장애입니다. 악의라는 장애는 성냄(dosa)의 마음부수로 모든 종류의 성냄을 포함합니다. 비록 아주 미세한 성냄이라 할지라도 그것은 장애입니다. 유익함을 방해하기 때문입니다. 악의가 일어나면 자애와 연민(karuṇā)은 없고, 나마(nāma)와 루빠(rūpa)에 대한 지혜가 없습니다. 하지만 시간이 흐른 후에 마음챙김을 한다면 성냄은 물론 어떠한 실재라도 알아차릴 수 있습니다.

해태와 혼침은 한 쌍으로 분류되는 해로운 마음부수로 장애입니다. 이것들이 일어나면 마음이 일을 하기에 적합하지 않습니다. 마음이 안정이 안 되기 때문입니다. 이것들의 가까운 원인은 현명하지 못한 주의력입니다. 해태와 혼침이 있으면 정진이 없고 유익한 행위를 하는 활력이 없습니다. 그래서 유익한 행위를 함에 있어 장애라고 합니다. 해태와 혼침이 있으면 바른 지혜를 개발하는데 필요한 확신(믿음)을 가질 수 없습니다.

들뜸과 후회는 또 다른 한 쌍의 장애입니다. 들뜸과 후회가 있으면 마음은 고요하지 않습니다. 앞에서 본 것처럼 들뜸은 모든 해로운 마음과 함께 하고 후회는 단지 성냄에 뿌리한 마음과 함께 합니다. 유익한 행위를 하지 않은 것과 해로운 행위를 행한 것이 후회의 대상입니다. 들뜸과 후회는 유익함을 행함에 방해가 됩니다. 그러한 순간에는 나마(nāma)와 루빠(rūpa)에 대한 마음챙김을 할 수가 없습니다.

의심은 또 다른 장애로 해로운 담마입니다. 붓다, 담마, 승가 그리고 실재들에 관한 모든 의심은 유익한 행위를 하는데 장애가 됩니다. 바른 지혜를 닦음에도 장애가 됩니다. 우리는 사념처를 닦아야 한다는 자극이 계속 필요 합니다. 그래야만 의심을 제거할 수 있습니다. 의심도 여러 궁극적 실재들 가운데 하나이므로 마음챙김의 대상이 됩니다. 마음챙김과 함께 하는 마음은 유익합니다. 그리고 마음 챙김의 대상이 해로운 것일지라도 마음은 챙겨야 합니다.

무명은 모든 해로운 마음과 함께 하는 어리석음(moha)으로 역시 장애 가운데 하나입니다. 무명은 모든 악의 근원으로 우리를 눈멀게 하고 유익한 행위를 하는데 장애가 됩니다. 바른 지혜를 닦는데 장애가 됩니다. 우리는 탐욕과 성냄의 위험은 볼 수 있지만 어리석음의 위험은 보지 못합니다. 우리가 만약 어리석음의 위험을 본다면 바른 통찰지를 닦아 마침내 무명을 제거할 것입니다.

사마타 수행을 하면 선정의 요소들에 의해서 장애들을 일시적으로 가라앉습니다. 하지만 제거하지는 못합니다. 장애들은 오로지 위빳사나를 통해 지혜가 무르익었을 때만 제거됩니다.

상응부 대품 지혜 무더기 상응(IV장, 5)에서 장애들이 일어나는 조건들이 나옵니다.

수행승들이여, 현명하지 못한 주의를 기울이는 자에게 감각적 욕망이 아직 일어나지 않았다 하더라도 일어나게 되고, 이미 일어났으면 계속 일어나게 된다. 그래서 감각적 욕망은 점점 많아지고 늘어난다.

모든 악의는 물론 해태와 혼침, 흥분과 동요, 의심과 들뜸이 아직 일어나지 않았다면 일어나게 된다. 그리고 일어났다면 이것들은 점점 많아지고 늘어난다.

경전에는 현명한 주의력은 지혜를 생기게 하는 조건이라고 하였습니다. 현명한 주의력이 있으면 수행을 통해 깨달음으로 가게 됩니다. 지혜는 깨달음의 요인입니다. 다른 깨달음의 요인에는 마음챙김(念), 법에 대한 조사(擇法), 정진(精進), 환희(喜), 고요(輕安), 집중(定) 그리고 평온(捨)이 있습니다. 이 경(經)의 같은 장(8)에 통찰지를 약화시키는 장애들과 해탈에 필요한 지혜의 무더기들에 대한 내용이 있습니다.

이제 수행승들이여, 성스러운 제자들이 담마를 받아 지닐 때에는 그것에 주의를 기울여라. 온 마음으로 담마를 생각하고 담마를 들을 때에는 귀를 열고 들어라. 그러한 때 이러한 다섯 가지 장애들은 그에게 존재하지 않는다. 그러한 때 일곱 가지 지혜의 무더기들이 개발되어 깨달음을 성취하게 된다.

이 경(經)은 우리로 하여금 담마를 들을 때에는 주의 깊게 들어서 담마를 적용토록 할 것이며, 듣고 나서는 철저하게 숙고하여 적용하는데 문제가 없도록 해야 한다는 사실을 일깨워 줍니다. 즉 듣는 것과 사유하는 것의 가치를 일깨워 주고 있습니다.

장애들은 깨달음의 다른 단계에서 각각 제거됩니다. 수다원 도(道)의 마음은 의심을 제거합니다. 수다원에게 사견은 더 이상 없으므로 있는 그대로의 실재를 볼 수 있습니다. 그래서 그것들에 대한 의심이 없습니다. 아나함의 도(道)의 마음은 감각적 욕망, 악의와 후회를 제거합니다. 아라한의 도(道)의 마음은 해태와 혼침, 들뜸과 어리석음을 제거합니다. 아라한은 모든 장애들에서 벗어납니다. 오염들의 뿌리는 너무 깊기 때문에 이렇게 단계적으로 제거됩니다.

오염원을 제거하기 위해서는 점진적으로 지혜를 닦아 나가야 합니다. 인내심이 필요합니다. 우리가 어떤 사람이나 소유물 혹은 어떤 상황이나 삶의 이벤트들과 같은 개념에 몰입하고 있는 순간은 물론 바로 지금 이 순간에도 육문(六門)을 통해 나타나는 실재들에 마음을 챙겨야 합니다.

우리는 떠오르는 생각을 억압하려 해서는 안 됩니다. 왜냐하면 이것도 현재 일어나고 있는 실재이기 때문입니다. 일어나기 위한 조건 때문에 일어나는 것에 불과합니다. 이러한 생각도 마음챙김의 대상이 됩니다. 마음을 챙기면 이것은 자아가 아닌 자신이 가진 조건 때문에 일어나는 나마(nāma)라는 것을 알게 됩니다.

이것은 생각하는 것이 아닙니다. 여기에도 눈의 알음알이, 형상이라는 대상, 귀의 알음알이 혹은 소리가 있습니다. 하지만 우리는 이러한 실재들에 대하여 무지합니다. 오로지 개념에 주의를 기울여 왔기 때문이지요. 하지만 점차적으로 실재들에 대하여 마음을 챙기는 방법을 배울 수 있습니다. 그러나 한 번에 실재들에 대한 완벽한 지혜를 기대할 수는 없습니다. 만약 지금 이 순간에 나타나는 것에만 주의를 기울인다면 지혜를 얻는데 오랜 시간이 걸린다는 사실에 대하여 걱정하지 않아도 됩니다. 이렇게 지혜의 눈으로 보면 어떠한 현상을 이해하는 것은 자아가 아니라는 것을 알게 됩니다. 이러한 역할은 궁극적 실재들을 있는 그대로 보고 이해하는 지혜(paññā)라는 마음부수의 역할임을 알게 됩니다. 그러나 잊지 말아야 할 것은 지혜도 역시 조건지워진 나마(nāma)라는 사실입니다.

상응부에 아라한이 된 수행승들 이야기가 나옵니다.[178] 그들은 생과 생을 통해 바른 지혜를 닦아 왔습니다. 붓다는 "목표를 달성하는데 쉬운 것은 없다"라고 반복해서 말합니다. 예를 들어 수행승인 깝삐나(11)에 대하여 붓다는

그 수행승은 천부적이고 놀라운 힘을 가졌다. 그가 전에 승리한 적이 없는 것에서 승리하는 것은 쉬운 일이 아니다. 비록 그가 집을 버리고 집이 없는 생활을 한다고 하더라도. 그는 그가 얻은 성스러운 삶의 최종 목표, 그 곳에서 머문다. 단지 바로 지금 여기에서 그것을 철저하게 알고 깨달으며 지낸다.

제23장. 해로운 범주들 III

다른 방법으로 오염들을 다시 범주화할 수 있습니다. 이러한 범주화는 해로운 마음의 위험을 다시금 되새기게 해줍니다. 오염의 다른 범주로 완전히 다른 것이 있는데 이름하여 잠재성향(anusayas)이라는 것입니다.

잠재성향(anusaya)

담마상가니에서는 잠재성향은 범주로 분류되지 않습니다. 단지 '잠재적 성향'으로써 탐욕의 여러 측면들을 특별히 언급합니다.179) 잠재적 성향으로써 탐욕은 만성적으로 강하게 자리잡고 있습니다.180) 탐욕만이 아니라 잠재성향의 범주에는 7가지가 있습니다.181)

  감각적 욕망이라는 잠재성향 (kāmaragānusaya)
  적의라는 잠재성향 (patighānusaya)
  자만이라는 잠재성향 (mānānusaya)
  사견이라는 잠재성향 (ditthānusaya)
  의심이라는 잠재성향 (vicikicchānusaya)
  존재에 대한 욕망이라는 잠재성향 (bhava-ragānusaya)
  무명이라는 잠재성향 (avijjānusaya)

해로운 담마들을 잠재성향으로 다시 범주화 해보면 그것들의 견고함과 끈질김을 되새겨보게 됩니다. 잠재성향은 세균이 몸을 뒤덮고 있는 것과 같습니다. 그것들은 잠재되어 있다가 어떠한 순간이라도 바른 조건을 만나면 일어납니다.182) 그래서 잠재성향은 제거하기 어렵습니다.

청정도론(XXII, 60)에 잠재성향의 견고함은

이것의 뿌리가 깊기 때문에 타고난 성향(Anusaya)이라 한다. 감각적 욕망 등에 대한 탐욕이 계속해서 일어나는 원인이 되기 때문이다.

잠재성향은 '뿌리가' 깊습니다. 그것들은 오랜 기간에 걸쳐 견고하게 자리를 잡아왔기 때문에 고치기가 힘들고 제거하기 어렵습니다. 왜 모든 해로운 담마들이 잠재성향의 범주에 포함되지 않았는지 궁금하시지요? 우리는 모든 해로운 담마들을 생과 생을 통해 축적해 오고 있습니다. 우리가 잠재성향으로 범주화한 일곱 가지 해로운 담마들은 특히 고치기가 힘이 들고 다른 오염들을 일어나게 하는 조건이 되는 것들을 모아 놓은 것입니다.

잠재성향들이 제거되지 않는 한 오염들은 계속해서 일어납니다. 범천의 세계에는 성냄의 조건이 없지만, 성냄이라는 잠재성향이 아직 제거되지 않았으므로 그 존재가 범천의 삶을 마치고 욕계에 태어나게 되면 성냄이 다시 일어나게 됩니다.

잠재성향은 각기 다른 깨달음의 단계에서 제거됩니다.183) 수다원 도(道)의 마음은 사견과 의심이라는 잠재성향을 제거합니다. 이러한 해로운 담마들은 결코 다시 일어나지 않습니다. 사다함 도(道)의 마음은 다른 어떠한 잠재성향도 완전히 제거하지는 않습니다. 다만 성냄과 감각적 욕망은 제거되지는 않았지만 아주 거친 성냄과 감각적 욕망은 일어나지 않습니다.(앗타살리니)

앞에서 본 것처럼 오염들도 거친 것부터 미세한 것까지 여러 수준이 있습니다. 사다함은 여전히 감각적인 욕망과 성냄이라는 잠재성향을 가지고 있습니다. 하지만 그 힘은 많이 약화된 것들입니다. 그러므로 사다함에게 일어나는 욕망과 성냄은 거칠지 않고 많이 미세해진 것입니다.

잠재성향의 범주는 전체적으로 미세한 오염들이라 할 수 있습니다. 그것들은 '미세'한 상태로 잠재되어 있습니다. 미세하다는 것은 탐욕과 성냄 혹은 어리석음에 뿌리한 해로운 마음들과 비교해 보았을 때 그렇다는 것입니다. 이 탐욕과 성냄 혹은 어리석음의 마음들은 '중간 정도의 오염'에 해당합니다. 그리고 '거친 오염'이라 할 수 있는 해로운 마음들은 몸과 말 혹은 마음으로 짓는 악한 행위(악업)를 유발시키는 힘이 있습니다.

그렇지만 미세하다는 이 말을 오해해서는 안 됩니다. 잠재성향은 위험합니다. 끊기 어렵고 제거하기 어렵습니다. 이 잠재성향은 해로운 담마들을 계속해서 일어나게 합니다.

아나함의 도(道)의 마음은 감각적 욕망과 적의라는 잠재성향을 완전히 제거합니다. 이것들은 다시 일어날 수 없습니다. 그렇지만 아나함도 모든 형태의 취착을 제거한 것이 아닙니다. 여전히 그에게는 선정의 결과로 다시 태어나고 싶어 하는 존재에 대한 욕망이라는 잠재성향이 남아 있습니다. 아라한 도(道)의 마음은 존재에 대한 잠재성향과 자만 그리고 어리석음이라는 잠재성향을 완전히 제거합니다. 이렇게 오염들이 생존할 수 있는 토양이 없으면 윤회는 드디어 끝나게 됩니다.

족쇄(Saṁyojanas)

족쇄(Samyojanas)는 또 다른 범주입니다. 이번 생의 족쇄 무더기들은 다음 생의 원인이 됩니다. 과보를 가져오는 업들입니다. 업을 짓는 행위가 계속되면 과보는 존재하게 됩니다. 생은 이렇게 반복됩니다. 괴로움이 계속되는 것이지요.184) 족쇄 때문에 우리는 다시 태어나는 족쇄에 묶입니다.185) 담마상가니(1113)에 열 가지 족쇄가 나옵니다.186)

    감각적인 욕망(kāma-rāga)
    적의(vyāpada)
    자만(māna)
    사견(diṭṭhi)
    의심(vicikicchā)
    의례와 의식에 대한 집착(sīlabbata-parāmāsa)
    다시 태어남에 대한 집착(bhava-rāga)
    질투(issā)
    인색(macchariya)
    무명(avijjā)187)

위와 같이 족쇄들로 분류되는 것들 가운데 사견은 두 가지 측면에서 분류되었습니다. 잘못된 견해와 잘못된 수행(의례와 의식에 대한 집착)이 그것입니다. 바른 수행을 하지 않으면 자아에 대한 잘못된 견해는 물론 다른 오염들을 제거할 수 없습니다. 그래서 윤회의 족쇄에 계속 묶이게 되는 것입니다.

지금 나타나고 있는 정신(nāma) 혹은 물질(rūpa)에 마음을 챙기지 아니하면 바른 수행이라 할 수 없고, 팔정도를 닦을 수 없습니다. 그러나 수다원이 아닌 이상 잘못된 수행을 할 수 있습니다.

질투와 인색이라는 족쇄는 해로운 담마로 다른 범주에는 해당이 안 됩니다. 내가 받지 못하는 명예로움을 다른 이들이 받고 있을 때 질투하는 마음이 일어납니다. 이것을 알아차려야만 합니다. 자아에 대한 취착은 질투와 같은 거친 해로움을 일어나게 만드는 조건입니다. 수다원은 잘못된 사견과 함께 질투와 인색함을 제거하였습니다.

만약 일상에서 일어나는 정신(nāma)과 믈질(rūpa)에 대한 지혜를 닦는다면 생이란 실질적으로 한 순간에 한 대상을 경험하는 것에 불과하다는 것을 보게 될 것입니다. 때로는 즐거운 대상을 경험하고, 때로는 불쾌한 대상을 경험합니다. 이것은 완전히 조건에 의존합니다. 즐거운 대상과 불쾌한 대상은 업에 의하여 조건 지워집니다. 우리가 이미 행한 행위의 결과로 그것을 경험하는 것입니다. 만약 우리가 경험하는 모든 사건들은 만나기 위한 바른 조건이 무르익었기에 일어나는 현상들이라고 이해한다면 질투하는 마음은 줄어들 것입니다. 질투와 같은 해로운 마음이 나를 지배하고 있음을 안다면 이러한 해로움을 제거하기 위하여 정신(nāma)과 물질(rūpa)에 대한 마음챙김을 시작하게 되겠지요?

다른 방법으로도 족쇄의 범주에 오염들을 재분류하여 볼 수 있습니다. 이렇게 오염들을 다시 분류해 보는 것은 고정된 것이 아니라는 것을 알아야만 합니다. 분별론(위방가, 17장, 940)에서는 '낮은 족쇄(orambhagiya-saṁyojana)'와 '높은 족쇄(uddhambhagiya-saṁyojana)'로 오염들을 분류하고 이들 간의 차이를 설명합니다.188) 여기에서 낮은 족쇄는 중생들을 욕계에 묶어 두는 다섯 족쇄들이고, 중생들을 보다 높은 존재계인 색계와 무색계에 묶어두는 것을 높은 족쇄라고 하며 다섯 가지가 있습니다.

낮은 족쇄들은

유신견(有身見)(sakkāya-diṭṭhi)
의심(vicikicchā)
의례(계율)와 의식에 대한 집착(sīlabbata-parāmāsa)
감각적인 욕망(kāma-rāga)
적의(vyāpāda)

높은 족쇄들은

색계의 존재에 대한 욕망(rūpa-rāga)
무색계 존재에 대한 욕망(arūpa-rāga)
자만(māna)
들뜸(uddhacca)
무명(avijjā)

이 범주에 사견과 관련된 것은 자아에 대한 믿음인 유신견과 잘못된 수행인 계율(의례)과 의식에 대한 집착, 이렇게 두 가지입니다. 취착은 감각적 욕망에 대한 취착, 색계 선정의 결과로 다시 태어나는 것에 대한 취착 그리고 무색계 선정의 결과로 다시 태어나는 것에 대한 취착으로 세 가지입니다. 질투와 인색은 이 범주에 포함되지 않습니다.

수다원도(道)의 마음은 세 가지 낮은 족쇄인 자아가 있다는 믿음인 유신견(有身見), 잘못된 수행인 계율과 의식에 대한 취착 그리고 의심을 제거합니다. 감각적 욕망과 적의는 제거되지 않았지만 범부들과 비교해보면 그렇게 거칠지는 않습니다. 그래서 수다원이 악처에 태어나는 일이 없다는 것입니다.

수다원도(道)의 마음은 감각적 욕망과 적의라는 족쇄를 제거하지 못하지만, 그것들은 미약합니다. 욕망과 적의를 제거하려면 지혜(paññā)를 닦아야만 합니다. 아나함은 이러한 세 가지 족쇄들을 모두 제거합니다. 아나함은 더 이상 낮은 족쇄들에 구속되지 않습니다. 그러나 여전히 높은 족쇄들은 그를 구속합니다. 이런 것을 보면 족쇄들을 제거하기가 얼마나 어려운 것인지 알 수 있습니다. 단지 아라한의 도(道)의 마음만이 이것들을 제거할 수 있습니다. 그래서 아라한은 모든 것에 취착하지 않습니다. 그는 선정의 결과로 다시 태어나는 것에도 취착하지 않고, 어떠한 존재계에도 다시 태어나는 것에 취착하지 않습니다. 그에게는 더 이상 자만과 들뜸과 무명이 없습니다. 그는 모든 해로운 담마들을 제거하였습니다. 그에게는 더 이상 해로운 마음도 없고 유익한 마음도 일어나지 않습니다. 대신에 어떠한 과보도 만들어 내지 않는 단지 작용만 하는 마음이 일어납니다. 아라한은 진정으로 완벽한 사람입니다. 그는 해야 할 일을 마친 분으로 다시 태어나는 윤회의 고리에 더 이상 구속되지 않습니다.

다른 해로운 범주는 오염(kilesā)입니다. 오염이란 더러움, 깨끗하지 않음, 순수하지 않음입니다. 그것들은 마음을 오염시키고 괴로움의 근원이 됩니다. 다음의 열 가지 해로운 담마들은 오염의 범주에 해당합니다.189)

오염(kilesā)원의 범주

탐욕(lobha), greed
성냄(dosa), hate
어리석음(moha), ignorance
자만(māna), conceit
사견(diṭṭhi), wrong view
의심(vicikicchā), doubt
해태(thīna), sloth
들뜸(uddhacca), restlessness
양심없음(ahirika), shamelessness
수치심없음(anottappa), recklessness

우리가 넓은 의미로 오염(kilesā)이라는 말을 사용할 때에는 모든 해로운 담마들을 의미합니다. 하지만 오염들을 하나의 범주로 분류할 때에는 위에 나온 것들만을 의미합니다. 혼침(middha), 인색(macchariya), 후회(kukkucca)와 질투(issā)는 이 범주에 속하지 않습니다. 청정도론에 오염들은 **"자신을 오염시키고 그것들과 함께 하는 담마(현상)들을 오염시키기 때문에 오염이라고 한다."**고 하였습니다.190)

양심없음(ahirika)과 수치심없음(anottappa)은 다른 범주에 포함되어 있지 않습니다. 양심없음은 해로운 행위에 대한 부끄러움이 없는 것이고, 수치심없음은 해로운 행위의 결과에 대한 두려움이 없는 것입니다. 모든 해로운 마음들에는 이것들이 함께 합니다. 이것들은 마음을 오염시키고 함께

하는 마음부수들을 오염시킵니다. 양심없음과 수치심없음에도 그 수준이 여러 가지가 있습니다. 어떤 사람들은 거친 오염들을 부끄러워하고, 그 결과에 대해서도 두려워합니다. 하지만 미세한 정도의 해로운 행위에 대해서는 부끄러워하지 않습니다. 예를 들어 이 순간에 눈의 알음알이나 귀의 알음알이와 같은 실재들에 마음을 챙기지 않는다면 이것은 바른 지혜를 개발하는 일에 태만한 것임에도 부끄러워하지 않는다는 것입니다.

오염들은 순차적인 깨달음의 단계들을 통해 제거됩니다. 수다원도(道)의 마음은 사견과 의심을 제거합니다. 아나함도(道)의 마음은 성냄을 제거합니다. 그는 감각적 대상에는 집착하지 않지만 여전히 해당되는 선정의 세계로 다시 태어남에 집착할 수 있습니다. 그래서 탐욕이라는 오염을 이 범주에 포함시킨 것입니다. 아나함도 이 오염을 제거하지는 못합니다. 아라한도(道)의 마음은 탐욕, 어리석음, 자만, 해태, 들뜸, 양심없음과 수치심없음이라는 모든 오염들을 제거합니다. 그래서 아라한은 모든 오염으로부터 벗어난 분입니다.

해로운 담마들의 범주들을 요약해보면
 번뇌(āsavas), cankers
 폭류(oghas), floods
 속박(yoghas), yokes
 매듭(ganthas), ties
 취착(upādānas), ways of clinging

장애(nīvaraṇas), hindrances
잠재성향(anusayas), latent tendencies
족쇄(saṁyojanas), fetters
오염(kilesās), defilements

그런데 탐욕(lobha)은 위에 나온 모든 범주에 그리고 사견은 장애의 범주만 제외하고 나머지 범주에 모두 포함되어 있습니다. 이것은 우리가 탐욕과 사견에 얽혀 있다는 것을 보여 줍니다. 탐욕과 사견은 대부분의 범주에서 다른 측면을 가지고 나타납니다. 우리는 각각의 범주에서 탐욕의 대상이 무엇인지 알아야 합니다. 왜냐하면 탐욕은 때로는 감각적인 취착으로, 때로는 선정의 결과로 다시 태어나는 것에 대한 취착과 같이 다양하게 나타나기 때문입니다.

오염들을 위와 같이 범주화해 봄으로써 해로운 담마들의 여러 위험을 되새기게 됩니다. 예를 들면 매듭(gantha)이나 족쇄(saṁyojana)는 우리가 윤회의 고리에 묶이고 구속된다는 위험을 일깨워줍니다. 일반적으로 번뇌와 폭류가 우리를 휘감아 돌고, 윤회의 고리에 묶이고, 족쇄가 채워져도 그것을 알지 못합니다. 취착(upādana)의 범주는 감각기관에 나타나는 대상과 자아에 대하여 우리가 얼마나 취착하고 있는지를 보여줍니다. 그런데 우리는 그러한 취착이 행복이 아니고 슬픔만을 가져온다는 사실을 모른 채 살아갑니다.

상응부에 43개에 해당되는 경들에서 붓다는 수행승들에게 얻음과 명성 그리고 아첨에 취착하는 것의 위험을 일깨워

주고 있습니다.191) 첫 번째 무서움의 경에서 붓다는

수행승들이여, 얻음과 인기(명성) 그리고 아첨은 무서운 것이다. 최상의 안전을 취하기 위하여 가는 길에 이것들은 지독한 것이며, 가혹한 장애물이다.

**수행승들이여, 그래서 닦아야 하는 것이다.
"얻음과 인기(명성) 그리고 아첨이 다가오면 우리는 그것들을 버려야 한다. 우리의 가슴속에 계속 남아있지 않도록."**

붓다께서는 왜 얻음과 인기 그리고 아첨에 취착하는 것의 위험을 반복해서 강조하였을까요? 그것은 우리의 행복이란 '세간적인 조건들'로 인한 즐거움에 완전히 의존하고 있는 것처럼 보이기 때문입니다. 현재 우리는 그것들이 우리의 생에서 많은 부분을 점유하도록 방치하고 있는 것은 아닐런지요? 우리는 다른 사람들로부터 좋은 대우를 받기를 원하고 자신을 매우 중요하게 생각합니다. 그리고 얻음과 잃음, 명예와 불명예 같은 것들은 조건 때문에 일어난다는 사실을 염두에 두지 않습니다. 그것들은 나의 통제권 밖에 있다는 사실을 모릅니다. 우리는 얻음과 잃음, 명예와 불명예 같은 것들을 일어나도록 통제할 수 없습니다.

붓다는 갈애란 괴로움의 뿌리라고 가르쳤습니다. 하지만 우리는 이 진리를 완전히 이해하지 못합니다. 통찰지가 무르익었을 때만이 그 참뜻을 완전하게 이해하게 됩니다.

우리는 살아가면서 일어나는 모든 현상들에 대한 지혜를 개발해야 합니다. 일반적으로 우리는 즐겁거나 불쾌한 느낌에 주의를 기울입니다. 그리고 눈의 알음알이나 귀의 알음알이 같은 실재들은 지나쳐 버립니다. 칭찬을 받을 때나 비난을 받을 때에는 많은 다른 마음의 유형들이 있다는 것을 기억해야 합니다.

유쾌하거나 불쾌한 대상들을 보거나 듣는 것은 과보의 마음들로 이미 내가 지은 업 때문에 일어나는 것입니다. 그래서 그것들이 일어나는 것을 막을 수 없습니다. 소리만을 경험하는 귀의 알음알이와 같은 과보의 마음은 이 마음이 사라지고 난 후에 일어날 수 있는 소리에 취착하는 마음이나 성냄의 마음과 같은 해로운 마음과는 다릅니다. 이것들은 다른 인식과정들입니다. 예를 들면 다른 사람이 나에게 잘못한 일을 곰곰이 생각해 보는 것과 같은 것입니다.

만약 우리가 과보에 대하여 알지 못한다면 감각기관을 통해 나타나는 불쾌함들은 모두 다른 사람 때문이라고 생각합니다. 그래서 안식(眼識)이나 이식(耳識)과 같은 과보의 마음들도 알아야만 합니다. 우리는 우리가 얼마나 무지한가를 알게 되면 바른 지혜를 개발하려고 할 것입니다. 바른 지혜가 무르익어감에 따라 우리는 점진적으로 '자신'을 중요하게 생각하는 마음이 줄어들고 다른 이들의 행복을 더 많이 생각하게 될 것입니다.

상응부에 해로운 담마의 범주들과 이것들을 제거하는 것에

대하여 나옵니다. 예를 들면 폭류는192)

수행승들이여, 네 가지 폭류가 있다. 무엇이 네 가지인가? 감각적 욕망이라는 폭류, 존재(다시 태어나고픈 욕망-역자)하고픈 폭류, 사견이라는 폭류, 무명이라는 폭류 이렇게 네 가지이다. 완전한 지혜와 깨달음을 위해 성자들은 이 네 가지 폭류를 벗어 던지고, 포기하고, 팔정도를 닦아야만 한다.

우리는 속박, 매듭, 잠재성향, 장애, 낮은 족쇄, 높은 족쇄와 같은 다른 오염들의 범주에 대하여 배웠습니다. 붓다께서는 위에 나온 높은 족쇄들을 열거하신 후에

완전한 지혜, 완전한 깨달음을 위하여 이 다섯 가지 높은 족쇄와 같은 것들은 벗어 던지고, 포기하고, 성스러운 팔정도를 닦아야만 한다.

그리고 오 수행승들이여, 성스러운 팔정도는 어떻게 닦아야 하는가? 여기 한 수행승이 바른 견해(正見), 바른 사유(正思惟), 바른 말(正語), 바른 행위(正業), 바른 생계(正命), 바른 정진(正精進), 바른 마음챙김(正念), 바른 집중(正定)을 개발한다. 이것의 끝은 탐욕과 성냄과 어리석음의 소멸(절제)이다. 그것은 불사(不死)로 이르게 한다. 그것의 목표는 불사(不死)이다. 그것은 불사(不死)로 끝이 난다. 그것은 닙바나로 흘러간다. 그것은 닙바나로 기울어진다. 그것은 닙바나에 드는 것이다.

완전한 지혜, 완전한 깨달음을 위하여 이러한 다섯 가지 높은 족쇄들을 벗어 던지고, 포기하고, 성스러운 팔정도를 닦아야만 한다.

이렇게 해로운 담마들을 포기하려면 우리는 일상에서 일어나는 모든 나마(nāma)와 루빠(rūpa)들에 대한 바른 지혜를 닦아야만 합니다.

제 IV 부

아름다운 마음부수들
(Sobhana Cetasikas)

제IV부 아름다운 마음부수들(Sobhana Cetasikas)

제24장. 개요

보시를 하고, 계를 지키고, 선정을 닦거나 혹은 지혜를 닦는 것은 유익한 마음입니다. 이러한 유익한 마음들은 아름다운 마음부수들과 함께합니다. 이 마음부수들은 자신들의 역할을 통해 마음을 지원합니다. 유익한 마음에는 탐욕이나 성냄 혹은 어리석음이 없습니다. 일시적으로 오염들로부터 자유로운 상태이지요. 그렇지만 유익한 마음이 사라지고난 다음에는 해로운 마음이 다시 일어납니다. 우리는 삶을 살아가면서 유익한 마음보다는 해로운 마음을 더욱 많이 갖습니다.

우리는 해로운 마음을 습관처럼 누적시켜 왔기 때문에 유익한 마음이 자주 일어나지 않습니다. 모든 유익한 마음은 성냄 없음(adosa)이라는 마음부수를 동반합니다. 하지만 이 성품은 우리의 본성과는 정반대에 있는 것으로 보입니다.

우리는 육문(六門)을 통해 나타나는 대상들에 몰입하고 열중합니다. 즐거운 대상을 원하고 나를 먼저 생각하는 것이 본성입니다. 해로운 마음의 잠재성향들이 제거되지 않는 한 해로운 마음은 뿌리가 깊어 반복해서 일어나기 쉽습니다. 비록 인색함이나 질투 혹은 자만심을 갖지 않으려 해도 이러한 오염들은 계속해서 나의 의지와는 무관하게 올라옵니다. 중요한 것은 이런 마음들을 일어나게 만드는 자아와 같은 것은 없다는 것입니다.

마음은 실체가 없는 무아(無我)입니다.

우리는 아름다운 대상을 갈망하고 불쾌한 대상을 혐오합니다. 증지부에193)

수행승들이여, 아름다운 대상들의 겉모습 때문에 감각적 욕망이 일어난다. 나는 감각적 욕망을 일어나게 하는 원인이 되는 힘으로 이것 이외의 단 하나의 다른 것도 알지 못한다. 이미 일어난 것이든 혹은 아직 일어나지 않은 것이든 (이것은) 점점 많아지고 늘어나는 원인이 된다.

수행승들이여, 나는 감각적 욕망을 일으키는 원인으로, 이미 일어났다면 혹은 아직 일어나지 않았더라도, 감각적 욕망을 점점 많게 하고 증가하게 하는 원인으로 대상의 아름다운 외양(모습) 이외에 그러한 힘을 가진 다른 어떠한 단 하나도 알지 못한다.

아름다운 외양에 대하여 현명하지 않은 주의를 기울이면 아직 일어나지 않은 감각적인 욕망이 일어난다. 혹은 이미 일어났다면 그것은 더욱 많아지고 늘어나게 된다.

수행승들이여, 나는 성냄을 일으키는 원인으로, 이미 일어났다면 혹은 아직 일어나지 않았더라도, 성냄을 점점 더 많게 하고 증가하게 하는 원인으로 혐오스러운 외양이외에 그러한 힘을 가진 다른 어떠한 단 하나도 알지 못한다. 혐오스러운 외양에 현명하지 않은 주의를 기울인 그에게 성냄이 일어난다. 만약 아직 일어나지 않았다면 혹은 이미 일어났다면 그것은 점점 더 많아지고 증가하게 된다.

우리는 탐욕이 일어나게 되는 기본적인 원인은 대상 때문이고, 성냄은 불쾌한 대상 때문이라고 생각합니다.194) 그렇지만 해로운 마음의 진정한 원인은 외부의 대상이 아닙니다. 그것은 바로 우리가 습관처럼 지어온 행위(업)들에 의존합니다. 즉 해로운 마음이 일어나느냐 아니면 유익한 마음이 일어나느냐는 우리가 반복적으로 누적시켜온 것이 무엇이냐에 따라 달라지는 것입니다. 이러한 조건에 의지해서 현명한 주의나 현명하지 못한 주의를 기울이게 됩니다. 어떤 대상에 현명하게 주의를 기울이면 유익한 행위의 가치를 보게 되고, 유익한 행위에 대한 믿음을 갖게 됩니다. 그런데 현실은 해로운 마음이 많이 일어납니다. 이것은 대상에 대한 현명하지 못한 주의 때문입니다.

우리는 습관을 바꿀 수 있고 유익한 행위를 해야겠다고 결심을 할 수 있습니다. 그래서 담마를 공부하고 바른 지혜를 닦아 나간다면 우리의 습관은 바뀝니다.

담마를 공부함으로써 우리는 조건지워진 실재들은 머물수 없는 무상한 것이라는 것을 깨닫기 시작합니다. 우리의 인생은 짧고 죽을 때에는 아무 것도 가지고 갈 수 없기 때문에 소유물에 대하여 취착하는 것은 쓸모가 없다고 생각하게 됩니다. 붓다는 사람으로 태어나 담마를 듣고 실재들에 대한 바른 지혜를 닦기는 매우 어렵다고 하였습니다. 그러므로 해로운 행위를 하느라고 바보처럼 생을 허비해서는 안 됩니다. 상응부에195) :

부주의하게 인생을 허비하는 것은 바보 같은 짓이다.
그러한 사람들은 통찰지가 생기지 않을 것이다.

현명한 사람은
자기의 중요한 재산을 돌보는 것처럼
진지하게 수행한다.

생을 허비하지 말라.
감각적 즐거움에 빠지지 말라.

이렇게 물러서지 않는 자는
명상을 통해
최고의 지복(至福)을 성취한다.

용기와 인내심을 가지고 바른 지혜를 개발하는 사람은 "최고의 행복"을 얻게 됩니다. 마침내 아라한이 될 것입니다. 붓다는 해로운 행위의 불이익과 위험은 금생은 물론 내생에까지 영향을 미친다고 하였습니다. 바른 지혜가 있으면 해로운 행위의 불이익과 유익한 행위의 이익을 볼 수 있습니다. 탐욕은 결코 만족할 수 없는 것이기에 탐욕과 연계된 행복은 결코 우리를 쉴 수 없게 만들고, 관대함과 남을 위한 배려는 마음이 평화로워진다는 것을 우리는 경험을 통해 알 수 있습니다. 화를 잘 내는 성격을 가진 사람도 유익한 행위의 가치를 볼 수 있다면 자애의 마음을 개발할 수 있습니다. 인색한 성향을 가진 사람도 관대함의 가치를 보는 것은 관대한 마음을 갖게 되는 조건이 됩니다.

유익한 마음은 일어나서는 아주 빠르게 사라집니다. 하지만 그 유익함은 누적되어 갑니다. 그래서 나중에 다시 유익한 마음을 일으키는 조건이 되지요. 습관처럼 정신(nāma)과 물질(rūpa)에 대한 마음챙김을 해오지 않았다면 어려운 일입니다. 바른 지혜는 바로 지금 이 순간 나타나는 실재들에 마음을 챙기지 않는다면 증장되지 않는다는 것을 아는 것은 마음챙김을 자주하게 되는 조건이 됩니다.

바로 지금 이 순간에 우리는 바른 지혜를 개발할 수 있습니다. 붓다는 바른 지혜를 닦아야만 한다는 것을 잘 훈련된 순혈종의 말(馬)에 비유하였습니다. 이런 종마는 하루아침에 훈련이 되는 것이 아닙니다. 어떤 훈련이든 계속 반복해서 닦아야만 합니다. 마찬가지로 바른 지혜를 반복해서 닦지 않는다면 깨달음도 없습니다. 증지부에196)

수행승들이여, 라자의 점이 여섯 개 있는 훌륭한 종마는 라자에 적합하고, 라자의 자산이며, 라자의 일부라고 여겨진다. 여섯이란 무엇인가? 여기 수행승들이여, 훌륭한 종마는 형상과 소리, 냄새, 맛, 감촉을 견디어 낸다. 그리고 종마는 아름답다.

그렇게 수행승들이여, 여섯 가지 특성을 갖춘 수행승은 공양 받을 만한 가치가 있다. 세상에서 더할 나위 없는 공덕의 토대가 된다. 무엇이 여섯인가?

여기 수행승들이여, 수행승이 형상과 소리, 냄새와 맛 그리고 감촉과 마음에서 떠오르는 것들을 잘 견디어 낸다. 바로 이렇게 수행승들이여, 여섯 가지 특성을 갖춘 수행승은 공양받을 만한 가치가 있다.

육문(六門)을 통해 나타나는 실재들에 대한 바른 지혜를 개발함으로써 여러분은 육문(六門)에서 나타나는 대상들에 견디는 마음챙김의 방법을 배우게 될 것입니다. 마음챙김을 하는 순간에 통찰지(반야)의 마음부수는 그것들을 조사합니다. 그래서 나타난 실재들이란 단지 나마(nāma) 혹은 루빠(rūpa)이고 무아(無我)라는 것을 압니다. 마침내 나타난 대상에 몰입하거나 빠져들지 않게 됩니다.

이렇게 유익한 행위나 바른 지혜를 닦으려면 바른 조건들을 갖추어야 합니다. 앗타살리니에 거론되는 바른 조건들이란 적합한 장소에 거주하기, 좋은 도반에 의지하기, 훌륭한 담마를 듣기, 전생에 지은 공덕이 있을 것 등입니다.197) 그래서 조용한 시골 같은 곳에서 담마를 들을 수 있고, 오염들을 제거하는 도(道) 닦는 법을 배울 수 있는 곳에 산다면 이것은 좋은 일입니다. 정신(nāma)과 물질(rūpa)에 마음을 챙기는 법을 배우려면 담마를 바르게 설명할 수 있는 스승(善友, kalyana-mitta)이 있어야 합니다.

그렇다면 선우(善友)인 스승이 갖춰야 하는 특성은 무엇일까요? 중부의 '보름달이 떴을 때 설한 작은 경'에서 붓다는 미가라의 어머니가 살고 있는 사왓티 근처에 있는 동부 수도원에서 수행승들에게 좋은 친구(sappurisa)와 나쁜 친구(asappurisa)에 대하여 설합니다.198)

그리고 수행승들이여, 좋은 사람이 어떻게 훌륭한 사람을 사귀는가? 수행승들이여, 이것과 관련하여 믿음(saddhā)이 있고, 부끄러움을 알고 비난에 대한 두려움이 있는 속세를 떠난 사람들 그리고 브라흐만들, (좋은 법문을-역자)많이 듣고 정진에 진력하는 사람들, 마음챙김을 하는 사람들, 지혜가 있는 사람들 - 이러한 사람들이 좋은 친구들이고 좋은 도반들이다. 그래서 수행승들이여, 좋은 사람은 좋은 사람을 사귄다.

성자들은 모두 경에서 언급한 좋은 친구의 특성을 가지고 있습니다. 그는 붓다, 담마, 승가 그리고 유익함에 대한 흔들리지 않는 믿음을 가지고 있습니다.

그런데 누가 성자(聖者)인지를 어떻게 알 수 있을까요? 그것은 우리가 직접 깨달음을 얻지 않으면 누가 성자인지 알 수가 없습니다. 성자를 만나고 못 만나고는 조건들에 달려 있습니다. 그러나 법(法)을 아는 도반이 바른 지혜를 닦도록 우리를 도울 것인지 돕지 않을 것인지는 알 수 있게 됩니다.

붓다는 모든 실재들은 무아(anattā)라고 가르쳤습니다. 하지만 일상에서 자아(自我)에 보다 초연하게 되는 것은 아주 어려운 일입니다. 대부분의 시간에 우리는 자신을 생각하고 즐거운 일들이 일어나기를 기대합니다. 그런데 법을 알고 있는 분을 알고 있으면 바른 지혜를 개발할 수 있습니다. 그렇게 된다면 자아라는 개념에 덜 취착하게 될 것입니다.

바른 통찰지를 닦은 사람 그리고 보다 이기적이지 않고 남을 배려하는 모습을 보여줌으로써 다른 이들을 자극하는 사람이 법을 아는 진정한 도반입니다. 그는 단지 담마를 입으로만 말하지 않고 일상에서 담마를 실천합니다.

'훌륭한 담마를 듣는 것'은 역시 유익한 행위를 하는데 필요한 요소입니다. 소극적으로 들어서는 안 됩니다. 진정으로 귀담아 듣는다면 우리는 그것을 사유해보고는 실천에 옮길 것입니다. 그렇지 않다면 듣는 다는 것이 유익하지만은 않습니다.

유익한 행위를 하기 위한 또 다른 요인은 전생에 지은 공덕의 토대입니다. 만약 전생에 보시와 지계 그리고 명상을 하였다면 오늘날 유익한 행위를 하게 되는 조건이 됩니다. 유익한 행위를 하게 되는 조건들을 사유해보면 바른 조건 없이는 아무것도 일어나지 못한다는 사실을 알게 됩니다. 유익한 마음은 자아에 속해 있는 것이 아닙니다. 그리고 유익한 마음이 일어나도록 지시를 하는 자아는 없습니다.

앗타살리니에 유익함이란199) :

유익함(kusala)이란 경멸할 만한 상태를 파괴시킨다는 의미에서 혹은 막는다는 의미에서 (도덕적으로) `선하다'는 의미이다. 혹은 유익함, 결점 없음 그리고 능숙하게 행해진다는 의미에서 (도덕적으로) `훌륭하다'는 뜻이다.

앗타살리니에 '유익함'이란 말은 건강하다는 의미라고 하였습니다. 이 말은 몸에 이상이 없을 경우 사용하는 건강이라는 말과는 다릅니다. 유익함(kusala)이란 단어가 정신적인 현상에 적용될 때, "그것은 건강이라는 측면에서 이해되어져야 한다."고 하는데, 이 말은 오염으로 인한 마음의 병이나 아픔 혹은 질환이 없다는 의미입니다. 게다가 '오염'으로 인한 결점, 증오 그리고 성가심이 없다는 뜻에서 유익함(kusala)은 결점이 없다고 한 것입니다.

앗타살리니(63)의 같은 장에서 유익함(kusala)이란

결점 없음, 행복한 과보가 특징이다. 부도덕함을 파괴하는 역할을 한다. 순수함으로 나타난다. 현명한 주의가 가까운 원인이다.

앗타살리니에 나오는 또 다른 유익함(kusala)의 정의는

결점의 반대가 되는 상태이므로 결점 없음이 특징이다. 이것의 역할은 순수함이다. 바람직한 결과로 나타난다. 현명

한 주의가 가까운 원인이다.

첫 번째 정의에서 즐겁고 행복한 과보가 유익함의 **특징**이라고 하였습니다. 두 번째 정의에서는 즐겁고 행복한 과보는 유익함의 **나타남**이라고 하였습니다. 이러한 것을 보면 특징과 역할, 나타남과 가까운 원인은 고정되어 있는 것이 아니라는 것을 알 수 있습니다. 이렇게 다르게 표현해 봄으로써 궁극적 실재들의 다른 측면을 들여다보는 것입니다.

우리는 즐거운 과보를 일상에서 경험합니다. 이것은 우리가 과거에 선한 행위를 하였다는 사실이 드러나는 것입니다. 우리들이 평소에 경험하는 즐거운 대상을 보는 것이나 듣거나 냄새 맡는 것 혹은 맛보거나 접촉하는 것은 모두 업의 과보입니다. 즉 선한 행위의 결과인 것입니다. 그러나 이런 과보의 마음 순간들은 바로 사라집니다. 그것들은 단지 조건지워진 요소들입니다. 이 과보의 마음이 사라진 다음에는 즐거운 대상에 대한 취착이 일어나기 쉽고, 즐거운 대상이 사라지고 나면 괴로움이 일어나기 쉽습니다.

두 번째 정의를 보면 유익함(kusala)의 특징은 결점이 아닌 상태로서 **결점 없음**이 특징이라 하였습니다. 유익한 마음순간에는 해로운 마음이 일어날 기회가 없습니다. 그래서 유익한 행위를 할 기회가 있을 때에는 그것을 무시하면 안 됩니다.

즉시 행할 수 있는 유익함에는 친절한 말 한마디, 다른 이의 선한 성품에 대하여 감사하는 마음 혹은 딱딱함, 부드러움, 소리 혹은 귀의 알음알이와 같은 실재들에 대한 마음챙김 같은 것들은 즉시 행할 수 있는 것들입니다.

우리는 지금 이 순간에 일어난 마음이 유익한 마음인지 아니면 해로운 마음인지를 알아야 합니다. 일반적으로 우리는 주변에서 일어나는 대상들에 관심이 많습니다. 그럼에도 지금 이 순간에 나타나는 실재들에 대한 마음챙김의 가치에 대해서는 확신하지 못합니다. 우리가 수행의 초보자라면 아직은 나마(nāma)와 루빠(rūpa)에 대한 명확한 이해를 할 수는 없지만 나타나는 실재들에 대한 마음챙김의 유익함에 대해서는 확신할 수 있습니다. 그렇다면 이것은 유익함입니다.

첫 번째 정의대로 유익함의 역할은 해로움을 파괴하는 것입니다. 해로움은 실재들에 대한 바른 지혜를 닦아 나갈 때 파괴할 수 있습니다. 이 말은 보시나 지계를 무시해도 좋다는 의미가 아닙니다. 왜냐하면 관대한 마음을 닦아 나가지 않는다면 우리는 계속해서 우리의 소유물에 취착하게 될 것입니다. 그렇다면 어떻게 자아로부터 초연하게 될 수 있겠습니까?

지금까지 우리가 닦아온 모든 유익한 행위를 계속하는 것은 이익이 됩니다. 이러한 유익한 행위들과 실재들에 대한 바른 지혜를 함께 닦아 나간다면 해로움은 마침내 제거될 것입니다.

그리고 순수함은 첫 번째 유익함의 정의에서는 **나타남**이라 하였고, 두 번째 정의에서는 **역할**이라고 하였습니다. 해로운 마음은 깨끗하지 않고 불순합니다. 우리가 나타나는 대상에 취착을 하게 되면 그것에 얽매이게 되는데 이 마음은 순수하지 않습니다. 반면에 유익한 마음에는 얽매임이 없습니다. 이기심도 없습니다. 마음은 순수하고 오염으로부터 자유롭습니다. 만약 이 해로운 마음과 유익한 마음의 차이를 알게 되면 순수함이 유익한 마음의 특성이라는 것을 쉽게 이해할 것입니다.

두 가지 정의 모두에서 유익함의 가까운 원인은 현명한 주의(마음에 잡도리함)입니다. 해로운 마음에는 대상에 대한 현명하지 않은 주의가 있습니다. 그리고 유익한 마음에는 대상에 대한 현명한 주의가 있습니다. 현명한 주의가 있으면 대상에 끌려 다니지 않습니다. 성냄도 없고 어리석음도 없습니다. 실재들의 모습을 있는 그대로 보려면 현명한 주의가 필요합니다. 아라한은 가장 높은 수준의 현명한 주의력을 가지고 있습니다. 경험하는 대상들이 즐거운 것이든 불쾌한 것이든 마음속에서 오염들이 일어나지 않습니다.

유익한 마음은 홀로 일어나지 않고 모든 마음에 공통되는 '반드시들(sabbacitta sādhārana)'과 함께 일어납니다. 그리고 유익한, 해로운, 과보의 그리고 단지 작용만 하는 네 종류(jāti)의 마음들과 함께하는 '때때로들(pakiṇṇaka)'하고도 함께합니다. 그러나 이 '때때로들'은 언제나 모든 마음에서 일어나는 것은 아닙니다. 유익한 마음은 아름다운 마음부수들(sobhana cetasikas)을 동반합니다. 그리고 해로운 마음부수들과는 함께할 수 없습니다.

아름다운 마음부수들은 유익한 마음들 하고만 함께하는 것이 아니라 과보(vipāka)의 마음과 단지 작용만 하는(kiriya) 마음과도 함께합니다.200) 아름다운 마음부수들과 함께하는 마음들은 아름다운 마음(sobhana citta)이라 합니다.

욕계의 아름다운 마음(kāma-sobhana citta)에는 24가지가 있습니다.
  크게-유익한 마음 8가지(mahā-kusala cittas)
  큰-과보의 마음 8가지(mahā-vipāka cittas)
  크게-작용만 하는 마음 8가지(mahā-kiriya cittas)201)

욕계의 마음은 아름다운 마음부수들과 함께하는 아름다운 마음들, 아름답지 않은 마음들, 욕계가 아닌 다른 존재계의 언제나 아름다운 마음들일 수 있습니다. 예를 들어 본삼매까지 선정을 닦은 사람은 선정의 마음을 가지고 있는데 이 마음들도 아름다운 마음들입니다. 색계 선정 혹은 무색계 선정의 마음들이 그것입니다. 색계 선정은 '미세한 물질(rūpa)'을 대상으로 하는 선정으로 그리고 무색계 선정은 '물질(rūpa)이 아닌' 선정으로 번역할 수 있습니다. 무색계 선정은 색계의 선정보다 미세한데 명상주제로 물질(rūpa)을 이용하지 않기 때문입니다.

색계의 아름다운 마음들은 색계 선정의 마음들로 다음과 같습니다.

5가지 색계 유익한 마음(rūpāvacara kusala cittas)
5가지 색계 과보의 마음(rūpāvacara vipāka cittas)
5가지 색계의 작용만 하는 마음(rūpāvacara kiriya cittas)(아라한의)

무색계의 아름다운 마음들은 4가지 무색계 선정의 마음들로
 4가지 무색계 유익한 마음(arūpāvacara kusala cittas)
 4가지 무색계 과보의 마음(arūpāvacara vipāka cittas)
 4가지 무색계의 단지 작용만 하는 마음(arūpāvacara kiriya cittas)

아름다운 선정의 마음들 말고 닙바나를 경험하는 초세간의 마음도 아름다운 마음입니다. 초세간의 마음에는 8가지가 있지만 여러 단계의 선정의 요소들과 함께하는 것까지 고려하면 초세간 마음에는 모두 40가지가 있습니다.

마음의 종류가 89가지라고 할 때에는 아름다운 마음은 59가지가 있고,202) 마음이 121가지가 있다고 할 때에는 91개가 아름다운 마음들입니다.203)

아름다운 마음들은 **반드시들**, **때때로들** 그리고 아름다운 마음부수들과 함께합니다. 모두 25가지의 아름다운 마음부수들이 아름다운 마음들과 함께할 수 있습니다. 그러나 이 25가지 아름다운 마음부수들이 모든 아름다운 마음들과

언제나 함께하는 것은 아닙니다. 하지만, 적어도 19가지의 아름다운 마음부수들은 모든 아름다운 마음들과 언제나 함께합니다.

25가지의 아름다운 마음부수들 가운데 세 가지는 아름다운 뿌리(hetu)에 해당합니다.

    탐욕없음(alobha)
    성냄 없음(adosa)
    어리석음 없음(amoha) 혹은 지혜(paññā)

탐욕없음과 성냄 없음은 모든 아름다운 마음과 함께합니다. 그리고 지혜 혹은 통찰지는 아름다운 마음과 함께할 수도 있고 함께하지 않을 수도 있습니다.

모든 아름다운 마음부수들은 자신들만의 특별한 특징, 역할, 나타남 그리고 가까운 원인을 가지고 있습니다. 우리가 보시와 지계 그리고 선정을 닦을 때 혹은 위빳사나를 수행할 때에는 아름다운 마음부수들이 자신들의 역할을 통해 유익한 마음을 지원합니다.

아름다운 과보의 마음들도 역시 적어도 19가지의 아름다운 마음부수들과 함께합니다. 과보의 마음들은 어떠한 행위를 하는 것이 아닙니다. 이것들은 결과들입니다. 아름다운 과보의 마음들은 과거에 행해진 아름다운 마음부수들과 함께하는 유익한 마음의 결과물들입니다. 예를 들면 재생연결식은 이미 전생에서 일어난 아름다운 뿌리나 다른 아름다운 마음부수들과 함께하는 유익한 마음의 과보입니다. 이 경우에는 뿌리가 있는 과보의 마음(sahetuka vipāka citta)이 되는 것이지요.

아라한은 유익한 업도 짓지 않습니다. 그는 다시 태어나는 윤회를 하지 않습니다. 그는 유익한 마음대신에 단지 작용만 하는 마음을 가지고 있습니다. 이 마음은 아름다운 뿌리들 그리고 다른 아름다운 마음부수들과 함께합니다. 단지 작용만 하는 아름다운 마음들은 적어도 19개의 아름다운 마음부수들과 함께합니다.

제25장. 믿음(saddhā)

믿음(信, saddhā)은 욕계, 색계, 무색계 그리고 초세간의 마음들(sobhana citta)과 함께 일어나는 아름다운 마음부수입니다. 여기서의 믿음은 사람에 대한 맹목적 신뢰가 아닙니다. 유익한 행위(kusala)에 대한 믿음입니다. 즉 보시에 대한 믿음, 지계(持戒)에 대한 믿음 그리고 명상에 대한 믿음입니다. 믿음(saddhā)없이는 어떠한 종류의 유익함도 행할 수 없습니다. 앗타살리니에 믿음은 '유익함의 선행자(先行者)'라고 하였습니다. 앗타살리니에 믿음이란[204)

믿음은 청정하게 하는 혹은 대망을 품는 것이 특징이다. 마치 전륜성왕이 가지고 있는 물을 정화하는 보석과 같다. 이 보석을 물에 넣으면 굵은 것들, 침적토, 물풀들 그리고 진흙 같은 것이 가라앉으므로 물은 깨끗해지고 투명해지고 가라앉는다. 이렇게 믿음이 일어나면 장애들을 버리게 되고, 오염들은 가라앉으며, 마음을 청정하게 하고 고요하게 만든다. 청정해진 마음으로 (열반을 꿈꾸는 – 역자) 성스러운 사람들은 보시를 하고, 계를 지키고, 포살(uposatha)의 의무를 지킨다.

포살(우포사타)일은 절식(絕食)을 하거나 계(戒)를 지키고 명상을 한다.[205) 이렇게 청정하게 하는 것이 믿음의 특징이라고 알아야 한다.

앗타살리니에는 밀린다왕문경(35)에 나오는 비유를 인용하고 있습니다.206)

전륜성왕이 군대를 거느리고 작은 강을 건넌다. 물은 군대가 지나감으로 오염되지만 그가 물을 맑히는 보석으로 진흙과 모래 그리고 물풀 등을 가라앉게 만든다. 물은 다시 가라앉아 깨끗해진다. 오염으로 혼탁해진 물은 마치 오염에 의하여 더러워진 마음과 같다. 믿음은 마음을 정화시킨다. 그래서 마음은 깨끗해지고, 맑아지고 고요해진다.

믿음의 특징인 '대망을 품은'이라는 의미를 설명하기 위하여 앗타살리니에는 다른 비유가 나옵니다. 악어와 괴물, 상어와 도깨비들이 우글거리는 큰 강의 양쪽 강둑에 많은 사람들이 모여 강을 건너기를 두려워합니다. 이때 한 영웅이 칼로 그 위험한 것들을 물리치면서 대중들을 강을 건너도록 인도합니다. 앗타살리니(120)에

그래서 믿음이 앞서 간다(先行者). 믿음이 있는 사람은 보시를 하고, 계를 지키고 우포사다일의 의무를 다하고, 명상을 한다. 그래서 '청정하게 하는 것', '뜻을 품는' 것이 믿음의 특징이라고 하였다.

믿음(saddhā)에 대한 또 다른 정의가 앗타살리니에 있습니다.

믿음의 특징은 완전히 믿는 것이다. 청정하게 하는 역할을

한다. 마치 물을 맑게 하는 보석처럼. 혹은 큰 뜻을 품게 하는 역할을 한다. 마치 폭류를 건너는 것처럼 오염으로부터의 자유로움으로 혹은 결정하는 것으로 나타난다. 믿을 만한 대상 혹은 예류자(streamwinning)의 요인들이 가까운 원인이다.

청정도론(XIV, 140)의 정의도 앗타살리니의 두 번째 정의와 같습니다. 해로운 마음이 일어나면 거기에는 유익한 행위에 대한 믿음이 없습니다. 예를 들어 즐거운 광경에 취착하고 있거나 혹은 보기 흉한 광경 때문에 성냄의 마음이 일어나는 순간에는 유익한(kusala) 행위를 할 생각이 나지 않습니다. 유익함을 행하겠다는 큰 뜻도 찾아 볼 수가 없습니다. 반면에 믿음이 있으면 유익한 행위를 하겠다는 의지가 있습니다. 보시나 지계 혹은 명상의 가치에 대한 믿음이 있다면 이것들을 실천에 옮기게 될 것입니다. 이것은 유익한 행위를 습관처럼 얼마만큼 지어왔느냐에 따라 달라집니다. 어떤 사람들은 보시와 지계에 대한 믿음은 있지만 실재들에 마음을 챙겨 실체가 없다는 것을 아는 것의 이로움을 알지 못합니다. 지금 나타나는 알음알이나 귀의 알음알이(耳識)에 마음챙김을 하는 것의 이로움을 알지 못합니다.

믿음은 청정하게 하는 역할을 하고, 오염으로부터 자유로운 것으로 **나타난다**고 하였습니다. 믿음(saddhā)과 함께하는 마음은 순수하고 장애들로부터 벗어나 있습니다. 하지만 잠재 성향들이 완전히 제거되지 않는 한 오염은 또다시 올라옵니다. 성자(聖者)의 믿음(saddhā)은 범부의 믿음보다 훨씬 순수합니다. 수다원은 자아의 개념에 취착하지 않습니다. 그는 사견을 제거하였습니다. 그래서 그가 행하는 선한 행위는 범부보다 순수합니다. 그의 지계(持戒)는 범부의 지계(持戒)보다 순수합니다. 그는 더 이상 오계를 범하지 않습니다.

믿음(saddhā)의 또 다른 **나타남**은 결정이나 결심입니다. 유익한 행위를 하려고 결심을 한다면 이것은 유익함(kusala)에 대한 믿음이 있다는 소리입니다. 이때 유익한 행위를 하도록 결정하는 자아는 없습니다. 이것은 유익한 마음이 일어나기 위한 혹은 일어나지 않기 위한 조건 때문에 일어나는 것입니다. 성냄이나 좌절하게 되는 조건이 있으면 유익한 행위를 위한 결심을 할 수 없습니다. 어떤 단점 때문에 화가 나거나 혹은 다른 이들에게 실망을 할 때, 외로움을 느끼거나 우울할 때, 삶에서 좌절하거나 삶이 쓸모없다고 느낄 때에는 유익한 행위를 위한 에너지가 없습니다.

우리는 우울할 때나 자기중심적이 되었을 때에는 즐거운 대상을 원합니다. 이런 것들을 얻지 못하면 불만족스러워 합니다. 만약 자신에 대한 집착이 줄어들게 되면 좌절하는 일도 적어집니다. 바른 지혜를 닦아 나가다 보면 마침내 자아에 대한 취착은 제거될 것입니다. 하지만 아주 점진적으로 이루어짐을 기억하십시오.

만약 바른 지혜를 닦는데 진전이 없어서 인내하지 못한다면 붓다께서 그의 과거 생에서 행한 인내와 굳은 결의를 생각해 보십시오. 붓다께서는 생을 거듭해가며 좌절하지도 않고, 중도를 벗어나지도 않았으며, 바른 지혜를 닦을 것을 결심하였습니다.

일상에서 일어나는 실재들에 대한 지혜를 닦기 위해서는 용기와 인내가 필요합니다. 폭류를 건너는 영웅과 같이 '큰 뜻을 품게 하는 믿음'이 필요 합니다. 마음챙김이 안된다고 걱정하거나 어떻게 하면 마음챙김을 할까 생각만 하는 것은 소용이 없습니다. 마음챙김의 대상인 궁극적 실재들을 보다 많이 이해하게 되면 지금 나타나는 것이 무엇이든 간에 마음챙김을 위한 조건이 됩니다.

믿음(saddhā)의 가까운 원인은 '믿을만한 가치가 있는 대상' 입니다. 붓다와 담마 그리고 승가는 믿을 만한 가치가 있는 대상입니다. 그렇다고 이 말이 담마를 전혀 듣지 않은 사람은 믿음이 없다는 소리가 아닙니다. 믿음도 자기 자신만의 고유한 특징을 가지고 있는 하나의 궁극적 실재입니다. 하지만 믿음은 엄밀히 말해 불교만의 고유한 것이 아닙니다. 왜냐하면 모든 유익한 마음들은 믿음을 동반하기 때문입니다. 유익함(kusala)은 유익한 행위입니다. 이것은 국적이나 민족 그리고 믿고 있는 종교와 상관이 없습니다. 또한 전혀 담마를 들은 적이 없는 사람도 보시를 하거나 혹은 진정한 자애의 마음을 가지고 유익한(kusala) 행위를 할 수 있습니다. 이때에 믿음(saddhā)이라는 마음부수가 있습니다. 선한 행위(kusala)는 믿을 만한 가치가 있는 대상입니다. 만약 누군가 담마를 듣고 바른 지혜를 개발한다면 이것은 해로움(akusala)을 제거하기 위한 조건이 됩니다. 그리고 이것은 유익한 행위를 보다 많이 할 수 있는 기회를 제공합니다.

'수다원의 요인들'이란 첫 번째 깨달음의 단계인 수다원이 되기 위해 필요한 요인들인데 이 요인들도 역시 믿음(saddhā)의 가까운 원인이 됩니다. 이 요인들이란 바른 도반(善友)과의 교류, 담마를 듣는 것, 현명한 주의력과 담마에 따라 수행하는 것입니다.207)

붓다와 담마 그리고 승가에 대한 믿음은 바른 선우(善友)를 통해 담마를 듣는 것으로부터 시작됩니다. 우리는 많은 경전에서 사람들이 붓다의 가르침을 먼저 듣고, 들은 것을 사유해 보고, 붓다, 담마와 승가에 귀의하는 것을 많이 봅니다. 그들의 믿음은 듣고(聞), 질문하고 사유하는 것(思)으로부터 시작하였습니다.

붓다께서는 사왓티 근처의 제따 동산에 머물고 계실 때 브라흐만 자눗소니에게 두려움과 공포감 없이 숲속에서 머무는 방법과 깨달음에 대하여 설하는 것이 중부에 나옵니다.208) 자눗소니는 붓다의 말씀을 듣고 붓다와 담마와 승가에 다음과 같은 말을 하며 귀의합니다.

훌륭하십니다. 선한 고따마시여, 훌륭합니다. 선한 고따마시여, 이것은 마치 전도된 것을 바로 세우는 것처럼, 혹은

감추어져 있던 것을 드러내는 것처럼, 길을 헤매는 사람에게 길을 보여주는 것처럼, 어둠 속에 등잔불을 가져와서 물건의 모양을 보게 하는 것처럼, 고따마님께서는 그렇게 여러 가지 방법으로 담마의 모습을 명확하게 설하셨습니다. 저는 이제 고따마님에게 귀의합니다. 담마와 승가에 귀의합니다. 고따마님께서는 오늘부터 생이 지속되는 한 재가 신자로서 귀의하고자 하오니 받아주소서.

어떤 이에게는 재가 신자가 갖춰야만 하는 믿음이 있고, 어떤 이는 수행승이 갖춰야만 하는 믿음이 있습니다. 이것은 자기가 축적해온 성향에 따라 달라집니다. 듣기만 하고 가르침에 따라 수행을 하지 않는 정도의 믿음을 가진 자도 있습니다. 아마도 이것은 도를 닦기 위한 바른 시기가 무르익지 아니해서 그럴 것입니다. 하지만 미래의 생에서는 그들도 담마를 반복해서 듣고, 가르침에 따라 수행을 해야 한다는 충분한 믿음을 갖게 될 것입니다.

우리는 우리가 들은 담마를 실천할 정도로 충분한 믿음을 가지고 있는지 점검해야 합니다. 만약 바른 지혜의 깨달음을 얻을 때까지 계속해서 닦아 나갈 정도로 충분한 믿음을 가지고 있다면 의심과 사견은 제거될 것입니다.

믿음(saddhā)에는 통제 기능(indriya)이라는 측면이 있습니다. 기능(根)은 동반하는 담마(법, 현상)들에 대하여 리더십을 발휘합니다. 다섯 가지 통제기능들은 수행자가 닦아야만 하는 '정신적인 기능들'입니다. 믿음과 정진, 마음챙김,

선정과 지혜가 그것입니다. 이러한 기능들은 이것들과 반대되는 오염들을 제압합니다. 믿음(saddhā)은 함께하는 마음과 마음부수들을 청정하게 하고 유익한 행위(kusala)에 대한 확신을 갖도록 지배력을 행사합니다. 그리고 유익한 행위(kusala)에 대한 확신을 갖도록 합니다. 믿음(saddhā)이 없다면 유익한 마음 그리고 이 마음과 함께하는 마음부수들은 일어나지 않을 것입니다. 앗타살리니에209)

"믿음은 부족한 믿음을 극복하므로 지배한다는 의미에서 통제기능이라 한다. 혹은 결정하는 것이 믿음의 특징이므로 (함께하는 마음부수들을) 통제한다."

'정신적 기능들'이 강화되면 그것들은 '파워'나 '힘(bala)'이 됩니다. 그렇게 되면 그것들은 견고해지고 흔들리지 않습니다. 즉 이것들의 반대가 되는 오염들에 의하여 흔들리지 않게 됩니다. 이러한 통제기능 말고도 이 마음부수들을 힘이라는 측면에서 생각해 볼 수 있습니다. 담마상가니에 믿음(saddhā)의 통제기능(indriya)과 힘(bala)에 대한 내용이 나옵니다.

그 경우에서 믿음은 '통제기능'으로 그리고 '힘'으로서, 확신과 믿음이라는 차원에서 신뢰하고 믿는 것이다. 그것이 믿음이다. 거기에 믿음이 있다. 그 순간이 믿음이다. 이것이 믿음이다.

앗타살리니에는 믿음이란 붓다의 덕성에 대한 확고한 믿음이라고 나옵니다.210) 이러한 확신은 붓다의 가르침을 단지 이론적으로 이해하는 것에 근거한 것이 아닙니다. 실재들에 대한 바른 통찰지를 개발했을 때 붓다의 덕성에 대한 확고한 믿음을 갖게 됩니다.

본삼매에 들려면 다섯 가지 '정신적 기능'을 닦아야 합니다. 청정도론(IV, 45-49)에 선정을 얻기 위해서는 통제 기능들 간에 '균형'이 맞아야 한다는 하였습니다. 그것들 가운데 어느 하나가 너무 강하고 다른 것이 약하게 되면 그것들의 기능이 잘 작동하지 않는다는 것입니다. 그래서 믿음은 지혜의 기능과 균형이 맞아야 합니다.

믿음이 강하고 지혜가 약한 사람은 무조건적으로 근거도 없이 믿는다. 지혜가 강하고 믿음이 약한 자는 교활한 쪽으로 빠질 수 있는데, 이것은 마치 약을 잘못 먹어 병이 든 사람처럼 치유하기가 어렵다. 이 두 가지 기능간의 균형을 갖춘 사람은 믿을 수 있는 근거가 있을 때에만 믿는다.

한편 집중과 믿음도 균형이 맞아야 합니다.

집중(선정)을 개발하고 있는 자는 강한 믿음이 필요하다. 믿음과 확신이 있어야 본 삼매에 들기 때문이다.

'정신적인 기능들'은 깨달음을 얻기 위해서 닦아야 하고 그것들 간에는 역시 균형이 맞아야 합니다. 그런데 위빳사나를 할 때에는 어떻게 이 기능들 간의 균형을 맞춰야 하는가? 어떤 사람은 붓다의 가르침에 대한 믿음은 있지만 실재들에 대한 바른 지혜는 닦지 않습니다. 이때의 믿음은 다른 기능들과 균형이 맞지 않습니다. 하지만 나타나는 실재들에 대한 바른 지혜를 개발한다면 거기에는 역시 믿음이 있습니다. 그리고 이것은 지혜와 균형을 이루고 다른 기능들과도 균형을 유지합니다.

나타나는 실재들에 마음을 챙기지 않고 있다면 마음챙김에 대한 믿음이 없다는 이야기입니다. 예를 들어 다른 이의 이야기에 몰입하고 있을 때가 여기에 해당합니다. 하지만 한 번에 하나의 실재에 마음을 챙긴다면, 예를 들어 소리를 단지 물질(rūpa)이라고만 알아차렸다면 그 순간에는 어떤 사람의 목소리도 아니고 혹은 어떤 사람도 아닌 단지 소리에 불과합니다. 이런 순간에는 바른 지혜의 가치에 대한 믿음이 함께합니다.

바른 지혜를 닦을 때면 믿음을 가져야 한다는 생각을 할 필요가 없습니다. 왜냐하면 이미 일어났기 때문이지요. 믿음은 바른 지혜를 닦는 정도에 따라서 증장됩니다. 나마(nāma)와 루빠(rūpa)에 대한 마음을 챙겨 사념처(四念處)를 닦으면 다섯 가지 정신적인 기능들도 함께 개발됩니다.

앞에서 살펴 본 것처럼 믿음(saddhā)이라는 통제 기능이 강화되면 흔들리지 않고 견고하게 됩니다. 그래서 믿음은 '힘(bala)'이나 '파워'가 됩니다. 하지만 깨달음을 얻지 않은 상태에서의 믿음은 여전히 흔들리기 쉽습니다.

혹자는 바른 지혜를 닦는 것의 가치를 의심하거나 팔정도(八正道)를 대하여 의심합니다. 하지만 수다원의 믿음은 흔들리지 않습니다. 왜냐하면 이미 의심을 제거하였기 때문입니다. 그는 붓다와 담마 그리고 승가에 대하여 흔들리지 않는 믿음을 가지고 있습니다. 깨달음의 단계가 올라감에 따라 통제 기능들과 믿음 역시 더욱 커집니다. 아라한이 되면 이것들은 완성됩니다.

앞에서 나온 것처럼 믿음의 가까운 원인 가운데 하나는 믿을 만한 가치가 있는 대상입니다. 붓다(佛寶)와 담마(法寶) 그리고 승가(僧寶)는 믿을 만한 가치가 있는 대상입니다. 도(道)를 깨쳐 성자(聖者)가 되지 않는 한 깨달음의 의미를 우리는 진정으로 이해하지 못합니다. 우리는 단지 이론적인 이해만 할 뿐, 지식으로는 한계가 있습니다. 우리는 불보(佛寶)인 붓다에게 귀의하지만 붓다의 덕성에 관한 우리의 믿음(saddhā)은 수다원처럼 강하지 못합니다.

불자들은 두 번째 보물, 법보(法寶)인 담마(Dhamma, 法寶)에 귀의합니다. 이 '담마(法)'라는 용어에는 많은 의미가 있습니다. 때로는 붓다의 가르침을, 때로는 명상의 대상인 궁극적 차원의 물·심(物·心)의 현상들인 궁극적 실재(眞諦)를 뜻하기도 합니다. 여기서 눈의 알음알이(眼識)나 탐욕과 같은 조건지워진 현상인 궁극적 담마(dhamma)는 귀의의 대상이 아닙니다. 그러나 초세간의 담마(dhamma)인 닙바나는 귀의의 대상으로 두 번째 보물인 법보(Dhamma, 法寶)에 해당합니다. 여기에다 닙바나를 경험하는 8가지 초세간의 마음들을 포함하면 모두 9가지의 초세간 법(dhamma)들에 우리는 귀의하는 셈입니다. 다시 말하지만 깨달음을 얻지 않는 한, 두 번째 보물인 법보(Dhamma)의 진정한 의미를 우리는 제한적으로 밖에 이해할 수 없습니다. 깨달음으로 이끄는 가르침에 대한 우리의 믿음(saddhā)은 그래서 수다원처럼 강하지 못합니다. 그는 직접적으로 깨달음을 통해 이해합니다.

성스러운 승가는 우리가 귀의하는 세 번째 보물입니다. 우리는 직접 성자(聖者)가 되어보지 않는 한, 성자(聖者)가 무엇인지 모릅니다. 그렇기 때문에 성스러운 승가(僧寶)에 대한 우리의 믿음은 여전히 약할 수밖에 없습니다.

그러나 우리의 믿음이 약하다는 사실을 깨달아도 좌절해서는 안 됩니다. 성자(聖者)들의 모든 덕성, 성자(聖者)들의 유익한 행위(kusala)에 대한 흔들리지 않는 믿음, 성자(聖者)들의 청정한 지계 그리고 관대함에 대하여 우리는 생각해 보아야 합니다. 왜냐하면 모든 것은 가르침(담마)을 듣고, 들은 내용을 사유해 보고, 바른 지혜를 닦는 것으로부터 시작하기 때문입니다. 중부에 붓다께서 까시에 계셨을 때 깨달음은 부지런하지 않으면 얻을 수 없다 하였습니다.211) 그는 수행승들에게 다른 습관들을 가진 깨달음을 얻는 사람들에 관하여 말합니다.

나는 수행승들이여, 심오한 지혜는 즉시 얻어진다고 말하지 않는다. 그럼에도 불구하고 수행승들이여, 심오한 지혜는 점진적으로 닦아나감에 의해, 점차적으로 행함에 의하여, 점진적인 과정을 통하여 얻어진다.

그러면 수행승들이여, 어떻게 점진적인 수행을 통해, 점진적으로 행함으로, 점진적 과정을 통해 심오한 지혜를 얻을 수 있는가?

수행승들이여, 이것은 믿음을 가까이 챙긴 자가, 가까이 끌어당기고, 가까이 앉아, 귀를 열어놓고 앉아, 귀 기울여 담마를 듣고, 담마를 듣고는 그것을 기억하고, 마음에서 일어난 것들의 의미를 시험해보고, 시험을 통해 검증이 된 것들은 받아들이고, 이렇게 받아들인 것들을 적용해 보려는 마음을 내고(kusala chanda), 이 마음을 가지고 노력을 한다. 노력을 통해 그것을 평가해보고, 평가해 본 다음에 정진을 한다. 굳은 결심을 가지고 그는 스스로 최고의 진리 자체를 깨닫고, 지혜로써 그것을 꿰뚫어 본다.

흔히 성자(聖者)란 들은 것이 많은 사람(聖聞-역자)입니다. 성자(聖者)들은 담마를 듣고는, 들은 것을 적용해 봅니다. 만약 그들이 들은 담마에 대하여 부정적인 생각을 가졌다면 그들은 깨달음을 얻을 수 없었을 것입니다.

우리는 종종 목표 달성만을 원하고 달성의 원인이 되는 올바른 행위는 실천에 옮기지 않습니다. 만약 깨달음이 목표라면 지금 이 순간에 나타나는 궁극적인 실재들에 마음챙김을 통하여 바른 지혜를 닦아 나가지 않는다면 어떻게 심오한 통찰지를 얻겠습니까?

딱딱함이나 느낌 혹은 소리와 같은 실재들은 지금 이 순간에도 계속해서 나타납니다. 만약 지금 바로 나타나고 있는 실재들에 마음을 챙긴다면 바른 지혜는 증장되기 시작할 것입니다. 이것은 폭류를 건너는 영웅과 같은 용기와 결단을 필요로 합니다. 믿음이 있어야 가능한 일입니다.

깨달음을 얻고 아직 깨치지 못한 진리를 깨달으려 한다면 용기 있는 결단이 많이 필요합니다.

제26장. 마음챙김(sati)

관대한 마음으로 보시를 하는 순간에는 혹은 계를 지키거나 명상을 하는 순간에는 유익한 마음과 함께하는 믿음(saddhā)이 있습니다. 이 유익한 행위가 가치가 있다고 믿는 믿음이 없으면 어떠한 종류의 선행도 할 수 없을 것입니다. 유익한 마음에는 이러한 믿음뿐만이 아니라 유익한 행위를 잊지 않게 하는 마음챙김(sati) 역시 필요 합니다.

살다 보면 보시나 지계(持戒) 그리고 수행의 기회는 많이 있지만 우리는 이 유익한 행위를 잊고 삽니다. 훌륭한 기회를 그냥 흘려보내는 것이지요. 마음챙김이 있으면 유익한 행위에 소홀하지 않기 때문에 기회를 놓치지 않습니다. 보시와 지계 그리고 사마타나 통찰지를 닦는 데에는 그래서 마음챙김이 필요합니다.(마음챙김은 유익한 행위라는 대상을 잊지 않고 챙긴다는 의미이므로 **대상챙김**이라는 용어로 정착되어도 좋겠다는 생각이다-역자)

마음챙김(sati)은 아름다운 마음과 함께하는 19개의 아름다운 마음부수에 속합니다. 앗타살리니에 마음챙김(sati)의 특징은 '떠내려가지 않는 것'이라 하였습니다.[212] 그래서 마음챙김은 '도덕적인 심리 상태가 떠내려가는 것을 허용하지 않는 것'입니다. 즉 사념처(四念處) 수행이나 깨달음으로 이끄는 다른 요인들이 사라지는 것을 허용하지 않는 것을 의미합니다. 마음챙김은 유익하고 도움이 되는 것들을

'획득하는' 혹은 '취하는' 것(upagaṇhana)이 특징이라고 앗타살리니에서는 정의합니다. 마음챙김이 일어나면 내 마음 속에 "이러한 상태들은 이익이 되고, 저것들은 이익이 되지 않는다. 이러한 상태들은 도움이 되고 저러한 것들은 도움이 되지 않는다."와 같이 '이익이 되는 상태인지 불이익이 되는 상태인지를 잘 탐색'합니다. 그리고는 불이익으로 이끄는 상태를 제거하고 이익이 되는 것을 취하게 합니다.

앗타살리니에는 또 다른 마음챙김의 정의가 나옵니다.

`떠내려가지 않는 것'이 마음챙김의 특징이다. 잊지 않는 역할을 한다. 대상을 직면하는 것으로 혹은 보호하는 것으로 나타난다. 확고한 인식(saññā)이나 몸 등에 마음챙김을 하겠다는 확고한 생각이 가까운 원인이다. 이것은 대상에 대하여 확고하게 확립된 문설주와 같이 여겨야만 한다. 혹은 감각기관의 문을 지키는 문지기로 여겨야만 한다.

청정도론도 정의가 비슷합니다.213) 마음챙김(sati)은 유익한 행위를 잊지 않는 것으로 해로움(akusala)으로부터 우리를 지켜줍니다. 담마를 모르는 사람들도 유익한 행위를 할 수 있지만 무엇이 유익함이고 무엇이 해로움인지를 정확하게 알려면 공부를 해야 합니다.

훌륭한 도반들과 교류하고, 담마를 듣고, 들은 것을 사유해 보는 것은 보시(布施)와 지계(持戒) 그리고 사마타(定)와 위빳사나(慧)에 필요한 마음챙김을 하는데 큰 도움이 되는 조건들입니다. 법을 아는 훌륭한 도반의 관대함과 인내 그리고 그의 모든 유익한 성품들은 우리로 하여금 우리도 그러한 성품들을 개발해야겠다는 마음을 내게 합니다.

유익함을 행하는 방법이나 유익함이 무엇을 의미하는지 구체적으로 아는 것은 도움이 됩니다. 예를 들면 보시란 필요한 물질적인 것만을 주는 것이 다가 아닙니다. 마음의 관대함을 표하는 것도 보시입니다. 예를 들면 누군가 행한 유익한 선행을 '**따라 기뻐하고 감사해 하는 것**'(anumodhana dāna)도 보시입니다. 우리는 칭찬(찬탄)에 인색합니다. 그래서 칭찬(찬탄)이라는 유익한 행위를 그냥 지나칩니다. 하지만 마음챙김이 있으면 이런 기회를 놓치지 않고 칭찬을 합니다. 또 다른 보시의 다른 형태는 이 세상에 사는 사람들이나 혹은 다른 존재계에 사는 중생들에게 우리가 행한 선한 행위를 함께 기뻐할 수 있도록 **공덕을 회향**하는 것입니다. 그렇게 하면 그들 역시 유익한 마음을 갖게 되는 기회가 됩니다. 그런데 이러한 유익한 행위에 주의 깊게 마음을 챙기는 것은 자아가 아니라는 사실을 기억해야 합니다.

마음챙김 없이는 어떠한 종류의 유익한 행위도 할 수 없습니다. 악행(akusala)을 자제하는 것은 지계(持戒)에 포함됩니다. 이것은 유익한 행위(kusala)입니다. 붓다는 무엇이 바른 것이고 무엇이 바르지 않은 것인지 자세하게 설명하였습니다. 우리는 붓다의 가르침을 숙고해보고 그것들의 의미를 시험해 보고, 그 가르침의 진실을 우리 자신이 직접 증명하여야 합니다.

예를 들어 담마를 공부하기 전에 우리는 작은 곤충을 죽이는 것이 해로운 행위(akusala)라는 것을 몰랐습니다. 담마를 통해 우리는 유익한 마음과 해로운 마음에 관해서 자세히 알게 되었습니다. 그래서 곤충을 포함하여 살아 있는 어떠한 존재라도 죽이는 것은 성냄 때문으로 해로운 업이라는 사실을 알게 됩니다. 그리고 이러한 행위는 해로운 과보로 이어진다는 사실도 이해하게 됩니다. 모든 해로움(akusala)의 불이익을 아는 것은 해로운 행위를 단속하는 주의 깊은 마음챙김의 조건이 됩니다.

담마를 공부하면 유익함에는 여러 가지가 있음을 알게 됩니다. 담마를 공부하기 전에는 공손함과 존경을 뜻하는 **공경**이 유익한 업이라는 것을 몰랐습니다. 공경, 즉 몸이나 말로 표현하는 공손함과 존경은 계(戒)에 해당합니다. 마음챙김은 이러한 유익한 행위를 잊지 않게 하는 것이므로 이런 기회를 그냥 흘려보내지 않습니다. 이것이 바로 마음챙김의 역할입니다.

보시(布施)나 지계(持戒)에만 마음챙김이 있는 것이 아닙니다. **수행**을 할 때에도 마음챙김이 있습니다. 선정을 닦는 사마타는 정신 수양의 한 방법입니다. 이 고요함을 익히는 유익한 마음은 마음챙김과 함께합니다. 고요함의 수준도 여러 단계로 본삼매가 가장 높은 단계의 고요함입니다. 그러나 본 삼매에 들기는 아주 어렵습니다. 사마타를 닦는 수행자가 선정에 들기 위해 필요한 바른 지혜를 갖추고 있다면 선정에 들 수 있습니다.

선정을 닦지 않은 사람도 일상에서 고요한 순간을 경험할 수 있습니다. 예를 들면 사마타 명상 주제 가운데 하나인 자애명상을 일상에서 닦을 수 있습니다. 다만 자애의 특징을 먼저 바르게 이해한다면 자애에 조건지워진 고요함을 경험할 수 있을 것입니다. 자애(mettā)나 연민(karuṇā) 그리고 붓다의 덕성에 관한 수념(隨念) 혹은 다른 사마타 명상 주제를 닦을 때에 마음이 고요하다면 이때에는 마음챙김이 있습니다.

담마를 공부하는 것에는 정신 수양이 포함됩니다. 실재들을 보다 정확히 이해하기 위하여 담마를 공부하는 순간에 마음챙김이 있습니다. 담마를 공부할 때 그리고 그것에 대하여 숙고하다보면 실재들에 대한 지적인 이해를 하게 되는데 이것은 지금 이 순간에 나타나는 실재들에 대한 체험을 통한 직접적인 이해와는 다릅니다. 물론 이러한 지적인 이해도 통찰지를 닦는 위빳사나의 토대가 됩니다.

위빳사나 수행에 필요한 마음챙김을 이해하기 위해서는 위빳사나의 대상을 먼저 알아야 합니다. 위빳사나의 대상은 현재의 순간에 나타나는 정신(nāma)이나 물질(rūpa)입니다. 나마(nāma)와 루빠(rūpa)는 궁극적인 실재들로서 '관습적으로 사용하고 있는 개념', 예를 들면 사람, 마음, 몸, 동물 혹은 나무와 같은 개념과는 다릅니다. 이러한 개념들은 생각할 수 있는 대상이지만 절대적 관점에서의 실재(眞諦)는 아닙니다.

우리는 궁극적 실재(眞諦)들과 개념(빤냣띠)과의 차이를 알아야 합니다. 만약 우리가 개념만을 알고 궁극적 실재를 모른다면 사람이나 자아와 같은 것들이 실재로 존재한다고 믿게 됩니다. 우리는 인간의 몸이나 마음을 "덩어리"로 묶어 생각합니다. 담마를 공부하게 되면 우리는 마음이라고 하는 것은 사실 다른 마음부수들과 함께하는 서로 다른 마음들로 언제나 변화하고 있다는 것을 알게 됩니다.

몸이라고 하는 이 물질은 어떤 것은 업에 의하여 만들어진 것이고, 어떤 것은 마음이 만든 것이며, 어떤 것은 온도에서 만들어진 것이고, 어떤 것은 음식에서 만들어진 것들로 구성되어 있습니다. 이러한 물질(rūpa)들은 일어나서는 즉시 사라져 버립니다. 그것들은 항상 모든 순간에 변화하고 있습니다.

담마를 공부하면서 우리는 마음과 마음부수 그리고 물질(rūpa)들이 일어나기 위해서는 조건이 필요하다는 것을 알게 됩니다. 예를 들어 사람들은 서로 다른 모습을 가지고 태어납니다. 어떤 사람은 아름답고 어떤 사람은 흉합니다. 어떤 사람은 힘이 좋고 어떤 사람은 허약합니다. 이러한 차이들은 업 때문에 생깁니다.

관습적인 용어로 사람들은 서로 다른 성격을 가지고 있습니다. 담마를 배우면 이러한 성격을 갖게 되는 조건들이 무엇인지 자세히 알게 됩니다.

사람들은 전생에서부터 능력도 다르고 성향도 달랐습니다. 그리고 이러한 것들은 하나의 마음에서 다른 마음순간으로 이어지면서 누적되어 왔습니다. 그러므로 이것들은 지금 이 순간에 마음을 일어나게 하기 위한 조건이 될 수 있습니다. 유익한 마음이나 해로운 마음들은 유익함과 해로운 행위들을 습관적으로 누적해 온 것에 따라 조건 지워집니다.

우리는 감각 기관을 통하여 즐겁거나 불쾌한 경험을 합니다. 이러한 것들은 과거에 지은 업에 의하여 조건지워진 현상들로서 과보의 마음이라 합니다. 일상에서 일어나는 물·심의 현상들인 조건지워진 현상에 관해 공부를 하다보면 그것들은 단지 흘러가는 것으로써 이것을 통제하는 사람이나 자아는 없다는 사실을 보다 명확하게 이해하게 됩니다.

우리는 일반적으로 개념에만 주의를 기울입니다. 하지만 담마를 공부하다보면 정신(nāma)과 물질(rūpa)이라는 궁극적 실재들에 대한 지혜를 개발하는 것은 가치 있는 일임을 알게 됩니다. 아비담마를 통해 우리는 해당되는 감각기관의 문을 통해 일어나는 각각의 인식과정에 있는 마음들은 나타난 대상을 경험한다는 사실을 배웁니다. 안문인식과정

(眼門認識過程)에서 일어나는 마음들은 안문(眼門)을 통해 나타난 형상이라는 대상을 경험됩니다. 신문(身門)을 통해 나타나는 딱딱함과 같은 감촉이라는 대상은 신문인식과정(身門認識過程)의 마음들이 경험합니다. 각각의 대상은 해당되는 문에서만 경험됩니다.

예를 들어 감촉은 안문(眼門)에서 경험할 수 없습니다. 마음은 오로지 한 번에 하나의 대상만을 경험하기 때문입니다. 그래서 문(門)들을 서로 혼동해서는 안 됩니다. 만약 개념에만 주의를 기울인다면 예를 들어 우리는 꽃을 보면서 동시에 만진다고 생각합니다. 하지만 실재로는 눈의 알음알이는 단지 형상이라는 대상만을 보고 몸의 알음알이는 딱딱함이나 부드러움 같은 감촉이라는 대상만을 경험합니다.

다른 문(門)에서 경험한 대상을 기억하기 때문에 우리는 꽃의 사례와 같이 "전체"로 묶어 생각합니다. 사실 생각이란 눈의 알음알이와 각기 다른 감각 기관들의 자극에 의하여 조건지워진 것입니다.

나마(nāma)와 루빠(rūpa)는 한 번에 하나씩 감각기관을 통해 나타납니다. 그것들은 자신만의 특징을 가지고 있습니다. 그러한 특징은 변하지 않습니다. 예를 들어 눈의 알음알이는 자신만의 고유한 특징이 있습니다. 우리는 그 특징에 다른 이름을 붙일 수는 있지만 그 특징의 내용만은 변화시킬 수 없습니다. 눈의 알음알이는 언제나 모든 존재들에게 눈의 알음알이입니다. 동물의 종류나 혹은 다른 눈을 가진 중생들의 종류와는 상관이 없습니다.

개념은 오로지 생각의 대상입니다. 이것들은 고유한 특징을 가지고 있는 더 이상 나눌 수 없는 궁극적 차원의 실재가 아닙니다. 그래서 그것들은 바른 통찰(지혜)의 대상이 아닙니다. 바른 통찰의 대상은 궁극적 실재인 정신(nāma)과 물질(rūpa)입니다.

오로지 한 번에 하나의 실재를 마음은 경험할 수 있습니다. 그래서 유익한 마음을 동반하는 마음챙김 역시 오로지 한 번에 하나의 대상만을 경험합니다. 우리는 평소에 사람이나 자동차 혹은 나무와 같은 개념을 통해 생각해 왔기에 한 번에 하나의 실재를 고려하는 것은 어렵습니다. 우리가 개념을 생각하는 것과 소리나 혹은 딱딱함과 같은 실재를 오로지 한 번에 하나씩 마음 챙기는 순간과의 차이를 알게 된다면 우리는 마음챙김이 무엇인지 점진적으로 이해하게 될 것입니다.

조건지워진 실재들에 관한 진리를 일러주기 위하여 붓다는 감각기관인 육문(六門)과 이러한 문들을 통해 경험되는 대상 그리고 이것들을 '아는' 알음알이라는 실재들에 대하여 가르쳤습니다. 예를 들어 붓다께서는 사왓티 근처의 제따 동산에 머물고 계실 때 수행승들에게214)

"여섯 가지 내부의 감각 장소들을 이해하여야 한다."라고 말할 때, 이것의 의미는 무엇인가? 이것은 눈의 감각장소, 귀의 감각장소, 코의 감각장소, 혀의 감각장소, 몸의 감각장소, 마노의 감각장소가 그것이다. "여섯 가지 내부의 감각 장소들을 이해하여야 한다."고 했을 때의 의미가 바로 이것이다. 이것이 첫 번째 나오는 여섯의 의미이다.

"외부의 여섯 가지 감각장소를 알아야 한다."고 했을 때, 이것이 무슨 말인가? 이것은 형상(rūpa)이라는 감각장소, 소리라는 감각장소, 냄새라는 감각장소, 맛이라는 감각장소, 감촉이라는 감각장소, 법이라는 감각장소가 그것이다.215) "여섯 가지 외부의 감각토대를 알아야 한다."고 했을 때 여섯 가지는 이것을 말하는 것이다. 이것이 두 번째 나오는 여섯의 의미이다.

"여섯 가지 알음알이를 알아야 한다."고 하였을 때, 이것은 무엇에 관한 것인가? 이것은 눈의 감성과 형상(rūpa)이라는 대상 때문에 일어나는 눈의 알음알이(眼識), 귀의 감성과 소리 때문에 일어나는 귀의 알음알이(耳識), 코의 감성과 냄새 때문에 일어나는 코의 알음알이(鼻識), 혀의 감성과 맛 때문에 일어나는 혀의 알음알이(舌識), 몸의 감성과 감촉 때문에 일어나는 몸의 알음알이(身識), 마노와 법 때문에 일어나는 마노의 알음알이(意識)가 이것이다. "여섯 가지 알음알이를 알아야 한다."고 하였을 때 여섯이란 이것에 관한 것이다. 이것이 세 번째 여섯이다.

그 다음에는 여섯 가지 접촉, 접촉에 의하여 조건지워진 여섯 가지 느낌, 여섯 가지 느낌들에 의하여 조건지워진 여섯 가지 갈애에 대해 나옵니다. 일어나는 이러한 실재들에 대한 직접적인 이해는 자아에 대한 사견을 제거하고, 마침내는 실재들로부터 초연하게 합니다.

이 경은 육문(六門) 가운데 하나에서 나타나는 각각의 실재들은 각각 분리해서 알아야만 한다는 사실을 알려 줍니다. 우리는 실재들을 서로 혼동해서는 안 됩니다. 우리는 평소에 '사람'을 본다고 생각합니다. 그렇지만 보여지는 것은 단지 형상이라는 대상일 뿐입니다. 만약 형상이라는 대상이 나타나는 순간에 마음을 챙긴다면 형상이라는 대상은 더 이상 사람이 아니고 눈의 감성을 통해 경험할 수 있는 하나의 형상이라는 실재라고 이해할 수 있습니다. 그러나 이러한 진리를 알기는 어렵습니다.

그렇다면 개념을 생각하지 말아야 한다는 소리인지 의문이 들것입니다. 아닙니다. 이렇게 하지 않아도 됩니다. 이렇게 한다면 일상적인 생활을 할 수 없습니다. 개념에 대하여 생각하는 마음도 하나의 실재입니다. 이 마음도 조건 때문에 일어나고 자아가 아닌 하나의 나마(nāma)입니다.

우리는 평소처럼 일상적인 개념을 통해 생각하고, '나', '자아', '사람'과 같은 관습적인 언어를 사용하여 의사를 표현합니다. 그럼에도 나마(nāma)와 루빠(rūpa)에 대한 바른 지혜를 동시에 닦아 나갈 수 있습니다.

우리가 어떤 사람을 생각하거나 누군가와 이야기를 할 때에도 나마(nāma)와 루빠(rūpa)는 나타납니다. 이러한 것들이 바로 마음챙김의 대상입니다.

마음챙김(sati)이라는 마음부수는 관습적인 언어인 마음챙김과는 다릅니다. 우리는 하고 있는 일이나 주변에서 일어나고 있는 일들에 주의를 기울이는 것을 마음챙김이라고 생각합니다. 그러나 이것은 통찰지를 개발하기 위한 마음챙김이 아닙니다. 위빳사나를 할 때의 마음챙김(sati)은 나타나는 궁극적 실재인 나마(nāma)와 루빠(rūpa)에 마음을 챙기는 것입니다. 그런데 이러한 마음챙김을 하게 하는 자아는 없고 특별한 대상에 주의를 기울이도록 하게 만드는 자아도 없습니다. 마음챙김은 나마(nāma)의 한 유형이라는 것을 알아야 합니다.

나타나는 나마(nāma)나 루빠(rūpa)에 마음을 챙기면 그 실재에 대한 직접적인 지혜가 그 순간에 계발 됩니다. 우리는 수학이나 역사와 같은 과목을 공부할 때에는 책을 통해 그 내용을 이해하려고 노력합니다. 마찬가지로 실재들에 대한 이해를 하려면 역시 그것들을 조사하고 공부해야만 합니다. 하지만 이것은 생각만으로 되는 공부가 아닙니다. 실재들에 대한 이해는 직접적인 체험을 통해서 가능합니다. 소리와 같은 실재가 나타날 때 마음을 챙긴다면 그 순간에 소리의 특징을 '공부'하거나 조사할 수 있습니다. 이것은 아주 짧은 순간입니다. 이런 식으로 실재들의 모습을 있는 그대로 알아 나갑니다.

조건지워진 실재들은 어느 누구에게도 귀속되어 있지 않습니다. 이 '공부'라는 말은 실재들을 진정으로 알 수 있을 때까지 반복해서 마음을 챙겨야 한다는 의미입니다.

앗타살리니에 마음챙김은 '보호하는 것으로' 나타난다고 하였습니다. 즉 감각기관인 육문(六門)을 마음챙김이 지키는 것입니다. 눈을 통해 형상이 나타날 때 마음챙김이 없다면 그 대상에 대하여 탐욕과 성냄 그리고 어리석은 마음이 일어날 수 있습니다. 우리는 육문(六門)을 통해 나타나는 대상들에 몰입합니다. 그러나 마음챙김이 있다면 경험하는 대상 때문에 해로운 마음이 일어나지 않습니다. 그래서 '지킨다'고 한 것입니다. 앗타살리니에도 마음챙김은 '문지기'와 같다고 비유합니다.

마음챙김을 하지 않는 경우의 위험을 안다면 마음챙김의 역할을 이해하는데 도움이 됩니다. 위방가(分別論)에 나오는 '부주의함'에 대한 정의는 해로움(akusala)에 대한 위험과 육문(六門)을 지키는 마음챙김의 소중함을 일깨워 줍니다.216)

'부주의함'이란 무엇인가? 몸으로 짓는 잘못된 행위 혹은 말로 짓는 잘못된 행위 혹은 마음으로 짓는 잘못된 행위 혹은 다섯 가지 감각적 즐거움에 마음이 굴복하고 계속하여 압도당하고 혹은 주의 깊게 임하지 아니하고, 일관되게 임하지 아니하고 들쑥날쑥 임하는 것이다. 정체되어 있고,

어떤 일에 대한 열의(chanda)가 없고, 해야 할 일을 포기하고, 발전이 없고, 반복하지 않고, 결심하지 않고, 수행하지 않고, 유익한 상태를 닦아 나감에 주의를 기울이지 않는다. 이러한 것과 비슷한 것이 부주의, 부주의함, 부주의한 상태이다. 이것이 바로 부주의함이다.

마음챙김이 없으면 우리는 계속해서 다섯 가지 감각적 즐거움들에 압도당합니다. 눈, 귀, 코, 혀, 몸 그리고 의문이 보호되지 않습니다. 우리는 바른 지혜를 때때로 혹은 '간헐적'으로 닦을 수 있습니다. 하지만 마음을 챙기라고 스스로에게 강요할 수 없습니다. 다만 해로움의 위험을 안다면 지금 나타나는 실재를 잊지 않도록 하는 조건이 됩니다. 마음챙김이 있다면 바른 지혜를 닦는 '일'을 포기하지는 않습니다.

형상이라는 대상과 눈의 알음알이, 소리와 귀의 알음알이와 같은 실재들을 조사하는 일이 재미없어 보이지만 우리는 일상에서 직접적인 체험을 통해 바르게 이해하여야 합니다.

바른 마음챙김은 몸으로 짓는 잘못된 행위, 말로 짓는 잘못된 행위 그리고 마음으로 짓는 잘못된 행위를 제거할 수 있습니다. 바른 마음챙김은 잘못된 견해를 완전히 제거되고, 오계(五戒)를 범하지 않게 합니다. 왜냐하면 오계(五戒)를 범하게 되는 조건들이 궁극적으로는 더 이상 남아있지 않게 될 것이기 때문입니다.

우리는 아직 수다원은 아니지만 마음챙김을 한다면 해로운 업을 방지할 수 있습니다. 예를 들어 불쾌한 소리가 들리면 화를 내게 되고 해로운 업을 짓게 됩니다. 그렇지만 이 소리라는 것은 어떤 사람의 목소리나 라디오 소리가 아닌 단지 소리라는 물질(rūpa)이라고 마음을 챙긴다면 귀의 문(門)이 보호된 것입니다. 이렇게 마음챙김이 육문(六門)을 지킨다면 다른 사람은 물론 나 자신에게 이롭습니다.

앗타살리니에서 말하는 것처럼 마음챙김(sati)의 가까운 원인은 확고한 인식(saññā)이나 사념처(satipaṭṭhāna)입니다. 마음챙김을 할 수 있는 것은 나마(nāma)와 루빠(rūpa)가 확실하게 '이것'이라는 것을 기억하기 때문에 가능한 것입니다. 배운 것을 확실하게 기억하기 때문에 나타나는 나마(nāma)와 루빠(rūpa)에 대한 마음을 챙길 수 있는 것입니다.

많은 경에서 붓다는 듣는 것이 깨달음을 얻기 위한 가장 중요한 조건이라 하였습니다. 왜냐하면 반복해서 듣다보면 담마를 확실하게 기억할 수 있기 때문입니다. 그러나 마음챙김은 기억이나 인식(saññā)과는 다릅니다. 인식은 모든 마음들과 함께합니다. 인식은 대상을 기억하고 그것에 표상을 만들어 나중에 다시 알아 볼 수 있게 합니다.

그러나 마음챙김(sati)은 유익한 것(kusala)을 잊지 않는 것입니다. 이것은 아름다운 마음(sobhana citta)과 함께합니다. 하지만 보시와 지계 그리고 선정이나 이 순간에 나타나는 위빳사나의 대상인 나마(nāma)와 루빠(rūpa)에 대한 마음챙김이 있으면, 그 대상을 바르게, 유익한 것으로 기억하는 유익한 인식(kusala saññā)도 함께합니다.

마음챙김의 또 다른 가까운 원인은 사념처(satipaṭṭhāna)입니다. 사념처란 위빳사나를 할 때의 마음챙김 혹은 위빳사나를 할 때 마음을 챙기는 대상이란 뜻입니다. 모든 실재들은 바른 지혜를 개발하기 위하여 마음을 챙기는 대상이 될 수 있습니다.

사념처는 물질(身, rūpa), 느낌(受, vedanā), 마음(心, citta) 그리고 법(法, dhamma)입니다. 본삼매 단계까지 선정을 닦은 사람이 위빳사나를 할 때에는 선정의 마음도 위빳사나의 대상이 됩니다. 선정의 마음도 무아(無我)라는 것을 보기 위함입니다. 지금 나타나는 어떠한 나마(nāma)나 루빠(rūpa)에 마음을 챙긴다면 실재들에 대한 바른 지혜가 개발될 수 있습니다. 그것이 해로운 것이거나, 크게 유익한 마음 혹은 선정의 마음이거나 다른 어떠한 실재라도 상관없이 알아차림을 해야 합니다.

수행자는 명상의 대상을 특별하게 한정시켜 놓고 마음챙김을 해서는 안 됩니다. 어떠한 실재에 대하여 통제력을 행사하는 자아는 없습니다. 혹은 우리를 슬퍼하도록 지시하는 실체는 없습니다. 그래서 사념처(四念處)에서 제외되어야 하는 실재는 단 하나도 없습니다.

마음챙김은 닦아야만 하는 '다섯 가지 정신적 통제 기능들(indriyas)' 가운데 하나입니다. 나머지 통제기능들은 믿음, 정진, 집중 그리고 지혜입니다. 담마상가니(41)에 나오는 마음챙김의 기능이란.

마음챙김이라는 통제기능은 어떤 것인가?
이 경우의 마음챙김이란 회상하는 것이다. 마음으로 불러들이는 것이다. 기억하는 것이다. 마음에 품는 것이다. 피상적인 것 그리고 건망증의 반대이다.

이 경우에 마음챙김은 회상하는 것이다. 통제 기능(indriya)으로서의 마음챙김, 힘(bala)으로서의 마음챙김, 바른 마음챙김 - 이것이 그, 거기에서, 그때의 마음챙김의 기능이다.

앗타살리니에 '피상적이지 않다'는 구문에 대한 설명이 있습니다.217)

'피상적이지 않다'(대상에 들어간다. 혹은 대상 속으로 가라앉는다는 의미에서)는 것은 대상이 흘러가게 그냥 놓아두지 않는 상태이다. 가라앉지 않고 물위에 떠 있는 호박이나 항아리 등과 같지 않은 상태로 마음이 대상 속으로 가라앉는다. 그러므로 피상적이지 않다고 말한 것이다.

마음챙김은 통제 기능(indriya)의 하나로 유익한 행위를 주의 깊게, 잊지 않게 하는 리더의 역할을 합니다. 마음과 함께하는 마음부수들을 대상으로 말이지요. 앗타살리니의 같은 장에

마음챙김의 특징인 대상을 밝게 비춤 혹은 대상을 드러냄에 있어서 함께하는 마음부수들에 지배력을 행사한다. 이것이 마음챙김의 통제기능이다.

마음챙김은 대상을 잊지 않는 것입니다. 통찰지(paññā)는 대상을 있는 그대로 아는 역할을 수행합니다. 마음챙김이 무르익으면 힘(bala)이나 파워가 됩니다. 그래서 대상을 잊지 않고 흔들리지 않게 합니다. 앗타살리니에

이것은 부주의로 인한 동요가 없다. 이것이 `마음챙김의 힘이다.' 바른 마음챙김은 해탈과 도덕적인 마음챙김으로부터 물러나지 않는다.

본 삼매인 선정에 들려면 다섯 가지 유익한 '정신적인 통제 기능들'을 개발해야 합니다. 그리고 위빳사나를 깨달음을 얻기 위하여 닦아야 합니다. 지금 나타나는 실재들에 대하여 마음을 쓰지 않는 것은 우리의 본성입니다. 하지만 조금씩 마음챙김은 누적시켜 갈 수 있습니다. 그렇게 되면 이것은 나중에 '힘(bala)'이 됩니다.

바른 마음챙김은 팔정도의 요인 입니다. 팔정도의 요인들은 오염으로부터의 자유를 얻어 '해탈'하게 합니다. 마음챙김도 역시 깨달음의 요인(bojjhanga)들 가운데 하나입니다. 다른 요인들로는 법에 대한 조사(擇法, dhamma vicaya), 정진(精進, viriya), 희열(喜, pīti), 경안(輕安, passaddhi), 삼

매(定, samadhi), 평온(捨, upekkhā)이 있습니다.

그렇다면 통찰지를 닦는데 어떻게 통제 기능으로서의 마음챙김, 힘으로서의 마음챙김, 도(道)의 요인으로서의 마음챙김 그리고 깨달음의 요인으로서의 마음챙김을 닦을 수 있을까요? 답은 지금 나타나는 나마(nāma)와 루빠(rūpa)에 마음을 챙기라는 것입니다. 다른 길은 없습니다.

형상과 소리, 냄새와 맛 그리고 감촉이라는 대상은 대부분 탐욕과 성냄과 어리석음의 대상들입니다. 만약 마음챙김을 한다면 그리고 대상에 대한 바른 지혜가 무르익는다면 대상들에 얽매이거나 대상들에 방해받지 않게 됩니다. 만약 실재들에 대한 마음챙김이 우리가 살아가는 일상에서 바로 효과를 본다는 것을 알게 된다면 지금 이 순간부터 우리는 보다 적극적으로 마음을 챙기게 될 것입니다.

제27장. 양심(hiri) 수치심(ottappa)

우리가 유익한 행위를 하는 것은 유익한 행위에 대한 믿음 때문입니다. 그 순간에는 유익한 행위를 잊지 않는 마음챙김이 있습니다. 그리고 자신만의 고유한 역할을 수행하는 다른 많은 유익한 마음부수들이 함께합니다. 도덕적 부끄러움인 양심(慚, hiri)과 남의 비난에 대한 두려움인 수치심(愧, ottappa), 이 두 가지는 모든 아름다운 마음들과 함께합니다.

모든 해로운 마음에는 양심 없음(無慚, ahirika)과 수치심 없음(無愧, anottappa)이라는 마음부수가 함께하는데 이것들은 양심과 수치심의 반대입니다. 유익한 마음이 일어나면 도덕적 부끄러움인 양심과 비난에 대한 두려움인 수치심도 함께합니다.

유익함(kusala)에도 여러 수준이 있습니다. 그래서 양심과 수치심의 수준도 여러 단계 입니다. 해로움(akusala)의 위험과 불순함을 깨닫는다면 우리는 더욱 많은 도덕적 부끄러움과 비난에 대한 두려움을 갖게 될 것입니다. 이것 때문에 아주 작은 해로운 행위도 싫어하게 됩니다.

청정도론에 나오는 양심(hiri)과 비난에 대한 두려움(ottappa, 여기서는 **부끄러움**으로 나옴)의 정의는 다음과 같습니다.

몸으로 잘못된 행위 등을 하면 양심의 가책(hiriyati)이 있다. 그래서 양심(hiri)이라 한다. 이것은 정숙하게 삼가한다는 말이다. 위와 같은 행위들에 대하여 부끄러워한다(ottappati). 그래서 부끄러움(ottappa)이다. 이것은 해로운 행위(akusala)에 대하여 걱정한다는 말이다.

그래서 양심(hiri)은 악행을 혐오하는 것이 특징이다. 반면에 부끄러움(ottappa)은 악행을 두려워하는 것이 특징이다. 양심(hiri)은 정숙해야 하므로 악행을 하지 않게 하는 역할을 한다. 반면에 부끄러움(ottappa)은 두려움 때문에 악을 행하지 않게 하는 역할을 한다. 이미 언급한 것처럼 악으로부터 움츠러드는 것으로 나타난다. 이것들의 가까운 원인은 자기를 존중하는 것과 남을 존중하는 것이다.

위에 나오는 부끄러움, 가책, 두려움 혹은 걱정이라는 말은 일상적으로 우리가 사용되는 말의 의미와 다릅니다. 우리는 해로운 행위를 하게 되면 걱정을 하거나 화를 냅니다. 이것은 해로운 마음입니다. 도덕적인 부끄러움(hiri) 그리고 비난에 대한 두려움(ottappa)은 성냄이나 걱정하는 마음과는 함께하지 않습니다. 이 도덕적인 부끄러움(hiri)과 비난에 대한 두려움(ottappa)은 유익한 마음과 함께합니다.

이 두 가지는 언제나 함께 일어나지만 특징은 다릅니다. 앗타살리니의 정의도 청정도론과 비슷한데 여기서는 이 두

가지의 차이에 대하여 더 설명하고 있습니다.218) 앗타살리니에

도덕적 부끄러움(양심, hiri)은 원래 주관적인 것이라 자신을 존중하는 것이 가까운 원인이다. 남의 비난에 대한 두려움(수치심, ottappa)은 외부적인 것이 원인이다. 이것은 `세상'에 의해서 영향을 받는다. 그래서 다른 사람을 존중하는 것이 이것의 가까운 원인이다.219)

앗타살리니의 설명대로 도덕적 부끄러움은 자신의 태생, 나이, 영웅적 성격(용기와 힘) 그리고 폭넓은 경험 때문에 일어날 수 있습니다. 도덕적 부끄러움이 태생을 고려하기 때문에 일어난다고 한 것은 존경을 받는 가문의 사람들은 교육을 받지 못한 사람처럼 행동하기를 원치 않기 때문입니다. 이것이 자기의 태생(가문)을 고려하는 것입니다. 그래서 도덕적인 부끄러움이 일어납니다. 어른이 어린아이처럼 행동하는 것을 원치 않는 경우에도 도덕적 부끄러움이 있는데 이런 경우에는 자신의 나이를 고려하기 때문입니다.

도덕적 부끄러움은 나약하게 비춰지는 것을 원치 않는 영웅적 기질을 가진 사람에게도 일어납니다. 이들은 용기와 힘이 있는 것처럼 보여지기를 원합니다. 또한 도덕적 부끄러움은 폭넓은 경험을 가진 사람들이 배움이 없는 바보와 같이 행동하는 것을 원치 않을 때 일어납니다.

우리가 비록 담마를 듣고 자아에 대한 취착이 가치 없음을 알고는 있어도 여전히 화를 내고 다른 사람들을 자발적으로 돕지 않습니다. 그렇지만 이러한 이기주의나 성냄은 어리석음 때문이라는 것을 떠올리기도 합니다. 이것들은 우리가 담마를 공부하면서 배운 것입니다. 이러한 것이 기억나면 담마를 공부해서 생긴 지혜 때문에 도덕적 부끄러움이 일어납니다.

비난에 대한 두려움(ottappa)은 악행의 결과를 두려워하는 것으로 여러 가지가 있습니다. 해로운 업의 수준도 여럿인 것처럼 이것들의 과보 역시 여러 가지로 나타납니다. 어떤 해로운 업들은 현생에서 감각기관에서 나타나는 불쾌한 대상들을 경험하는 것으로 나타납니다. 예를 들어 우리가 행한 어떤 해로운 행위 때문에 다른 사람들의 비난을 받거나 처벌을 받아야 한다면 이것은 업의 과보입니다. 어떤 업들은 내생에 불행한 곳에 태어나게 합니다. 해로운 업은 과보만 만들어 내는 것이 아니라 이것들이 누적되면 위험하다는 사실에도 주의를 기울여야 합니다. 왜냐하면 더욱 많은 해로운 행위를 하게 하기 때문입니다.

마음속에 오염들이 일어나면 행복하지 않습니다. 마음에는 평화가 없습니다. 비록 담마를 공부하지 않았더라도 도덕적 부끄러움과 비난에 대한 두려운 마음을 가질 수도 있습니다. 그리고 해로움이 무엇인지 그리고 그것의 결과가 무엇인지를 정확히 알지는 못하지만, 유익한 행위(kusala)의 가치에 대해 감사해 할 줄 알고 해로운 행위의 불이익을 볼 수도 있습니다.

우리가 만약 인색하고 유익한 행위를 잘 하지 않을 때, 유익한 행위의 가치를 알게 된다면 이러한 행위에 대한 도덕적 부끄러움과 비난에 대한 두려운 마음을 갖게 될 것입니다. 도덕적 부끄러움과 비난에 대한 두려움은 지계(持戒)의 가까운 원인입니다. 청정도론(I, 22)에

양심(hiri)과 수치심(ottappa, 비난에 대한 두려움)이 있으면, 계를 계속해서 지키게 된다. 이것들이 없으면 (계지킴이-역자) 일어나지도 않고 유지되지도 않는다.

계를 지키는 수준도 여러 가지가 있습니다. 도덕적 부끄러움과 비난에 대한 두려움도 여러 수준이 있습니다. 부끄러움과 비난에 대한 두려움이 없으면 거친 오염들 때문에 짐승과 같은 삶을 살게 됩니다. 만약 도덕적 부끄러움과 비난에 대한 두려움이 없으면 이 세계는 보호되지 않을 것입니다(증지부).

(이것들이 없다면-역자) 이 세상 사람들은 서로가 난잡하게 된다. 심지어는 친척들 간에도, 마치 "양이나 염소들, 닭과 돼지, 개와 자칼들"이 서로 교잡하는 것과 같이 될 것이다. 도덕적 부끄러움과 비난에 대한 두려움이 `세상의 보호자'라고 하는 것도 바로 이 연유 때문이다.

도덕적 부끄러움 없음과 비난에 대한 두려움 없음이 거친

오염들과 함께할 수 있습니다. 거친 오염들과 함께하지 않는다면 이것들은 보다 미세할 것입니다.

우리는 살생이나 도둑질은 안하지만, 남에 대한 험담이나 불친절함에는 부끄러워하지도 않고 비난에 대한 두려움도 갖지 않습니다. 우리는 종종 유익함(kusala)과 해로움(akusala)을 오해하고 있습니다. 우리에게는 셀 수도 없는 취착하는 마음들이 일어나지만 알지를 못합니다. 해로운 마음이 일어나면 어리석음(moha)도 함께 일어나 무엇이 올바르고 무엇이 잘못된 것인가를 분간하지 못하게 합니다. 이러한 순간에는 부끄러움도 없고(ahirika) 잘못된 행위의 결과에 대한 두려움도 없습니다(anottappa).

담마(法)에 대한 공부를 계속해 나가면 우리는 유익한 마음과 해로운 마음에 대해서 보다 정확하게 알게 될 것입니다. 그렇게 되면 도덕적 부끄러움과 비난에 대한 두려움이 증진됩니다.

바른 통찰지가 무르익으면 거친 것이든 미세한 것이든 모든 해로운 행위들은 위험하다는 것을 알게 됩니다. 우리는 잘못된 견해인 사견(邪見)의 위험에 대해서는 이론적으로 압니다. 하지만 여전히 자아라는 실체가 있다고 믿습니다. '보거나 듣는' 어떤 실체가 있다는 개념이 존재하는 한 여기에는 해로움에 대한 부끄러움(양심)과 두려움(수치심)은 없습니다.

사견을 제거한 수다원과 일반인(범부)들과의 차이를 이해한다면 사견의 위험에 대하여 보다 명확히 이해하게 될 것입니다. 수다원(豫流者)이 되면 불행한 곳에 태어나게 만드는 거친 해로운 업을 더 이상 짓지 않습니다. 반면에 깨닫지 못한 범부들은 여전히 거친 해로운 업을 짓는 조건들을 갖고 있습니다. 우리들은 자아에 취착하는 어리석음이 있고, 얻음과 잃음, 칭찬과 비난 그리고 생(生)의 부침에 대하여 더욱 얽매이게 됩니다.

마음속의 오염들이 제거되지 않는다면 우리는 윤회를 계속할 것입니다. 다시 태어나는 것의 위험을 비록 볼 수는 없다 하여도 괴로움의 원인이 되는 오염들은 계속 반복해서 일어난다는 것을 이해할 수 있습니다. 증지부에 수행승에게 장애가 되는 요인들과 도움이 되는 요인들이 나옵니다.220)

수행승들이여,
다섯 가지 특징을 가진 장로는 마쳐야 할 일을 마치지 못한다. 그는 믿음과 부끄러움(양심-역자), 비난에 대한 두려움(수치심-역자)이 없다. 그는 게으르고 통찰지가 부족하다.

수행승들이여,
다섯 가지 특징을 가진 장로는 마쳐야 할 일을 마치게 된다. 그는 믿음과 양심, 비난에 대한 두려움(수치심)이 있다. 그는 부지런하게 통찰지를 닦는다.

이 경은 수행승들과 재가자들에게 이 순간에 나타나는 실재에 대한 통찰지를 닦지 아니하면, 마쳐야 될 일을 마치지 못한다는 사실을 일깨워 줍니다. 인생이 짧음을 철저하게 인식한다면 게으름을 피하고 더욱 많은 부끄러움 과 비난에 대한 두려운 마음을 갖게 될 것입니다. 붓다는 조심스럽고 근면하게, 바로 지금 이 순간에 나타나는 실재들에 마음을 챙기라고 가르칩니다.

통찰지가 무르익음에 따라 도덕적 부끄러움과 비난에 대한 두려움도 역시 무르익습니다. 이렇게 되면 이것들은 힘(Balas)이 됩니다. 앞에서 나온 것처럼 다섯 가지 아름다운 마음부수들은 통제 기능의 역할을 합니다. 그리고 역시 '힘'으로도 분류가 됩니다. 이것들은 믿음, 정진, 마음챙김, 삼매와 지혜입니다. 그렇지만 이러한 다섯 힘들에 도덕적인 부끄러움과 비난에 대한 두려움 역시 '힘'으로 추가할 수 있습니다. 담마상가니(30)에는 도덕적 부끄러움(hiri)을 다음과 같이 설명합니다.(여기서는 양심으로 번역하였음)

양심에 대한 가책은 가책을 느껴야만 하는 경우에 일어난다. 양심의 가책은 나쁜 일이나 해로운 일을 한 상태에서 느껴지는 것이다. 그래서 이것을 그때 거기에서 일어나는 양심의 힘이라고 한다.

죄책감(수치심)은 죄책감이 느껴져야 할 때, 나쁜 짓을 하고, 해로운 일을 한 상태에서 죄책감(수치심)이 느껴진다. 그것이 거기에서 그때에 일어나는 비난에 대한 두려움이

다.

힘이 있으면 흔들리지 않습니다. 도덕적 부끄러움과 비난에 대한 두려움은 이것들의 반대인 양심 없음(ahirika)과 수치심 없음(anottappa) 때문에 흔들릴 수 없습니다.

수다원(豫流者)의 양심과 수치심은 이것들의 반대가 되는 도덕적 부끄러움 없음과 비난에 대한 두려움 없음으로 흔들리지 않습니다. 이 해로운 업과 관련된 것들은 불행한 곳에 다시 태어나게 할 수 있습니다. 그렇지만 이제 수행을 시작한 여러분들은 아직 모든 오염들을 제거하지는 못했지만 언젠가는 완벽한 상태에 도달하게 될 것 입니다. 깨달음의 단계가 높아짐에 따라 도덕적 부끄러움과 비난에 대한 두려움은 좀 더 미세해지고 아라한이 되면 완벽한 상태에 도달합니다.

도덕적 부끄러움과 비난에 대한 두려움의 역할은 단지 책을 통해 이해할 수 없습니다. 우리는 일상에서 유익한 마음과 해로운 마음이 일어날 때 이것들의 차이를 알아야 합니다. 예를 들어 성을 내는 마음은 관대한 마음과는 확실히 차이가 납니다. 마음이 진정으로 관대하면 도덕적 부끄러움과 비난에 대한 두려움이 자신들의 역할을 수행합니다. 그렇지만 관대한 행위를 하는 순간에도 마음은 취착하기 쉬운데 우리는 이것을 모르기 쉽습니다. 보시를 하는 과정에도 보시물에 취착할 수 있고 혹은 내가 주었으므로 상대방도 나에게 무엇인가를 주어야 한다고 생각하기도 합니다. 우리는 이러한 순간에 마음을 챙겨야 합니다. 우리는 바른 지혜를 개발하면 실재들이 나타나는 바로 지금 이 순간에 그것들을 있는 그대로 볼 수 있다고 가르치신 붓다에게 감사하여야 합니다.

바른 지혜가 있으면 유익한 행위에 대한 우리의 믿음은 늘어날 것이고, 해로운 행위에 대한 위험과 불이익을 보게 될 것입니다. 그렇게 도덕적 부끄러움과 비난에 대한 두려움은 무르익어 갑니다.

제28장. 탐욕없음(alobha)

탐욕없음(alobha)은 세 가지 아름다운 뿌리 가운데 하나로 이 마음부수는 함께하는 마음과 마음부수들을 확고하게 지지해 줍니다. 모든 아름다운 마음들은 탐욕없음(alobha)과 성냄 없음(adosa)이라는 뿌리를 가지고 있습니다. 그러나 지혜(반야)의 뿌리는 함께할 수도 있고 함께하지 않을 수도 있습니다. 그래서 탐욕없음은 모든 아름다운 마음들과 반드시 함께합니다.

우리에게는 탐욕없음보다는 탐욕의 순간들이 더욱 많습니다. 더구나 우리는 이것이 해로움 이라는 사실을 깨닫지 못합니다. 우리들은 사람이나 어떤 물건에 대한 갈애를 당연하다고 생각합니다. 그래서 이런 탐욕은 위험하지도 않고 다른 사람도 해롭게 하지 않는다고 생각합니다. 그렇지만 모든 해로운 행위의 결과는 괴로움입니다. 탐욕의 마음이 계속해서 일어나는 것은 더욱 많은 탐욕을 축적해 가는 것과 같습니다. 대부분의 시간에 우리는 무엇인가를 원합니다. 서 있거나, 산책을 하거나, 어디로 가는 중이거나, 먹고 있거나 혹은 잠자리에 들 때에도 무엇인가를 원하고 있다는 이야기입니다. 이러한 순간들에 탐욕에 뿌리한 마음이 있다는 이야기입니다.

우리는 대부분의 시간을 자신에 대한 생각을 하며 보냅니다. 자신을 위한 즐거운 일들이 생기기를 원하고, 다른 사람들이 나의 의견에 동의하여 주기를 바랍니다. 심지어 유익한 행위를 할 때에도, 예들 들어 담마를 듣거나 혹은 유익한 마음에 대하여 이야기를 할 때에도 거기에는 유익한 마음이 사라지고 난 직후에 탐욕의 마음들이 일어나기 쉽습니다. 우리는 '내가 행한 유익함'에 취착할 수 있고, 내 자신이 선한 존재라고 생각하며, 나는 현명하다고 생각할 수는 있습니다. 내 자신을 중요하다고 생각하는 것이지요.

만약 지금 일어나는 마음들을 좀 더 명확히 알게 된다면 이기적이지 않은 초연한 순간과 탐욕의 순간은 완전히 다르다는 것을 이해하게 될 것입니다. 각각의 유익한 마음에는 탐욕없음의 마음부수가 함께합니다. 하지만 이러한 마음들은 지속되지 않습니다. 우리의 삶에는 유익한 마음보다 해로운 마음들이 더욱 많습니다.

탐욕없음의 모습과 수준도 여러 가지입니다. 이기적이지 않음, 자유로움 혹은 관대함 같은 것입니다. 남을 위한 희생이나 가진 것을 남에게 나눠주는 것 그리고 금욕이나 욕망 없음의 상태에는 탐욕없음(alobha)이 있습니다.221) 앗타살리니에 탐욕없음(alobha)은222)

탐욕없음은 마치 연잎에 떨어진 물방울 같이 대상에 대한 초연한 마음, 혹은 대상에 대한 욕심 없는 마음이 특징이다. 해탈한 수행승처럼 움켜쥐지 않는 역할을 한다. 오물통에 빠진 사람처럼 초연함으로 나타난다.

제28장. 탐욕없음(alobha)   421

청정도론의 정의도 비슷합니다.

탐욕없음의 마음이 있는 순간에는 탐욕의 마음은 함께하지 못한다. 탐욕없음은 연잎에 떨어진 물방울처럼 들러붙지 않음이 특징이다. 연꽃은 물에서 자라지만 물에 젖지 않는다. 이것이 연꽃의 본성이다.

연잎 위의 물방울은 연꽃을 적시지 않고 굴러 떨어집니다. 이것이 탐욕없음(alobha)입니다. 경험하고 있는 대상에 집착하지 않는 것입니다. 대상에 영향을 받지 않습니다. 이것이 탐욕없음의 성품입니다. 바른 조건이 있으면 탐욕없음은 일어납니다. 그러나 이 마음이 사라지고 난 바로 직후에 다른 대상들에 의하여 영향을 받습니다. 우리가 바른 통찰지를 개발한다면 지금보다 영향을 덜 받게 될 것입니다. 숫따니빠따에223)

….어느 것에도 의존하지 않는 현자(賢者)는 즐거운 것이거나 불쾌한 것이거나 아무 것도 붙잡지 않는다. 그는 비탄과 탐욕에 물들지 않는다. 마치 연잎이 물방울을 붙들지 않는 것처럼.

연잎에 물방울이 젖지 않는 것처럼 연꽃은 물에 취착하지 않습니다. 그렇게 현자는 보거나 듣거나 떠오르는 것에 취착하지 않습니다.

그러므로 청정한 사람은 보거나 듣거나 혹은 떠오르는 것에 대하여 "이것이 청정이다"라는 생각도 없고 청정한 마음을 원하지도 않습니다.224) 그는 흥분하지도 않고 냉정하지도 않습니다. 탐욕없음의 역할은 해탈한 비구처럼 "움켜쥐지 않는 것입니다"

아라한이 되면 나타나는 대상이 무엇이던 간에 움켜쥐지 않고 사로잡히지 않습니다. 다만 완전하게 초연합니다. 그러므로 그는 자유롭고 해탈한 것입니다. 앗타살리니에 탐욕없음은 오물통에 빠진 사람과 같이 초연함으로 나타난다고 하였습니다. 오물통에 빠진 사람은 머물 수 있는 피난처를 생각하지 않습니다. 그는 그것을 몹시 싫어하는 것처럼 위험하다고 생각합니다. 그래서 가능하면 빨리 그것으로부터 벗어나려 합니다. 탐욕없음도 똑같습니다. 위험인 것에 의지하지 않습니다.

지금 경험하고 있는 대상에 대한 탐욕은 위험합니다. 왜냐하면 탐욕은 불행한 곳에 다시 태어나게 할 수 있는 악행을 유발하기 때문입니다. 어떠한 형태의 탐욕이라도, 심지어 아주 미세한 것일지라도 이것은 위험합니다. 왜냐하면 탐욕이 제거되지 않는 한 우리는 다시 태어날 것이며, 태어나서는 늙고 병들어 죽을 것이기 때문입니다. 탐욕없음의 특징을 알기 어렵습니다. 왜냐하면 탐욕 없는 순간이 거의 없기 때문입니다.

우리는 남을 위해 무엇인가를 하는 것에 대하여 너무 인색합니다. 자신의 편안함이나 조용함에 취착하기 때문입니다.

혹은 다른 이들을 위해 움직이기에는 날씨가 너무 춥다거나 혹은 덥다고 생각합니다. 하지만 탐욕없음의 마음이 일어나면 피곤함이나 불편함 같은 것은 고려하지 않습니다. 나 자신보다는 다른 사람을 돕는 행위의 유익함을 봅니다.

우리는 경험을 통해 탐욕없음이 나 자신이나 다른 이들을 위하여 유익하다는 것을 배웠습니다. 마음속에 탐욕이 없을 경우에는 나 자신의 즐거움을 돌보지 않게 됩니다. 이때의 마음은 평화롭습니다.

유익함이나 해로움을 선택하는 특별한 순간에도 거기에는 의사결정을 하는 자아와 같은 것은 없습니다. 모든 마음의 순간들은 많은 요인들에 의하여 조건 지워집니다. 바로 자아가 아닌 탐욕없음의 마음부수가 초연하게 만드는 역할을 합니다. 우리는 감각적 즐거움을 포기하라고 자신에게 강요할 수 없습니다. 하지만 유익함과 해로움이 나타나는 순간에 마음을 챙겨보면 이것들은 차이가 있습니다. 그래서 유익한 행위는 이익이 되고 해로운 행위는 이익이 되지 않는다는 것을 점차적으로 알게 됩니다.

유익한 마음이 일어날 때에는 항상 유익한 마음과 함께하는 탐욕없음이 있습니다. 탐욕없음은 의문인식과정 뿐만이 아니라 오문인식과정에서도 일어납니다. 아라한이 아닌 경우에 각각의 인식과정에는 유익하거나 해로운 속행(자와나)의 마음들이 있습니다. 유익한 마음이 일어나면 거기에는 경험하는 대상에 대한 "현명한 주의"가 있고, 탐욕이나 성냄 그리고 어리석음은 없습니다. 탐욕없음은 유익한 마음과 함께 일어납니다.

예를 들어 안문인식과정에서 형상이라는 대상을 경험하는 유익한 마음에는 탐욕없음이 함께할 수 있습니다. 일반적으로 우리는 무심하게 형상이라는 대상을 보지만 유익한 마음이 일어나는 조건이 있으면 대상에 대한 탐욕없음이라는 마음의 상태를 유지하게 됩니다.

선한 행위를 할 때에는 이미 탐욕없음이 있습니다. 초연하려고 어떤 노력을 하거나 다른 것을 포기할 필요가 없습니다. 보시를 할 때 우리는 이기적인 성향을 포기합니다. 그리고 누군가의 이익을 적어도 그 순간만큼은 생각합니다. 거친 욕설을 자제할 때에는 나 자신을 해롭게 하고 다른 사람을 해롭게 하는 나쁜 말을 하지 않습니다.

자애의 마음에는 성냄 없음과 이기적인 것을 포기하는 탐욕없음의 마음부수도 함께합니다. 이기심이 일어나는 순간에는 자애의 마음이 함께할 수 없습니다. 누군가에게 취착하게 되면 탐욕 때문에 우리는 어떠한 유익한 일도 하지 못합니다. 단지 그 사람으로부터 즐거운 느낌을 얻고는 그것에 취착합니다.

이 즐거운 느낌을 즐기는 이기적인 그 순간이나 유익한 마음이 일어난 바로 그 순간을 알아차려야 합니다.

우리는 단지 즐거운 느낌에 취착합니다. 우리는 그것이 해롭고 쓸모없는 것이라는 것을 알아차리지 못합니다. 자애(mettā) 혹은 연민(karuṇā)의 마음이 일어나는 순간에는 다른 사람을 생각하는 순수함이 있고 짧은 순간이지만 세계의 중심은 "나"라고 여기는 그 "나"라는 것을 잊게 됩니다.

탐욕없음에도 여러 수준이 있습니다. 바른 지혜가 있으면 수승한 수준의 탐욕없음을 일어나게 하는 조건이 됩니다. 만약 바른 지혜가 있다면 해로운 마음의 순간과 유익한 마음의 순간을 압니다. 선정의 마음에도 이 지혜가 있습니다. 선정은 자애, 붓다의 덕성, 몸에 대한 혐오감 혹은 다른 주제들을 가지고 닦습니다. 이 고요한 마음의 순간에는 탐욕없음과 함께합니다. 고요함의 단계가 본 삼매까지 올라가면 오염들은 일시적으로 가라앉지만 제거되지는 않습니다. 그리고 선정의 고요함 등에 취착하는 마음이 일어날 수 있습니다. 단지 통찰지를 개발하는 것만이 모든 대상들로부터 초연하게 됩니다.

나마(nāma)와 루빠(rūpa)에 대한 직접적인 통찰지는 그것들로부터 초연하게 해줍니다. 자아에 관한 사견이 남아 있는 한 탐욕은 제거될 수 없습니다. 우리는 '자아'에 대하여 취착합니다. 그리고 '사람'이 궁극적 관점에서는 존재하지 않는다는 진리를 받아들이려 하지 않습니다. 만약 궁극적 실재들에 대한 바른 지혜가 개발되면 사람이라는 것은 단지 지속되지 않는 마음과 마음부수 그리고 물질(rūpa)이라는 것을 알게 될 것입니다.

수행의 초기에는 안식(眼識), 형상이라는 대상 그리고 다른 실재들에 대한 마음챙김을 지속하기 어렵습니다. 왜냐하면 우리는 나타나는 과보를 바로 알지 못하고 이것이 정말로 유용한 것인지 의심하기 때문입니다. 다른 사람을 돕는 것이 지금 나타나는 형상이라는 대상을 알아차리는 것보다 보다 유익하지 않을까? 라는 생각도 합니다.

모든 유익한 행위는 도움이 있습니다. 그래서 어느 것 하나라도 무시하면 안 됩니다. 만약 다른 이를 돕거나 자애(mettā)와 연민(karuṇā)의 마음을 가지고 다른 사람의 말을 들어준다면 거기에는 내 마음의 이기주의를 포기하는 마음이 자리 합니다. 하지만 이러한 유익한 마음이 사라지고 난 다음에는 "나만의 이로움" 혹은 다른 사람에 대한 취착하는 마음이 일어납니다.

이러한 과정에서 우리는 안식이나 형상과 같은 실재에 대한 마음챙김을 할 수 있습니다. 이런 식으로 마음챙김을 하다 보면 보이는 것은 사람이 아니고 단지 눈을 통하여 나타나는 형상일 뿐이라는 확신을 하는 순간이 올 것입니다.

형상이라는 대상에 대한 마음챙김이 있고 그것은 사람이 아니고 '단지 실재'라고 이해한다면 이미 거기에는 미약하나마 초연함이 있습니다. 수행의 초기에 생긴 지혜는 미약합니다. 하지만 육문(六門) 가운데 하나를 통해 나타나는 실재가 무엇이던 간에 마음챙김을 지속해 나가면 지혜는 점점 날카로워질 것이라고 믿음을 가지십시오. 이렇게 하면 '자아'에 대한 취착, 어떤 존재에 대한 취착이 줄어들게 됩니다.

수다원은 자아에 대한 모든 취착을 제거하였습니다. 하지만 여전히 감각적인 대상에는 취착합니다. 사다함은 감각적인 대상에 덜 취착하지만, 여전히 그것을 제거하지는 못하였습니다. 아나함은 감각적 대상에 대한 취착을 제거하였지만 여전히 다시 태어납니다. 그리고 자만과 함께하는 탐욕에 뿌리한 마음은 여전히 일어납니다. 아라한은 모든 형태의 탐욕을 제거하였습니다. 이것을 보면 탐욕을 제거하기가 얼마나 어려운지 알 수 있습니다. 우리는 탐욕 없이는 행복할 수 없다고 생각합니다. 하지만 최고의 행복인 초연함을 완성하는 것은 모든 슬픔으로부터의 자유를 얻는 것과 같습니다.

우리는 경전을 통해 갈망은 괴로움의 뿌리라는 것을 배웁니다. 하지만 쉽게 잊습니다. 예를 들어 중부에서 붓다는 아들을 잃은 범부에게 "근심과 슬픔, 괴로움과 비탄 그리고 절망은 갈애에서 생겨난다. 갈애로부터 시작한다."라고 설합니다. 그렇지만 범부는 이 진리를 받아들이지 않습니다. 빠세나디 왕은 이것에 대하여 말리까 왕비에게 말을 하자 왕비는 전적으로 붓다의 말씀에 동의한다고 하자 왕이 화를 냅니다. 왕비는 왕에게 붓다의 진리를 이해시키려고 일상에서 일어난 일을 예로 들어 설명합니다. 그녀가

"이것에 대해서는 어떻게 생각하시는지요? 당신의 딸인 와지리는 당신을 사랑합니까?"

"그래요, 말리까. 내 딸 와지리는 나에 대한 애정이 있소."

"이것은 어떻게 생각합니까? 당신 딸인 와지리의 마음이 변하고 다른 생각을 하게 된다면 당신의 마음에 근심과 슬픔, 괴로움과 비탄 그리고 절망감이 일어나겠지요?"

"내 딸 와지리에게 마음의 변화가 있다면 나를 위한 것이겠지요. 그녀는 심지어 생명을 버리는 것까지 (생각할 터인데-역자) 어떻게 나에게 근심과 슬픔, 괴로움과 비탄 그리고 절망감이 일어나지 않을 수 있겠소?"

"이것이 바로 그 말씀입니다. 이것이 아시는 분, 보신 분, 완벽한 분, 완전한 자아 - 깨어나신 분인 붓다께서 하시고자 한 말씀입니다. <u>근심과 슬픔, 괴로움과 비탄 그리고 절망은 갈애에서 생긴다. 갈애에서 시작한다.</u>"

왕비는 그때 왕과 성스러운 와사바 부인, 와사바 부인의 아들인 장군 위두다바 그리고 까시와 꼬살라 사람들에게도 같은 질문을 합니다.

우리는 종종 괴로움의 뿌리는 갈애라는 것을 망각합니다. 그리고 대부분의 시간을 안식(眼識)과 이식(耳識) 그리고 다른 감각기관을 통해 나타나는 것에 대하여 취착합니다.

우리는 경전을 여러 번 읽고 또 읽어서 붓다의 말씀을 기억해야 합니다. 그의 가르침은 마음의 양식과 같습니다. 만약 모든 슬픔과 괴로움의 뿌리가 탐욕이라는 것을 깨닫게 된다면 우리는 이 순간에 바른 지혜를 개발하게 될 것입니다. 그리고 마침내는 모든 대상으로부터 초연하게 될 것입니다.

제29장. 성냄 없음(adosa)

성냄 없음(無瞋, adosa) 혹은 증오 없음은 세 가지 아름다운 뿌리 가운데 하나입니다. 모든 아름다운 마음은 성냄 없음과 탐욕없음에 뿌리합니다. 그리고 지혜는 함께할 수도 있고 함께하지 않을 수도 있습니다. 우리는 화가 나면 화가 나는 것을 알아차릴 수 있습니다. 하지만, 성냄 없음의 특징을 알지는 못합니다. 성냄은 항상 불쾌한 느낌을 동반하기 때문에 우리는 성냄을 싫어합니다. 성내는 마음이 지나가면 우리는 '성냄 없음'의 마음부수가 있다고 생각하지만, 사실이 그런가요? 바로 이 순간에 성을 내는 마음이 없다고 **성냄 없음**이라는 마음부수가 유익한 마음과 함께한다는 것이 확실합니까?

형상이라는 대상에 대한 탐욕의 마음이 있다면 이 순간에는 '성냄 없음'이라는 마음부수는 있을 수 없습니다. '성냄 없음'이 있다면 반드시 '탐욕없음'도 함께합니다. 뿐만 아니라 유익한 마음과 함께하는 몇몇의 아름다운 마음부수들이 이 마음을 지원해야 합니다.

빠알리어로 아도사(adosa)는 성냄 없음 혹은 증오 없음으로 번역되지만 형태와 그 수준이 다양합니다. 예를 들어 살아있는 존재들에 대한 자애(mettā)는 성냄 없음의 한 형태입니다. 살아있는 존재가 아닌 대상에 대한 인내도 성냄 없음의 한 형태입니다. 즉 더위와 추위, 신체적 고통이나 다른 불쾌한 대상들에 대한 인내나 혹은 성냄 없음과 같은 것입니다. 앗타살리니에 성냄 없음의 정의는 다음과 같습니다.225)

성냄 없음은 마치 마음이 맞는 친구와 같이 적의나 심술궂음 없음이 특징이다. 속상함을 없애버리는 역할을 한다. 혹은 전단향처럼 고민거리를 흩어버리는 역할을 한다. 마치 보름달처럼 기분 좋음으로 나타난다.

청정도론의 정의도 비슷합니다.

성냄 없음은 잔악함이 없는 것(acaṇḍikka) 혹은 수순함(avirodha)이 특징이다. 마치 다정한 친구처럼. [성가심(āghāta)을 버리는 것이 그 역할이다. 마치 전단향처럼. 차가움(somma-bhāva)으로 나타난다. 마치 보름달처럼 -역자추가]

성냄과 성냄 없음의 차이는 일상생활에서 볼 수 있습니다. 우리는 누군가에게 혹은 어떤 것에 매우 화가 날 경우가 있습니다. 하지만, 성냄의 불이익을 본다는 것은 인내하게 되는 조건이 됩니다. 성냄의 특징인 잔인함이 모두 사라진 순간에는 성냄 대신에 부드러움이 있습니다. 그러나 여기에도 인내하는 자아 혹은 부드러운 자아라는 것은 없습니다. 다만 성냄 없음이라는 마음부수가 이 역할을 수행할 뿐입니다.

성냄 없음의 역할은 성가심을 제거하거나 혹은 속상함을 제거하는 것입니다. 이것은 기분 좋은 향기가 나는 전단향과 같다고 비유합니다. 이 향은 열을 내리는 기능이 있습니다. 성냄이 있으면 우리는 속이 상하고 화가 납니다. 그 순간에 증오라는 열기가 솟아올라 마음을 통제할 수 없게 됩니다. 우리는 무엇을 하고 있는지도 모르게 됩니다. 그래서 성냄은 불과 같아서 끄기 어렵습니다. 그렇지만 **성냄 없음**이 있으면 성냄의 열기는 치유되고 모든 성가심이 없어집니다. 성냄과 **성냄 없음**은 우리 몸에도 영향을 미칩니다. 앗타살리니에226)

증오 없음은 젊음의 원인이다. 주름이 생기게 하고 머리가 희어지게 하는 성냄이 없는 사람, 증오의 불로 타오르지 않는 중생은 오랫동안 젊음을 유지한다.

앗타살리니에는 성냄 없음은 보름달처럼 기분 좋은 것으로 나타난다고 하였습니다. 성냄 없음은 자기도 기분 좋고 남도 기분을 좋게 합니다. 다른 사람들과 조화롭게 살아갈 수 있게 합니다. 성냄이나 증오는 친구를 잃게 하고 성냄 없음은 친구를 생기게 합니다. 앗타살리니의 같은 장(129)에

성냄 없음은 친구를 만드는 원인이다. 사랑의 마음 때문에 친구를 얻게 된다. 잃지 않는다.

성냄 없음은 각각의 유익한 마음들과 함께합니다. 우리가 보시를 하거나, 계를 지키거나, 선정이나 지혜를 닦는 순간에 성냄 없음이 성가심을 없애는 역할을 합니다. 보시는 친절한 행위입니다. 유익한 마음으로 보시하는 것은 우리 마음속의 친절함을 보여주는 것입니다. **성냄 없음**이 있다면 대상에 대한 초연한 심리적 상태인 **탐욕 없음**도 함께합니다. 우리가 계를 지키는 순간에는 유익한 마음과 함께하는 **성냄 없음**이 있습니다. 자기는 물론 다른 사람도 해롭게 만드는 해로운 업을 짓지 않는 것은 마음속의 친절함이 표출되는 행위입니다. 앗타살리니의 같은 장에

자기 자신이나 다른 사람의 신체 혹은 정신적 행복을 무너뜨리지 않는 선의(善意)는 세간적인 이익이나 혹은 미래의 이익이 되고 좋은 기록(씨앗-역자)이 된다.

붓다는 다른 사람들에게 사적으로나 공적으로 친절하라고 가르쳤습니다. 이것은 수행승들이나 재가자들 모두에게 해당합니다. 진정한 친절은 말과 행동을 통해 나타납니다. 누군가 험한 말을 하면 화가 납니다. 그래서 우리는 다시 거칠게 반응합니다. 즐거운 대상은 취착하는 조건이 되고, 불쾌한 대상은 성냄의 조건이 됩니다. 우리가 성내는 모습의 흉함과 불이익을 본다면 거친 말을 자제하게 될 것입니다. 다른 사람들의 행동이나 말에 대하여 화를 내게 되면 마음챙김을 잊게 됩니다. 하지만 마음을 챙기면 잘못된 말을 하지 않도록 자제할 수 있습니다. 그래서 그 순간에는 성가심을 제거해 주는 **성냄 없음**도 역시 존재합니다.

상응부에 신들의 왕인 삭까에게 아수라인 웨빠찟띠가 욕을 합니다.227) 그때 삭까는 자기가 참은 것은 약해서 참은 것이 아니라고 마부인 마딸리에게 말합니다. 그는 다음과 같이 인내와 관용을 훌륭함을 찬탄합니다.

**둘 가운데 나쁜 사람은
욕을 먹으면, 다시 욕을 하는 사람.**

**욕을 먹었을 때 다시 욕하지 아니하는 자,
이 두 번째 사람이 승리자이고 이긴 자이다.**

**그는 다른 사람은 물론 자기 자신도 유익함을 추구한다.
다른 이가 화를 내면 이해하고
고요하고 조용하게 머문다.**

**두 사람 모두가 치유자,
그는 자신도 치유하고 다른 이도 치유한다.**

그를 바보라 생각한다면 담마를 모르는 사람일새!

어떤 사람을 보면 화가 치밀어 오르는 순간이 있습니다. 그 사람이 말하는 것이나 잘못된 행위를 하는 것을 보게 되면 화가 납니다. 급한 일 때문에 서둘러 가는데 앞에서 천천히 가며 길을 막으면 화가 납니다.

우리는 대부분의 시간을 다른 사람이 아닌 나에 대하여 생각합니다. 화가 나는 이유는 내가 중요하다고 생각하기 때문입니다. 화를 내는 순간에는 마음속에 친절함이 없습니다. 이렇게 이기주의 혹은 다른 사람의 입장을 배려하지 않는 마음 때문에 불친절합니다. **친절함**과 **인내심**은 평화로운 마음을 갖게 되는 조건입니다. 친절한 마음이 일어날 때의 마음을 돌이켜 보면 화를 내는 거친 순간과는 분명한 차이가 있음을 알게 됩니다.

친절과 자애로움은 **성냄 없음**의 다른 유형입니다. 앞에서 살펴 본 것처럼 인내(인욕)도 **성냄 없음**의 다른 유형이지요. 인내의 대상에는 살아있는 중생들에 대한 것과 생명이 없는 것들에 대한 인내가 있습니다. 그래서 인내(인욕)란 육문(六門)을 통해 나타나는 모든 것들을 대상으로 합니다. 불쾌한 대상에 화를 낸다면 인내(인욕)하지 않는 것입니다. 하지만 참기 어려운 일을 당해 화를 내지 않기는 매우 어렵습니다. 하지만 **성냄 없음**의 마음부수가 일어나면 불쾌한 것도 참을 수 있습니다.

붓다는 수행승들에게 불쾌한 대상들에 인내하라고 가르쳤습니다. 중부에서 붓다는 오염을 제거하는 여러 방법에 대하여 설하였는데 그중의 하나가 바로 이 인욕입니다.228)

**마음의 오염들은 바른 지혜가 무르익지 않으면
제거할 수 없다는 것을 이해하라.
그리고 수행승들이여,
인욕으로서 제거되어야 하는 오염에는 어떤 것들이 있는**

가? 수행승들이여, 이 가르침을 현명하게 반조하는 수행자는 추위와 더위, 배고픔, 목마름, 날파리의 달라듦, 모기, 바람과 햇빛, 벌레들, 지루한 연설, 환영받지 못하는 말과 같은 것들을 참고 견딘다.

그는 일어나고, 고통스럽고, 격렬한, 찌를 듯한, 쏘는 듯한, 불쾌한, 비참한, 죽을 것같은 몸에서 일어나는 현상들을 잘 참고 견딘다.

하지만 수행승들이여, 만약 (이러한 것들을-역자) 참고 견디지 않는다면 파괴적이고 소모적인 마음의 오염들이 일어난다. 그러나 인내하기 때문에 거기에는 파괴적이고 소모적인 오염들은 일어나지 않는다. 수행승들이여, 이러한 것들을 인욕으로 제거되는 오염들이라 부른다.

대개 우리는 지금 행할 수 있는 유익한 기회들을 흘려보냅니다. 불쾌한 대상이 나타나면 바로 인내심을 배양할 수 있는 기회가 됩니다. 우리 모두는 배고픔과 목마름, 추위와 더위로부터 고통받게 되어 있습니다. 그리고 이러한 것들은 일상에서 반복적으로 일어납니다.

불쾌한 대상들을 육문(六門)에서 경험하는 것은 우리가 과거에 지은 업의 과보 때문입니다. 과보는 피할 수가 없습니다. 이러한 과보의 마음이 사라진 직후에, 그 대상에 대하여 주의가 현명한 것이냐 아니면 어리석은 것이냐에 따라 유익한 마음이나 해로운 마음이 일어납니다. 만약 모든 상황에서 참고 견디는 것의 이익을 보는 것은 성내는 마음 대신에 **성냄 없음**의 마음을 일으키는 조건이 됩니다.

견기기 힘든 사실 가운데 하나는 사랑하는 이들과 헤어지는 것입니다. 증지부에 난다의 어머니 이야기가 나옵니다. 그녀는 성냄을 제거하는 바른 통찰지를 닦아서 아나함이 되었습니다. 그녀는 사리뿟따와 목갈라나에게 공양을 올린 직후 그 자리에서 사리뿟따에게 자기가 경험한 신기한 이야기를 합니다.229)

"몇 가지 이유로 라자스는 어떤 힘에 이끌려 나에게는 사랑스럽고 소중한 외아들인 난다를 죽였습니다. 하지만 그 아이는 사로잡혔거나 사로잡힌 상태, 구속되었거나 구속된 상태에서, 살해하였거나 살해할 수밖에 없었습니다. 나는 심장의 두근거림도 없이 이것을 알았습니다."

"오! 난다의 어머니여! 참으로 신기하고 훌륭합니다. 당신은 그렇게 가슴 속에서 끓어오르는 것을 제거해야 합니다."

"그것이 전부가 아닙니다. 존자시어… 나의 남편은 죽어서 야차로 태어났습니다. 하지만 그는 살아있을 때의 그 모습 그대로 나에게 나타났습니다. 하지만 나는 그것 때문에 가슴도 두근거리지 않았습니다."

난다의 어머니는 자신은 계를 청정하게 지켰으며 선정을

여러 단계로 닦았다고 이야기 하고는 자신은 '낮은 단계의 다섯 가지 족쇄'에서 벗어났다고 말합니다.

아나함(不來者)은 깨달음의 세 번째 단계로써 감각적 대상에 대하여 더 이상 취착하지 않습니다. 그래서 불쾌한 대상이 나타난다 하여도 아나함에게는 성냄의 조건이 남아있지 않습니다. 아나함이었던 난다의 어머니는 그녀에게 일어나는 일이 무엇이던 간에 슬픔이나 두려움 그리고 걱정이 없었습니다. 사랑하는 사람을 잃거나 떠나게 되면 우리의 심정은 비통하게 되고 좌절합니다. 이러한 탐욕의 위험을 이해한다면 마음속의 오염들을 제거할 수 있는 바른 지혜를 개발하게 됩니다.

바른 지혜를 닦아 나감에도 인욕이 필요합니다. 비록 많은 해로운 마음이 일어나더라도 우리는 마음챙김을 해야 합니다. 인내심을 가지고 꾸준히 해야만 합니다. 그러나 성냄이 있다면 화를 내게 될 것입니다. 간혹 우리는 그 성냄을 '내가 성을 낸다.'고 생각합니다. 이러한 성냄의 순간에 마음을 챙기면 성내는 마음은 단지 일어나기 위한 조건 때문에 일어난 하나의 나마(nāma)에 불과하다는 것을 알게 됩니다. 이러한 마음챙김의 순간에는 성냄 대신에 "성냄 없음"이 있습니다.

한편 **자애**(mettā)는 살아있는 다른 중생들을 향한 **성냄 없는** 마음입니다. 청정도론에 **성냄 없음**의 정의와는 별개로 자애(mettā)에 관한 정의가 나옵니다.[230]

여기에서 자애의 특징은 행복을 증진하는 것이다. 행복하기를 바라는 역할을 한다. 성가심을 제거하는 것으로 나타난다. 중생들의 사랑스러움을 보는 것이 가까운 원인이다. 악의를 가라앉히면 성공하고 이기적인 사랑의 감정에 얽매이게 되면 실패한다.

자애는 바른 지혜와 함께할 수도 있고 지혜 없이 일어날 수도 있습니다. 우리는 누군가에게 친절을 베풀지만 이러한 행위에 바른 지혜가 함께하지 않을 수도 있습니다. 만약 여러분이 자애의 특징을 아는 바른 지혜를 갖는다면 자애의 마음을 키워갈 수 있습니다. 자애는 사마타 명상 주제의 하나이지만 일상에서 닦지 아니하면 성공할 수 없습니다.

자애의 '가까운 적'은 이기적인 사랑과 탐욕입니다. 탐욕은 자애의 마음이 사라진 바로 다음 순간에 일어나기 쉽습니다. 하지만, 이것을 알아차리기는 쉽지 않습니다. 우리는 특별히 좋아하는 사람에게만 친절한지, 아니면 누구에게나 친절한지 알아야만 합니다. 우리는 경험으로 자애와 이기적인 사랑 간의 차이를 이해합니다. 어떤 사람에 대한 그리운 마음이 있다면 이것은 취착입니다. 이러한 탐욕의 마음은 성냄의 조건이 됩니다. 그러나 자애의 마음은 자신만의 편안함을 생각하지 않습니다. **자애의 마음은 탐욕없음**(alobha)과 **평온**(upekkhā) 혹은 **중립**(tatramajjhattata)이라는 마음부수와 함께합니다.

누군가에게 보시를 하거나 도와줄 때에는 즐거운 느낌이 있습니다. 그러나 순수한 자애의 마음이 아니라면 탐욕이 함께합니다. 즐거운 느낌은 탐욕에 뿌리를 둔 마음과도 함께하고 유익한 마음과도 함께함을 기억해야 합니다.

우리는 즐거운 느낌을 중요하게 생각합니다. 그리고 즐거운 느낌은 항상 유익한 것이라고 생각하는 경향이 있습니다. 그래서 즐거운 느낌 때문에 잘못된 길로 쉽게 빠질 수 있습니다. 자애의 마음은 언제나 즐거운 느낌을 필요로 하지 않습니다. 유익한 마음은 즐거운 느낌이나 무덤덤한 느낌과 함께할 수 있습니다.

청정도론(IX)에 생각만 하면 화가 나는 사람이 자애심을 개발할 때 고려해야 하는 사항이 나옵니다. 이 수행자는 증오의 위험과 인내의 이익에 대하여 숙고하여야 합니다. 화를 내면 자신에게 해롭습니다. 그래서 다른 사람에게 화가 나면 그 사람의 나쁜 점을 생각하지 마십시오. 단지 좋은 면만을 보려고 노력하십시오. 그리고 화가 나지 않을 때에는 성냄 대신에 연민(karuṇā)의 마음을 닦도록 하십시오. 해로운 행위를 지속해온 사람은 슬픔을 맛보게 될 것입니다. 우리는 내가 지은 행위는 내가 계승한다는 사실을 기억해야 합니다. 그 과보는 내가 받게 됩니다.

우리는 또한 화를 내게 만드는 사람 역시 다섯 무더기(五蘊)에 불과하다는 사실을 알아야 합니다. 그것들도 역시 일어나서는 사라져 버리는 무상한 요소임을 분명하게 보아야 합니다.

그러면 화가 나는 대상에 대해서는 어떻게 하여야 할까요? 불쾌한 말을 하게 만든 그 사람의 마음 혹은 불쾌한 행위를 하게 만든 그 사람의 마음은 이미 사라져 버렸습니다. 그것은 이미 과거의 것이 되어 버렸습니다.

화를 내지 않게 하는 다른 방법은 선물을 주는 것입니다. 선물을 주게 되면 주는 사람과 받는 사람 모두에게 유익한 마음을 일어나게 하는 조건이 된다는 것을 경험을 통해 압니다. 주고받는 사람들의 마음이 한결 부드러워져서 관계가 좋아질 수 있습니다.

화를 덜 내기 위해서는 자애의 마음을 갖도록 좀 더 노력하고 붓다께서 아직 보살이었던 전생에 닦았던 공덕에 관해서 생각해 보십시오. 청정도론(IX, 26)에

당신의 스승은 완전한 깨달음을 얻기 위하여 보살로서, 사 아승지겁 하고도 십 만겁 동안 깨달음에 필요한 공덕을 닦았다. 심지어 그는 원수들이 자기를 죽이려 하였을 때에도 마음을 오염시킬 수 있는 성내는 마음을 내지 아니하였다.

예를 들어, 실라완뜨의 이야기(Jatakas I, 261)를 들어보라. 어느 삿된 마음을 가진 부하의 말을 듣고, 적성 국가의 왕은 1,200마일이나 되는 그의 나라를 침범하여 점령하였다.

이때 나라를 지키기 위하여 그의 친구들이 달려왔다. 그러나 그는 그들에게 무기를 들어 대항하도록 허용하지 않았다. 결국 그는 천여 명의 부하들과 함께 공동묘지에 목만 내놓고 구덩이 속에 매장이 되었는데, 그때에도 그는 증오하는 마음을 내지 않았다. 그때 자칼이 시체를 뜯어 먹으려고 구덩이를 파헤치는 바람에 구사일생으로 살아나게 되었다. 그는 한 정령의 도움으로 그가 살던 곳으로 돌아와 보니 그의 침대에는 자기의 적이 누워있었다. 그때에도 그는 화를 내지 않고 친구로서 그를 대하였다. 이에 그들은 우호적인 조약을 맺게 된다. 그래서 그는 말한다.

"용기 있는 자는 마음을 내지만, 현명한 사람은 마음을 잃지 않는다. 내가 바로 그런 사람이었다."(Jatakas I. 267)

그렇지만 이 자애는 생각하는 것만으로는 충분하지 않습니다. 수행을 해야 합니다. 예를 들어 다른 사람들의 이야기를 들을 때에는 자애의 마음으로 들어야 합니다. 궁극적 실재들에 대한 많은 지혜는 인간관계에서 자애로운 마음을 갖게 되는 조건이 됩니다. 우리가 '사람'이라는 개념에 취착하게 되면 친구를 가지고 있다는 생각에 취착하게 됩니다. 우리는 친구가 없으면 외로움을 느낍니다. 궁극적 관점에서는 존재하는 친구는 없고 오로지 마음, 마음부수 그리고 물질(rūpa)들만 있습니다. 이것들은 일어나자마자 사라져 버립니다.

사실 우정이나 자애는 중생들을 배려하는 마음과 함께할

수 있습니다. 자애의 범위를 우리의 동료들에게까지 넓힌다면 참된 우정이 일어나게 됩니다. 이러한 마음 순간에 다른 이들과의 우정을 원하는 자아라는 것은 없습니다. 외롭다는 느낌도 없고, 나를 대하는 다른 이들의 태도를 걱정하지 않습니다.

만약 취착하는 우정보다는 자애의 실재에 대하여 좀 더 많은 생각을 해 본다면 이기적이지 않은 사랑을 하게 되는 훨씬 많은 조건들을 갖게 될 것입니다.

자애(mettā)는 사마타 명상주제 가운데 하나입니다. 본삼매에 들 수 있는 조건들을 개발한 수행자는 이 명상주제를 가지고 선정에 들 수 있습니다.231) 자애는 정신적 기쁨과 함께하지만 무덤덤한 느낌과는 함께할 수 없습니다. 그래서 자애관 명상으로는 가장 높은 단계의 선정인 사선정에는 들 수 없습니다. 자애(mettā)는 사무량심의 주제 가운데 하나입니다. 다른 세 가지는 연민(karuṇā)과 함께 기뻐함(muditā) 그리고 평온(upekkhā)입니다. 이것들을 사무량심 혹은 '성스러운 머묾(梵住)'이라고도 하는데 수승하고 '결점이 없는 성품' 때문에 이렇게 부릅니다. 이 수행을 하는 이들은 마치 '범천의 신들'과 같습니다.232) 천신들의 거주처도 역시 무량(appamaññā)이라고 하는데 이것은 헤아릴 수도 없는 영역을 대상으로 하기 때문입니다. 이들의 영역이나 대상에는 제한이 없습니다. 예를 들어 자애 명상은 모든 존재들을 대상으로 하나의 예외도 없이 자애의 마음을 보내어 선정에 듭니다.

그래서 **자애**는 고귀하고 대상에 제한이 없습니다. 비록 이것들의 특성이 가장 수승하다 하더라도 이것들은 역시 무상하고 괴로움입니다. 바른 지혜 없이는 유익한 행위, 훌륭한 덕성 혹은 심지어 괴로움을 소멸시키는 선정에 들 수가 없습니다. 붓다께서 가르치신 가르침의 궁극적 목표는 오염들을 제거하는 것입니다. 즉 괴로움을 끝내자는 것입니다.

바른 지혜가 무르익으면 자아에 대한 취착은 점진적으로 줄어듭니다. 그래서 결과적으로 더 많은 자애와 인내하는 마음을 갖게 됩니다. 수행자는 이기적인 동기 없이도 다른 사람들을 많이 도우려 할 것입니다. 성냄 없음의 수준도 다양합니다. 이 가운데 아라한의 성냄 없음은 가장 완벽합니다. 깨달음을 얻은 성자(聖者)는 중생들이란 사람이 아니고 오로지 나마(nāma)와 루빠(rūpa)에 불과하다는 것을 봅니다. 그래서 사람이 존재한다는 견해를 갖지 않습니다. 하지만, 그들도 여전히 존재라는 개념을 통해 생각합니다. 아라한도 '중생'을 생각하지만, 어떠한 오염도 일으키지 않습니다. 오염이 제거된 사람은 진정으로 모든 존재들에게 친절합니다.

제30장. 중립(tatramajjhattatā)

유익함이란 모든 것에 대한 취착을 포기하는 것.
계행이 높은 자, 쾌락을 동경하며 잡담하지 않는다.
현명한 사람은 행복이나 고통을 만나도
우쭐해하거나 우울해하지 않는다.

—법구경 VI장, 현자, 83게송—

우리는 상황에 따라서 우울하기도 하고 우쭐하기도 합니다. 지혜를 깊이 있게 닦은 사람들, 예를 들면 아라한들은 우쭐해하거나 우울해하지 않습니다. 그들은 평온합니다. 이러한 성품은 종류도 많고 수준도 다양합니다. 이 가운데 아라한의 수준이 가장 높습니다.

마음의 균형을 의미하는 중립(tatramajjhattatā)은 모든 아름다운 마음과 함께하는 19가지 마음 부수에 해당합니다. 중립의 특징을 아는 것은 쉽지 않습니다. 우리는 보거나 듣거나 혹은 다른 감관을 통해 나타나는 대상을 좋아하지도 싫어하지도 않는 것을 중립이라고 생각합니다. 하지만, 이러한 순간에 중립은 없고 어리석음이 있을 수 있습니다. 우리는 때로 중립과 무덤덤한 느낌을 혼동합니다. 이것들은 다른 마음부수입니다. 중립은 느낌(vedanā)이 아닙니다. 청정도론(xiv, 153)에 중립은 마음과 마음부수를 균등하게 나르는 것이 특징이다. 모자라거나 넘치는 것을 방지하는 역할을 한다. 혹은 편파적인 것을 방지하는 역할을 한다. 중립으로 나타난다. 잘 훈련된 준마들을 중립의 마음을 가지고 바라보는 마부와 같이 여겨야만 한다.

앗타살리니의 정의도 비슷합니다.233) 중립의 마음부수가 있으면 우쭐해하지도 우울해하지도 않습니다. 경험하고 있는 대상을 편파적이지 않게 중립적으로 보게 합니다. 마치 잘 훈련된 준마들을 모는 마부와 같습니다. 중립은 함께하는 마음과 마음부수들 간의 균형을 잡아 줍니다.

탐욕이나 성냄 그리고 어리석음과 같은 거칠고 해로운 마음들에는 균형이 없습니다. 반면에 관대한 마음이나 계를 지키는 마음 그리고 선정을 닦거나 나마(nāma)와 루빠(rūpa)에 대한 바른 지혜를 닦는 순간에도 균형이 있습니다.

중립의 형태와 수준은 여러 가지 이므로 이에 관한 세부적인 지식이 있다면 중립의 특징을 이해하는데 도움이 될 것입니다. 청정도론(VI, 156-172)에는 다른 각도에서 중립을 설명합니다. 여기서는 중립(tatramajjhattatā)이라는 용어 대신에 평온(upekkhā)를 사용합니다. 평온은 중립은 물론 무덤덤한 느낌이라는 뜻으로도 사용되는데 이것은 문맥에 따라 달리 해석하여야 합니다.234)

청정도론에서는 중립(equanimity)을 **특별한 중립**(neutrality)으로 언급합니다. 이 중립은

중립의 특징은 함께하는 마음과 마음부수들을 공평하게 나르는 것이 특징이다. 처지거나 초과되지 않도록 방지하는 역할을 한다. 혹은 편파적이지 않도록 방지하는 역할을 한다.

중립은 함께하는 마음과 마음 부수들 간의 균형을 맞추어 줍니다. 그래서 그것들 가운데 어느 것 하나도 처지는 것이 없고, 그렇다고 과하게 넘치는 것도 없게 합니다. 유익한 마음에는 언제나 마음과 마음부수 간의 균형을 잡아주는 중립이 함께합니다. 이 중립 때문에 유익한 마음은 알맞게 균형이 잡힌 정진(viriya)과 같은 마음 부수들과 함께합니다. 그래서 정진은 유익한 마음이 자신의 일을 잘 수행할 수 있도록 지원합니다. 다른 마음부수들도 자신만의 고유한 역할을 통해 유익한 마음을 지원합니다. 중립도 자신만의 고유한 역할인 마음과 마음부수들 간의 균형을 유지시켜 줍니다.

해로운 행위나 말을 자제하는 순간에는 유익한 마음과 함께하는 중립이 있습니다. 예를 들면 다른 이들이 우리에게 거친 말을 하거나 혹은 기분 나쁜 태도로 대할 때에도 우리의 내면에는 중립이 있을 수 있습니다. 그렇다면 참지 못함도 없고, 견디지 못할 것도 없으며, 나 자신의 안녕에 대하여 걱정하는 마음도 없습니다. 그래서 거칠게 앙갚음

하려는 마음을 평온하게 가라앉히거나 앙갚음과 같은 행위를 자제합니다. 중립은 붓다께서 아직 보살이었을 때 수많은 생을 통해 닦았던 바라밀 가운데 하나입니다. 비록 지금 경험하고 있는 대상이 불쾌한 것일지라도 나타나고 있는 나마(nāma)와 루빠(rūpa)에 대한 마음챙김을 한다면 여기에는 인내와 중립이 있습니다.

중립의 종류는 여러 가지입니다. 사마타에도 중립이 있고 위빳사나를 할 때에도 중립이 있습니다. 본삼매나 현재의 순간에 대한 마음챙김을 할 때에도 자신의 역할을 수행하는 중립이 있습니다.

청정도론에서는 사마타와 위빳사나를 수행할 때 나타나는 중립을 몇 가지 측면에서 다룹니다. 첫 번째는 사마타 명상주제로 사무량심인 '성스러운 머묾(梵住)' 가운데 하나로서의 평온(brahmavihara-upekkhā)입니다. 앞에서 나온 것처럼 이 사무량심(梵住)은 자애(慈, mettā)와 연민(悲, karuṇā) 그리고 함께 기뻐함(喜, muditā)과 평온(捨, upekkhā)이 있습니다.

자애(mettā)가 무르익으면 다른 이들의 행복을 바라는 마음이 일어납니다. **연민**(karuṇā)이 무르익으면 다른 이들이 고통으로부터 벗어나기를 바라게 됩니다. **함께 기뻐함**(muditā)이 무르익으면 중생들의 성공을 원하게 됩니다. **평온**(upekkhā)이 무르익으면 어느 한편으로 치우치지 않는 마음의 상태가 되어 다른 이들의 행복이 증진되기를 바라거나 혹은 그들의 고통이 완화되기를 바라거나 혹은 그들의 성공을 바라지는 않게 됩니다. 다만 공평하게 바라볼 뿐입니다.

청정도론(IX, 96)에서는 이 네 가지 범주, 즉 사무량심 가운데 하나로서 평온을 다음과 같이 설명합니다.

평온은 중생들에 대해 중립적인 상태로 일어나는 것이 그 특징이다. 중생들에 대해 평정함을 보는 역할을 한다. 적의와 찬사를 가라앉힘으로 나타난다.

중생들은 업이 자신의 주인이다(kammassakatā). 업 이외의 다른 어떤 것이 있어 중생들이 행복하고, 고통으로부터 벗어나고 이미 얻은 영화를 잃어버리지 않기를 바랄 수 있겠는가? 라고 생각하여 <u>업이 자신의 주인임을 보는 것이 가까운 원인이다</u>. 적의와 찬사를 가라앉힐 때 이것을 성취하고, 무지(aññāṇa)에 바탕한 무관심을 일으킬 때 실패한다. 무지는 감각적 욕망에 바탕하기 때문이다.

무지(無知)는 평온의 '가까운 적'입니다. 왜냐하면 알지 못하는 것으로 인한 무명(無明)의 상태를 평온이라고 착각할 수 있기 때문입니다. 그리고 평온의 먼 적은 탐욕과 성냄입니다. 탐욕이나 성냄의 마음이 일어나면 평온은 함께할 수 없습니다.

만약 우리가 중립의 특징을 이해한다면 일상에서도 중립을 개발할 수 있습니다. 사실 중립은 고요함의 조건이 됩니다. 때로는 다른 이들로부터 어떠한 도움도 받지 못하는 경우도 있고, 때로는 불쾌한 경험을 합니다. 그래서 우리는 우울증에 걸립니다. 그러나 이러한 불쾌한 결과들은 업에 의하여 조건지워진 것이고, 내가 바로 그 업의 계승자라는 사실을 알게 된다면 우울증은 걸리지 않을 것입니다.

다른 이들의 괴로움을 함께 슬퍼하는 것은 나 자신과 그 사람을 위하여 도움이 안 됩니다. 반면에 나에게 중립의 마음이 있다면 다른 이들에게 우리는 편안함을 줄 수 있습니다.

본삼매까지 닦은 사람은 명상 주제로써 사무량심(四無量心) 가운데 하나인 평온(捨)을 개발하여 선정에 들 수 있습니다. 이 명상주제로는 색계선정(色界禪定)의 가장 높은 단계인 사선정에 들 수 있습니다. 하지만 이 보다 낮은 단계의 선정에는 평온이 없으므로 들 수 없습니다. 이 평온이 함께하는 선정에 들려면 우선 자애(慈,)나 연민(悲) 혹은 함께 기뻐함(喜)을 명상주제로 하여 색계의 초선정, 이선정 그리고 삼선정에 먼저 들은 후에 평온을 닦아 평온이 함께하는 색계 사선정에 듭니다. 따라서 자애와 연민 그리고 함께 기뻐함에는 평온이 함께하지 않으므로 색계 사선정에 들 수 없습니다.

청정도론에 나오는 중립의 다른 측면으로 선정의 마음부수인 **중립**이 있습니다. 이것은 선정의 중립(jhāna-upekkhā)이라 하는 것으로 색계 사선 가운데 삼선의 마음부수인 중립(tatramajjhatt -atā)이 가진 특별한 성질입니다. 색계 삼선정의 요소 가운데에는 행복한 느낌(sukha)이 있습니다. 그런데 중립은 이 행복에 취착하지 않습니다. (즉 누릴 수 있는 가장 최고의-역자) 지복(至福)인 행복(sukha-역자)에 대해서도 취착하지 않고 중립(tatramajjhattatā)을 유지하는 것입니다. 한편 색계 사선정의 마음부수에도 중립이 있는데 이 중립은 '**순수하게 하는 중립**'이라 합니다. 사선정에서는 행복(sukha)이라는 선정의 요인이 제거되고 무덤덤한 느낌으로 대체됩니다. 그리고 이 중립 때문에 마음챙김의 정도는 보다 "순수"해 집니다.235) 선정의 단계가 높아짐에 따라 선정의 마음 그리고 함께하는 마음부수들은 보다 고요해지고, 보다 순수해지며, 보다 미세해집니다.

이렇게 중립(tatramajjhattatā)에는 여러 측면들이 있습니다(청정도론). **고유한 중립, 사무량심에 해당하는 평온(捨), 선정의 중립** 그리고 '**순수하게 하는 중립**'이 그것입니다.

위빳사나에서 이 중립은 깨달음의 요인에 해당하는 평온(捨, upekkhā)의 역할과 같다고 청정도론(IV, 159)에 나옵니다. 7가지 깨달음의 요인으로는 마음챙김(念, sati), 법에 대한 조사(擇法, dhamma vicaya), 정진(精進, viriya), 희열(喜, pīti), 경안(輕安, passaddhi), 삼매(定, samadhi) 그리고 평온(捨, upekkhā)이 있습니다. 다시 말하지만 이 평온은 중립(tatramajjhattatā)이라는 마음부수입니다. 깨달음의 요인들이 무르익으면 깨달음으로 나아가게 됩니다. 이것들은 각자

분리해서 닦을 수 있는 것이 아니고, 사념처(四念處)를 닦으면 모두 함께 개발됩니다. 청정도론(IV, 159)에 평온이라는 깨달음의 요인은

"그는 출리(포기)에 의지하여 깨달음의 요인인 평온을 개발한다."

여기서의 출리는 두 가지입니다. 첫째는 모든 오염들의 포기입니다. 두 번째는 '닙바나에 드는' 혹은 닙바나에 들려고 하는 것입니다. 일어나서는 사라지는 모든 조건지워진 실재들은 불만족스러운 것이라는 것을 바른 지혜가 꿰뚫게 되면 그것들에 대해서 무덤덤하게 됩니다.

사념처(四念處)를 닦을 때에는 별도로 평온(捨)을 닦지 않습니다. 왜냐하면 통찰지와 함께 개발되기 때문입니다. 그래서 깨달음의 요인들은 사념처를 통해 완성됩니다. 조건지워진 실재들의 모습을 있는 그대로 명확하게 이해하게 되면 깨달음을 얻게 됩니다.

청정도론(IV, 157)에서는 중립의 또 다른 측면을 언급하고 있습니다. 바로 아라한이 되었을 때 완성되는 중립으로 여기에는 여섯 가지가 있습니다.

여기 여섯 요인들을 가진 중립이란 번뇌들을 부셔버린 자의 중립을 말한다. 육문(六門)으로 원하는 대상과 싫어하는 여섯 대상이 나타날 때 청정한 본래의 성품을 버리지 않는

형태의 평온이다.

여기 번뇌가 다한 비구가 있어 마음 챙기고 알아차리면서 눈으로 형상을 보고 기뻐하지도 않고 슬퍼하지도 않으며 평온하게 머문다(증지부, 여섯의 책, I)

아라한은 완벽하게 마음의 균형을 유지합니다. 그는 세속적인 얻음과 잃음, 칭찬과 비난, 명예와 불명예, 행복과 불행이라는 조건 때문에 동요되지 않습니다. 이러한 아라한의 여섯 가지 중립은 우리에게는 멀게만 보입니다. 이러한 중립은 오로지 단계적으로 지혜를 개발해서 얻어지는 것이라는 사실을 기억해야 합니다.

완벽한 평온을 바라기만 해서는 안 됩니다. 원하기만 해서는 얻을 수가 없기 때문입니다. 이 여섯 가지 평온은 육문(六門)에 나타나는 실재들에 대한 지혜가 무르익어야지만이 이 모든 대상들에 대한 평온을 유지할 수 있다는 사실을 일깨워 줍니다.

지금 이 순간에 육문(六門)에서 나타나는 대상들에 마음을 챙긴다면 지혜는 지금부터 개발됩니다. 나타나는 대상이 때로는 즐겁고 때로는 불쾌한 것일 수도 있습니다. 이런 상황에 지혜가 없다면 마음의 균형을 유지하기 힘이 듭니다. 그리고 탐욕과 성냄 없이 '중도에 머물기'가 어렵습니다.

우리는 수없이 자신에게 나타난 실재들은 통제의 대상이 아니고 단지 조건지워진 나마(nāma)와 루빠(rūpa)에 불과하다고 말해 보지만 현실에서는 여전히 인내심이 부족하고 삶에서 일어나는 사건들에게 영향을 받습니다.

그렇지만 마음을 챙긴다면, 예를 들어 형상이라는 대상에 대한 마음챙김이 있으면 안문(眼門)을 통해 나타나는 것은 사물도 아니고 사람도 아닌 단지 루빠(rūpa)라는 것을 깨닫게 됩니다. 눈의 알음알이에 마음을 챙기면 보고 있는 자아는 없고 단지 경험할 수 있는 나마(nāma)의 한 유형이라는 것을 알게 됩니다.

실재들을 사물도 아니고 사람도 아닌 조건지워진 현상이라고 명확하게 알게 된다면 그것들에 대해 조금 더 공정하고 치우치지 않는 마음을 갖게 될 것입니다. 그렇지만 수행의 초기에 이런 것을 경험할 수는 없습니다. 아라한은 모든 오염들을 제거하였습니다. 그래서 그의 평온은 완벽합니다. 그는 동요되지 않고 언제나 인내하고 만족하며 지냅니다.

상응부에 언제나 만족하며 지내는 아라한 깟사빠의 이야기가 나옵니다. 붓다께서 사왓티에 머물고 계실 때 수행승들에게236)

수행승들이여, 깟사빠는 어떠한 가사이든 간에 상관하지 않고 만족해한다. 어떠한 가사라도 그는 만족할 것이다.

어울리지 않는 가사나 혹은 크기가 맞지 않는 가사라 할지라도 그는 마음을 일으키지 않는다. 설사 가사를 받지 못한다 하더라도 동요하지 않는다. 만약 가사를 얻었더라도 취착하거나 몰입하지 않고 결점 없이 지낸다. 위험을 보면서 그것으로부터 현명하게 벗어난다. 그는 추위를 막는 것으로 흡족해하며 그것을 즐긴다.237) 이와 같이 깟사빠는 어떠한 공양물, 어떠한 거주처, 어떠한 의약품에도 상관없이 만족해한다.

붓다는 수행승들에게 이렇게 자신을 지키며 살아가라고 훈계합니다. 우리는 지금 나타나는 나마(nāma)와 루빠(rūpa)가 무엇이든 마음을 챙길 수 있습니다. 깟사빠도 완벽한 수준의 평온을 얻기까지는 이러한 바른 조건들을 닦았습니다.

제31장. 여섯 쌍의 아름다운 마음부수들

각각의 아름다운 마음과 함께하는 마음부수들 가운데 쌍을 이루는 6쌍 12개의 아름다운 마음부수(sobhana cetasikas)가 있습니다. 각각의 쌍에서 하나는 동반하는 마음부수들의 특성이고 다른 하나는 함께하는 마음의 특성입니다. 각 쌍은

몸의 경안(輕安), **kāya-passaddhi**
마음의 경안(輕安), **citta-passaddhi**

빠알리어로 까야(kāya)는 몸이란 뜻인데 여기서는 마음부수를 의미합니다. "정신적인 몸"을 뜻하는 것입니다. 담마상가니(40, 41)에 몸의 고요함은 마음부수들의 경안(輕安) 그리고 마음(citta)의 고요함(輕安)은 마음의 경안(輕安)이라 하였습니다. 그래서 몸의 고요함은 언제나 동반하는 마음부수들을 환기시켜 조용하고 부드러운 조건을 만들어 줍니다. 그리고 마음의 고요함은 언제나 동반하는 마음을 환기시킵니다.

앗타살리니에 몸과 마음의 경안에 대한 설명이 있습니다.238)

이 두 개의 마음부수들은 모두 마음과 마음부수들의 괴로움(불안-Vsm)을 가라앉히는 것이 특징이다. 몸과 마음의 괴로움(불안-Vsm)을 없애는(완화하는-Vsm) 역할을 한다. 몸과 마음이 동요하지 않고 차분한(청량한-Vsm) 상태로 나타난다. 마음과 마음부수들이 가까운 원인이다. 이들은 들뜸(uddhacca)과 같이 마음과 마음부수들을 가라앉지 못하게 만드는 오염원과 반대가 된다.

청정도론(XIV, 144)의 정의도 비슷합니다. 경안(고요함)은 유익한 마음이 일어나는 것을 방해하고 산만하게 하는 들뜸(uddhacca)의 반대입니다. 예를 들어 우리가 어떤 것을 갖고 싶어서 애를 쓸 때의 마음은 고요하지 않습니다. 들뜸이 있습니다. 이렇게 무언가를 갖고 싶을 때만 아니라 어떤 색깔과 같은 것을 좋아할 때에도 들뜸이 있으므로 마음은 고요하지 않습니다. 감각적으로 즐거운 대상에 몰입하고 있는 상태에서도 들뜸이 있어 미세한 탐욕의 마음이 흘러가는 것을 알아차릴 수 없습니다.

유익한 마음(kusala)과 마음부수는 고요합니다. 들뜨지도 않고 산만하지도 않습니다. '차분한 마음'입니다. 그래서 경험하고 있는 대상에 끌려가지도 않고 들뜨지도 않습니다. 하지만 현실에서는 이 고요함(輕安)의 특징을 알기는 쉽지 않습니다. 하나의 마음이 아주 빠르게 일어나 사라지면 다른 마음이 뒤를 이어 즉시 일어납니다. 유익한 마음이 사라지면 바로 해로운 마음이 뒤를 이어 일어나기 쉽습니다.

고요함(輕安)의 특징을 알기 위해서는 예리한 통찰지가 필요합니다. 만약 바른 지혜가 없다면 고요함이 아닌 것을 고요함이라고 생각할 것입니다. 예를 들어 조용한 장소에 혼자 있으면 우리는 고요하다고 합니다. 사실은 조용함에 취착하는 탐욕의 마음일 가능성이 높습니다. 이렇게 고요함을 오해하기 쉽습니다. 그래서 우리가 관습적으로 생각하는 고요함이나 평온은 지금 배우고 있는 마음과 마음부수의 고요함과는 다릅니다.

어떤 사람은 아무런 걱정이 없으면 마음이 고요하다고 합니다. 하지만 이러한 고요는 유익한(kusala) 것이 아닐 수 있습니다. 만일 걱정거리를 피해 다른 것을 생각하고 있다면 그것은 탐욕에 뿌리를 둔 마음입니다. 이런 순간에는 사실 걱정거리는 없어지고 다른 생각을 하게 됩니다. 왜냐하면 마음은 한 번에 하나의 대상만을 경험하기 때문입니다.

어떤 사람은 깊은 휴식을 위하여 호흡 명상을 합니다. 그러나 아름다운 마음부수들인 마음과 마음부수의 고요함은 이러한 탐욕의 마음에서 출발한 휴식의 느낌과는 다른 것입니다. 우리는 유익한 마음과 함께하는 진정한 고요함(輕安)의 특징을 알아야 합니다.

고요함(輕安)에도 수준이 있습니다. 보시를 할 때나 계를 지킬 때에는 고요합니다. 즉 들뜸이나 흥분 혹은 걱정과 같은 심리 상태가 아닌 것입니다. 유익한 마음과 함께하는 느낌도 역시 고요합니다. 그래서 탐욕과 함께하는 즐거운 느낌과 보시를 할 때의 즐거운 느낌은 다릅니다. 느낌들의 속성이 다른 것이지요.

보다 깊이 있는 고요함을 마음으로 원해온 선정을 닦습니다. 이 수행자는 고요함의 특징을 정확하게 아는 지혜가 있을 것입니다. 사마타를 닦아 본삼매를 경험하는 수행자는 아주 깊은 수준의 고요함을 경험합니다. 왜냐하면 선정의 순간에는 감각적 느낌도 없고 그런 것들에도 취착하지도 않기 때문입니다.

하지만 가장 깊이 있는 선정에 들어 최고의 고요함을 경험한다 하여도 마음의 오염들은 제거되지 않습니다. 선정에서 나오면 오염들은 다시 일어납니다.

붓다가 살던 시대의 사람들과 붓다 이전의 수행자들도 사마타를 본삼매 수준까지 닦았습니다. 그래서 선정이란 것은 불교만의 고유한 수행법이 아닙니다. 붓다와 그의 제자들도 선정을 닦아 깊은 수준의 고요함을 개발하였지만 이러한 사실이 위빳사나를 하기 위해 꼭 선정을 닦아야 한다는 소리는 아닙니다.

붓다는 선정의 마음도 통찰의 대상이 될 수 있다 하였습니다. 선정의 마음 역시 무상하고 자아가 없다는 것을 이해한다면 수행자가 삼매에 취착하는 일이 없을 것이기 때문입니다.

경전을 읽을 때 선정에 대한 내용이 나오면 다음과 같은 내용을 기억하십시오. 즉 보다 깊은 선정에 들기 위해서는 바른 조건들이 무르익어야 가능하다는 것과 선정의 마음들도 역시 마음챙김의 대상이라는 사실입니다. 불교의 목표는 선정에 드는 것이 아닙니다. 깨달음을 얻기 위해서도 반드시 필요한 조건도 아닙니다.

담마를 배우고 그것을 바르게 기억한다면 우리는 일상에서 고요함을 경험할 수 있습니다. 이렇게 하는 것은 사실 40가지 사마타 명상 주제 가운데 하나인 '담마(법)에 관한 수관(隨觀)'이라고 합니다. 이 담마(법)란 닙바나와 닙바나를 경험하는 8가지 초세간의 마음들입니다. 그래서 모두 '9가지 초세간 담마들'이 두 번째 삼보를 의미하는 담마(법)에 포함됩니다.[239]

자애관과 같은 명상주제를 통해서도 고요함을 경험할 수 있지만 본 삼매나 근접 삼매에 들기는 아주 어렵습니다. 청정도론에 따르면 아주 소수의 사람, 즉 '백 명 가운데 한 명이나 혹은 천 명 가운데 한 명' 정도가 선정에 들 수 있다고 합니다.

만약 어떤 사람이 고요함의 특징에 관한 바른 지혜가 없이 선정을 원한다면 고요함을 알지도 못하면서 고요함에 취착하는 것과 같습니다. 만약 고요함을 경험한다면 이 고요함을 일어나도록 힘을 행사하는 실체(자아)는 없고, 바른 조건 때문에 일어난다는 사실을 기억해야 합니다.

마음부수들의 고요함과 마음의 고요함은 모든 유익한 마음과 함께합니다. 그리고 통찰지가 무르익으면 일어납니다. 나타나는 실재들인 나마(nāma)와 루빠(rūpa)를 꿰뚫는 바른 지혜가 있다면 그 순간에는 고요함이 있습니다.

예를 들어 나타난 대상을 사람이 아니고 단지 안문을 통해 나타난 형상(rūpa)이라고 인식한다면 여기에는 고요함이 있습니다. 그 순간에는 욕망에 뿌리를 둔 들뜸이나 성냄과 같은 마음이 있을 수가 없습니다. 누군가 우리를 기분 나쁘게 대하는 순간에도 육문(六門)을 통해 나타나는 대상에 대한 바른 지혜가 있다면 두려워하거나 불안해하지 않습니다. 분별론(위방가)에서 말하는 것처럼 고요함(輕安)은 깨달음의 한 요인입니다.240)

마음부수의 고요함, 이 깨달음을 위한 요인은 완전한 지혜를 위한, 깨달음을 위한, 완전한 해탈을 위한 요인이기도 하다. 마음의 고요함이라는 깨달음의 요인 역시 완전한 지혜를 위한, 깨달음을 위한, 완전한 해탈을 위한 요인이기도 하다.

바른 지혜가 무르익으면 깨달음의 요인인 고요함(輕安)도 역시 무르익습니다. 그렇다하더라도 고요함이 목표가 되어서는 안 됩니다.

깨달음의 요인인 고요함(輕安)이 초세간의 마음인 깨달음의 순간에 함께한다면 이것 역시 초세간입니다. 깨달음의 단계에 따라 오염들이 제거되면 마음은 보다 평화로워지고 들뜸은 줄어듭니다. 그래서 모든 오염원을 제거한 아라한은 오염들로 인한 들뜸이 없는 진정한 고요함에 머뭅니다. 법구경 게송(96) 가운데

그의 마음은 고요하다.
그의 말은 고요하다.
그의 행동은 고요하다.
바르게 아는 그는 완전한 삶을 살고,
온전한 평화 그리고 균형을 유지하며 지낸다.

*** 왜 이 여섯 쌍의 아름다운 마음부수들은 두 가지씩 짝을 지어 설한 이유는 무엇인가? 역자 주 참고 할 것[241]

몸의 가벼움, kāya-lahutā
마음의 가벼움, citta-lahutā

담마상가니(42, 43)에 이 마음부수들은 해태(게으름)와 굼뜸이 없는 것이며, '변화함의 민첩함'이라고 하였습니다. 이 말의 뜻은 복주서(mūla-Tika)에 명확히 나옵니다.242) 마음이 유익한 대상으로 아주 빠르게 전환하는 능력 혹은 대상을 무상 등이라고 결정하는 명상으로 아주 빠르게 전환하는 능력이 마음의 가벼움이라 하였습니다. 앗타살리니에243)

몸의 가벼움은 마음부수들의 쾌활함이다. 마음의 가벼움은 마음의 쾌활함이다. 이것들의 특징은 마음과 마음부수들의 무거움을 제거하는 것이다. 마음과 마음부수의 무거움을 부수는 역할을 한다. 마음과 마음부수의 게으름(해태-역자)의 반대로 (신속함으로-역자)나타난다. 마음과 마음부수가 가까운 원인이다. 마음과 마음부수들의 무거움과 경직을 가져오는 해태와 혼침같은 오염들의 반대이다.

청정도론의 정의도 이와 비슷합니다.

가벼움은 유익하다는 관점에서 해태와 혼침의 반대이다. 해로운 마음에는 정신적 무거움 때문에 어떤 유익한 행위를 할 수 없다. 유익한 마음은 믿음(saddhā)과 마음챙김 혹은 유익한 행위를 잊지 않음이 필요하다. 그리고 (마음과 마음부수의-역자) 무거움과 뻣뻣함을 떨쳐버리는 정신적

가벼움도 역시 필요하다. 마음부수와 마음의 가벼움이 있으면 유익함을 행할 기회를 놓치지 않도록 신속히 반응한다.

살다보면 마음을 챙기지 못하는 많은 순간들이 있습니다. 안식(眼識)이나 형상이라는 대상 혹은 딱딱함이라는 물질 등이 나타나면 우리의 마음은 마음챙김에 관심이 없고, 마음챙김에 무디고, 마음챙김을 피곤하게 생각 합니다. 그렇지만 마음을 챙기는 순간에는 마음과 마음부수의 가벼움이 자신의 고유한 역할을 수행합니다. 이 순간에는 모든 피곤함의 상태는 제거되고 **신속함**이 있습니다.

가벼움은 바른 지혜를 필요로 합니다. 육문(六門)에서 나타나는 실재들에 대한 지혜가 무르익으면 대상들을 놓치게 만드는 굼뜸을 부셔버리는 가벼움도 무르익습니다. 만약 지금 이 순간을 놓치지 않는다면 실재들은 무상하고 무아인 것을 알게 될 것입니다.

몸의 부드러움, kāya-mudutā
마음의 부드러움, citta-mudutā

담마상가니(44, 45)에 이것들은 유화한 부드러움으로 경직됨이 없는 것이라 하였습니다. 앗타살리니에244)

이것들은 마음부수와 마음의 뻣뻣함을 제거하는 것이 특징이다. 마음과 마음부수의 뻣뻣함을 부셔버리는 역할을 한다. 저항 없음으로 나타난다. 마음과 마음부수가 가까운 원인이다. 마음을 경직되게 하는 사견(diṭṭhi)과 자만(māna) 같은 오염의 반대이다.

청정도론의 정의도 비슷합니다.245)

마음과 마음부수의 부드러움은 사견과 자만의 반대이다. 사견은 뻣뻣함과 유연하지 못함의 원인이 된다.

예를 들어 팔정도는 잘못된 수행이라고 어떤 이가 강하게 주장한다면 그의 마음은 이를 받아들이지 못하는 뻣뻣한 상태입니다. 이런 사견은 오래된 습관과 사고방식 때문에 사견을 제거하기가 매우 어렵습니다. 예를 들어 바른 지혜를 닦기 위해서는 수행을 하기 전에 조용한 곳에서 먼저 휴식을 취해야 한다고 생각하는 경우가 있습니다. 심지어 교학을 안다는 사람들도 마음챙김은 피곤하거나 급한 상황에서는 되지 않는다고 하는데 이것은 사실이 아닙니다. 이러한 견해가 있다면 나타나는 모든 실재에 대한 통찰지를 개발하는데 장애가 됩니다.

통찰지는 바른 담마(법)를 듣는 것으로부터 시작합니다. 우리는 한 번에 완벽한 지혜를 기대해서는 안 됩니다. 중요한 것은 적어도 지금 바로 시작할 수 있다는 것입니다.

위에서 본 바와 같이 마음과 마음부수의 부드러움은 자만의 반대입니다. 자만심이 있을 때 우리의 마음은 뻣뻣합니다. 자만심은 계속해서 자신을 남과 비교합니다. 건강과 외모, 소득과 명예 혹은 지식 등을 비교하려 합니다. 그래서 자만은 제거되기 어려운 것입니다. 자만은 아라한이 되어야 완전하게 제거됩니다.

마음부수와 마음의 부드러움은 유익한 마음을 지원하여 정신적인 뻣뻣함이나 옹졸함을 부셔버립니다. 그래서 유익한 행위에 대한 마음을 열어 놓습니다.

앗타살리니에 정신적 부드러움이란 유화, 거칠지 않음 그리고 뻣뻣함 없음이라고 설명합니다.246) 자애로운 마음은 온화하고 부드럽습니다. 이렇게 정신적 부드러움이나 유연함은 유익한 행위를 하는데 반드시 필요합니다. **부드러움**은 담마를 듣는 데에도 필요합니다. 마음을 열고 받아들여야 하기 때문에 그렇습니다. 그리고 나타나는 실재들을 있는 그대로 알기 위한 마음챙김에도 이 부드러움이 필요합니다.

증지부에 시하 장군이 붓다를 찾아와서는 엉뚱한 질문을

합니다. 이때 붓다는 시하 장군이 지금까지 바른 지혜를 닦아 왔기 때문에 이제는 담마를 받아들일 준비가 되었다는 것을 알았습니다. 그래도 붓다는 그 자리에서 즉시 (담마의 핵심인-역자) 사성제(四聖諦)를 설하지 않고 단계적으로 법을 설해 갑니다.247)

그때 성스러운 분께서는 시하 장군에게 단계적으로 법을 설하였다. 보시와 지계 그리고 하늘에 태어나는 것에 대하여 설하였다. 어리석음과 탐욕의 위험에 대하여 설하고, 출리의 이익을 설하였다.

그리고 성스러운 분께서는 시하 장군의 마음이 깨끗하고, 부드럽고, 장애에서 벗어났으며, 부추겨졌고, 밝아졌음을 아시고는 붓다 스스로 터득한 담마를 드러내었다. 그러므로 괴로움이라 한다. 이것이 괴로움의 원인이며, 이것이 괴로움의 소멸이며, 이것이 괴로움의 소멸로 이르는 길이다.

얼룩이 하나도 없는 깨끗한 천은 완벽하게 염색이 된다. 그렇게 시하 장군도 거기에 앉아 있었다. 그는 조건지워진 것은 무엇이던 간에, 일어난 것은 사라지게 된다는 담마를 꿰뚫어 봄에 있어, 청정하고 흠이 없었다. 시하가 담마를 받아들일 수 있는 바른 시기가 온 것이다. 그는 사물의 본질을 있는 그대로 보았고 드디어 깨달음을 얻었다.

몸의 적합함, kāya-Kammaññatā
마음의 적합함, citta-Kammaññatā

빠알리어 깜만냐따(Kammaññatā)는 적합함 혹은 가동할 수 있음으로 번역합니다.248) 앗타살리니에 적합함이란

마음과 마음부수의 부적합함을 제거한다. 이것은 "신뢰할 대상에 대한 신뢰를 가져오고, 그리고 이로운 일에는 인내심을 가지고 시도한다. 잘 정제된 금과 같다고 알아야 한다."249) 적합성이 있으면 마음과 마음부수는 마치 다루기 좋은 금과 같다.

물라띠까(mūla-Tīkā)에 250)

다루기 좋음이란 마치 금으로 된 어떤 물건을 만드는데 필요한 일정한 정도의 유연함이나(다루기-역자) 적합한 정도 혹은 부드러운 정도를 의미한다. 즉 `마음을 다루기 쉬운' 이란 의미이다. 마음이 열정(갈망)으로 타오르면 다루기가 너무 부드럽다. (너무 느슨히 줄을 놓으면 휘감기듯 해로운 갈애의 법들은 대상에 뒤얽히고 달라붙어 늘어지게 된다.-역자) 마치 녹은 금과 같다. 만약 이와 반대로 마음이 너무 경직되어 있으면 가열되지 않은 금과 같다.

적합함은 감각적 욕망과 성냄 혹은 화와 같은 정신적 부적합함을 일으키는 '장애들'과 반대입니다. 상응부에 바람직하지 않은 금의 폐풍으로 순도가 낮다, 변형되기 쉽다, 유

연하지 않다 혹은 다루기 어렵다와 같은 것이 다섯 가지 나옵니다.251) 즉 철, 구리, 주석, 납 그리고 은과 같은 다른 불순물들인 금속들이 혼합되어 있으면 다루기가 어렵습니다. 이와 같이 다섯 장애가 있으면 마음을 다루기가 힘이 듭니다.

이와 같이 수행승들이여, 이러한 것들이 마음의 다섯 가지 오염들인데 이것들 때문에 마음은 유연하지 않고, 다루기 어렵고, 불순하고, 깨지기 쉽다. 이것들 때문에 마음은 완전히 욕망을 소멸시키지 못한다. 이러한 다섯 가지란 무엇인가? 감각적인 욕망, 악의, 해태와 혼침, 들뜸과 걱정, 의심이 그것이다. 이것들 때문에 마음은 유연하지 않고, 다루기 쉽지 않고, 불순하고, 깨지기 쉽다. 그리고 완전하게 욕망을 소멸시키지 못한다.

앗타살리니에 따르면 **적합함**(適業性)이 있다면 믿어야 하는 대상에 대한 믿음이 생기고252) 유익한 행위를 끈기 있게 시도한다고 합니다. 보시와 지계 그리고 선정과 지혜 같은 유익한 행위를 함에는 적합함이 필요합니다. 적합함은 마음이 일을 잘 할 수 있도록 합니다. 그래서 믿음과 인내를 가지고 유익한 행위를 할 수 있는 것입니다. 예를 들어 마음의 적합함이 없다면 자애관 명상으로 선정에 들지 못합니다.

적합함은 없고 악의가 있으면 성공하지 못합니다. 자애관 명상에서 적합함이 있어야 친구들은 물론 모르는 사람들,

심지어 적들을 포함한 모든 존재들에 대한 자애의 마음을 보낼 수 있습니다. 적합함이 없다면 어떠한 명상주제로도 선정에 들지 못합니다.

마음과 마음부수의 적합함은 지혜를 개발할 때에도 필요합니다. 적합함은 나마(nāma)와 루빠(rūpa)에 대한 바른 지혜를 꾸준하게 닦아 나가기 위한 조건입니다. 나타나는 모든 나마(nāma)와 루빠(rūpa)는 단지 조건지워진 현상으로써 실체가 없다는 무아(無我)의 지혜가 있다면 그 순간에는 마음의 적합함이 있는 것입니다.

지혜를 닦으면 마음의 장애들은 제거됩니다. 이 장애들을 제거한 사람에게 부적합함은 없고 다만 완벽한 적합함만이 있게 됩니다.

청정도론의 4가지 정의는 다음과 같습니다.

적합함이란 몸과 마음의 부적합한 상태(akammañña-bhāva)를 가라앉히는 것이 특징이다. 몸과 마음이 일에 부적합함(akammañña-bhāva)을 부수는 역할을 한다. 그들은 어떤 것을 몸과 마음의 대상(ārammaṇa)으로 취하는데 성공함(sampatti)으로 나타난다. 혹은 완전하게 대상을 취할 수 있다고 수행자들의 지혜에 드러난다. 몸과 마음이 가까운 원인이다. 이 적합성 때문에 물질의 모임 또한 유익한 행위에 순응(적합)하는 훌륭한 성질이 된다. (아비담마 해설서 1권, 286쪽 - 역자삽입)

몸의 능숙함, kāya-pāguññatā
마음의 능숙함, citta-pāguññatā

담마상가니(48, 49)에 이 마음부수들은 건강함과 역량 그리고 어떤 일을 할 수 있는 능력이라고 합니다. 빠군냐따(pāguññatā)는 유익한 행위를 실수하지 않고 할 수 있는 건강함과 역량 혹은 능력입니다.

앗타살리니에 마음과 마음부수의 **능숙함**은 정신적인 병듦을 제거한다고 하였습니다. 그리고 이것들은 정신적으로 병약한 상태인 "믿음 없음(asaddhiyā)"과 같은 오염과 반대입니다.253) 병든 상태인 해로운 마음은 유익한 행위를 하기 위한 믿음이 없고, 자신이 없어 하는 것입니다. 그래서 정신적인 병든 상태라고 하는 것입니다.

이 정신적 능숙함은 유익한 마음과 마음부수들을 지원합니다. 그래서 마음과 마음부수들이 건강하고 능숙하게 자신의 역할을 잘 수행하도록 합니다.

유익한 행위를 하는 효율성의 수준도 여러 단계입니다. 바른 지혜는 모든 유익한 행위를 능숙하고 숙련되게 하는 조건에 해당합니다. 수다원에게는 사견과 의심 그리고 인색함이 없습니다. 그는 결코 오계(五戒)를 범하지 않습니다. 그의 보시행과 지계(持戒)는 범부들의 것보다 청정합니다. 그리고 "내가 행하는 유익함"이라는 잘못된 생각에 취착하지 않습니다. 붓다의 가르침에 대한 그의 믿음은 굳건해서 흔들림이 없습니다. 이런 그의 믿음은 '힘'이 있습니다. 범부들보다도 유익한 행위를 보다 능숙하게 하는 역량이 있습니다. 그는 능숙하고 효율적으로 다른 이들을 돕습니다. 그래서 <u>바른 지혜의 개발은 대인관계에도 좋습니다</u>.

증지부에서 붓다는 믿음(saddhā)의 전형적인 증표에 대하여 수부띠에게 말합니다. 이러한 믿음에 관한 '전해져오는 증거' 가운데254)

다시, 성스러운 삶을 살아가는 도반을 위한 모든 의무를 행함에 있어, 그것이 큰 것이든 사소한 것이든 중요하게 생각한다. 해야 할 일이 무엇이고 그것을 어떻게 처리해야 하는지 적절하게 사고하는 능력이 있고, 그 일을 처리함에 빈틈이 없고, 최선을 다한다. 그와 같은 수행승이라면 이것도 역시 (믿을 수 있다는-역자) 전통적인 증거이다.

깨달음의 단계가 높아짐에 따라 오염들도 역시 제거됩니다. 능숙함의 정도도 이에 따라 높아집니다. 그래서 아라한의 능숙함은 가장 완벽합니다.

청정도론에는 능숙함을 다음과 같이 정의합니다.

몸과 마음의 건강함(agelañña-bhāva)**이 특징이다. 몸과 마음의 병을 털어버리는**(nimaddana) **실수하지 않음**(nirādīnava)**으로 나타난다. 몸과 마음이 가까운 원인이다. 이것은 몸과 마음의 믿음**

없음(asaddhiyā) **등과 반대라고 알아야 한다.** (역자 추가)

제IV부 아름다운 마음부수들(Sobhana Cetasikas)

몸의 올곧음, kāya-ujukatā
마음의 올곧음, citta-ujukatā

담마상가니(50, 51)에 따르면 이것들은 왜곡되거나 꼬이거나 혹은 부정직하지 않음이고, 올바르고 정직한 것이라고 하였습니다. 앗타살리니에 마음과 마음부수의 올곧음이란 마음부수와 마음의 부정직함을 일으키는 위선(māyā)과 사기(sātheyya)등과 반대되는 것으로 알아야 한다고 합니다. (위선이란 자신의 허물을 덮고 감추어 허물이 없는 척 속이는 것이고, 사기란 자신에게 없는 공적을 있는 것처럼 과장하여 속이는 것이다. 두 가지 모두는 갈애 때문에 속이고 사기 치는 것이다. - 역자)

우리에게는 거짓된 순간이 있을 수 있습니다. 위선을 떨며 넌지시 힌트를 줌으로써, 눈을 껌뻑이거나 어떤 몸짓을 통해 필수품 공양을 받아보려는 수행승의 이야기가 청정도론에 나옵니다. 그는 훌륭한 것처럼 보여서 존경을 받으려고 짐짓 꾸미고 다닙니다.255)

여기 삿된 소원을 가지고, 그런 소원에 희생되고, 존경받기를 원하는 어떤 자가 '이와 같이 사람들은 나를 존경할 것이다'라고 생각하면서 걷는 모습을 꾸미고, 서는 모습을 꾸미고, 앉는 모습을 꾸미고, 눕는 모습을 꾸미고, 고의로 (즉 사람들이 나를 아라한이라고 알기를 바라면서) 걷고, 고의로 서고, 고의로 앉고, 고의로 눕는다. 삼매에 든 것처럼 걷고, 서고, 앉고, 눕는다. 그리고 대중 앞에서 명상을 한다.

우리 모두는 존경받기를 원합니다. 그래서 실재보다 짐짓 훌륭한 척할 수 있습니다. 심지어 보시를 할 때에도 이기적인 생각으로 무엇인가가 돌아오기를 기대합니다. 예를 들어 칭찬받기를 원합니다. 또는 이기적인 이익을 위하여 남을 기쁘게 하는 말을 합니다.

올곧음은 모든 이러한 부정직함(sāṭheyya)들을 부셔버리고 유익한 마음들을 지원합니다. 올곧음에도 수준이 있습니다. 바른 지혜가 개발됨에 따라 올곧음도 역시 커져갑니다.

올곧고, 참되고 완전한 길을 가는 사람을 성자(聖者)라고 합니다.256) 성자는 극단을 피하고 중도를 갑니다. 중도(中道)는 오염을 제거하는 길입니다. 중도 가운데 하나는 비록 해로운 것이라 하여도 나타나는 실재가 무엇이건 간에 그것에 대한 마음챙김을 통하여 지혜를 개발하는 것입니다.

우리가 웃거나 울거나 화가 나거나 혹은 보시를 하는 상황에서도 마음을 챙겨서 지혜를 개발할 수 있습니다. 마음챙김을 하면 진리를 깨닫게 됩니다. 일어난 모든 실재들은 조건지워진 현상이라는 것과 실체가 없다는 무아(無我)라는 것을 알게 됩니다.

청정도론에 한 수행승이 짐짓 집중을 하는 것처럼 꾸며서 걷고, 서고, 앉고 그리고 눕는다는 이야기가 나옵니다. 어떤 사람은 집중해서 일을 한다고 하지만, 이것은 사실이 아닙니다. 마음은 한 번에 하나의 대상만을 취하기 때문입니다. 이렇게 실재에 대한 마음을 챙기면 나타난 마음이 유익한 것인지 해로운 것인지를 알 수 있습니다.

우리 자신을 알게 되면 될수록 보다 정직해 질 수 있습니다. 중도를 가는 사람은 정직합니다. 그리고 마음속에 오염이 없는 것처럼 행동하지 않습니다. 만약 오염들의 실재를 있는 그대로 알게 된다면 오염들을 제거할 수 있습니다.

마음과 마음부수의 올곧음은 지혜를 닦는 마음과 함께하며 마음과 마음부수를 지원합니다.

위에 나온 여섯 쌍의 아름다운 마음부수들을 요약하면,
몸의 고요함(kāya-passaddhi)
마음의 고요함(citta-passaddhi)

몸의 가벼움(kāya-lahutā)
마음의 가벼움(citta-lahutā)

몸의 부드러움(kāya-mudutā)
마음의 부드러움(citta-mudutā)

몸의 적합함(kāya-Kammaññatā)
마음의 적합함(citta-Kammaññatā)

몸의 능숙함(kāya-pāguññatā)
마음의 능숙함(citya-pāguññatā)

몸의 올곧음(kāya-ujukatā)
마음의 올곧음(citta-ujukatā)

이 여섯 쌍은 모든 아름다운 마음들과 함께합니다. 모든 유익한 마음들에 필요합니다. 보시를 하거나, 계를 지키거나 선정을 닦거나 혹은 위빳사나를 할 때 이러한 마음부수들이 필요합니다. 이것들이 유익한 마음을 지원하고 함께하는 마음부수들을 지원하므로 유익한 행위가 효율적으로 행해집니다. 이것들은 감각적 욕망, 악의, 해태와 혼침, 들뜸과 후회 그리고 의심이라는 마음의 장애들과 반대의 작용을 합니다. 이 여섯 쌍이 존재하면 장애들은 일어나지 못합니다. 마음과 마음부수들은 건강하고 능숙하게 그들의 역할을 수행합니다. 바른 지혜는 여섯 쌍으로 대표되는 모든 유익한 속성들을 개발하는 조건입니다. 아라한에게 이것들은 완벽합니다.

앞에서 나온 것처럼 적어도 각각의 아름다운 마음들과 함께하는 마음부수에는 19가지가 있습니다. 모든 이러한 마음부수들은 욕계의 아름다운 마음들, 색계선정과 무색계선정의 마음들 그리고 초세간의 아름다운 마음들과 함께합니다. 이것은 모든 이러한 아름다운 마음들이 단지 19개의 마음부수들 하고만 함께한다는 의미가 아닙니다. 각각의 아름다운 마음들과 함께하는 19개의 아름다운 마음부수들에 6개가 더 있습니다. 이것에 관해서는 다음에 이야기하겠습니다.

제32장. 세 가지 절제(virati-cetasikas)

오로지 아름다운 마음들과 함께 일어나는 아름다운 마음부수의 숫자는 25개입니다. 이 가운데에서 19개는 모든 아름다운 마음들과 언제나 함께하는 반면에 6개는 언제나 함께하지는 않습니다. 이 6 개 가운데에는 절제(virati) 3 가지가 있습니다.

　잘못된　말의　절제(vāci-duccarita　virati)=[정어(正語)-역자]
　잘못된　행위의　절제(kāya-duccarita　virati)=[정업(正業)-역자]
　잘못된　생계의　절제(ājīva-duccarita　virati)=[정명(正命)-역자]

잘못된 말의 절제는 거짓말, 중상모략, 욕설 그리고 잡담(실없는 말)을 절제하는 것입니다. 잘못된 행위의 절제는 살생, 도둑질(偸盜) 그리고 잘못된 성행위(邪淫)를 절제하는 것입니다. 잘못된 생계의 절제는 생계를 유지하기 위하여 잘못된 말과 잘못된 행위를 절제하는 것입니다. 앗타살리니에 세 가지 절제가 나옵니다.257)

….특징 등에 대하여. 이들 셋의 특징은 몸으로 짓는 그릇된 행위 등이라는 대상을 위반하지 않으며(avītikkama) 혹은 어기지 않는(amaddana)것이다. 몸으로 짓는 그릇된 행위들이라는 대상으로부터 움츠리는(saṅkocana) 역할을 한다.

> 그리고 그것들의 가까운 원인은 믿음(saddhā), 양심(hiri), 수치심(ottappa), 만족(욕구가 적음, appicchatā) 등이다. 이것들은 해로운 행위로부터 마음을 외면하는 상태로 나타난다고 알아야 한다.

청정도론(XIV, 155)에도 비슷한 정의가 나옵니다.

> 이들 셋의 특징은 몸으로 짓는 나쁜 행위 등의 대상을 범하지 않거나 어기지 않는 것이다. 몸으로 짓는 나쁜 행위 등의 대상으로부터 움츠리는 역할을 한다. 이들을 행하지 않음으로 나타난다.

이 세 가지 각각은 다른 두 개의 대상을 침범하지 않습니다. 욕계의 마음에서 이 세 가지 절제는 한 번에 하나씩 일어납니다. 왜냐하면 한 번에 한 가지 악의 절제가 있기 때문입니다. 예를 들어 욕을 참을 때에는 크게-유익한 마음들과 함께하는 **잘못된 말의 절제**라는 마음부수가 있습니다. 그러나 이와 동시에 **잘못된 행위의 절제**라는 마음부수는 일어날 수는 없습니다. 왜냐하면 마음은 한 번에 하나의 대상만을 취하기 때문입니다. 우리가 누군가에게 욕을 먹고도 반응을 하지 않는다하여 언제나 유익한 마음인 잘못된 말의 절제가 있는 것이 아닙니다. 왜냐하면 마음속에서는 어리석음이나 성냄에 뿌리한 마음이 일어난 상태에서 침묵할 수도 있기 때문입니다. 이것은 해로운 마음입니다. 불쾌한 말로 되받지 않고 친절한 마음과 인내하는 마음을 가지고 절제를 한다면 그것은 잘못된 말의 절제라는 마음부수에 해당합니다.

제32장. 세 가지 절제(virati-cetasikas)

앞에서 본 것처럼 유익한 행위에 대한 믿음(saddhā), 양심(hiri), 수치심(ottappa) 그리고 소욕(小慾)은 절제의 가까운 원인들입니다. 소욕(小慾, 혹은 만족)이나 적은 것에 만족하는 것은 계를 지키기 위한 좋은 조건들이 됩니다. 재가자들도 잘못된 생계를 절제해야 한다고 증지부에서 말씀하셨습니다. 여기서는 다섯 가지를 하지 말라고 합니다.258)

수행승들이여, 이러한 다섯 가지는 재가자들이 해서는 아니 된다. 무엇이 다섯 가지인가? 무기 거래, 인신매매, 도살업, 주류매매와 독극물 거래가 그것이다. 수행승들이여, 바로 이러한 다섯 가지 거래는 재가자들이 해서는 아니 된다.

도축업에 대하여 주석서(Manorathapurani)는 정의합니다.

"돼지, 양 등을 길러서는 (도살을 목적으로 – 역자) 내다판다"

자기가 하는 일을 수행함에 있어서 뇌물을 받는 것도 역시 잘못된 생계입니다. 혹은 어떤 일을 하지 않도록 하기 위해서 주는 것도 역시 뇌물입니다. 수행승들도 잘못된 생계를 영위할 수 있습니다. 수행승은 가사, 탁발음식, 거주처 혹은 의약품을 합법적이지 않은 수단, 예를 들면 힌트를 주거나 영리하게 이야기를 하여 얻으면 아니 됩니다. 그리고 수행승은 얻음과 명예를 위하여 다른 이들을 헐뜯으면 안 됩니다.259) 수행승의 생활은 적은 것에 만족하는 삶이어야 합니다. 만약 계율이 통찰지를 닦는 것과 분리되어서는 안 된다는 것을 깨닫는다면 청정한 삶을 영위할 수 있을 것입니다.

무엇인가를 얻기 위하여 거짓말을 하거나 바르지 못한 방법을 사용하는 것은 이기적인 욕망 때문입니다. 지금 갈구하는 것은 지금 즉시 혹은 미래에 괴로운 고통을 받게 합니다. 우리는 잘못된 말이나 잘못된 행위를 하는 순간에는 눈이 멀고 그것에 사로잡혀 그 행위의 결과를 생각하지 못합니다. 그래서 그 순간에는 악으로부터 움츠러드는 부끄러움도 없고 악행의 결과에 대한 두려움도 없습니다. 악행을 절제하는 순간에는 유익함에 대한 믿음, 잘못된 행위에 대한 부끄러움, 비난에 대한 두려움이 있고 이기적 욕망은 없습니다.

지혜는 악한 행위를 절제하는 유익한 마음과 함께할 수도 있고 함께하지 않을 수도 있습니다. 바른 지혜가 무르익으면 자아에 보다 덜 집착하게 됩니다. 이렇게 자신에 대한 집착이 적어지는 것은 잘못된 말, 잘못된 행위 그리고 잘못된 생계를 절제하는 조건이 됩니다.

이 세 가지 절제가 유익한 마음과 함께하는 순간을 아는 것은 쉽지 않습니다. 그리고 언제가 유익한 마음이고 해로운 마음인지를 정확하게 알지 못한다면, 잘못된 말, 잘못된 행위 그리고 잘못된 생계라는 마음부수들의 특징들도 알 수가 없습니다. 우리가 악행을 절제하는 순간에는 유익한 마음과 함께하는 아름다운 마음부수들이 많이 있고, 이러한 마음부수들의 특징을 알기 어렵기 때문에 그러한 실재들에 초점을 맞추려 노력하는 것은 의미가 없습니다. 절제하는 마음이 일어날 때 절제를 하게 만드는 자아와 같은 실체가 없음을 깨닫기 위하여 마음챙김을 해야 합니다. 절제에도 여러 단계가 있습니다. 앗타살리니에는 세 가지로 나누어 설명합니다.

`기회가 있음에도 불구하고' 절제하는 경우, 계를 지켜야 하기 때문에 절제하는 경우 그리고 오염원들을 제거함으로써 절제가 되는 경우가 있다.260)

첫 번째 경우는 계(戒)를 받지 않은 사람들이 자신들의 태생, 나이, 경험 등을 고려하여 `나쁜 일을 하는 것은 나에게 맞지 않아'라는 생각으로 실질적으로 나타난 대상을 범하지 않는다. 이것이 `기회가 있음에도 불구하고' 절제하는 경우이다.

계를 받지 않은 사람들도 양심과 비난에 대한 두려움이 있고 잘못된 말, 잘못된 행위 그리고 잘못된 생계를 절제할 수 있습니다. 잘못된 말이나 행위를 할 수 있는 기회가 있음에도 불구하고 그들은 가문이나 받은 교육 그리고 자신들의 경험 등을 고려해서 절제합니다. 그들은 바보 같은 행동을 하지 않으려 하고 나쁜 행위의 결과를 두려워합니다.

두 번째 경우는 지켜야만 하는 계율 때문에 절제하는 경우입니다. 계를 받은 사람이 계를 지켜야 이익이 된다고 생각합니다. 이것이 잘못된 행위를 절제하는 조건이 됩니다. 계를 지키는 데에도 정도의 차이가 많이 있습니다. 어떤 이는 범위를 정하고 계를 지킵니다. 살아 있는 생명을 의도적으로 죽이지는 않지만 자기 목숨이나 건강에 위험이 닥쳐오면 혹은 친척들이 위험에 처하면 달라지는 경우입니다. 또한 가족들이 곤충 같은 것들을 없애 달라고 하는 경우에 비록 살생은 않더라도 이런 사람의 지계(持戒)에는 한계가 있습니다. 이러한 제한적인 계율지킴은 오래가지 못합니다. 하지만 바른 지혜가 무르익는다면 계속해서 계를 지켜 나갈 것입니다.

수다원에게는 잘못된 사견이 없습니다. 그는 계를 지킴은 물론 계를 지키는 자아가 있다고 생각하지 않습니다. 그리고 결코 오계(五戒)를 범하지 않습니다. 비록 생명이 위험하다고 하더라도 말이지요. 그래서 그의 계는 범부들의 계보다 더욱 수승합니다.

세 번째 계는 오염원의 제거로 인한 절제입니다. 이것은 성자(聖者)들의 도(道)와 관련이 있습니다.

도(道)가 일어나면 생명을 해한다는 생각조차도 성자들에게 일어나지 않습니다.

만약 실재들에 대한 바른 지혜가 무르익지 않으면 경험하는 대상들에 마음의 오염들이 일어납니다. 눈으로 즐거운 대상을 경험할 때 우리는 즉시 그것에 빠져버리는 경향이 있습니다. 그러나 보여지는 것은 단지 형상이라는 대상으로 머물 수 없는 물질(rūpa)에 불과하다는 것을 깨달아야 합니다. 형상이라는 대상은 단지 한 순간 동안에만 존재합니다. 그것은 소유의 대상이 될 수 없습니다. 하지만 우리는 여전히 그것을 소유할 수 있다고 믿고, 소유하기를 원합니다. 그리고 그것 때문에 쉽게 악행을 범합니다. 궁극적 관점에서 보면 사람도 없고 사물도 없고 단지 일어나서는 빠르게 사라지는 나마(nāma)와 루빠(rūpa)만이 있습니다. 만약 우리가 악행의 과보를 알게 된다면 우리는 오염원들을 제거할 수 있는 지혜를 개발하려고 할 것입니다.

증지부에 나오는 악행의 불이익은 다음과 같습니다.261)

수행승들이여, 도덕적인 삶에 실패하게 되면 다섯 가지 불이익이 있다. 무엇이 다섯 가지인가? 수행승들이여, 계(戒)가 없이 부도덕하게 사는 사람을 생각해보라….

그는 재산을 잃는 고통을 당하게 된다. 수행승들이여, 이것이 계를 지키지 않고 부도덕하게 사는 첫 번째 불이익이다.

혹은 그에 관한 나쁜 소문이 퍼진다. 이것이 두 번째 불이익이다.

혹은 그가 속한 집단이 어떠한 집단이던 간에, 성스러운

집단이거나, 브라흐만이거나, 범부들이거나, 수행자들이거나 간에 그를 믿지 않고 혼란스러워한다. 이것이 세 번째 불이익이다.

혹은 죽을 때 머릿속이 혼란한 상태로 죽는다. 이것이 네 번째 불이익이다.

혹은 그의 몸이 스러져서 죽은 후에 그는 바르지 않은 길, 나쁜 길, 지옥의 나락으로 떨어진다. 이것이 다섯 번째 불이익이다. 수행승들이여, 바로 이것이 계를 지키지 않고 부도덕하게 사는 자들이 받게 되는 불이익들이다.
(이 반대가 계 지킴의 이익이라고 하였습니다.)

청정도론(I, 154)에 계를 지키지 않음의 위험에 대하여 나옵니다.

게다가, 계를 지키지 아니하면 천신과 인간이 싫어하고, 청정한 삶을 사는 도반들이 가르치길 꺼리게 되고, 부도덕함에 대하여 비난을 받게 되면 고통을 받게 되고 그리고 계를 지키는 사람들이 칭찬을 받을 때 후회하게 된다.

이외에도 다른 많은 불이익들이 있습니다. 예를 들면 부도덕함은 언제나 모든 사람이 적인 것처럼 신경이 날카로워집니다. 그는 깨달음을 성취할 수 없고 성스러운 삶을 살기에 적합하지 않습니다. 비록 자신이 행복하다고 생각하더라도 그렇지 않습니다. 왜냐하면 그는 괴로움을 누적시켜 가고 있기 때문입니다.

우리가 계를 무시한다면 나중에 후회라는 괴로움을 겪게 됩니다. 예를 들어 누군가를 비방할 때에는 그 순간을 즐길 수가 있겠지요. 하지만 나중에 후회하게 될 것입니다. 그때에는 기쁨도 없고 마음의 평화도 없습니다. 만약 다른 사람을 비방하지 않는다면 후회하는 일은 생기지 않습니다. 친절하게 다른 이를 배려하는 절제의 마음과 계를 망각하고 타인을 비방하는 마음은 전혀 다릅니다. 우리는 이러한 순간들을 식별해 봄으로써 특징들이 다르다는 것을 배웁니다.

지혜를 닦기 시작한 초기부터 계를 청정하게 지키기는 어렵습니다. 우리는 여전히 탐욕과 성냄과 어리석음으로 꽉 차있습니다. 이러한 해로운 뿌리들은 잘못된 말, 잘못된 행위 그리고 잘못된 생계를 하게 만드는 조건들 입니다. 오로지 수다원이 되어야지 악처에 떨어지는 해로운 업을 짓게 만드는 조건들을 갖지 않게 됩니다.

우리는 나타나는 실재들이 무엇이건 간에 바르게 꿰뚫어 보겠다고 결심을 해야 합니다. 화가 나거나 거친 말을 하게 될 때에도 화가 일어난 순간의 나마(nāma)와 루빠(rūpa)를 알아차려야 합니다. 성내고 있음을 있는 그대로 알아야만 합니다. 성냄 역시 조건지워진 나마(nāma)이고, '나의 화'가 아니라는 사실을 알아야 합니다. 그렇지 않으면 이것을 제거할 수 없습니다.

화를 내는 순간은 아주 불쾌합니다. 그래서 우리는 이것 때문에 고요함을 원합니다. 그러나 여기에도 취착하는 마음이 있다는 것을 잊지 마십시오. 고요함에 대한 미세한 갈망도 있는 그대로 알아야 합니다. 우리는 목표가 고요함인지 아니면 나타나는 실재들이 무엇이건 간에 그것들에 대한 바른 지혜를 얻는 것인지를 생각해 보십시오.

나타나는 실재들에 상관없이 마음챙김을 통해 지혜를 개발하기가 너무 어렵다고 생각할 수 있습니다. 피곤하거나 의기소침해 있거나 혹은 화가 나면 다음에 하지하고 생각합니다. 이러한 순간에 마음을 챙기지 아니한다면 마음챙김은 언제나 어려울 것입니다. 그래서 통찰지를 닦는 데에는 인내가 필요합니다.

우리는 계를 지키기가 너무 어렵다고 생각하기 때문에 처음부터 아예 계를 무시합니다. 그러나 좀 더 붓다의 말씀을 생각해 보고 지혜를 닦아 나간다면 일상에서 무엇이 바른 것이고 무엇이 그른 것인지를 알게 되는 조건들을 더욱 많이 갖게 될 것입니다. 바른 지혜는 잘못된 견해인 사견과 어리석음 그리고 다른 모든 오염들을 제거하는 것이 목표이지만 처음부터 완벽할 수는 없습니다. 하지만 계를 무시할 때의 위험과 지킬 때의 이익을 공부하면 도움이 됩니다.

우리는 살생이나 도둑질을 하지는 않아도 잘못된 말은 절제하지 못합니다. 살다 보면 자신은 물론 남도 해롭게 할 수 있는 말을 나도 모르게 하고 있습니다. 우리는 대화가 계속 이어지기를 원하고 계속되기를 원하기에 다른 이들을 쉽게 헐뜯습니다.

평소에 우리는 모욕을 당하면 당하는 즉시 돌려주고 싶어 합니다. 자존심이 상처를 받고 자신을 보호하기를 원합니다. 우리는 대부분의 시간을 나 자신에 대하여 생각합니다. 명예롭기를 원하고 칭찬받기를 원합니다. 하지만 잘못된 말의 절제와 유익한 마음이 얼마나 도움이 되는지 망각합니다. 여러분은 하루에 얼마나 자주 유익한 마음을 가지고 대화를 나눕니까?

붓다께서는 톱에 관한 우화를 통해 바른 말의 중요성을 일 깨워 줍니다.262)

수행승들이여, 다른 이들에게 말을 할 때에는 시기가 바를 때 일 수도 있고 적당하지 않은 시기일 수도 있다. 수행승들이여, 다른 이들에게 말을 하다보면 사실에 근거한 것이거나 사실에 근거한 것이 아닌 말을 할 수가 있다. 수행승들이여, 다른 이들에게 부드럽게 말할 수도 있고 혹은 거칠게 말할 수도 있다. 수행승들이여, 다른 이들에게 말을 할 때에는 목표와 관련된 말을 하거나 관련되지 않은 말을 할 수도 있다. 수행승들이여, 다른 이들에게 말을 할 때에는 친절한 마음을 가지고 할 수도 있고 혹은 증오하는 마음을 가지고 말을 할 수 있다.

여기 수행승들이여, 이와 같이 닦아나가야 한다.

"나는 오해를 하거나 나쁜 말을 하는 대신에 자애(mettā)와 연민(karuṇā)의 마음을 가지고 머문다. 자애의 마음으로 증오하는 마음 없이. 그리고 자애로움을 내 마음 속에 가득 채운다. 나로부터 시작해서 아주 먼 곳까지, 드넓게, 헤아릴 수도 없는 온 세계가 온통 적의(敵意)가 없고, 증오하는 마음이 없기를 바라는 자애의 마음을 가지고 (세계에) 머문다."

이것이 수행승들이여, 닦아 나가는 방법이다.

우리가 나쁜 말을 할 때에는 다른 사람의 복리를 생각하는 친절함이나 배려가 없습니다. 자애의 마음을 가지고 있으면 나쁜 말을 할 기회가 적어집니다. 그래서 자애심을 일상에서 닦아야합니다. 그리고 계-지킴의 가치를 알아야만 합니다. 그렇지 않으면 진정한 자애의 마음을 일으킬 수 없습니다. 바른 지혜와 함께 다른 많은 유익한 성품들을 개발하면 오염들은 마침내 제거될 것입니다.

욕계의 마음들과 함께하는 절제는 한 번에 하나씩만 일어납니다. 하지만 초세간의 마음이 일어나면 모든 세 가지 절제들이 초세간의 마음과 함께합니다. 이때의 대상은 닙바나입니다. 그렇기 때문에 초세간 절제의 대상은 욕계의 대상과 다릅니다. 초세간의 절제는 초세간의 팔정도인 바른 말(正語), 바른 행위(正業) 그리고 바른 생계(正命)입니다.

제32장. 세 가지 절제(virati-cetasikas)

앗타살리니에 의하면 초세간의 바른 말(正語)은 잘못된 말을 허용하지 않는다고 합니다. 초세간의 바른 말은 잘못된 행위의 토대를 잘라버리고 도(道)의 요인들로 채웁니다. 이와 같이 바른 행위(正業)도 몸으로 짓는 잘못된 행위의 토대를 잘라 버리고 도(道)의 요인들로 채우고, 바른 생계도 잘못된 생계의 토대를 잘라 버리고 도(道)의 요인들로 채웁니다.263) 그래서 잘못된 행위를 하게 되는 조건들을 잘라내고 도(道)의 요인들로 채우는 것이 초세간 절제의 역할입니다.

오염들은 깨달음이 무르익음에 따라 단계적으로 제거됩니다. 수다원의 도(道)의 마음이 일어나면 살생, 도둑질 그리고 잘못된 성행위라는 세 가지 종류의 잘못된 행위의 토대, 그리고 거짓말과 같은 잘못된 말, 또한 잘못된 생계의 토대가 잘려져 나갑니다. 그러나 비방, 욕설, 실없는 말과 같은 잘못된 말은 제거되지 않았지만 악처에 태어나게 할 정도의 심각한 업의 길에는 더 이상 들지 않습니다.

두 번째 깨달음의 단계인 사다함은 세 가지 종류의 잘못된 말을 제거하지는 못하지만 이러한 말들을 하는 성향은 줄어듭니다.

세 번째 깨달음의 단계인 아나함은 비방과 욕설이라는 오염을 제거합니다. 하지만 실없는 말을 하는 경향은 여전히 남아 있습니다. 실없는 말을 하려는 경향은 오로지 아라한이 되어야 없어집니다.

우리는 거짓말이나 비방 혹은 욕설을 안 할 수도 있지만 여전히 담마를 설명하거나 다른 이들을 돕는 의도를 가진 말을 하기는 어렵고, 관대하고 유익한 마음을 가지고 말하기는 어렵습니다. 반면에 실없는 말이나 쓸모없는 말은 하기가 쉽습니다. 예를 들면 그날 발생한 사건에 대하여 이야기를 하거나 그 날 일어났던 다른 사건들에 대하여 해로운 마음을 가지고 이야기합니다. 이런 상황에서 우리가 깨어 있다면 유익한 마음을 가지고 그러한 사건들을 바라볼 수 있을 것입니다. 예를 들면 그 사건과 사고를 이용하여 나 자신과 다른 사람들에게 인생의 덧없음을 일깨워주는 것이지요.

실없는 말은 해롭습니다. 수행승은 적은 것에 만족하고, 수행에 도움이 되는 명상 주제들에 대한 이야기를 하여야 합니다. 재가자들은 수행자처럼 살 수는 없지만 쓸모없는 일들에 관한 이야기 대신에 일어나는 해로운 나마(nāma)와 루빠(rūpa)에 마음을 챙길 수가 있습니다. 아라한들은 재가자의 삶을 더 이상 살아가지도 않고 쓸모없는 이야기도 하지 않습니다.

절제와 함께할 수 있는 마음들을 요약하면 :
- 8개의 욕계의 크게-유익한 마음들
  (kāmāvacara kusala citta)
- 3가지 절제와 함께하는 8(혹은 40)개의 초세간 마음들

크게-유익한 마음들이 일어나는 경우에는 단지 한 번에 한 가지 절제만 일어납니다. 그러나 하나의 절제가 모든 크게-유익한 마음들에서 언제나 함께 일어나는 것이 아닙니다. 절제들은 모든 아름다운 마음과 함께하는 19개의 아름다운 마음부수에 포함되지 않습니다. 이것들은 잘못된 행위를 절제하는 것이기 때문에 과보의 마음들과도 함께하지 않습니다. 세 가지 절제는 아라한의 큰-작용만하는 마음과도 함께하지 않습니다. 그 이유는 모든 오염들을 제거한 사람에게는 더 이상 절제를 해야 하는 기회가 없기 때문입니다. 세 가지 절제는 또한 색계의 마음들 그리고 무색계의 마음들과도 함께하지 않는데 그 이유는 이 선정의 마음들은 감각적인 욕망과 무관하기 때문입니다.

초세간의 마음들과 함께하는 세 가지 절제는 팔정도의 바른 말(正語), 바른 행위(正業) 그리고 바른 생계(正命)입니다. 이것들은 도(道)의 마음(magga-citta)은 물론 과(果)의 마음(phala-cittas)과도 함께합니다. 과(果)의 마음은 닙바나를 경험하는 초세간 과보의 마음들로 도(道)의 마음순간 바로 뒤에 이어서 일어납니다.

이렇게 세 가지 절제에는 종류도 많고 수준도 다양합니다. 절제에는 바른 지혜와 함께하기도 하고, 함께하지 않기도 합니다. 초세간의 마음이 일어나면 모든 세 가지 절제는 초세간의 마음과 함께하며 그것들 역시 초세간이 됩니다.

제33장. 연민(karuṇā) 함께 기뻐함(muditā)

연민(karuṇa)과 함께 기뻐함(muditā)은 여섯 가지 아름다운 마음부수에 해당하는 것으로 아름다운 마음들과 언제나 함께하는 것은 아닙니다. 이것들은 사무량심(梵住, brahma-vihāras)에 해당됩니다.264) 다른 두 개는 자애(mettā)와 평온(upekkhā)입니다.265) 성스러운 머묾(梵住)을 무량(appamaññā)이라고 합니다. 왜냐하면 사마타 명상주제로서 이것들의 대상은 헤아릴 수도 없는 중생들이기 때문입니다.

연민(karuṇā)

연민(karuṇā)에 대하여 청정도론(IX, 94)에

연민(karuṇā)은 (중생들의) 괴로움을 완화시키려고 노력하는 것이 특징이다. 다른 이의 괴로움을 참지 못하는 역할을 한다. 잔인함 없음으로 나타난다. 괴로움에 허우적거리는 중생들에게서 의지할 곳 없음을 보는 것이 가까운 원인이다. 잔인함을 가라앉히면 성공하고 슬픔이 일어나면 실패한다.

앗타살리니의 정의도 이와 비슷합니다.266)

연민(karuṇā)의 가까운 적은 '일상사에 바탕을 둔 큰 슬픔'

이다. 이것은 사람이나 어떤 즐거움 같은 '세속적인 삶'에 대한 탐욕으로 조건지워진 성냄이다. 연민(karuṇā)의 멀리 있는 적은 잔인함이다.(Vis. IX, 99) 잔인함이 있으면 연민(karuṇā)의 마음은 일어날 수 없다.

연민(karuṇā)의 가까운 적이라고 하는 슬픔이나 성냄에 대하여 이야기해 봅시다. 실재로는 화(dosa)를 내고 있으면서 이것을 연민(karuṇā)이라고 착각합니다. 누군가 비참한 상황에 빠진 것을 보면 연민이 아닌 다른 마음이 일어날 가능성도 있습니다. 즉 연민(karuṇā)이라는 유익한 마음뿐만이 아니라 해로운 마음도 일어나기 쉽습니다.

고통 받고 있는 중생들의 괴로움을 완화시켜 주기 위하여 돕고 싶은 마음이 있다면 그것은 연민(karuṇā)입니다. 하지만 그가 겪고 있는 괴로움을 보고는 화가 날 수 있습니다. 이렇게 연민(karuṇā)과 성냄(dosa)은 다른 마음부수입니다. 이것들은 연이어 일어나기 쉽습니다. 문제는 우리가 그것들의 서로 다른 특징을 알기 어렵다는 것입니다. 바른 지혜가 있다면 그것들의 다름을 압니다.

연민(karuṇā)은 자애(mettā)와도 같지 않습니다. 자애(mettā)는 성냄 없음(adosa)이라는 마음부수로 모든 아름다운 마음들과 함께합니다. 중생들을 향한 자애(mettā)는 특별한 성품입니다. 청정도론에 '중생들에게서 사랑스러움을 보는 것'이 자애라 하였습니다. 이것은 중생들의 복리를 증진시키며 다른 이들을 친구로 대합니다. 반면에 연민

(karuṇā)은 중생들의 괴로움을 완화시켜주려고 하는 것입니다. 이렇게 자애와 연민(karuṇā)의 대상은 다릅니다.

예를 들면 환자를 방문하여 꽃을 주거나 혹은 쾌유를 비는 순간에는 자애의 마음이 있습니다. 하지만 그의 고통을 가슴으로 함께할 때에는 연민(karuṇā)의 마음도 존재합니다.

연민(karuṇā)의 대상은 괴로워하는 중생들이므로 정신적 기쁨(소마낫사)과는 함께할 수 없다고 생각하지만 정신적 기쁨이나 무덤덤한 느낌과 함께할 수 있습니다. 왜냐하면 누군가의 괴로움을 즐거운 마음으로 완화시켜 주기 위한 노력을 할 수 있기 때문입니다.

연민(karuṇā)의 순간에 마음은 고요합니다. 그래서 연민(karuṇā)은 사마타 명상주제입니다. 청정도론(IX, 77-124)에 사무량심(四梵住)인 연민(karuṇā)을 닦아 선정을 얻는 방법이 나옵니다.267)

연민(karuṇā)으로 명상을 하는 것은 잔인한 마음을 가라앉히기 위함입니다. 선정에 들기 위하여 연민(karuṇā)을 닦을 때에는 연민(karuṇā)의 대상은 모든 중생들입니다. 이렇게 대상에 대한 제한이 없기 때문에 무량(無量)이라고 하는 것입니다.

붓다는 담마를 가르치실 때 수행승들에게 자애(mettā)와 연민(karuṇā)의 마음을 가질 것을 간곡히 당부하였습니다. 연민(karuṇā)의 마음은 일상에서 증진시킬 수 있습니다. 붓다 스스로도 환자를 방문하여 환자 간호에 대한 모범을 보여 주었습니다. 수행승은 육체적인 아픔과 정신적인 괴로움에 빠진 중생을 도와주어야 합니다.

증지부에는 환자를 올바로 돌보는 것과 바르지 않은 사례가 나옵니다.268)

수행승들이여, 환자를 돌보는 자에게 다섯 가지 특징이 있다면 환자를 돌보는데 적합하지 않다. 다섯 가지란 무엇인가?

의약품을 준비할 수 없다. 어느 것은 약이 되고, 어느 것은 약이 되지 않는지 모른다. 줘도 될 것과 줘서는 안 되는 것을 모른다. 선의(善意)가 아닌 무엇인가를 바라는 목적으로 환자를 돌본다. 대변, 소변, 토한 것과 타액 치우는 것을 질색한다. 틈틈이 안내하고, 환기시키고, 기쁘게 하고 그리고 법을 들려주어 환자를 만족시키지 못한다.

수행승들이여, 이러한 다섯 가지 특징이 있는 사람이 환자를 돌보는 것은 적합하지 않다.(이와 반대되는 다섯 특징은 돕기에 적합하다.)

붓다의 이런 말씀은 연민심(karuṇā)에서 나온 것입니다. 환자를 방문할 때마다 그는 담마를 설하였습니다.269) 증지부에서 붓다는 재가자들에 대한 연민(karuṇā)의 마음에 대하여 수행승들에게 설합니다.270)

수행승들이여, 만약 어느 수행승이 다음의 다섯 코스를 따른다면, 그는 재가자들에 대한 연민(karuṇā)이 있다. 다섯 가지란 무엇인가?

① 그는 그들에게 보다 높은 계를 받으라고 권한다. ② 그들에게 담마에 따른 모범적인 삶을 살도록 한다. ③ 환자를 방문하면 "귀한 분께서는 마음챙김을 하세요. 이것은 가장 가치 있는 것입니다"라고 말하면서 마음챙김을 권한다. ④ 승단의 많은 스님들이 오시면 재가자들에게 선행을 하라고 권한다.(승가에 보시하라고-역자) ⑤ 그리고 그들에게 (승가에게-역자) 음식을 드릴 때에는 예정된 것이든 선택한 것이든 보시의 과보에 대한 믿음에 흔들리지 않고 그 스스로도 보시를 즐긴다.

틀림없이, 수행들이여… 이런 사람은 재가자에 대한 연민(karuṇā)이 있다. 재가자들이 수행승에게 보시를 한다면, 그것이 '예정된 것이든 선택한 것이든' 상관없이 수행승은 연민(karuṇā)의 마음으로 그것을 받아야만 한다. 재가자들이 유익한 행위를 누적시켜 가는데 도움이 되기 때문이다.

연민(karuṇā)을 증장시키는 방법에는 여러 가지가 있습니다. 우리는 다른 이들에게 상처를 주거나 해롭게 하면 안 됩니다. 연민(karuṇā)의 마음을 가지고 잘못된 말과 잘못된 행위를 하지 말아야 합니다.

붓다께서 사왓띠에 계실 때 아라한이 되기 위하여 수행을 하고 있는 수행승들에게 해로운 업을 짓지 말라고 말씀을 하시면서 연민(karuṇā)의 이익이 무엇인지 아는 것은 기회가 있을 때마다 연민(karuṇā)의 마음을 생기게 하는 조건이 된다고 하였습니다.271) 때로는 다른 이들의 육체적인 고통을 줄여주는 기회도 있을 것이고, 때로는 정신적인 괴로움을 완화시켜 줄 수 있는 기회도 있을 것입니다.

우리는 부당한 말을 듣거나 혹은 행동을 보게 되면 괴로워합니다. 하지만 이것은 내가 지은 행위의 과보입니다. 그리고 그 사람도 그런 행위의 과보를 받게 될 것입니다. 만약 이렇게 생각한다면 화를 내는 대신에 그에 대한 연민(karuṇā)의 마음이 생기겠지요. 그래서 업과 과보에 대한 지혜는 연민(karuṇā)의 마음을 일어나게 하는 조건입니다.

붓다께서 법을 설하신 것은 참으로 위대한 연민(karuṇā)의 마음입니다. 이로 인하여 수많은 중생들이 괴로움의 윤회에서 벗어날 수 있기 때문입니다. 큰 연민(karuṇā)의 마음을 가진 붓다 때문에 우리는 괴로움을 소멸시키는 길을 갈 수 있습니다.

연민(karuṇā)의 수준도 여러 가지입니다. 연민(karuṇā)은 바른 지혜 없이 혹은 바른 지혜와 함께 일어납니다. 바른 지혜가 무르익는 정도에 따라 연민(karuṇā)은 물론이고 다른 모든 선한 성품들도 함께 무르익습니다. 연민(karuṇā)은 여덟 가지 종류의 크게-유익한 마음들(mahā-kusala cittas)과 함께합니다. 하지만 연민의 마음이 일어날 수 있는 기회는 항상 있는 것이 아닙니다. 그러므로 8가지 크게-유익한 마음들과 항상 함께하지는 않습니다.

연민(karuṇā)은 욕계의 유익한 업의 과보인 '큰-과보의 마음(mahā-vipākacittas)들'과 함께하지 않습니다. 왜냐하면 연민(karuṇā)은 살아 있는 중생들을 대상으로 하기 때문입니다. 그러나 연민(karuṇā)은 아라한에게 일어나는 큰-과보의 마음들과 함께할 수는 있습니다.

색계의 마음에서 연민(karuṇā)은 네 개의 선정가운데 초선정, 이선정, 삼선정의 마음들과 함께할 수 있습니다. 가장 높은 단계의 사선정에서는 함께할 수 없습니다.272) 연민(karuṇā)은 무색계 마음들은 물론 초세간의 마음들에서도 일어나지 않습니다. 초세간의 마음들의 대상이 닙바나이기 때문입니다.

함께 기뻐함(muditā)

함께 기뻐함(喜)을 의미하는 무디따(muditā)는 다른 이의 행운에 대하여 감사해하는 것입니다. 이 '함께하는 기쁨'은 즐거운 느낌일 것이라고 생각하지만, 이 무디따(muditā)는 느낌이 아닙니다. 성품을 이해하려면 무디따(muditā)에 대한 청정도론(IX, 95)의 설명을 참고하는 것이 좋은데 여기서는 '기쁨'으로 번역 하였습니다.

더불어 기뻐함(gladness)의 특징은 (다른 이의 성공에 대하여) 기뻐함이다. 타인에 대하여(타인의 부귀영화를-역자) 시기하지 않는 역할을 한다. (타인의 번성을-역자) '싫어함(arati)을 제거'하는 것으로 나타난다. 가까운 원인은 타인의 성공을 보는 것이다. 따분함(혹은 싫어함)을 가라앉히면 성공하고 [세속적인 희열로써] 왁자한 웃음을 일으킬 때 실패한다.

앗타살리니의 정의도 이와 비슷합니다.273) 함께 기뻐함의 역할 혹은 작용은 질투하지 않는 것입니다. 다른 이들이 보시를 받거나 칭찬을 들으면 질투심이 일어납니다. 질투와 **함께 기뻐함**의 가까운 원인은 두 가지 모두 타인의 성공입니다. 질투는 성냄에 뿌리를 둔 해로운 마음(dosa-mūla-citta)과 함께 일어납니다. 청정도론(IX, 100)에 함께 기뻐함의 먼 적(敵)은 성냄이나 따분함이라 하였습니다. 만약 현명한 주의가 있다면 질투 대신에 함께 기뻐하는 마음이 일어날 것입니다.

함께 기뻐함의 가까운 적은 '세속적 삶에 기초한 기쁨'입니다. 이것은 세속적 삶과 관련된 기쁨인데 감각적으로 즐거운 대상에 대하여 취착할 때 일어나는 기쁨이지요. 청정도론에 '왁자한 웃음이 일어나면 **함께 기뻐함**은 실패한다.'고 하는데 이것은 탐욕과 관련된 행복이기에 그렇습니다.

어느 것이 유익한 마음이고 어느 순간이 해로운 마음인지를 아는 바른 지혜가 없으면 실제로는 '해로운 기쁨'의 마음을 **함께 기뻐함**'이라고 오해할 수 있습니다. '당신의 정원은 참으로 아름답군요.'라고 말할 때, 여기에는 함께 기뻐하는 마음이 있을 수 있습니다. 그의 번영을 진정으로 인정할 때에는 말이지요. 하지만 즐거운 대상에 대한 탐욕의 마음이 함께 일어날 수 있습니다.

해로운 마음과 유익한 마음은 동시에 일어날 수 없으므로 이것들은 다른 마음순간들에서 일어납니다. 마음은 아주 빠르게 일어나서는 사라지므로 그것들의 특징을 식별하는 것은 어렵지만 그것들에 대한 지혜는 개발될 수 있습니다.

함께 기뻐함의 순간에는 유익한 마음과 함께하는 고요함도 함께합니다. 명상주제로써 **함께 기뻐함**을 이용하여 선정에 들 수 있습니다. 청정도론(IX, 84-124)에 사마타 명상주제로 사무량심(梵住)인 이 **함께 기뻐함**을 닦아 선정에 드는 방법이 나옵니다.274)

이 수행은 성냄으로부터 자유로워지기 위함입니다. 이 **함께 기뻐함**의 대상은 제한이 없는 무제한의 중생들입니다. 장부에 성스러운 네 가지 머묾(四梵住)을 닦는 법이 나옵니다.275)

네 가지 '무량(appamaññā)'이란, ― 여기 수행승들이여, 한 수행승이 세상의 사분의 일을 자애… 연민(karuṇā)… 함께 기뻐함… 평온으로 충만하게 한다. 그리고 그렇게 사분의 이를, 그리고 사분의 삼을, 그렇게 사분의 사를 충만하게 한다. 그리하여 온 세계를, 위, 아래, 주위 그리고 모든 곳에(있는 중생들을 대상으로-역자) 계속해서 마음으로부터 충만하게… 멀리 있는 곳… 아주 크게 증장시켜서 그리고 헤아릴 수 없는 무량한 곳까지 채워나간다. 성냄과 악의로부터 벗어나기 위하여.

함께 기뻐함은 일상에서 닦아 나갈 수 있습니다. 누군가의 성공을 보게 되면 이때가 **함께 기뻐함**을 개발할 수 있는 기회입니다. 만약 질투하는 마음의 불이익을 이해한다면 이것은 누군가의 건강함을 혹은 누군가의 성공 그리고 누군가 칭찬이나 명예를 받는 것을 보게 될 때 그들의 성공을 진정으로 감사하게 생각하는 마음을 일어나게 하는 조건이 됩니다.

장부에서 붓다는 시갈라에게 일상에서 도움이 되는 좋은 친구와 나쁜 친구의 특징들에 관해 조언합니다.276)

당신의 불행에 대하여 기뻐하지 않는다. 당신의 번영에 대하여 함께 기뻐한다. 누군가 당신에 대하여 나쁘게 말한다면 그 자를 멀리한다. 당신을 칭찬하는 사람에게는 말을 한다.

좋은 친구는 질투하지 않고 성공을 함께 기뻐합니다. 이것을 보고 우리는 좋은 친구인지 확인할 수 있습니다. 만약 질투 한다면 그것은 참된 우정이 아닙니다. 한편 질투심이 강하면 **함께 기뻐함**을 증장시키기가 어렵습니다. 왜냐하면 습관적으로 질투를 해 왔기 때문에 누군가 칭찬을 받거나 혹은 다른 즐거움을 누리는 것을 보게 되면 자동으로 질투심이 일어나기 때문입니다. 질투의 마음이 거칠지 않고 미세하더라도 그러한 마음 순간을 알아차리는 것은 유익합니다.

만약 바른 지혜가 있다면 누군가의 성공은 "그 사람"에게 귀속된 것이 아니고 단지 그 사람이 지은 '업'에 의하여 조건지워진 결과에 불과하다는 것을 알게 됩니다. 질투는 쓸모가 없습니다. 바른 지혜가 무르익어 존재하는 사람도 없고, 사물도 없고 다만 일어나서는 사라지는 나마(nāma)와 루빠(rūpa)만이 있음을 알게 된다면 우리는 점차적으로 질투하는 마음을 덜 일으키게 될 것입니다.

질투는 '질 낮은 족쇄(saṁyojanas)' 가운데 하나로 수다원이 되면 제거가 됩니다. 마음속에서 더 이상 질투심이 일어나지 않는다면 함께 기뻐함의 조건들을 갖추게 된 것입니다. 이것은 점진적으로 이루어지며 하나의 성품으로 발전합니다. 그래서 수다원은 마음이 통하는 진정한 친구라 할 수 있습니다.

함께 기뻐함은 8가지 크게-유익한 마음들(mahā-kusala cittas)과 함께 일어납니다. 하지만 항상 기회가 있는 것이 아니므로 위와 같은 마음들과 언제나 함께하는 것은 아닙니다. 함께 기뻐함은 무덤덤한 느낌은 물론 즐거운 느낌과 관련된 크게-유익한 마음들과 함께할 수 있습니다.

함께 기뻐함은 즐거운 느낌과는 다릅니다. 무디따(muditā)를 함께 기뻐함 혹은 기쁨으로 번역하는 것은 오해의 소지가 있습니다. 왜냐하면 무덤덤한 마음으로 다른 이의 성공에 감사해 할 수 있기 때문입니다.

함께 기뻐함은 큰-과보의 마음(mahā-vipākacittas)과는 함께하지 않는데 이는 살아있는 중생들을 대상으로 하기 때문입니다. 그리고 크게-작용만 하는 마음들(mahā-kiriyācittas)과 함께할 수 있습니다. 이 마음은 아라한의 마음인데 아라한도 살아 있는 중생들에 대하여 함께 기뻐할 수 있기 때문입니다. 그들은 모든 해로움(akusala)을 제거하였으므로 이들의 유익한 성품들은 완벽합니다. 함께 기뻐함은 색계 선정의 마음들과도 함께할 수 있습니다. 네 개의 선정 가운데 초선정, 이선정, 삼선정까지는 이 마음과 함께할 수 있고 가장 높은 단계의 사선정에서는 함께할 수 없습니다.

이렇게 **함께 기뻐함**은 모두 12가지 색계의 마음들과 함께 할 수 있습니다. 한편 **함께 기뻐함**은 초세간의 마음들과는 함께할 수 없는데 초세간의 대상이 닙바나라 그렇습니다. 증지부에 사무량심인 자애를 닦은 결과가 나옵니다.277) 사실 다른 사무량심(梵住)인 연민, 함께 기뻐함 그리고 평온도 이것의 이익과 같습니다.278) 사무량심의 이익은

① 잠을 편안하게 자고
② 편안하게 깨어나고
③ 악몽을 꾸지 않고
④ 사람들에게 사랑받고
⑤ 인간이 아닌 존재들에게서도 사랑받고
⑥ 천신들이 보호한다.
⑦ 불, 독 혹은 무기로 해침을 받지 않고
⑧ 마음이 쉽게 집중이 되고
⑨ 얼굴빛이 밝고 (그의 몸은 고요하다)
⑩ 혼란 없이 죽고
⑪ 출세간으로 나아가지 않는다면 범천에 태어난다.

청정도론(IX 97)에 사무량심 가운데 **자애**(mettā)는 악의를, **연민**(karuṇā)은 잔인함을, **함께 기뻐함**(muditā)은 성냄을 그리고 **평온**(upekkhā)은 탐욕이나 적의를 잠재우기 위하여 닦는다고 합니다. 그렇지만 이러한 오염들은 실재들의 진정한 성품을 깨닫지 못하면 제거할 수 없다는 사실을 알아야 합니다. 모든 조건지워진 실재들은 심지어 가장 훌륭한

성품들도 무상하고, 괴로움이며, 무아입니다. 증지부에 한 수행승이 사무량심을 개발하는 이야기가 나옵니다.279)

그러면 그는 이와 같이 생각한다. 이 가슴에서 나오는 자애(mettā)와 연민(karuṇā), 함께 기뻐함(muditā)과 평온(upekkhā)은 수승하다. 이것은 수승한 생각이다. 그 때에 그는 알게 된다. 비록 이것이 지금은 수승한 것, 수승한 생각이라 하여도 이것은 종말이라는 본성을 가진 무상한 것이다. 이런 생각에 확고한 그는 오염을 파괴하고 승리한다. 그 상태는 완전하게 사라져 버리고 그 세계로부터 결코 (여기로) 돌아오지 않는다. 만약 그렇지 아니하고, 아직 법(현상-역자)들에 대한 욕망이 있고, 법(현상-역자)들을 기뻐하고, 완전하게 그리고 이 세계에 속한 다섯 가지 족쇄들을 완전히 끝내지 아니하였다면, 그는 계속해서 다시 태어난다.

제IV부 아름다운 마음부수들(Sobhana Cetasikas)

제34장. 통찰지(paññā)

지혜(paññā)의 종류와 수준은 다양합니다. 지혜란 유익한 행위(kusala)의 이익을 알고 해로운 행위(akusala)의 불이익을 아는 것이라고도 할 수 있습니다. 인생의 무상함에 관한 명상으로부터 생긴 지혜도 있습니다. 이런 종류의 지혜는 담마를 듣지 않았어도 생길 수 있습니다. 담마를 공부하면 업과 과보, 육문(六門)을 통해 나타나는 정신(nāma)과 물질(rūpa)과 같은 궁극적 실재들에 대한 이론적 이해를 할 수 있습니다. 그리고 정신(nāma)과 물질(rūpa)에 대한 마음챙김을 통하여 직접적인 통찰지가 생길 수도 있습니다. 궁극적 실재들에 대한 이러한 직접적인 통찰지는 모든 오염들을 제거하는 가장 높은 단계의 지혜로 발전합니다.

지혜(paññā) 혹은 어리석음 없음(amoha)은 모든 각각의 아름다운 마음들과 언제나 함께하지는 않는 6개의 아름다운 마음부수 가운데 하나입니다. 아름다운 세 가지 뿌리 가운데 하나입니다. 나머지 두 개의 아름다운 뿌리는 탐욕없음(alobha)과 성냄 없음(adosa)입니다.

보시를 하거나 계를 지키는 순간에는 지혜가 이러한 유익한 마음과 함께할 수도 있고 함께하지 않을 수도 있습니다. 그러나 명상과 병행하여 담마에 대한 공부를 하고 사마타와 위빳사나에 대하여 다른 이들에게 설명을 할 때에는 지혜는 반드시 이러한 유익한 마음과 함께합니다. 지혜가 보시나 지계와 같은 크게 유익한 마음과 함께할 때에는 지적인 수준의 지혜일 수 있습니다. 즉 이때의 지혜는 유익한 행위의 이익에 대한 이해와 해로운 행위의 불이익에 대한 이해 그리고 업과 과보를 이론적으로 이해하는 지혜일 수 있습니다. 그렇지만 보시(布施)나 지계(持戒)와 같은 행위를 하면서도 나타나는 실재들에 대한 마음챙김을 통해 직접적인 지혜를 닦을 수도 있습니다. 정신 수양은 지혜가 없다면 성공할 수 없습니다.

한편 붓다의 가르침을 모르는 이들도 인생에서 모든 것들은 변화하고 그것들은 지속되지 않는 것이라고 현명한 반조하며 선정을 닦을 수도 있습니다. 선정은 붓다의 시대 이전에도 유익한 행위의 하나로서 본삼매의 진정한 고요함의 특징을 이해하는 현자들이 있었습니다.

계속 조용함을 유지하는 것이 고요함이라고 오해하지 않는 사람들이 고요함의 진정한 특징을 이해하고 선정에 들 수 있었습니다. 그리고 점차적으로 보다 높은 단계의 선정에 듭니다. 감각적인 자극의 불이익을 맛본 사람들은 그것으로 부터 벗어나기 위해 선정을 닦았습니다. 그리고 물질(rūpa)이라는 대상을 명상주제로 하는 색계선정의 불이익을 본 사람들은 무색계 선정을 닦았습니다. 선정에 능한 수행자는 신통력을 개발하여 전생을 기억하고 천안(天眼)으로 죽은 자가 어디에 다시 태어나는지를 알 수 있습니다. 이러한 신통력은 지혜와 함께합니다. 하지만 이런 지혜로 오염들은 제거할 수 없습니다. 실재들의 진정한 본성을 깨닫는 지혜만이 오염을 제거할 수 있는데, 바로 이 방법을 붓다께서 가르치신 것입니다.

이런 지혜는 스스로 일어나지 않고 수행을 해야만 합니다. 담마를 듣고 그것에 대하여 숙고해보면 실재들에 대한 이론적인 이해는 가능합니다. 하지만 일상에서 정신(nāma)과 물질(rūpa)에 대한 마음챙김을 한다면 이러한 실재들에 대한 직접적인 지혜를 체험으로 알게 될 것입니다. 마침내 실재들의 진정한 본성을 꿰뚫어 깨달음을 얻을 때 오염들은 제거됩니다.280)

실재들의 모습을 있는 그대로 보라는 것이 붓다 가르침의 목표입니다. 지혜란 궁극적 관점에서 무엇이 실재이고 무엇이 실재가 아닌지를 아는 것입니다. 사견으로 가려 있는 한 궁극적 실재들의 모습을 우리는 있는 그대로 볼 수 없습니다. 사람이나 동물 그리고 물과 같은 것들은 궁극적 관점에서의 실재가 아닙니다. 이것들은 단지 생각의 대상인 개념들입니다. 정신(nāma)과 물질(rūpa)은 궁극적 관점에서 실재입니다. 이것들은 자신만의 변하지 않는 특징을 가지고 있습니다. 육문(六門)을 통해 한 번에 하나씩 나타나는 것을 지혜를 통해 알 수 있습니다. 이러한 실재들에 대한 마음챙김을 통해 우리는 붓다께서 가르치시고자 한 내용의 진실을 발견하고 깊이 있는 이해를 하게 됩니다. 그때가 되면 실재들은 영원한 것인지 아니면 무상한 것인지, 사람이나 자아가 있는지 실재들을 통제하는 실체가 있는지 없는지 발견하게 됩니다.

모든 실재들은 서로를 구분할 수 있는 독특한 자신만의 특징이 있습니다. 즉 차별화된 표시 혹은 특징 말이지요. 안식(眼識), 이식(耳識), 딱딱함 혹은 소리와 같은 실재들은 자신만의 고유한 특징이 있습니다. 하지만 조건지워진 모든 실재들은 역시 무상, 괴로움 혹은 불만족 그리고 무아라는 공통점이 있습니다. 지혜가 개발되면 실재들은 무상하고, 괴로움이며 무아라고 압니다. 하지만 수행의 초기에는 실재들에 대한 진정한 본성을 명확히 이해할 수 없습니다. 지혜는 점진적으로 개발됩니다.

직접적인 체험을 통해 알게 되는 실재들에 대한 지혜는 지금 우리가 생각하고 있는 것과 다릅니다. 이러한 통찰지는 오로지 바로 지금 나타나는 나마(nāma)나 루빠(rūpa)에 대한 마음챙김을 통해 개발됩니다. 이 순간에 일어난 하나의 실재에 마음을 챙기면 그 실재의 특징을 조사할 수 있습니다. 이러한 조사를 통해 통찰지는 점진적으로 계발됩니다. 예를 들어 딱딱함이 나타나는 순간에 마음을 챙기면 그것의 특징을 알 수 있습니다. 마음을 챙기는 바로 그 순간에는 딱딱한 어떤 것으로 혹은 딱딱함이 부딪치는 곳이 어느 부위이지와 같은 생각은 없습니다. 만약 부딪치는 부위를 생각한다는 것은, 예를 들어 손이나 다리구나와 같은 생각은 취착의 대상인 '내 몸'이라는 개념을 생각하는 것입니다. 한 번에 하나씩 나타나는 실재를 알아차리다보면 궁극적 관점에서 덩어리진 우리의 몸이라는 것은 존재하지 않고 오로지 일어나서는 사라지는 요소들만 있음을 알게 됩니다.

실재들에 대한 직접적인 통찰지를 개발하기 위해서는 다른 것들과 구분되는 고유한 특징만 아는 것으로는 충분하지 않습니다. 통찰지는 단계적으로 개발되어져야만 합니다. 그래서 조건지워진 실재들에 대한 일반적인 특징인 무상, 괴로움, 무아로 꿰뚫을 수 있어야 합니다.

만약 개념에 끌려가면 마음챙김을 할 수 없습니다. 우리는 계속해서 꿈속에 있는 것처럼 나타나는 실재가 무엇인지 모릅니다. 계속해서 나마(nāma)와 루빠(rūpa)는 변화되어가고 있는데 말이지요. 중부에서 감각적 쾌락에 대한 위험과 불이익에 대하여 붓다는 비유로서 설명합니다.

이것은 마치 범부가 꿈속에서 아름다운 공원, 아름다운 나무, 아름다운 지평선 그리고 아름다운 호수들을 보는 것과 같다. 하지만 꿈에서 깨어나면 아무 것도 없다.

심지어 그렇게 범부여, 성스러운 제자는 이와 같이 생각한다. '큰 괴로움을 가져오는, 큰 재난을 가져오는, 어떤 면에서는 더 위험한 감각적 쾌락을 꿈속에서 좋아하며 갈구하였네.'

그리고 이것을 이처럼 있는 그대로 완벽한 지혜로 보게 되면…… 물질(rūpa)들의 세계는 완전하게 멈춘다.

우리 눈에 보이는 공원이나 나무 그리고 호수와 같은 것들은 진짜가 아닙니다. 왜냐하면 눈으로 보이는 이것들은 단지 형상이라는 물질(rūpa)일 뿐입니다. 우리는 공원이나 나무 혹은 호수라는 개념을 생각할 수는 있습니다. 그런데 이 생각은 과거의 경험이 저장된 기억에 의하여 조건지워진 것입니다. 육문(六門)에서 나타나는 실재들에 대한 통찰지를 개발하지 않는다면 그리고 정원이나 집과 같은 개념의 '덩어리'에 주의를 기울인다면 우리는 그것을 소유할 수 있다고 믿게 됩니다.

형상이라는 대상이나 딱딱함과 같은 대상이 한 번에 하나씩 나타날 때에 마음을 챙기면 궁극적 관점에서 우리는 어떠한 것도 소유할 수 없다는 사실을 깨닫게 됩니다. 우리는 형상이라는 대상을 소유할 수 없습니다. 이것은 단지 보여 지는 것뿐입니다. 우리는 그것을 내 안으로 가져 올 수 없습니다. 그것은 일어나서 사라져 버립니다. 우리는 딱딱함을 소유할 수 없습니다. 다만 접촉을 통해 알 수 있지만 이것 역시 즉시 사라져 버립니다. 통찰지를 개발하면 집착하지 않게 됩니다. 그리고 사물이나 사건들을 통제하는 자아가 있다는 생각을 하지 않게 됩니다.

눈의 알음알이인 안식(眼識)이란 단지 형상(形象)이라는 대상이 있음을 '아는 것이다.'라고 한다면 이 말이 정말일까 우리는 의심합니다. 왜냐하면 우리의 눈은 언제나 물건의 모양이나 형태에 주의를 기울이고 이것이 어떤 물건인지를 알아차리고 있다고 믿기 때문입니다. 그러나 이것은 개념(생각)의 덩어리이지 눈의 알음알이인 안식(眼識)이 하는 일이 아닙니다. 그렇더라도 그 형상이 무엇인지 생각을 해 보지 않는다면 우리는 그것의 모양과 형태 혹은 어떤 사물인지를 이해하지 못할 것입니다.

이렇게 어떤 개념을 생각해 보는 것은 눈을 통해 대상이 있음을 아는 안식(眼識)에 의하여 조건 지워집니다. 즉 눈의 알음알이인 안식(眼識)이 사라진 후에 그것이 무엇인지 주의를 기울여 '생각'하는 과정이 뒤를 이어 일어납니다. 책을 읽을 때도 마찬가지입니다. 우리는 이것이 무슨 글자인지 단지 글자의 형태와 의미에 주의를 둔다고만 생각하는데 이런 형태와 의미를 생각하기 이전에 형상이라는 대상이 있음을 아는 순간이 있어야만 합니다. 그렇지 않다면 읽을 수가 없습니다.

담마를 공부하기 전에는 안식(眼識)이 무엇인지 생각해 보지 않았을 것입니다. 하지만 나타나는 하나의 실재에 마음을 챙기는 법을 배우면 그것들의 모습을 있는 그대로 꿰뚫는 통찰지를 얻게 될 것입니다.

여위었다는 개념이 있습니다. 이 여윔이란 개념도 마음챙김의 대상입니다. 그리하면 여윔이라는 개념은 실체가 없는 무아라는 것을 알게 될 것입니다. 우리는 이렇게 조금 조금씩 일상에서 안식(眼識), 형상이라는 대상, 이식(耳識)과 소리 그리고 육문(六門)을 통해 나타나는 다른 실재들에 마음을 챙길 수 있습니다.

통찰지는 유익한 통제기능(indriyas) 가운데 하나입니다. 이것은 다른 통제기능인 믿음과 정진 그리고 마음챙김과 집중(삼매)이라는 '정신적 기능(spiritual faculties)'들과 함께 닦아야만 합니다. 이러한 기능들의 개발을 통해 성스러운 네 가지 진리는 실현됩니다.

통찰지는 무명을 극복하기 때문에 지배의 관점에서 통제기능입니다.281) 통찰지는 무상, 괴로움, 무아라는 세 가지 특상의 실현, 즉 '꿰뚫어 봄'이라는 특징으로 함께하는 마음과 마음부수들을 지배합니다. 앗타살리니에 통찰지는 (대상을-역자)비추고 이해하는 것이 특징이라고 하였습니다.

통찰지는 어느 음식은 적합한 것이고 어떤 것은 적합하지 않은 것인지를 아는 영리한 의사와 같다. 통찰지는 '도덕적인지 혹은 비도덕적인지, 서비스가 가능한지 아니면 가능하지 않은지, 낮춰야 하는지 높여야 하는지, 검은지 순수한지…'와 같은 상태를 아는 것이다. 통찰지가 개발되면 사성제를 안다.

앗타살리니에 다른 정의가 있습니다.

통찰지의 특징은 내재된 본성을 꿰뚫고, 단호하게 꿰뚫는 것이다. 능숙한 궁수가 쏜 화살과 같이 꿰뚫는다. 대상을

비추는 역할을 한다. 마치 램프와 같다. 혼란스러움 없음이 가까운 원인이다. 마치 숲속의 좋은 안내자와 같다. 통찰지는 역시 `힘(bala)'이다. 왜냐하면 무명(無明) 때문에 흔들리지 않기 때문이다.282)

유익한 기능들이 무르익게 되면 흔들리지 않는 힘이 생깁니다. 그래서 반대되는 것들 때문에 흔들리지 않습니다.

실재에 대한 바른 통찰지인 정견(samma-diṭṭhi)은 팔정도의 다른 요인들과 함께 닦아야 합니다. 이것은 사성제를 꿰뚫을 수 있습니다. 바른 통찰지의 대상이 초세간이 아니라면 현재의 순간에 나타나는 정신(nāma)과 물질(rūpa)이 대상이 되고, 대상이 초세간이라면 닙바나가 대상이 됩니다. 초세간 도(道)의 마음과 함께하는 바른 통찰지는 오염들을 제거합니다. 오염들은 깨달음의 단계에 따라 단계적으로 제거되다가 아라한이 되는 순간에 모두 제거됩니다.

통찰지를 분류하는 방법에는 여러 가지가 있습니다. 통찰지는 7가지 깨달음의 요인(七覺支) 가운데 하나로 법에 대한 조사(擇法覺支), 즉 검증(dhamma vicaya)이 바로 통찰지를 의미합니다. 깨달음의 요인들로는 마음챙김(念), 법에 대한 조사(檢證), 정진(精進), 희열(喜), 고요(輕安), 집중(三昧) 그리고 평온이 있습니다. 이러한 요인들은 깨달음을 얻기 위하여 함께 개발되어져야 하며 현재의 순간에 나타나는 실재 즉 법(담마)에 대한 '조사'를 해야 합니다. 완전한 깨달음을 얻어 모든 오염들을 제거할 때까지 반복해서 조사해야 합니다.

초세간 통찰지의 기능에는 세 가지가 있습니다.

1) **모르는 것을 알게 되는** 기능(an-annatannassami indriya), 수다원 도(道)의 마음 순간에 일어납니다.283)
2) **마지막 지혜**의 기능(annindriya), 이것은 수다원 과(果)라는 마음 순간에 일어납니다. 또한 사다함 도(道)의 마음과 과(果)의 마음 그리고 아라한 도(道)의 마음과 함께 일어납니다.284)
3) **마지막 아는 자**의 기능(annatavindriya), 이것은 아라한 과(果)의 마음의 순간에 일어납니다.

수다원의 지혜로는 모든 오염들을 제거할 수 없기 때문에 나마(nāma)와 루빠(rūpa)에 대한 바른 지혜를 수다원도 계속 닦아야만 합니다. 통찰지를 개발하는 일은 '마지막 아는 자의 기능'이 일어날 때에야 끝이 납니다.285)

통찰지를 다른 방법으로 분류하다 보면 보다 심오한 깨달음을 얻기 위해서는 통찰지는 계속 닦아야만 한다는 사실을 알게 됩니다. 일상에서도 어떠한 상황에서건 계속 닦아야 합니다. 우리는 현재의 순간을 알아차리는 것은 너무 어렵다고 생각합니다. 하지만 꾸준히 하다 보면 미래의 어느 날 우리는 이 목표를 이루게 될 것입니다. 만약 이 순간은 지혜를 닦기에 적합하지 않다고 생각한다면 통찰지는 개발되지 않습니다. **모든 순간은 새로운 상황이며, 조건지 워진 것이고, 통제할 수 없는 것**이라는 사실을 기억하십시요. 그래서 '지금 말고 다음에' 라는 것은 쓸모가 없습니다. 우리는 처한 상황을 걱정하지 말고 나타나는 실재가 무엇이건 간에 마음을 챙겨야 합니다. 예를 들어 뜨거움과 차가움이 있습니다. 일반적으로 우리는 '내가 덥다' 혹은 '내가 춥다'고 생각합니다. 하지만 뜨거움과 차가움은 단지 물질(rūpa)의 한 요소에 불과합니다.

그것들은 마음챙김의 대상입니다. 뜨거움 혹은 차가움을 경험하는 자아는 없습니다. 조건이 맞기에 일어나는 것일 뿐입니다. 통찰지를 개발하면 '내가 느낀다.' 혹은 '내가 경험 한다'와 같은 개념에 덜 취착하게 됩니다. 이것은 단지 어떤 것을 경험하고 있는 하나의 나마(nāma)입니다. 나마(nāma)는 일어나는 순간 즉시 사라집니다. 바로 이 순간에 이미 일어난 것에 대한 마음을 챙기면 통찰지는 개발되기 시작한 것입니다. 왜냐하면 이것은 마음챙김의 바른 조건이 되기 때문입니다.

제35장. 통찰지의 단계

우리의 일상에서 나타나는 모든 실재들은 무상하고, 괴로움이며 무아입니다. 우리는 이론적으로는 실재들의 이러한 세 가지 특징을 이해합니다. 하지만 체험적으로 그 진리를 아는 것은 아니지요. 지금 이 순간에 일어난 안식(眼識)이나 형상이라는 대상이 일어나서는 사라지는 것을 통찰을 통해 아는 지혜가 없습니다. 그래서 궁극적 실재들은 일어나서는 사라진다는 것을 머리로만 이해하는 것이지 체험을 통한 이해가 아니라는 말입니다.

실재들의 무상함을 깨닫는다는 말은 "이것은 지속되지 않는다." 와 같이 머리로 생각하는 것이 아닙니다. 실재들의 무상함은 지혜를 닦는 초기에는 깨닫지 못합니다. 처음에는 정신인 나마(nāma)가 나타나면 나마(nāma)라고 알고 물질인 루빠(rūpa)가 나타나면 물질이라고 명확히 알아야 합니다. 나마와 루빠는 서로 다른 실재들로 한 번에 하나씩 마음을 챙겨야 하는 대상들입니다.

하지만 우리는 여전히 그것들의 특징을 혼동하고 있습니다. 이론적으로는 정신(nāma)은 대상을 경험하고 물질(rūpa)인 루빠는 아무 것도 경험하지 못한다는 것을 이해합니다. 이러한 이론적 이해는 피상적입니다. 실재들에 대한 직접적인 통찰지를 개발하기 위해서는 우선 사람이나 몸 혹은 집과 같은 개념을 생각하는 순간과 오로지 한 번에 하나씩 눈에 나타나는 형상이라는 대상, 혹은 몸에 부딪치는 딱딱함 혹은 눈의 알음알이 등에 대한 마음챙김의 순간과의 차이를 식별할 수 있어야 합니다.

후자의 것은 궁극적인 실재들입니다. 실재들 각각은 해당되는 자신만의 변하지 않는 특징이 있습니다. 우리가 그것을 어떻게 부르던 상관없이 변하지 않는 특징 말입니다. 한 번에 하나의 실재가 육문(六門) 가운데 하나에 부딪칩니다. 이것에 마음을 챙겨보면 그 대상의 특징을 직접 알 수 있습니다. 이 마음챙김의 순간에는 함께하는 지혜가 그것의 성품을 조사합니다. 이렇게 실재들에 대한 지혜는 개발됩니다.

무상하고, 괴로움이며, 무아라는 진리에 대한 깨침은 어느 한 순간 갑자기 일어나지 않습니다. 이것은 각각 다른 단계의 체험을 통해 얻어집니다. 통찰지를 닦는 명상의 대상은 지금 이 순간에 일어나고 있는 나마(nāma)와 루빠(rūpa)입니다. 지혜가 익어감에 따라 대상은 동일하지만 이 실재들을 좀 더 명확하게 꿰뚫게 됩니다. 이렇게 실재들에 대한 의심과 잘못된 사견들은 제거됩니다.

통찰지의 첫 번째 단계는 정신(nāma)과 물질(rūpa)의 특징을 이론적으로는 물론 직접적인 통찰지를 통해서 아는 것입니다. 그래서 이 단계를 '**정신(nāma)과 물질(rūpa)을 식별하는 지혜**(nāma-rūpa-pariccheda-ñāṇa)'라고 합니다. 혹은

'상카라들을 구분하는 지혜'라 합니다. 다음 단계는 보다 높은 단계로서 첫 번째 단계의 통찰지를 얻어야만 깨달을 수 있습니다. 예를 들어 눈의 알음알이는 물질과는 다른 정신이라고 명확히 이해하지 않는 한 눈의 알음알이(眼識)의 무상함을 꿰뚫을 수 없습니다. 생각해보면 정신(nāma)인 안식(眼識)은 머물지 못하며 사라져야 한다는 것을 이론적으로는 압니다. 하지만 직접적인 경험을 통해 안식(眼識)이 일어나서는 사라지는 것을 본 것이 아닙니다. 우리에게는 안식(眼識)과 형상(形象)이라는 대상은 여전히 분리할 수 없는 것으로 보입니다. 한 번에 하나의 대상만을 챙기지 못하고 있는 것이지요. 안식(眼識)과 형상이라는 대상을 개념적으로 생각 만 한 것입니다.

안식(眼識)은 물론 모든 실재들을 이해한다는 것이 수행의 초기에는 막막해 보입니다. 그러나 내가 아는 것이 없다는 것을 안다는 것은 유익합니다. 안식(眼識)은 일어나자마자 즉시 사라지고 그 뒤를 이어 안문인식과정에 있는 다른 마음들이 형상이라는 대상을 경험하며 일어납니다. 안문인식과정이 끝나면 의문을 통해 형상이라는 대상을 경험하는 마음들이 일어납니다. 이 마음들은 방금 사라진 형상이라는 대상만 경험하지 개념을 경험하는 것이 아닙니다. 이것보다 나중에 일어난 인식과정들이 개념을 경험하며 일어납니다.

수행자가 어떤 모습과 형태 그리고 그것의 자세한 모습 같은 것에 주의를 기울이게 되면 이때의 대상은 개념이 됩니다. 한편 다섯 감성물질에 부딪치는 물질(rūpa)은 해당되는 감성의 문(門)은 물론 의문(意門)에도 부딪칩니다. 우리에게는 안식(眼識)이 일정시간 머무는 것으로 보이기 때문에 이러한 사실이 혼란스럽습니다. 그리고 안문인식과정의 마음들이 경험한 그 형상이라는 대상을 뒤를 이어 경험하는 의문인식과정(意門認識過程)의 마음들도 없는 것처럼 보입니다. 마치 의문인식과정은 오문인식과정에 가려져 보이지 않는 것과 같습니다.

첫 번째 단계의 통찰지에 도달하면 정신(nāma)과 물질(rūpa)의 특징을 명확하게 구분하는 지혜가 의문인식과정에서 일어납니다. 여기에는 이 특징들에 대한 혼동이 없습니다. 의문인식과정이 무엇인지 혼동하지도 않고 오문인식과정(五門認識過程)의 뒤에서 일어나는 의문인식과정(意門認識過程)이 첫 번째 단계의 지혜를 얻기 전과 같이 오문인식과정 속에 묻혀 있지도 않습니다. 통찰의 순간에는 의문인식과정에서 한 번에 하나씩 정신(nāma)과 물질(rūpa)이 나타납니다.

그리고 그 순간의 수행자에게는 실재들이 '덩어리'로 보이지 않고, '세계'라는 생각도 없으며, 자아라는 생각도 없습니다. 통찰의 대상으로 정신(nāma)과 물질(rūpa)을 지목하는 자아는 없습니다. 일어나는 순서도 없습니다. 마음챙김을 통한 통찰의 대상은 어떠한 정신(nāma) 혹은 물질(rūpa)이라도 가능하며 지혜는 이것들의 다른 특징들을 식별합니다.

그것을 꿰뚫어 보는 통찰의 순간에 위빳사나 나마(nāma)는 바로 사라져 버립니다. 실재들은 아직도 '덩어리'로 일어나는 것처럼 보입니다. 이 지혜는 아직도 미약합니다. 통찰지로 꿰뚫어 보는 나마(nāma)와 루빠(rūpa)의 종류는 지혜의 수준에 따라 다릅니다. 위빳사나를 통해 통찰지를 얻으려면 계속 나마(nāma)를 반복해서 일으키고는 나타나는 모든 종류의 나마(nāma)와 루빠(rūpa)에 마음을 계속 챙겨야 합니다.

자아라는 개념은 뿌리가 너무 깊어 첫 번째 단계의 지혜로는 제거할 수 없습니다. 그것을 제거하기 위해서는 통찰지를 계속 닦아야 합니다. 정신과 물질의 특징을 서로 구분할 수 있게 되면 정신과 물질은 좀 더 조건지워진 실재로서 명확히 보여질 것입니다.

우리가 좋아하던 좋아하지 않던 간에 안식(眼識)은 일어나기 위한 조건에 부합되면 일어납니다. 형상이라는 대상은 안식의 대상으로서 조건이 됩니다. 만약 대상이 없다면 안식(眼識)은 일어나지 못합니다. 안식(眼識) 역시 업에서 만들어진 물질의 한 종류인 눈의 감성이라는 물질적 토대에 의하여 조건지워진 것입니다. 안식(眼識)은 과보의 마음으로 업 지음의 결과입니다. 즐거운 대상에 대한 눈의 알음알이 그리고 불쾌한 대상에 대한 눈의 알음알이는 바로 과보입니다.

아무도 즐거운 것이 대상이 되라고 지시할 수 없습니다. 감각접촉(phassa)은 안식(眼識)의 다른 조건입니다. 감각접촉이라는 마음부수는 함께하는 마음과 같이 일어납니다. 그리고 대상을 '접촉'하지요. 그래서 마음이 그것을 경험할 수 있는 것입니다. 만약 감각접촉이 없다면 안식(眼識)은 일어나지 못합니다. 이렇게 형상을 보도록 통제하는 자아는 없습니다. 이것은 단지 조건지워진 현상으로 잠시 일어났다가 즉시 사라질 뿐입니다.

각각의 존재들은 다른 요인들에 의해서 조건 지워집니다. 아비담마 일곱 번째 책인 '발취론'은 24가지 조건들에 관한 책입니다.286) 이것들을 공부한다면 이것들은 일상에서 일어나고 있는 현상들이라는 사실을 기억하십시오. 지혜는 일상에서 일어나는 모든 종류의 실재들을 알아차릴 때 더욱 깊어져서 두 번째 통찰지를 깨칠 수 있게 됩니다.

두 번째 통찰지는 정신(nāma)과 물질(rūpa)의 조건을 파악(paccaya-pariggaha-ñāṇa)하는 지혜입니다. 이것은 조건들에 대한 이론적 수준의 이해도 아니고, 나마(nāma)와 루빠(rūpa)의 조건이 되는 요인들을 생각해보는 것도 아닙니다. 이것은 나마(nāma)와 루빠(rūpa)를 직접적으로 체험하여 조건지워진 실재라고 아는 것입니다. 지금 나타나는 나마와 루빠에 대한 직접적인 체험을 한다면 우리의 생은 무엇이고 이것들은 어떻게 조건지워진 것인지 이해하게 됩니다.

지금 이 순간 일어나는 나마와 루빠는 조건지워진 것입니다. 이것들은 과거에도 있었고 미래에도 있을 것입니다. 우리는 무명과 갈애 그리고 이러한 다시 태어나는 조건들 때문에 태어나야하고 업의 과보를 받아야만 합니다.

감각기관을 통해 나타나는 대상들에 취착하면 거기에는 생에 대한 취착이 있습니다. 오늘 일어난 취착은 과거에 일어났던 취착에 의하여 조건지워진 것입니다. 그리고 이것은 하나의 생에서 또 다른 생으로 계속해서 누적되어 쌓여져 갑니다.

우리는 여전히 죽어서 다시 태어나는지 의심합니다. 만약 이 순간의 마음을 조건지워진 실재로써 명확히 이해한다면 죽음과 다시 태어남에 대하여 좀 더 깊은 이해를 하게 될 것입니다. 지금 일어난 마음들이 사라지고 나면 다음 마음으로 이어집니다. 우리 생의 마지막 순간에도 이런 현상은 계속됩니다. 죽음의 마음은 다음 생의 첫 번째 마음인 재생 연결식에 의하여 이어집니다. 이러한 조건이 남아 있는 한 나마와 루빠는 또 다시 일어납니다.

과거의 생, 현재의 생 그리고 미래의 생에 대한 의심은 나마와 루빠가 일어나는 조건들에 대한 이론적 이해만 가지고는 사라지지 않습니다. 이것은 실재들과 그것들을 일어나게 만드는 조건들에 대한 직접적인 체험이 있어야만 극복됩니다.

생이란 단지 하나의 대상을 경험하는 하나의 순간에만 존재합니다. 그러나 이 순간은 완전히 사라져 버립니다. 그런 다음에는 또 다른 마음의 순간이 일어납니다. 눈의 알음알이가 일어난 순간의 생이란 '보는 것'입니다. 뜨거움이 부딪치면 그 순간 우리의 생은 뜨거움입니다. 이렇게 생의 각 순간은 무상하므로 괴로움입니다. 우리는 이러한 것으로 부터 결코 벗어날 수 없습니다.

괴로움은 취착하기 때문입니다. 안식(眼識)이 일어난 다음에 뜨거움이나 다른 취착하는 오문인식과정(五門認識過程)이 일어납니다. 하지만 이것은 너무 미세해서 우리가 알아차릴 수 없습니다. 우리는 보는 것에 취착합니다. 본 다음에는 그 개념에 취착합니다. 우리는 그것의 모양이나 형태에 주의를 기울입니다. 책을 읽을 때에도 취착합니다. 우리는 읽고 있는 것의 의미를 알고 싶어 합니다.

우리가 어떤 생각을 할 때에 종종 취착하는 해로운 마음들이 일어나지만 우리는 그것을 알아차리지 못합니다. 바른 지혜가 개발되면 취착은 단지 조건지워진 나마(nāma) 그리고 무아(無我)라는 것을 알게 됩니다.

상응부에287) 붓다께서 사왓티에 머물고 계실 때, 악의(惡意)와 괴로움의 일어남과 이것들의 조건 그리고 괴로움의 소멸과 괴로움의 소멸 조건에 대하여 설하신 적이 있습니다.

…수행승들이여, 무엇이 괴로움의 일어남인가?

눈의 알음알이와 형상이라는 대상 그리고 눈의 감성이 일어나는 것이다. 감각접촉은 이 세 가지가 부딪치는 것이다. 느낌은 감각접촉에 의하여 조건지워진다. 갈애는 느낌에 의하여 조건지워진다. 수행승들이여, 이것이 괴로움의 일어남이다. (다른 감각기관의 문들에 대해서도 이와 같이 설합니다.)

그리고 수행승들이여, 무엇이 괴로움의 사라짐인가?

(괴로움의 일어남은-역자) 눈의 감성과 형상이라는 대상 그리고 눈의 알음알이의 일어남 때문이다. 이 세 가지가 동시 발생하는 것이 감각접촉이다. (그래서-역자) 느낌은 감각접촉에 조건 지워지고, 갈애는 느낌에 조건지워진다. 그래서 이러한 조건의 사라짐에 의하여, 갈애가 소멸되면 취착(움켜쥠)이 소멸되고, 취착(움켜쥠)이 소멸되면, 존재가 소멸된다. 존재가 소멸되면, 태어남이 소멸되고. 태어남이 소멸되면 늙음과 죽음, 슬픔, 비탄, 고뇌, 괴로움과 절망감이 소멸된다. 이것이 완전한 괴로움 덩어리의 소멸이다.

(다른 감각 기관들에 대해서도 똑 같이 설합니다.)

수행승들이여, 이것이 괴로움의 사라짐이다.

우리는 이 경을 통해 실재들에 관한 이론적 지식을 얻을수는 있지만 직접적인 체험을 통한 이해만이 이 경의 깊은 의미를 체득하게 될 것입니다. 조건지워진 실재들의 세 가지 특상인 무상(無常), 괴로움(苦), 무아(無我)를 아는 것도 정도가 있습니다. 두 번째 단계의 통찰지가 있으면 이 통찰지가 이러한 세 가지 특상들에 대하여 더욱 더 세밀하게 조사합니다.

통찰지의 세 번째 단계는 조사(명상)의 지혜 혹은 그룹(蘊)으로288) 이해하는 지혜입니다.289) 이 조사의 지혜는 단지 머리로 이해하는 지적인 지혜가 아니고 직접적으로 명상을 통해 알게 되는 통찰지입니다. 이 단계의 지혜는 나마(nāma)와 루빠(rūpa)가 일어나서는 아주 빠르게 사라지는 대로290) 나마(nāma)와 루빠(rūpa)의 이어져나감을 명확하게 깨닫습니다.291)

이러한 세 번째 통찰지는 여전히 '미약한 통찰(taruna vipassana)'입니다. 통찰지가 '미약'하면 팔정도에서 벗어날 가능성이 있습니다. 청정도론에 일어날 가능성이 있는 '불완전성'에 대한 설명이 있습니다. 통찰지의 초기 단계에서는 고요함이나 지혜에 대한 믿음에 대하여 취착할 수 있습니다. 수행자는 통찰지도 자아가 아닌 조건지워진 실재라는 사실을 잊어버립니다. 혹은 깨달음을 이미 얻었다고 오해하기도 합니다. 그러면 더 이상 성숙하지 못하게 됩니다.

통찰지의 불완전성은 오로지 나타나는 모든 종류의 실재들에 대한 마음챙김을 통해 극복할 수 있습니다. 만약 수행자가 자기의 통찰지도 다만 조건지워진 나마(nāma)라는 것을 깨닫는다면 집착은 적어지게 될 것입니다. 여기에는 통찰지를 일어나라고 명령할 수 있는 자아도 없고 그것들을 통제하려고 힘을 쓰는 자(者)도 없습니다. 무엇이 바른 길

(道)이고 무엇이 바른 길(道)이 아닌지에 대하여 아는 통찰지가 완벽하면 더 이상 현혹되지 않습니다.292) 만약 바른 길에서 벗어나지 않는다면 통찰지를 계속 닦을 수 있게 되고 다음 단계의 통찰지를 얻게 됩니다.

이것은 **큰 통찰지(mahā-vipassana)의 첫 번째 단계**입니다. 이름하여 나마(nāma)와 루빠(rūpa)의 **일어남과 사라짐에 대한 지혜(udayabbaya ñāṇa)**입니다. '미약한 통찰지'인 세 번째 단계의 지혜는 일어나서는 빠르게 사라지는 나마와 루빠들이 계속해서 생멸을 거듭해 감을 깨닫습니다. 그렇지만 이 단계의 지혜는 아직 예리하지 못해 실재들의 일어남과 사라짐의 위험과 불이익을 완전하게 보지 못합니다. 첫 단계의 '큰 지혜'는 한 번에 하나씩 나마와 루빠들이 나타나는 대로 일어남과 사라짐을 좀 더 명확하고 좀 더 정확하게 깨닫습니다. 그렇게 되면 그것들에 조금 더 초연하게 됩니다.

실재들을 보다 정확하게 각각의 통찰지의 단계에서 이해하였다고 하더라도 수행자는 나마와 루빠에 대한 마음챙김을 계속해야 합니다. 오로지 이것을 통해 무상하고, 괴로움이며, 무아라는 세 가지 특상들을 깊이 있게 통찰하게 됩니다.

청정도론(XXI, 1)에 의하면 큰 통찰지(mahā-vipassana)의 단계는 9단계입니다.293) 통찰지를 닦아감에 따라 실재들에 대하여 보다 초연한 마음을 갖게 됩니다. 잘못된 사견도 좀 더 포기하게 되고 조건지워진 담마들은 붕괴되고 사라져가는 것들이기에 진정한 행복이 아니라는 사실을 보다 명확히 깨닫게 됩니다.

다음 단계의 통찰지는 **큰 통찰지 혹은 중요한 통찰지의 두 번째 단계로 무너짐의 지혜**(bhaṅga ñāṇa)입니다. 이 지혜에 도달하기 위해서는 육문(六門)을 통해 나타나는 모든 종류의 실재들을 철저하게 조사해야 합니다. 어떠한 실재가 어떠한 상황에서 나타난다고 하더라도 마음챙김을 하여야 합니다. 이 단계에서 반야는 사라져 가는 실재들에 대하여 주의를 좀 더 기울이고 좀 더 명확하게 보아서 그것들에는 피난처가 없다는 것을 꿰뚫어야 합니다. 바로 이 지점이 자아라는 개념으로부터 초연하게 되는 출발점입니다.

다음 단계는 **공포의 지혜**(bhaya ñāṇa)입니다. 이것은 해로운 마음인 두려움이 아닙니다. 이것은 소멸되기만 하는 모든 조건지워진 담마들의 위험을 보다 명확하게 볼 수 있는 지혜를 말합니다.

각 통찰지의 단계가 높아지면 나마와 루빠, 즉 조건지워진 실재들에 대한 불이익을 보다 명확하게 이해하게 되는 것이 특징입니다. 왜냐하면 그것들의 특징을 좀더 명확히 볼 수 있기 때문입니다. 통찰지가 일어난 순간에는 나마와 루빠에 대한 취착이 없습니다. 그러나 그러한 순간들은 곧 사라집니다. 그러면 다시 취착이 일어나려 합니다. 그래서 실재들에 대한 마음챙김에 틈이 있어서는 안 됩니다. 아라한이 될 때까지 계속해야 합니다.

지혜(반야)가 보다 날카로워지면 조건지어진 실재들로부터 초연하게 됩니다. 그리고 그것들을 포기하고 싶어집니다. 조건지워진 실재들은 의미없음을 보게 됩니다. 그것은 공(空)하고 소유자가 없으며, 통제할 수 있는 자아가 없음을 보게 됩니다. 비록 취착이 제거되지는 않았지만 통찰지는 조건지워진 담마들에 좀 더 초연하게 되고, 좀 더 평온해집니다.

조건지워진 담마들에 대한 불이익을 지혜가 명확히 보게 되면 그리고 깨달음을 얻는 단계까지 무르익으면 통찰지는 **수순의 지혜**(anuloma ñāṇa)라는 단계에 들어섭니다. 이것은 깨달음의 인식과정에서 속합니다. 깨달음의 인식과정은 다음과 같습니다.

의문전향의 마음(mano-dvaravajjana-citta)
준비하는 마음(parikamma)
근접하는 마음(upacara)
수순하는 마음(anuloma)
종성(gotrabhū)
도(道)의 마음(magga-citta)
과(果)의 마음(phala-citta, 개인에 따라 2~3 마음순간)

이 인식과정에 있는 의문전향의 마음은 나타난 실재에 대한 세 가지 특상 가운데 하나로 전향합니다. 준비, 근접,

수순하는 마음은 크게-유익한 마음들(mahā-kusala cittas)로 의문전향(意門轉向)의 마음과 동일한 대상을 경험하는 통찰지와 함께합니다. '수순(anuloma)'은 이 인식과정의 마지막 마음으로 조건지워진 실재가 대상이며, 그것들의 본성을 통찰합니다. 다음은 종성(gotrabhū)이라는 것으로 이 인식과정에 있는 앞의 마음들에서 경험하는 대상을 더 이상 경험하지 않습니다. 이 마음은 바로 닙바나를 경험하는 첫 번째 마음이 됩니다.294) 닙바나를 경험하지만 초세간의 마음은 아닙니다. 크게 유익한 마음입니다. 종성은 욕계의 마음과 이 마음의 다음 순간에 일어나는 초세간의 마음 사이에서 일어납니다.

'종성'의 마음순간 앞에서 일어난 크게 유익한 마음과 함께하는 반야(지혜)가 실재의 세 가지 특상들 가운데 오로지 하나를 꿰뚫어 버립니다. 그리하여 나타난 실재는 무상이나 괴로움 혹은 무아로 알게 됩니다. 통찰지를 개발함에 있어 지혜는 세 가지 특상을 조사합니다. 하지만 이것은 평소 수행자가 세 가지 특상들 가운데에서 주로 반복적으로 보아서 알게 된 누적된 개인의 체험에 의지합니다.

우리는 세 가지 특상들을 생각할 수는 있습니다. 하지만 통찰지가 무르익으면 다음 단계의 통찰지가 일어나서 세 가지 특상들을 좀 더 명확히 꿰뚫게 됩니다. 깨달음의 순간에는 깨달음의 요인들이 초세간의 마음들과 함께하는데, 마음챙김(念), 법에 대한 조사(지혜)(擇法), 정진(精進), 희열(喜), 경안(輕安), 삼매(定) 그리고 평온(捨, 중립)이 초세간의 마음과 함께합니다. 도(道)의 마음은 오염들을 제거하고 닙바나를 경험합니다. 과(果)의 마음은 도의 마음의 결과로서 역시 닙바나를 대상으로 하지만 오염을 제거하는 기능은 없습니다.

통찰지의 여러 단계에 대한 공부는 우리가 알고 있는 실재들에 대한 정보가 한정된 이론에 불과하다는 것을 일깨워 주므로 유익합니다. 하지만 이런 사실은 우리에게 좌절감을 느끼게도 합니다.

통찰지를 개발하는 유일한 길은 이 순간에 나타나는 실재가 무엇이던 간에 마음챙김을 하는 것입니다. 우리는 바로 통찰지가 생기기를 기대할 수도 없고, 금생에 생기기를 기대할 수도 없습니다. 그렇더라도 나마와 루빠에 대한 마음챙김은 계속해서 그것들에 대한 지혜를 계속 증장시켜 나가야만 합니다.

지혜가 개발될 때만이 루빠와 나마의 특징을 식별할 수 있습니다. 통찰지의 대상이 나마와 루빠이므로 이것들에 대한 마음챙김을 계속해야 하는 것입니다. 비록 수다원이 되었다고 하더라도 계속해서 지혜를 닦아야 합니다. 수다원은 비록 사성제를 깨달았지만 사성제를 깨닫는 수준에도 단계가 있습니다. 그래서 지혜가 무르익어 아라한의 단계까지 계발되어야 온전해져서 모든 오염들을 파괴하게 됩니다.

지혜의 종류는 많고 수준도 다양합니다. 궁극적 실재들에 대한 이론적 수준의 지혜, 그것들에 대한 직접적인 이해, 좀 더 무르익은 차원의 통찰지, 색계의 마음에 대한 이해(색계 선정)와 무색계의 마음에 대한 이해(무색계 선정) 그리고 초세간의 지혜와 같은 여러 단계가 있습니다.

지혜와 함께하는 욕계의 마음은 여덟 종류의 크게 유익한 마음(mahā-kusala) 가운데 네 개입니다. 여덟 종류의 큰-과보의 마음(mahā-vipāka-citta)가운데 네 개, 여덟 종류의 크게-작용만 하는 마음(mahā-kiriya-citta) 가운데 네 개가 지혜와 함께합니다.

만약 누군가 지혜와 함께하는 큰-과보의 마음을 가지고 태어났고, 높은 수준의 선정에 들기를 희망한다면 그는 그 생에서 선정에 들 수 있습니다. 만약 그가 통찰지를 개발한다면 그 생에서 깨달음을 얻을 것입니다. 한편 지혜와 함께하는 큰-과보의 마음을 가지고 태어나지 않았다면 비록 선정이나 지혜를 원해도 그는 그 생에서 선정이나 깨달음을 얻을 수 없습니다.

아라한의 크게 작용만 하는 마음은 앞에서 설명한 것처럼 여덟 가지 가운데 네 가지로 지혜와 함께합니다. 아라한은 지혜와 함께하지 않는 크게-작용만 하는 마음을 일으킬 수도 있습니다. 예를 들면 담마를 가르치지 않는 순간이 여기에 해당됩니다.

모든 색계의 마음들과 모든 무색계의 마음들은 지혜와 함께하여야 합니다. 지혜 없이는 선정에 들 수 없습니다.

다음은 초세간의 마음입니다. 네 단계의 깨달음의 순간에 일어나는 도(道)와 과(果)의 마음은 초세간의 통찰지인 지혜와 함께합니다. 초세간의 마음이 다른 단계의 선정의 요소들과 함께하는 것은 고려되지 않습니다. 바른 초세간의 마음들은 초세간의 지혜와 함께합니다.

초세간의 마음이 다섯 단계의 선정의 요소들과 함께하는 것을 고려하면, 8개가 아닌 모두 40(=5x8)개의 초세간의 지혜와 함께하는 마음들이 있습니다. 초세간의 마음들이 8 혹은 40이라는 사실은 성인들이 닦아온 길이 같지 않다는 것을 보여줍니다. 그것들은 깨달음의 단계에는 모두 같은 종류의 오염들이 제거된다는 사실은 동일하지만 누적된 성향이나 기능들은 다릅니다. 어떤 사람은 선정에 해당하는 수준의 고요함 뿐만이 아니라 지혜를 닦는 능력도 있습니다. 그리고 어떤 사람은 본삼매에 들지만 다른 이들은 그러하지 못합니다.

어떤 아름다운 마음들은 지혜와 함께하고 어떤 것들은 함께하지 않습니다. 지혜는 마음부수의 하나로 자아가 아닙니다. 이것도 역시 일어나기 위한 바른 조건을 만나게 되면 일어납니다. 지금 이 순간에 나타나는 실재들에 마음을 챙겨보면 오염들을 제거하는 수준까지 닦는 것이 얼마나 어려운 일이라는 것을 알게 됩니다. 수행의 초기에는 형상이라는 대상, 안식(眼識), 소리 혹은 지금 나타나는 귀의 알음알이(耳識)와 같은 것에 마음을 챙기는 이익에 대하여 의심합니다.

그러나 실재들에 대한 무명이 엷어질수록 오염들은 줄어든다는 사실을 기억하십시오. 무명은 모든 해로움의 뿌리입니다. 무명이 있으면 유익함의 이익과 해로움의 위험을 모릅니다. 그것들의 실재를 있는 그대로 알지 못합니다. 무명은 사견을 일으키는 조건입니다. 무명(無明)은 사견을 갖게 되는 조건이 됩니다. 사견(邪見)이 있으면 자아가 있다고 생각하거나 그것들은 지속되는 것이라고 믿습니다.

지혜를 닦는 수행의 초기에 수행자는 급격한 행동의 변화를 기대할 수 없습니다. 우리는 여전히 이기적이고 경험하고 있는 대상들에 대하여 취착합니다. 여전히 화를 잘 내고, 질투하고 인색합니다. 지혜를 개발할 때에는 나 자신에 대하여 솔직해야 합니다. 오염이 없는 것처럼 행동해서는 안 됩니다. 오염들은 일어나기 쉽습니다. 하지만 일어나기 위한 조건들 때문에 일어난 실재들이 무엇이건 간에 그것들을 이해하는 지혜가 생길 것입니다. 이것들은 자아가 아닙니다.

나타나는 실재들에 마음을 챙겨서 지혜를 개발하지 않고 유익한 공덕행만으로는 오염들을 제거할 수 없습니다. 실재들을 있는 그대로의 보는 것이 오염을 제거하는 유일한 길입니다. 오염들은 이렇게 마침내 제거됩니다.

증지부에 몸으로 짓는 잘못된 행위는 몸으로 짓는 바른 행위에 의하여 포기될 수 있으며 잘못된 말은 바른 말을 함으로써 포기된다고 하였습니다.295) 그렇지만 세 가지 해로운 뿌리인 탐욕과 성냄 그리고 어리석음은 오로지 통찰지를 통해서만이 제거됩니다. 경전에

이것이 그것이다. 오! 수행승들이여, 몸으로 짓는 행위에 의하여 포기되는 것도 아니고 말을 해서 포기되는 것도 아니다. 그것들은 지혜롭게 봄에 의하여 포기될 수 있다. 성냄은 몸으로 짓는 행위에 의하여 포기될 수 없고 말을 통해서도 포기될 수 없다. 하지만 그것을 현명하게 꿰뚫어 봄에 의해서 포기될 수 있다. 어리석음은 몸으로 짓는 행위나 말로 포기될 수 없다. 하지만 그것은 그것을 현명하게 (꿰뚫어-역자)봄으로써 포기될 수 있다.

탐욕과 성냄 그리고 무명은 일어나고 있는 실재들입니다. 그것들은 마음챙김의 대상으로 지혜가 그것들을 꿰뚫어 보게되면 그것들은 실체가 있는 자아가 아닌 '있는 그대로의' 모습을 볼 수 있습니다. 그리고 해로운 것에 대한 마음챙김을 하지 않는다면 해로움은 제거되지 못합니다.

지금 이 순간에 깨달음은 우리에게 멀게만 보입니다. 하지만 지혜는 듣고, 기억하고, 들은 것을 숙고해보는 것으로부터 시작된다는 사실을 잊지 마십시오. 나타나는 나마와 루빠를 사유해 보는 것은 마음챙김의 조건이 됩니다. 이렇게 점진적으로 실재들에 대한 직접적인 지혜는 증진됩니

다.

지금 일어난 지혜는 과거에 공부하고 숙고한 많은 순간들에 의하여 조건지워진 것입니다. 지혜는 일어나서는 사라집니다. 하지만 지혜는 일어나기 위한 조건들이 누적되어 왔기 때문에 기회가 되면 다시 일어날 것이며, 결코 망각될 수 없습니다. 지혜는 이렇게 무르익어 갑니다.

초세간은 과거 세간의 지혜와는 완전히 다릅니다. 하지만 과거에 통찰했던 많은 순간들에 의하여 조건 지워졌습니다. 그리고 지혜와 함께 개발된 다른 유익한 특성들, 예를 들면 보시와 인내 그리고 끈기와 같은 것들에 의하여 조건 지워진 것이니 이러한 유익한 행위들을 무시해서는 안 됩니다. 이것들은 초연함에 도움이 됩니다. 지혜는 많은 생을 통해 점진적으로 무르익습니다. 그러므로 우리는 일상에서 담마를 꾸준히 생각해 보아야 합니다. 그리고 실재들에 대한 마음챙김을 인내심을 가지고 실천해야 합니다.

제36장. 유익한 행위(kusala)

위에서 알아본 19개 아름다운 마음부수들은 아름다운 마음과 함께합니다. 유익한 행위를 하기 위해서는 유익한 마음은 적어도 이들 19가지 마음부수들의 지원이 필요합니다. 유익함에 대한 믿음, 유익함이라는 대상을 잊지 않는 마음챙김, 해로움으로부터 물러서는 부끄러움(양심) 그리고 해로운 행위의 결과로 인한 비난을 두려워하는 수치심 같은 것이 필요합니다.

모든 유익한 마음은 탐욕없음과 성냄 없음이라는 두 개의 뿌리를 가지고 있습니다. 게다가 중립(평온)이나 정신적 균형이 있어야 하고, 마음의 고요함과 마음부수의 고요함(경안)이 있어야 합니다. 그리고 다른 두 개씩 짝을 이루는 정신적인 가벼움, 부드러움, 적합함, 능숙함과 올곧음이 있어야 합니다. 그래서 유익한 행위를 할 때에는 부드러움과 능숙함이 있습니다.

각각의 아름다운 마음과 함께하는 19가지의 아름다운 마음부수들 이외에 모든 아름다운 마음과 언제나 함께하지는 않지만 아름다운 마음부수들이 6개가 더 있습니다. 이것들은 세 가지 절제에 해당하는 바른 말, 바른 행위, 바른 생계와 연민(karuṇā), '함께 기뻐함(mudita)' 그리고 마지막으로 지혜(paññā)입니다. 이렇게 아름다운 마음부수들은 모두

25가지가 있습니다. 세 가지 절제(virati), 연민(karuṇā) 그리고 함께 기뻐함(mudita)은 이것들이 일어나기 위한 바른 기회를 만나면 일어납니다. 지혜는 모든 아름다운 마음과 함께하지는 않지만 사마타와 위빳사나를 하는 명상의 순간에는 지혜가 반드시 필요합니다. 각각의 아름다운 마음부수는 유익한 마음을 지원하는 자신만의 고유한 역할을 수행합니다. 이러한 아름다운 마음부수들을 배우는 것은 유익한 성품들은 자아에 속해있는 것이 아니라는 사실을 알게 해줍니다.

관대한 행위를 하는 것은 '나'가 아닙니다. 친절한 것도, 연민(karuṇā)의 마음을 갖는 것도 '나'가 아닙니다. 그것들은 단지 유익한 마음을 지원하는 아름다운 마음부수들이 하는 것입니다. 우리는 유익한 마음을 좀 더 자주 일어나기를 원하지만 해로운 마음이 더 자주 일어납니다. 이것은 잠재된 해로운 성향이 제거되지 않았기 때문입니다. 이러한 오염의 제거가 불교의 목표로 지혜의 개발을 통해 이뤄집니다. 바른 지혜는 다른 모든 유익한 성품들과 함께 계발되어야 합니다. 붓다께서 범부였을 때 그는 모든 종류의 유익한 행위와 함께 지혜를 닦았습니다. 유익한 바라밀을 닦은 것입니다.296) 셀 수도 없는 생을 통해 그는 바라밀을 닦았고 드디어 마지막 생에 붓다가 됩니다. 이것은 기회가 있을 때마다 모든 종류의 유익한 행위를 해야 한다는 이야기로 유익한 행위를 무시하지 말라는 뜻입니다.

우리는 25개의 유익한 마음부수에 대하여 배웠습니다. 이

제 우리는 일상에서 그것들을 직접 적용해보아야 합니다. 선한 행위를 하는 기회에 대하여 좀 더 배울수록 그러한 기회들을 활용하는 조건들은 많아질 것입니다. **유익한 행위란 보시와 지계 그리고 명상입니다.** 앗타살리니를 보면 욕계의 유익한 행위는 열 가지라 합니다. 이름하여 **열 가지 공덕행의 토대**(Puññā-kiriya-vatthus)가 이것입니다. 이러한 것들을 살펴보는 것은 유익한 행위를 하는데 도움이 됩니다. 이러한 '공덕행의 토대들'이란

1) 보시(dāna) charity 혹은 generosity
2) 지계(sīla) virtue 혹은 morality
3) 수행(bhāvana) culture 혹은 mental development
4) 공경(pacāyana) respect
5) 봉사(veyyāvacca) dutifulness or helpfulness
6) 공덕의 회향(pattidāna)
7) 타인의 공덕을 따라 기뻐함(pattānumodana) 혹은 타인의 선행에 대한 감사와 칭찬 그리고 찬탄
8) 담마를 가르침(dhammadesana)
9) 담마를 들음(dhammasavana)
10) 자기의 견해를 바로잡음(diṭṭhijjukamma)

첫 번째 토대 혹은 유익함을 행하는 첫 번째 방법은 도움이 되는 것이나 즐거움을 베푸는 보시입니다. 진정한 보시는 어렵습니다. 보시를 하는 동안에 내내 유익한 마음과 함께하지 않을 수도 있고 보시하는 의도가 항상 순수할 수만은 없습니다. 유익한 마음들 사이에서 해로운 마음이 일

어닙니다. 예를 들어 선처에 태어나기 위하여 혹은 좋은 명성을 얻기 위하여 그리고 어떤 즐거운 결과를 원하기 때문에 보시합니다. 혹은 받는 사람에게 집착하면서 하거나 두려워서 보시할 수 있습니다. 혹은 타인의 의견이 두려워 보시하거나 환심을 사려고 보시할 수 있습니다. 그리고 보시를 하는데 인색한 마음이 일어날 수도 있습니다. 내 돈이 없어졌으므로 후회하는 마음이 일어납니다. 우리는 죽을 때 내 재산을 가지고 갈 수 없습니다. 하지만 습관처럼 인색해 왔으므로 또 다시 인색한 마음이 일어나기 쉽습니다.

인생이 짧다는 것을 잊지 말아야 합니다. 그리고 보시할 수 있는 기회가 있으면 이기심을 없애기 위해서라도 이 기회를 놓치면 안 됩니다. 이렇게 보시라는 선업을 쌓아갈 수 있습니다.

붓다가 닦은 바라밀에 대해서 설하고 있는 짜리야삐따까(Cariyapitaka)297)의 주석서에 붓다는 다음과 같이 보시에 대하여 생각했다고 합니다.298)

분명한 것은 나는 과거에 보시가 익숙하지 않았다는 사실이다. 그러므로 지금 내 마음에 남에게 베풀려는 마음이 일어나지 않는 것이다. 보시를 하면 내 마음은 기쁠 것이다. 나는 보시를 할 것이다. 미래를 바라보고 나에게 필요한 것들을 포기하겠다.

같은 주석서에 계속해서

위대한 분은 보시를 할 때 보시물의 사라짐을 본다. 그때 이와 같이 생각한다. "이것이 물질(rūpa)에 내재된 본성이다. 이것들은 잃게 되는 것이며, 사라지게 되어있다. 게다가 이것은 과거에 내가 이러한 보시를 하지 않았기에 지금 방출되는 것이다. 그러면 이제 내가 가진 것은 무엇이던 간에 그것이 한정된 것이거나 풍부한 것이거나 나눠줄 선물이라고 생각하자. 이렇게 나는 앞으로 완벽한 보시 바라밀을 성취할 것이다."

앗타살리니에 '보시'에 관한 장이 있습니다. 보시물을 건네주기 전에 실제로 유익한 의도가 일어날 수 있습니다. 마찬가지로 보시물을 준비할 때, 보시를 하는 그 순간에, 그리고 그 다음에 '마음으로부터 기뻐하던' 그 순간을 회상한다면 그때에도 유익한 업이 일어납니다. 이렇게 보시가 끝난 다음에도 유익한 마음을 가지고 우리가 행한 보시의 회상이 유익함을 아는 것은 또한 도움이 됩니다.

우리는 유익한 마음과 해로운 마음의 차이를 알아야 합니다. 그렇지 않다면 유익함 혹은 유익한 행위를 하는 순간에 일어난 즐거운 느낌에 취착하기 쉽습니다. 자신에게 솔직하다면 보시를 하기 전이나, 하는 도중 그리고 한 다음에 항상 유익한 마음만 있지는 않다는 사실을 압니다. 거기에는 해로운 마음도 일어나는 것을 아는 것이지요.

그렇다고 해로운 마음이 있다고 낙담하지 마십시다. 우리는 해로운 마음도 마음챙김을 할 수 있습니다. 그것은 오로지 조건지워진 실재일 뿐이지 자아가 아니라고 알아야만 합니다. 보시를 하기 전에 우리는 무엇을 사거나 보시물을 준비해야 하므로 피곤할 수 있습니다. 이때 성냄의 마음이 일어납니다. 보시물을 전달하는 과정에서도 반갑지 않고 내가 기대하였던 것만큼 보시에 대한 반응이 시원치 않을 수 있습니다. 그러면 실망합니다. 그렇지만 무엇이 유익함인지를 아는 바른 통찰지가 있다면 누군가의 반응에 마음을 쓰는 일이 줄어들게 될 것입니다.

유익한 행위는 이익이 됩니다. 아무도 일어난 유익한 마음을 변경시킬 수 없습니다. 붓다의 가르침을 배우기 전에는 이런 관대함(보시)에 대하여 생각해 보지 않았을 것입니다. 우리는 단지 겉에 드러난 행위에만 주의를 기울여 왔습니다. 우리는 사람을 생각하고 그들의 반응만을 생각합니다.

담마를 통해서 우리는 행위를 일어나게 하는 마음을 보는 법을 배웁니다. 그것들의 실체를 있는 그대로 보는 법을 배웁니다. 또한 보시를 한 다음에 우리가 행한 보시에 대하여 회상하는 것은 인색함과 같은 오염들이 일어나는 것을 방지하는 조건이 됩니다. 나마와 루빠에 대한 바른 통찰지를 개발하게 되면 보시는 보다 완벽해 질 수 있습니다. 수다원은 자아에 관한 사견과 인색을 제거하였습니다. 그래서 그가 하는 보시는 완벽하므로 인색함이 없습니다.

육문(六門)을 통해 나타날 수 있는 모든 대상들을 보시할 수 있습니다. 앗타살리니에 색깔을 이야기로 엮어서 보시하는 왕의 재정관 이야기가 나옵니다. 둣타가마니는 황금으로 수놓아진 옷을 큰 사원에 다음과 같은 말을 하면서 보시하였습니다. "황금 옷은 빛나는 분에게 적당하다. 이 옷은 우리가 색깔을 보시하는 것이다." 삼보에게 소리를 보시하려면 이러한 의도를 가지고 북과 같은 악기를 공양 올릴 수 있습니다. 이런 의도로 맛을 보시하려면 예를 들어 맛이 있는 뿌리와 같은 것을 보시할 수 있습니다.

앗타살리니의 같은 장에 보시물을 자기 손으로 직접 준비하는 것은 몸을 통한 행위(身業)라 하였습니다. 친척이나 친구들에게 보시를 하라고 이야기를 하는 것은 말로 하는 행위(口業)입니다. 보시물을 준비하기 위하여 생각해보는 것은 마음으로 하는 행위(意業)입니다. 그 후에 마음먹은 것을 행동이나 말을 통해 이루게 됩니다.

앗타살리니의 같은 장(77)에 가문의 전통이나 관례에 따라 하는 보시는 계(도덕)에 의하여 완성되는 보시라 하였습니다. 왜냐하면 계(戒)란 예로부터 전승되어 오는 유익한 행위의 토대인 규정을 준수하는 것이기 때문입니다. 만약 보시물을 준비할 수 있는 재물이 하나도 없다고 할지라도 보시를 할 수 있습니다.

열 가지 공덕의 '토대' 가운데 하나인 '감사의 표현' 혹은 다른 사람의 유익한 행위를 **'기뻐함'**도 보시입니다. 이러한 유익한 행위를 행하려면 먼저 유익한 행위의 이익이 무엇인지 이해해야 합니다. 만약 보시에 대한 믿음이 있는 사람은 다른 사람이 계를 지키고 지혜를 개발하는 것과 같은 유익한 행위를 보게 되면 고마운 마음이 들 것입니다. 우리는 타인의 선한 성품과 행위에 고마워할 수 있고 말로써 감사함을 표현할 수 있습니다. 그렇게 하면 다른 사람들도 자기의 그러한 성품에 대해 함께 기뻐하게 됩니다. 그래서 누군가의 유익한 행위에 감사해 하는 마음도 보시(관대함)입니다. 그러한 순간에는 질투의 마음이 일어나지 않습니다. 이렇게 보시를 하는 법과 관대함을 표현하는 법을 알고 있다면 다른 이들의 불쾌한 행동보다는 그들의 선한 성품에 대하여 유익한 마음을 가지고 이야기할 수 있을 것입니다.(여기서 말하는 기뻐함 혹은 감사함을 정확히 표현하면 자신에게 회향된 공덕을 기쁘게 받아들임(pattānumodana)이다. 자신에게도 회향된 선업의 공덕을 받아들이며 기뻐함을 의미한다(상기띠띠까)-역자)

보시의 또 다른 방법은 '자기의 공덕을 남에게 회향하는' 것입니다. 우리는 다른 이들에게 우리가 행한 유익함을 건네줄 수는 없고 그것이 가져오는 과보도 전해줄 수 없습니다. 스스로 지은 선한 행위의 과보를 자신이 직접 받습니다. 그렇지만 내가 행한 선한 행위가 다른 사람들에게도 유익한 마음을 일으키도록 하는 조건이 됩니다. 이름하여 우리가 행한 유익한 행위를 그들이 함께 기뻐하도록 나의 공덕을 나누는 것입니다. 우리는 다른 이들에게 나의 '공덕'을 나눌 수 있습니다. 심지어 이 이로움을 받을 수 있는 다른 존재계의 중생들에게도 공덕을 회향할 수 있습니다.

소부(小部)의 '담장밖의 경'의 주석서인 paramatthajotika에 빔비사라 왕이 붓다에게 공양을 올리고는 이 공덕을 다른 존재계의 중생들에게 회향하지 않았습니다.299) 전생에 왕의 친척이었던 아귀들은 왕이 지은 공덕을 자신들에게 회향하기만을 간절히 바랬습니다. 그들은 실망하였고 절망에 빠져 한 밤중이 되자 끔찍한 소리로 절규하였습니다. 이에 놀란 왕이 아침에 붓다에게 그 이유를 물었습니다. 붓다의 설명을 들은 빔비사라왕은 다시 붓다에게 공양을 올리고는 '이 공덕이 전생에 나의 친척들이었던 그들과 함께하기를' 하고 회향하였습니다. 그러자 아귀들은 즉시 이 회향으로 인한 이익을 얻습니다. 유익한 마음을 갖게 되었고 마음속의 괴로움도 가라앉았습니다. 그리고 아귀들을 위한 연꽃으로 덮힌 연못이 만들어졌고 그들은 그곳에서 목욕을 하고 그 물을 마실 수가 있었습니다. 그들의 몸은 황금빛으로 변하였습니다. 게다가 천상의 음식과 천상의 옷 그리고 천상의 궁전들이 생겨났습니다.

이 이야기는 자기가 지은 공덕을 다른 존재들에게 나누어 줄 수 있다는 것을 보여줍니다. 만약 이승을 떠난 친척들이 이 공덕을 받을 수 없다면 다른 존재들이 대신 받을 수도 있습니다. 주석서에서 설명한 이 경은 다음과 같이 끝을 맺습니다.

누군가 죽으면

그들이 한 일을 떠오르게 하는
보시를 하라.

죽은 자의 남아 있는 친척들이
흐느껴 우는 것도
슬퍼하는 것도
비탄에 빠지는 것도
떠난 자에게는 도움이 되지 않네.

하지만 그들을 위하여
정말로 바른 보시를
청정한 승가에 한다면
이것은 그들에게 즉시
그리고 미래에도 오랫동안
이익이 되고 도움이 된다.

(생을 달리한-역자) 친지들에 대한
참된 담마를 이와 같이 보였네.
어떻게 그들에게 최고의 존경을 표하는지
어떻게 비구들에게
육신을 지탱할 수 있는 원기를 보시할 수 있는지도
어떻게 당신이 큰 공덕을 지을 수 있는지도.

우리는 사랑하는 이를 잃었을 때의 슬픔을 이해합니다. 하지만 유익한 행위를 하는 방법을 안다면 더욱 큰 위로가 됩니다. 슬픔과 성냄 대신에 우리가 행한 유익한 행위를 함께 기뻐할 수 있는 이들에게 회향하는 것으로써 유익한 마음을 일으킬 수 있습니다. 불교전통에는 음식이나 가사를 수행승들에게 공양을 올릴 때 수행승이 축원을 합니다. 이때 손에 물을 붓는 의식이 있는데 이것은 다른 존재들에게 이 행위를 회향하는 의식입니다. 이것은 불교의 의례입니다. 강물이 바다를 이루는 것처럼 물은 강과 같습니다. 그리고 이러한 유익한 행위는 바다와 같이 풍부하므로 다른 사람들과 나눌 수 있는 것입니다.

열 가지 공덕토대에서 몇 가지는 지계에 관한 것입니다. 해로운 행위를 하지 않는 것이 계(戒)입니다. **몸**으로 짓는 해로운 업에는 살생, 도둑질 그리고 잘못된 성행위가 있는데 계(戒)란 이러한 행위를 하지 않는 것입니다. **말**로 짓는 해로운 업에는 거짓말, 이간질(중상), 욕설과 실없는 말이 있는데 이것을 자제하는 것입니다. 생계를 꾸리기 위하여 잘못된 행위를 하면 그것은 잘못된 생계입니다. 잘못된 생계로 살아가지 아니하는 것이 바른 생계입니다.

앞에서 본 것처럼 세 가지 아름다운 마음부수들인 잘못된 말, 잘못된 행위 그리고 잘못된 생계를 하지 않는 마음부수들이 자신들의 역할 수행을 통해서 유익한 마음을 지원합니다. **계(戒)는 단지 하지 말아야 할 것을 하지 않는 것만이 아니라 해야만 하는 것을 하는 것이기도 합니다.** 우리는 유익한 행위의 토대인 도덕적인 계를 지닙니다. 재가자는 계를 지키겠다는 결심을 해야 합니다. 불자라면 다음과 같은 해로운 행위를 하지 않겠다는 학습계를 받아야 합니다.

살아있는 생명을 죽이지 않겠습니다.
주지 않는 것은 갖지 않겠습니다.
잘못된 성행위를 하지 않겠습니다.
거짓말하지 않겠습니다.
술과 같이 취하는 것을 마시지 않겠습니다.

재가자가 특별한 날에 사원에 모여 오계(五戒)를 암송하는 것은 불교의 전통입니다. 우리가 진지한 마음으로 오계를 암송하면 유익한 행위를 하게 되는 또 다른 기회를 갖게 됩니다. 또한 계를 지키기 어려운 상황에서도 계(戒)를 지키기 위한, 유익한 행위를 하기 위한 조건들이 쌓여지게 되는 것입니다.

계를 보시 형태의 베풂이라는 관점에서 생각해 볼 수도 있습니다. 왜냐하면 오염들을 포기하는 것은 다른 존재들의 이익과 행복으로 연결되기 때문입니다. 즉 중생들을 안전하고 평화로운 곳에 살도록 보호하는 것입니다. 계(戒)를 다른 사람에 대한 친절이라는 선물로 이해를 한다면 그리고 이기심을 덜 갖게 되는 수단으로써 계를 이해한다면 우리는 계를 지키기 위하여 노력할 수 있습니다.

비방과 욕설 그리고 실없는 말을 하지 말라는 것은 재가자들이 지켜야 할 오계에는 없습니다. 하지만 유익한 업은 짓지 않고 이런 말을 한다는 것은 잘못된 말(거짓말)을 하지 않겠다는 계(戒)에 주의를 기울이지 않는 것입니다. 사람들이 모여 다른 이를 헐뜯는 상황에서는 그 대화에 동참하지 않기가 어렵습니다. 혹은 지계(持戒)의 측면에서 실없는 소리를 하지 않기가 어렵습니다. 아라한이 아닌 이상 우리는 여전히 해로운 마음을 가지고 말합니다. 그러나 유익한 행위를 증장시키려면 현명해야 합니다. 당신은 오늘 가까운 장래 혹은 미래의 생에서 받을 수 있는 유익한 행위를 하였는지 혹은 해로운 행위를 하였는지를 돌아보십시오.

그리고 당신이 처한 환경이나 만나고 있는 친구들을 평가를 해 본다면 당신은 좀 더 현명해 질 수 있습니다. 환경이나 친구들이 유익한 행위를 증진시키는데 도움이 되는지 되지 않는지에 대한 판단이 가능하기 때문입니다.

우리는 어떤 말은 되고, 어떤 말은 해서는 안 되는지 알아야 합니다. 그리고 어떤 말이 유용한지도 알아야 합니다. 우리는 살아가면서 다른 사람들과 어떤 식으로든 대화를 할 것이기 때문에 대화를 하는 과정에 유익한 행위를 어떻게 포함시킬 것인지 공부해야 합니다.

우리는 보시의 방법 가운데 다른 사람이 행한 유익한 행위에 감사해하는 것도 보시라고 배웠습니다. 이것을 기억하고 있다가 다른 이들과 대화를 할 때 사용해 보십시오. 혹은 대화의 내용이 친구나 날씨 혹은 여행담과 같은 실없는 이야기를 해야 하는 상황이라면 "따라 기뻐할"수 있는 이야기를 하는 것입니다. 그리고 누군가에게 좋은 일과 행운을 만났다면 그것에 대하여 함께 기뻐하는 것입니다. 하지만 우리는 어느 것이 유익한 마음이고 언제가 해로운 마음인지를 먼저 알아야 합니다. 그렇지 않으면 탐욕의 마음을 함께 기뻐함(muditā)이라는 아름다운 마음부수로 오해할 수 있습니다.

청정도론(1장)에는 계(戒)에 대한 여러 측면들이 나옵니다. 그 가운데 수행승들이 지켜야 할 계목(Patimokkha)이 있습니다. 이것은 재가자들이 지키기에는 어려울 수도 있습니다. 계를 깨트리지 않는 것은 어렵습니다. 집이나 정원에서 벌레들을 죽이고 싶은 충동이 일어날 수도 있고 탈세를 하거나 뇌물을 받고 싶은 충동이 일어날 수도 있기 때문입니다.

수행자의 삶을 동경해 온 사람은 완벽하게 계를 지키며, 비폭력적이고, 적은 것에 만족하는 삶을 살아가기 위하여 가정을 등지고 집 없는 수행자의 길을 떠납니다.

수행자는 얻음과 명예를 기뻐해서는 안 됩니다. 수행승은 가사와 음식 그리고 거주처와 의약품 등을 얻기 위하여 힌트를 주거나 다른 수단을 통해 의도를 비춰서는 안 됩니다. 이것은 계(戒)의 여러 가지 측면 가운데 청정한 생계에 해당합니다.(청정도론)

한편 필수품을 수용할 때에는 현명하게 반조하는 것도 계

(戒)에 해당합니다. 수행자는 생필품에 취착하는 마음이 일어나지 않도록 주의하여야 합니다. 이것들은 즐거움을 위한 것이 아니며, 다만 건강을 유지하고 수행의 편리를 위한 것임을 되새기는 것입니다. 이렇게 하면 담마를 공부하고, 가르치고 바른 통찰지를 닦는 일에 최선을 다할 수 있습니다. 이것은 재가자들에게도 적용됩니다. 예를 들어 음식을 먹는 동안에도 이 음식에 대하여 반조합니다. 음식이란 대부분의 시간에 탐욕의 대상이 되고 때로는 성냄의 대상이 될 수 있기 때문입니다. 그러나 음식이란 몸을 치유하는 약과 같다고 현명하게 반조한다면 유익한 마음이 일어납니다. 이렇게 하면 음식에 취착하는 마음이 줄어들게 됩니다.

과식을 하면 게을러집니다. 청정도론(1, 42 B)에 '감각기관에 대한 단속'도 계(戒)라는 설명이 있습니다. '중부'의 '코끼리 발자국의 비유에 관한 작은 경'에300)

형상이라는 대상이 눈에 나타나면, 그는 어떤 표상도 아니고 특별한 (의미의 어떤-역자)무엇도 아니라고 안다. 만약 이렇게 눈이라는 감각기관을 지키지 아니하면, 탐욕이라는 해로움과 불이익한 상태들 그리고 괴로움이 그를 침범한다. 그는 이렇게 단속한다. 눈이라는 감각기관을 지킨다. 눈의 기능을 단속하며 지낸다.

다른 오문(五門)에 대해서도 동일하게 말합니다. 한 번에 하나씩 육문(六門)을 통해 나타나는 실재에 마음을 챙기는 것도 역시 계(戒)를 지키는 유익한 행위입니다. 게다가 지혜가 개발되면 오염은 제거됩니다. 만약 지혜를 닦는 명상과 계(戒)를 분리한다면 계(戒)는 유지될 수 없습니다. 통찰지를 닦지 않는 상황에서도 오염은 일시적으로 가라앉을 수 있지만 제거되지는 않습니다. 바른 지혜를 닦으면 계(戒)는 보다 완전해집니다.

초세간의 마음이 아닌 세간의 유익한 마음과 함께하는 세 가지 '절제'는 한 번에 하나씩만 일어납니다. 깨달음을 얻으면 세 가지 절제들은 모두 초세간의 마음과 함께합니다. 도(道)의 마음 순간에 æ제거하는 도구로서의 절제Æ가 있습니다. 이 역할은 초세간의 팔정도(八正道)에 해당하는 바른 말(正語), 바른 행위(正業), 바른 생계(正命)라는 세 가지 요인들이 합니다. 악행을 하고 싶어 하는 성향은 깨달음의 단계가 깊어짐에 따라 제거됩니다. 그래서 아라한이 되면 모든 오염들은 제거됩니다.

존경할 분을 존경하는 것은 또 다른 '공덕이 되는 행위의 토대'가 됩니다. 이것은 계(戒)에 포함됩니다. 존경해야 할 대상은 남자 수행승과 여자 수행승, 부모님과 스승 그리고 연세가 많은 분들입니다. 존경과 겸손은 몸과 말을 통해 표현합니다. 때로는 이기적인 동기에서 공손하게 대합니다. 예를 들면 좋은 명성이나 원하는 것을 얻기 위하여 그렇게 합니다. 그러나 이런 식의 존경은 유익하지 않습니다. 진심을 가지고 존경해야 유익한 마음입니다. <u>우리는 수행승에게 존경을 표해야만 합니다.</u> 왜냐하면 그들은 성자(聖者)의 덕을 쌓기 위하여 가정을 떠나 집 없는 생활로 들어섰기 때문입니다. 수행승의 목표는 아라한입니다. 하지만 수행승이 비록 아라한이 아니라 할지라도 우리에게 성스러운 승가의 덕성을 일깨워 줄 수 있습니다. 재가자들은 수행승에게 합장을 하고 머리를 숙이거나 두 무릎과 두 손 그리고 이마를 바닥에 대고 절을 하는 것으로 존경을 표합니다. 이렇게 할 때에는 철저하고 진지하게 해야만 합니다. 왜냐하면 이것은 또 다른 유익한 마음을 일으키는 기회가 되기 때문입니다.

우리는 불상을 앞에 모셔놓고 엎드려 삼보에 대한 존경을 표합니다. 그리고 붓다, 담마, 승가에 대한 훌륭한 덕성을 생각하며 찬탄의 말을 암송합니다. 하지만 이런 순간에 언제나 유익한 마음들이 일어나 있는 것은 아닙니다. 신체적으로 불편함이 있으면 해로운 마음인 성냄이 일어나기 쉽습니다. 혹은 탐욕의 마음이 일어날 수도 있습니다.

그래서 우리는 유익한 마음과 해로운 마음의 차이를 구분할 수 있어야 합니다. 그것들은 자신들이 가진 조건들 때문에 일어나므로 실체가 없습니다. 삼보를 찬탄할 때에도 우리는 나타나는 실재에 대하여 마음을 챙길 수 있습니다. 비록 이 순간에는 해로운 법들이 일어난다 하여도 말이지요. **나타나는 실재가 무엇이던 간에 마음챙김을 하는 것은 붓다에 대한 최대한의 존경의 표시입니다.** 왜냐하면 이 순간에 우리는 붓다의 가르침을 따르고 있는 것이기 때문입니다. 법구경 게송 109번에 공경의 이익에 대하여 나옵니

다.301)

존경스러운 마음을 가지고
연장자에게 경의를 표한다면
그에게는 네 가지가 증장된다.
오래 살고,
아름다운 외모를 갖게 되고,
행복하고,
힘이 생긴다.

본분을 지키며(dutifulness) 남을 도와주는(helpfulness) '공덕행의 토대'인 **봉사(veyyāvacca)**도 역시 계(戒)에 해당합니다. 다른 사람을 도울 기회가 있어도 우리는 게으름을 피우거나 잊어버립니다. 누군가 도움을 필요로 할 때에도 머뭇거립니다. 예를 들어 재미있게 독서를 하는데 누군가 도움을 청하면 계속 책을 읽으려 합니다. 다른 이들에게 도움이 될 만한 일들을 기억하고 있다가 비록 적은 것이라도 행동으로 옮긴다면 유익합니다. 이것은 유익한 행위를 하게 되는 조건이 됩니다. 예를 들어 길을 잃은 사람에게 길을 일러주거나, 다른 이를 위해 컵이나 접시를 건네주는 것도 유익한 행위입니다. 혹은 누군가의 고민을 들어주거나 조언을 하는 것도 도움이 됩니다.

공덕행의 토대에는 담마(법)를 듣는 것이 포함됩니다. 이것은 마음을 닦는 정신 수양(명상)에 포함 됩니다. 담마를 듣고 공부를 하면 무엇이 유익한 마음이고 무엇이 유익하지 않은 마음인지 알게 됩니다. 우리는 업과 과보 그리고 유익한 행위를 하는 방법에 관해 공부해야 합니다. 선정과 지혜는 담마를 듣는 것으로부터 시작합니다. 왜냐하면 명상법을 배우지 않는다면 어떠한 수행도 하지 못할 것이기 때문입니다.

담마를 듣거나 경전을 읽고 우리가 배운 것을 사유해 보는 것은 나타나는 나마와 루빠에 마음을 챙기는 조건이 됩니다. 비록 담마를 듣고 담마를 공부하는 것이 유익하다는 것을 알고는 있지만 다음으로 미루는 경향이 있습니다. 우리에게는 해야 할 일이 너무 많고 즐겨야 하는 대상들이 너무 많아 온통 즐기는 것에 마음이 산란합니다.

진정으로 담마를 공부하는 것이 유용하다는 것을 알게 되면 담마를 더욱 열심히 들으려고 할 것이고 경전을 자주 보려고 할 것입니다. 비록 한 번에 아주 조금씩이라도 경전을 읽는 것은 아주 큰 이익이 됩니다.

담마를 가르치거나 설명하는 것은 '공덕행의 열 가지 토대' 가운데 하나입니다. 이것은 담마를 설명하는 사람이나 듣는 사람 모두에게 유익합니다. 왜냐하면 이런 기회를 통해 진정한 담마를 되새길 수 있기 때문이고, 배운 담마를 적용해 보아야겠다는 필요성을 일깨워주기 때문입니다.

담마를 가르치는 것은 쉽지 않습니다. 듣는 사람의 역량을 고려하여야 합니다. 그래서 보시와 같은 이해하기 쉬운 것부터 시작해서 나중에는 오염원을 제거하는 지혜를 닦는 방법에 대하여 설명합니다. 보시를 실천하는 방법과 관대한 마음을 갖는 법도 배워야 합니다. 왜냐하면 자기의 소유를 포기할 수 없다면 어떻게 자아와 마음속의 다른 오염들을 포기할 수 있겠습니까?

붓다는 시하 장군에게 보시(布施)와 지계(持戒) 그리고 천상세계에 대하여 단계적으로 설합니다.302) 시하가 사성제(四聖諦)를 받아들일 준비가 되었음을 아시고 붓다는 그때서야 사성제(四聖諦)를 설한 것을 돌이켜 보십시오.

담마를 가르치는 것은 이렇게 점진적이어야 합니다. 처음에는 취착하는 것의 불이익을 보지 못합니다. 이러한 오염들의 위험을 이해한다면 오염을 제거하는 방법을 배우게 될 것입니다. 법을 보시하는 것은 보시 가운데 최상의 보시입니다. 왜냐하면 법(담마)을 배움으로써 마음속의 오염원을 제거하는 지혜를 닦아 마침내는 괴로움을 소멸시키는 길로 들어설 것이기 때문입니다. 그래서 담마를 가르치는 것은 보시입니다.

사마타와 위빳사나는 모두 정신 수양의 방법입니다. 이것이 세 번째 '공덕행의 토대'입니다. 사마타는 일시적으로 마음의 오염을 가라앉히는 목적으로 닦습니다. 청정도론에 본삼매를 닦는 방법이 있습니다.303) 그러나 본삼매에 들기는 매우 어렵습니다. 하지만 청정도론에 나오는 몇 가지 명상주제는 일상에서 닦아 나갈 수 있습니다. 그렇게 한다면 이것들은 모두 크게 유익한 마음의 조건이 됩니다. '열 가지 공덕행의 토대'는 욕계의 유익한 마음인 크게 유익한 마음들의 대상이 됩니다.

그러므로 본 삼매에 해당하는 고요함은 이런 맥락에서 앗타살리니에서 다루지 않습니다. 본 삼매에 들려면 우선 명상 주제를 가지고 선정에 들기 위한 조건들을 닦아 나가야 합니다. 이러한 선정을 닦을 때 우리는 해로운 마음과 유익한 마음을 구분할 수 있어야만 합니다. 해로운 마음부수들과 아름다운 마음부수들을 공부하게 되면 어느 것이 해로운 마음이고 어느 것이 유익한 마음인지를 이론적으로 알게 됩니다.

하지만 우리는 일상에서 이것들을 적용할 수 없을 것입니다. 바로 지금 이 순간에 일어난 마음이 어떠한 유형의 마음인지 모릅니다. 안식(眼識), 이식(耳識) 그리고 다른 감각기관을 통해서 나타난 대상을 인식한 이후에 우리의 마음은 얼마나 이러한 대상들에 대하여 셀 수도 없이 갈망하고 있는지 모릅니다. 탐욕이나 갈망의 정도가 강하지 않는 경우에는 있는지도 모르고 지나칩니다.

미래에 대한 계획을 세우거나 혹은 어디를 가거나 어떤 것을 원할 때 혹은 오후에 휴식을 원할 때, 이러한 모든 순간들에는 셀 수도 없는 탐욕의 마음들이 있습니다. 우리는 일상에서 고요함의 조건이 되는 자애(mettā)와 연민(karuṇā), 함께 기뻐함(muditā)과 평온(upekkhā)에 대하여 배였습니다. 하지만 고요함의 특징을 알기는 어렵습니다. 우리는 무덤덤한 느낌과 함께하는 고요한 마음은 유익한 마음이라고 오해합니다. 유익한 마음에도 무덤덤한 느낌이 해로운 마음에서와 같이 함께할 수 있습니다. 우리는 다른 마음들 그리고 마음을 닦는 것에 대하여 공부해야 합니다. 유익한 마음과 함께하는 진정한 고요함의 특징을 알아야만 고요함은 개발됩니다.

오염들의 잠재적 성향들을 제거할 수 있는 실재들에 대한 통찰이 위빳사나입니다. 이렇게 제거된 오염들은 다시는 일어날 수 없습니다. 만약 실재들에 대한 바른 지혜를 닦지 않고 나머지 유익한 특성들만을 닦아 나간다면 오염들은 제거되지 않을 것입니다. 해로운 마음들은 계속해서 일어납니다. 심지어 유익한 행위를 하고 있는 순간에도 말입니다.

마음속 오염의 제거가 불교의 목표입니다. 정신과 물질에 대한 마음챙김은 언제라도 할 수 있지만 습관적으로 마음챙김을 하지 않는다면 잘 되지 않습니다. 마음챙김이 없다면 참을성이 없어지고 화를 내기 쉽습니다. 명심할 것은 마음챙김이 되고 안 되고는 모두 조건들 때문이라는 것을 명심해야 합니다. 이것들은 실체가 있는 자아가 아닙니다. 실재들에 대한 어리석음(moha)도 하나의 실재입니다. 그래서 이것도 마음챙김의 대상이 되어야 합니다.

붓다께서 과거의 생들에서 닦았던 유익한 "바라밀" 가운데 하나는 어떠한 상황에서도 계속해서 지혜를 닦겠다는 결심이었습니다. 짜리야삐따까(Cariyapitaka)의 주석서에 다음과 같은 이야기가 나옵니다.304)

위대한 분께서 깨달음의 요인들을 충족시키기 위하여 힘을 기울이고 분투할 때, 견디기 어려운 어려움을 만났다. 그는 행복을 빼앗기고, 생계수단을 빼앗기고 혹은 다른 존재에 의해 부상을 당하고, 살아갈 힘을 앗아가는 극복하기 어려운 상카라들을 만났을 때, 그는 부처님께 귀의하였으므로 다음과 같이 생각하였다.

"나는 이 내 자신을 붓다에게 맡겼다. 무엇이던지 오라."

이렇게 그는 흔들리지 않고, 무너지지 않고, 최소한의 동요도 없었습니다. 고난을 받아들이겠다는 그의 결심은 완벽하여 흔들리지 않았습니다. 우리는 매우 불쾌한 상황에 처하면 실재들에 마음을 챙기기가 어렵습니다. 결심이 부족한 것입니다. 우리는 감각적 대상들을 통제하기를 원합니다. 그러면서도 즐거운 대상은 갈구합니다. 이렇게 눈으로 보는 것이나 들림은 과보, 즉 업에 의하여 조건지워진 것이라는 사실을 망각합니다. 나타난 실재는 이미 조건지워진 것입니다. 이 사실을 알고 나타나는 대상들에 마음을 챙기는 법을 배운다면 통제하려는 노력을 보다 적게 기울이게 될 것입니다. 그렇게 되면 참을성도 많아지고 어떠한 상황이 오더라도 바른 지혜를 계속해서 닦겠다는 결심이 흔들리지 않게 될 것입니다.

열 번째 '공덕행의 토대'는 '견해의 교정'입니다. 이러한 유익함의 수준도 여러 가지입니다. 담마를 공부하기 전에는 즐거운 감각적 대상을 향유하는 것이 인생의 목표였습니다. 이러한 이기심이 나를 불행하게 만들고 유익한 행위는 다른 이들에게도 이익이라는 것을 보게 됨에 따라 가지고 있던 잘못된 견해는 수정되기 시작합니다. 예를 들어 즐거운 음악에 심취하고 있을 때 누군가 도움을 청하면 계속 음악을 즐기는 것보다 일어나서 남을 돕는 것이 더욱 이익이 된다는 사실을 깨닫게 됩니다. 그렇지만 이러한 각각의 상황은 조건지워진 것으로 주어진 상황에서 어떤 행위를 선택하게 만드는 자아는 없습니다.

유익한 행위란 유익한 업을 말합니다. 이 업 때문에 유익한 과보가 생긴다는 것을 이해하게 된다면 우리의 견해는 수정됩니다. 우리는 즐거운 과보에 취착해서는 아니 됩니다. 그것은 해로움입니다. 이 해로운 업이 또 다시 그것의 결과를 만들어 낼 것입니다. 이것은 우리가 생각하거나 생각하지 않거나 상관없이 결과를 만들어 내는 것입니다.

유익한 행위를 하는 동안에도 마음속에는 원인과 결과에 대한 지혜가 함께할 수 있습니다. 이렇게 **실재들에 대한 바른 지혜를 개발**하게 되면 우리가 가지고 있던 대부분의 견해는 수정됩니다. 이렇게 자아의 개념에 대한 취착과 자신만을 위하는 이기적인 행위는 줄어들게 될 것이며 유익한 행위는 늘어나게 될 것입니다. 이 "견해의 교정"은 다른 아홉 개의 '공덕행의 토대들'과 함께할 수 있습니다. 즉 다른 유익한 행위를 하면서 이것을 할 수 있다는 말입니다.

열 가지 '공덕행의 토대'는 모두 보시와 지계 그리고 수행에 관한 사항입니다. 붓다가 보살이었을 때, 바른 통찰지와 함께 모든 종류의 유익함을 인내심을 가지고 닦았습니다. 그에게 이기적인 목적이 없었고 중생들의 행복을 진정으로 원하였습니다. "붓다와의 대화"에 그가 행하였던 유익한 행위들과 그런 선한 행위의 과보 그리고 붓다의 신체적인 특징들에 대하여 나옵니다. 이러한 것들은 모두 선행들에 의하여 조건지워진 것입니다. 이제 그가 행한 행위의 청정함과 지혜 그리고 그가 행한 보시와 관련된 구절을 인용해 보겠습니다.

전생에 무엇으로 태어났던, 어떤 형태였든, 어디에서 머물렀건, 수행승들이여, 인간으로서 여래는 모든 선한 행위를 하였거나 하겠다고 결심하였다. 빈틈이 있거나 흔들림 없이 모든 선함을 행하였다. 적절한 행위와 말 그리고 생각을 하였고 이러한 의지에 흔들림이 없었다. 계를 지키고, 향연에 참가하지 않고, 부모에게는 자식으로서의 의무를 다하였고, 출리해서는 브라흐민에 대한 의무를 훌륭하게 이행하였다. 세간에서는 가장으로서 그리고 다른 수승한 공덕을 닦았다.(I45)

반면에 전생에 무엇으로 태어났던……인간으로서 여래는

수많은 중생들의 이익을 위하여 살았으며, 두려움과 공포를 쫓아 버리고, 단지 보호와 파수꾼 그리고 필요한 것의 공급자로서 살았다.(I48)

반면에 전생에 무엇으로 태어났건…… 인간으로서 여래는 좋아하는 것들을 멀리하고, 그런 것들을 자제하며, 채찍과 찰을 던져버리고, 온화하고 연민(karuṇā)하는 마음으로, 모든 살아있는 중생들에게 자비와 친절을 보였다.(I49)

반면에 전생에 무엇으로 태어났건…… 인간으로서 여래는 수행자 혹은 브라흐민을 가까이 하고 다음과 같이 질문하였다. 선생님, 선이란 무엇입니까? 악이란 무엇입니까? 무엇이 바른 것이고 무엇이 잘못된 것입니까? 나는 어떻게 하여야 할까요? 혹은 무엇을 하지 말아야 하나요? 내가 무엇을 하면 오랜 기간 불행하게 됩니까?… 행복을 위해서는 어떻게?(I57)

반면에 전생에 내가 무엇으로 태어났건 간에……인간으로서 여래는 격노하지 않고, 평온한 마음으로, 그리고 심지어 말을 많이 들었을 때에도, 어떤 사람도 비난하지 않았으며, 화를 내지도, 헐뜯지도, 분노하지도 않았다. 또한 화를 내지도, 증오하지도, 침울해 하지도 않고, 곱고 부드러운 이불과 망토, 고운 흰 천, 고운 목화, 좋은 비단, 좋은 양모 재료와 같은 것을 보시하였다.(I59)

전생에 무엇으로 태어났건 간에…… 인간으로서 여래는,

선을 많이 행하려는 열의를 가지고 자랐다. 모든 이들의 행복을 위하여, 그들의 편안함을 위하여, 그들의 안전을 위하여, 그들이 어떻게 하면 믿음, 도덕, 배움, 자선, 정의, 지혜가 증진될 수 있을까 고민하고, 어떻게 하면 돈과 옥수수 그리고 토지, 두발 그리고 네발 달린 짐승들을 늘리고, 아내와 자식, 하인과 노예들, 친척과 친구들의 복리가 증진될 수 있을까 고민하였다.(I64)

전생에 무엇으로 태어났건 간에, 인간으로서 여래는, 모욕하는 말은 멀리하고, 모욕을 받고 되갚아 주려는 것을 멀리하였다. 여기서 들은 것을 다른 곳에 가서 전달하지 아니하고, 여기에 있는 사람들과 다툼을 일으키지 아니하였다. 그리고 다른 곳에서 들은 것을 여기 와서 전달하지 아니하여 여기 있는 사람들과 다툼을 일으키지 아니하였다. 그래서 서로 멀어진 사람들은 다시 화해를 시키고, 혹은 친구들 간의 우정을 더욱 돈독하게 하는 등 평화를 조성하는 자, 조화를 사랑하는 자, 평화를 갈망하는 자, 평화로운 말을 하는 자로 살았다.(I71, I72)

이 경은 붓다의 가르침을 우리도 실천해 보라고 일깨워 줍니다. 붓다는 언제나 우리에게 열심히 듣고 모든 종류의 선한 행위들을 하는 법을 배우고, 무엇보다도 궁극적 실재들에 대한 지혜를 닦아야 한다는 모범을 보여 주었습니다. 덕이 높은 우리의 붓다께서 전생에서 닦았던 이야기들을 읽어보면 지혜를 닦으면 오염은 적어지고, 이기적이지 않게 되며, 마음은 관대해지고, 다른 사람들에 대한 생각이 순수해진다는 사실을 알 수 있습니다.

부록

Appendix 1. 제2장 느낌

다른 마음들을 동반하는 느낌들은 :
행복한 몸의 느낌(sukha)은 오로지 한 종류의 마음에서만 일어난다. 유익한 과보인 몸의 알음알이(身識). 이 신식(身識)이 즐거운 감촉이라는 대상을 경험한다.

고통스러운 몸의 느낌(dukkha)은 단지 하나의 마음에서만 일어난다. 해로운 과보인 신식(身識). 이 신식이 불쾌한 감촉이라는 대상을 경험한다.

정신적 기쁨(somanassa)은 모든 마음에서는 아니지만 네 가지 종류의 마음과 함께한다. 정신적인 기쁨을 동반하는 해로운 마음은 탐욕에 뿌리를 둔 마음 8가지 가운데 4가지가 정신적 기쁨과 함께한다. 다른 종류의 해로운 마음은 정신적 기쁨과 함께하지 않는다.

정신적 기쁨(somanassa)을 동반하는 뿌리 없는 마음은 뿌리 없는 유익한 과보의 마음인 조사하는 마음 한 종류 그리고 매우 즐거운 대상을 조사하는 마음은 정신적 기쁨(somamassa)을 동반한다. 뿌리 없는 유익한 과보의 마음인 조사하는 마음 한 가지와 매우 즐거운 대상은 아닌 즐거운 대상을 조사하는 마음은 평온(upekkhā)과 함께한다.

해로운 과보의 마음인 조사하는 마음도 역시 평온을 동반한다. 그래서 세 가지 종류의 조사하는 마음가운데 오직 한 가지가 정신적 기쁨과 함께한다.

아라한의 미소 짓는 마음인 뿌리 없는 작용만 하는 마음은 정신적 기쁨(somanassa)을 동반한다.

욕계의 아름다운 마음들은 크게-유익한 8가지 종류의 마음, 8가지 큰-과보의 마음들 그리고 아라한의 마음인 8가지 크게-작용만 하는 마음들(원인도 아니고 과보도 아님), 4가지 욕계의 크게-유익한 마음들, 4가지 큰 과보의 마음들 그리고 4가지 크게-작용만 하는 마음들은 정신적 기쁨을 동반한다.

재생연결식, 바왕가 그리고 죽음의 마음은 기능의 큰-과보의 마음들에 의해 수행될 수 있다. 이 경우 그것들은 크게-유익한 마음들에 의해 행해진 업의 과보들이다. 업에 조건지워진 큰-과보의 마음들은 정신적 기쁨과 함께할 수 있다. 정신적 기쁨을 가지고 태어난 사람은 생을 살아가는 동안에 정신적 기쁨과 함께하는 바왕가가 있다. 바왕가의 마음은 재생연결식과 같은 종류의 마음이다.

색계의 마음들은 초선정, 이선정, 삼선정, 사선정의 마음들인데 정신적 기쁨과 함께한다.(여기서는 오선정 가운데) 그래서 4가지 색계의 유익한 마음들, 4가지 색계의 과보의 마음들 그리고 4가지 색계의 작용만 하는 마음들은 정신적 기쁨을 동반한다. 색계 오선정의 마음들은 정신적 기쁨 대신에 평온(upekkhā)이 함께한다.

무색계의 마음들은 색계 오선정의 마음과 같은 종류다. 그래서 평온이 함께하지 정신적 기쁨은 함께하지 않는다.

초세간의 마음들은 조건에 따라 정신적 기쁨과 함께 하거나 평온과 함께할 수 있다. 초세간 마음들은 8가지로 분류할 수 있다. 이것은 4가지 도(道)의 마음 그리고 이 도(道)의 마음의 결과인 4가지 과(果)의 마음이 있기 때문이다.

선정을 능숙하게 닦은 사람들과 역시 통찰지를 닦은 사람들은 초세간 선정의 마음들과 함께하는 깨달음을 얻을 수 있다. 닙바나를 경험하는 초세간 선정의 마음들은 다른 단계의 선정의 요소들과 함께한다. 초세간 선정의 마음들을 포함하면 8가지 초세간 마음 대신에 40가지 초세간 마음이 있다. 즉 오선정이 있기 때문에 5*8 = 40이다. 이것이 바로 마음이 89가지 혹은 초세간 선정을 포함하면 121가지로 분류하는 이유이다. 초세간 선정의 마음들은 함께하는 선정의 요소들에 따라 동반하는 느낌이 결정된다. 오선정에는 정신적 기쁨 대신에 평온이 함께한다.

그러므로 다섯 번째 단계의 선정의 요소들과 함께하는 8가지 초세간 선정의 마음들에는 정신적 기쁨을 동반하지 않고 평온과 함께한다. 그래서 40가지 초세간 선정의 마음에서 32가지는 정신적 기쁨을 동반한다. 과(果)의 마음과 함께하는 느낌은 도(道)의 마음과 함께하는 느낌과 같다. 정신적 기쁨을 동반하는 마음들을 요약하면 다음과 같다.

4가지 탐욕에 뿌리를 둔 마음(4 lobha-mūla-cittas)
1가지 조사하는 마음(1 santīraṇa-citta)
1가지 아라한의 미소짓는 마음(hasituppāda-citta)
12가지 욕계의 아름다운 마음(12 kāmāvacara sobhana cittas)
12가지 색계의 마음들(12 rūpāvacara cittas)
12가지 초세간 선정의 마음들(12 lokuttarajhanacittas)
모두 합해 42가지

정신적 불만족(domanassa)은 2가지 성냄에 뿌리를 둔 마음과 함께 일어난다. 하나는 자극받지 않은(asaṅkkhārika) 것이고 다른 한 가지는 자극받은 것(sasaṅkkhārika)이다. 자극받지 않음이란 자극 없이 일어난 것, 자발적으로 일어난 것. 자극받은 것이란 자기 스스로 혹은 다른 이에 의하여 자극받았기 때문에 자극받은 것이라 한다. 정신적 불만족은 이 2가지를 제외한 다른 종류의 마음에서는 일어날 수 없다.

평온은 무덤덤한 느낌으로 4종류의 마음들과 함께 일어날 수 있다. 하지만, 모든 마음들과 함께하지는 않는다. 그래서 **평온은 유익한, 해로운, 과보의 그리고 단지 작용만 하는 마음**과 함께할 수 있다. 평온은 욕계의 마음들, 색계의 마음들, 무색계의 마음들 그리고 초세간의 마음들과 함께할 수 있다.

해로운 마음과 함께하는 평온은 8가지 탐욕에 뿌리를 둔 마음 가운데 4가지가 평온과 함께한다. 평온은 또한 2가지 어리석음에 뿌리를 둔 마음과도 함께한다. 이것들은 어리석음에 뿌리를 둔 의심과 어리석음에 뿌리를 둔 들뜸이다.

뿌리 없는 마음들은 18가지 가운데 14가지가 평온과 함께한다. 12가지 뿌리 없는 과보의 마음(신식을 제외한 4쌍의 전오식(前五識), 2가지 받아들이는 마음 그리고 3가지 조사하는 마음 가운데 2가지). 단지 매우 즐거운 대상을 조사하는 마음 하나만이 정신적 기쁨을 동반한다. 다른 2가지 가운데 하나는 유익한 과보이고 다른 하나는 해로운 과보로 평온을 동반한다. (조사하는 마음은 역시 재생연결의 기능을 수행할 수 있다. 이것이 해로운 과보라면 평온을 동반하고, 악처에 태어나게 하는 기능을 수행할 수 있다. 유익한 과보일 때는 평온을 동반하고 장애를 가진 사람으로 태어나도록 하는 재생연결의 기능을 수행할 수 있다. 재생의 기능을 수행하는 같은 종류의 마음도 역시 그 생에서 바왕가와 죽음의 마음의 기능을 수행한다.)

2가지 평온을 동반하는 뿌리 없는 작용만 하는 마음들은 오문전향의 마음과 의문전향의 마음으로 오문전향에서는 대상을 결정하는(votthapana) 역할을 수행하고, 의문전향에서는 의문을 통해 대상으로 전향하는 역할을 수행한다. 그래서 이렇게 모두 14가지 뿌리 없는 마음들이 평온을 동반한다.

욕계의 아름다운 마음들은 8가지 크게-유익한 마음들 가운데 4가지, 8가지 큰-과보의 마음들 가운데 4가지, 8가지 큰-작용만 하는 마음들 가운데 4가지가 평온을 동반한다. 그래서 모두 12가지의 욕계의 아름다운 마음들이 평온을 동반한다.

색계의 마음들은 오로지 오선정의 마음들인 색계의 유익한 마음, 색계의 과보의 마음 그리고 색계의 작용만 하는 마음들이 평온을 동반한다. 그래서 3가지 색계의 마음이 평온과 함께한다.

무색계의 마음들은 색계 오선정의 마음들과 같은 종류이다. 이것들은 모두 평온을 동반한다. 12가지 무색계의 마음들이 있다. 이름 하여 4가지 무색계 선정의 각각에 무색계 유익한 마음, 무색계 과보의 마음 그리고 무색계 작용만 하는 마음이 있다. 무색계 선정의 네 번째 단계는 비상비비상처(非想非非想處) 선정으로 느낌도 아니고 느낌 아님도 아닌 상태이다. 느낌은 남아 있는 상카라(residual formation)가 미세한 상태로 존재한다.305)

초세간 마음은 조건들에 따라 평온을 동반할 수 있다. 초세간 선정의 마음들은 오선정의 선정의 요소들과 함께하는 경우에 평온을 동반한다. 그래서 평온을 동반하는 것은 8가지이다.

평온을 동반하는 마음들을 요약하면 다음과 같다.
- 4가지 탐욕에 뿌리를 둔 마음들(4 lobha-mūla-cittas)

- 2가지 어리석음에 뿌리를 둔 마음들(2 moha-mūla-cittas)
- 1가지 오문전향의 마음(1 pañca-dvārāvajjana-citta)
- 8가지 전오식의 마음(8 dvi-pañca-viññāṇas)
- 2가지 받아들이는 마음(2 sampaṭicchana-cittas)
- 2가지 조사하는 마음(2 santīraṇa cittas)
- 1가지 의문전향의 마음(1 mano-dvārāvajjana-citta)
- 12가지 욕계아름다운 마음(12 kāmāvacara sobhana cittas)
- 3가지 색계의 마음(3 rūpāvacara cittas)
- 12가지 무색계의 마음(12 arūpāvacara cittas)
- 8가지 초세간의 마음(8 lokuttara citta)

모두 합해 55가지가 평온을 동반한다.

Appendix 2. 제5장

12연기의 의도(cetanā)는 아비상카라(abhisaṅkhāra)라고 하며 세 가지가 있다.
1) 공덕행(puññābhisaṅkhāra)
2) 공덕이 되지 않는 행(apuññābhisaṅkhāra)
3) 흔들림 없는 행(āneñjābhisaṅkhāra)

공덕이 되는 업의 형성들은 8가지 욕계의 유익한 마음의 업 혹은 크게 유익한 마음, 색계선정의 마음들인 5가지 색계의 유익한 마음들과 함께하는 의도이다.

공덕이 되지 않는 업의 형성들은 8가지 탐욕에 뿌리를 둔 마음, 2가지 성냄에 뿌리를 둔 마음 그리고 2가지 어리석음에 뿌리를 둔 마음들인 12가지 해로운 마음들과 함께하는 의도들이다.

흔들림 없는 업의 형성들은 무색계 선정의 마음들인 4가지 유익한 마음들의 의도들이다.

재생연결식을 만드는 공덕이 되는 업의 형성들과 공덕이 되지 않는 업의 형성들은 물질도 만든다. 흔들림 없는 업의 형성들은 물질을 만들지 못한다. 무색계 선정을 닦는 자는 물질의 불이익을 보았기에 닦는다. 무색계의 유익한 마음들은 아주 고요하고 미세하다. 이 마음들은 재생연결식을 만들어 물질과 감각적 욕망(impression)이 없는 무색계 범천의 해당되는 세계에 태어나게 한다. 이 4가지 범천의 세계는 무색계의 네 가지 선정에 서로 상응하는 세계이다.

이러한 세 가지 업의 형성들의 분류는 12연기의 한 연결고리이다.

Appendix 3. 제8장

일으킨 마음, 고찰하는 마음과 함께하는 마음들 :
위딱까와 위짜라는 44가지 욕계의 마음들과 함께 일어난다. 10가지 전오식(前五識)은 제외된다.

선정의 마음에서 색계오선정 가운데 위짜라는 초선정의 3가지 색계의 마음들과 이선정의 3가지 색계의 마음들 이렇게 모두 6가지 색계의 마음들인데 반하여 위딱까는 단지 초선정의 3가지 색계의 마음들만 동반한다. 색계과보의 마음 때문에 만들어진 재생연결의 기능의 경우, 이 마음은 언제나 위딱까와 위짜라와 함께하는 것은 아니다. 색계 오선정에서 이선정의 색계 과보의 마음은 위딱까를 동반하지 않지만 위짜라는 동반한다. 다음단계의 선정인 색계과보의 마음들은 위딱까와 위짜라 두 가지 모두를 동반하지 않는다. 무색계 선정의 경우 색계의 오선정의 마음과 같은 종류이므로 위딱까와 위짜라를 동반하지 않는다.

초세간 선정의 마음에서 다른 단계의 선정의 요소들과 함께하는 초세간 마음들은 8가지가 아니라 40가지 초세간의 마음들이다. 이 마음들 가운데 초선정의 요소들과 함께하는 8가지 초세간 마음들이 있다. 그래서 이 마음들은 위딱까와 위짜라와 모두 함께한다. 오선정 가운데 이선정의 요소들과 함께하는 초세간 마음은 위짜라는 있고 위딱까는 없다. 이보다 높은 단계의 선정의 요소들과 함께하는 초세간 마음들은 위딱까와 위짜라 모두와 함께하지 않는다. 왜냐하면 그러한 단계들에서 위짜라가 포기되기 때문이다. 그래서 위짜라를 동반하는 초세간 마음들은 16가지이다. 마음이 121가지라고 할 때에는 40가지 초세간 마음들이 포함된 것으로 위딱까와 함께한다.

- 44가지 욕계의 마음들(44 kāmmāvacara cittas)
- 3가지 색계의 마음들(3 rūpāvacara cittas)
- 8가지 초세간 마음들(8 lokuttara cittas)

모두 합해 55가지 마음들이다.

위짜라와 함께하는 마음들은 :
- 44가지 욕계의 마음들(44 kāmāvacara cittas)
- 6가지 색계의 마음들(6 rūpāvacara cittas)
- 16가지 초세간의 마음들(16 lokuttara cittas)

모두 합해 66가지이다.

Appendix 4. 제9장

정진(viriya)과 함께하는 마음들은 모든 해로운 마음들과 모든 아름다운 마음들과 함께한다. 여기에는 욕계의 아름다운 마음들, 색계의 마음들, 무색계의 마음들 그리고 초세간의 마음들을 포함한다. 거기다가 18가지 뿌리 없는 마음들에서 정진과 함께하는 것은 2가지이다. 첫 번째는 의문전향의 마음은 오문인식과정에서 대상을 결정하는 마음(votthapana)의 역할과 대상으로 전향하는 마음의 역할을 수행한다. 두 번째는 아라한을 미소짓게 하는 아라한의 미소짓는 마음(hasituppāda-citta)이다. 다른 16가지의 뿌리 없는 마음들은 정진을 동반하지 않는다. 그래서 89가지 마음에서 16가지는 정진을 동반하지 않는다. 모두 73가지의 마음이 정진을 동반한다.

만약 조사하는 마음이 재생연결식, 바왕가 마음 그리고 죽음의 마음을 일으키는 역할을 할 경우에 이 마음들은 정진을 동반하지 않는다. 이 경우 조사하는 마음은 2가지로 첫째는 유익한 과보 그리고 다른 하나는 해로운 과보의 마음이다. 만약 위의 과정을 벗어난 마음들이 큰-과보의 마음들에 의해서 만들어진 것이라면 정진을 동반한다.

정진을 동반하는 마음들을 요약하면
- 12가지 해로운 마음들(12 akusala cittas)

- 2가지 뿌리 없는 마음들(2 ahetuka cittas)
- 8가지 크게-유익한 마음들(8 mahā-kusala cittas)
- 8가지 큰-과보의 마음들(8 mahā-vipāka cittas)
- 8가지 크게-작용만 하는 마음들(8 mahā-kiriya cittas)
- 5가지 색계의 유익한 마음들(5 rūpāvacara kusala cittas)
- 5가지 색계의 과보의 마음들(5 rūpāvacara vipāka cittas)
- 5가지 색계의 작용만 하는 마음들(5 rūpāvacara kiriya cittas)
- 4가지 무색계의 유익한 마음들(4 arūpāvacara kusala cittas)
- 4가지 무색계의 과보의 마음들(4 arūpāvacara vipāka cittas)
- 4가지 무색계 작용만 하는 마음들(4 arūpāvacara kiriya cittas)
- 8가지 초세간의 마음들(8 lokuttara cittas)

모두 합해 73가지이다.

각기 다른 단계의 선정의 요소들과 함께하는 초세간의 마음들은 8가지가 아닌 40가지로 나타난다. 그래서 이 경우에 정진과 함께하는 모든 마음의 수는 105가지이다.

Appendix 5. 제11장

희열(pīti)과 함께하는 마음들은 4가지 탐욕에 뿌리를 둔 마음들로 정신적 기쁨(somanassa)을 동반한다. 2가지 종류의 뿌리 없는 마음이 희열을 동반한다. 하나는 유익한 과보이며 아주 즐거운 대상을 조사하는 마음 그리고 다른 하나는 아라한의 뿌리 없는 작용만 하는 미소짓는 마음(hasituppāda-citta)이다. 게다가 희열은 4가지 크게-유익한 마음들, 4가지 큰 과보의 마음들 그리고 4가지 크게-작용만 하는 마음들을 동반하므로 12가지의 욕계의 아름다운 마음들과 함께한다.

선정의 마음들에서, 희열은 색계의 유익한 마음들, 색계의 과보의 마음들 그리고 색계의 작용만 하는 마음들과 함께하는데 이 마음들은 색계 오선정에서 처음 세 가지 선정의 마음들이다. 그래서 9가지 색계의 마음들과 희열이 함께한다. 초세간 선정의 마음이 다른 단계의 선정의 요소들을 동반하는 경우에 초세간 마음은 40가지로 분류된다. 사선정과 오선정에서는 희열이 일어나지 않으므로 단지 초세간 마음들은 초선부터 삼선까지의 선정의 마음들과 함께 희열이 일어난다. 그래서 모두 24가지의 초세간 마음들이 희열을 동반한다.(선정 3 *8=24)

우리가 마음을 121가지로 셈할 경우에는 초세간 40가지가

포함된 것이다. 이 경우 희열을 동반하는 마음들을 요약하면 :
- 4가지 해로운 마음들(4 akusala cittas)
- 2가지 뿌리 없는 마음들(2 ahetuka cittas)
- 12욕계 아름다운 마음들(12 kāmāvacara sobhana cittas)
- 9가지 색계의 마음들(9 rūpāvacara cittas)
- 24가지 초세간 마음들(24 lokuttara cittas)
모두 합해 51가지 마음들이다.

Appendix 6. 제12장

열의를 동반하는 마음은 4가지 종류 모두와 함께할 수 있다. 하지만, 과보의 마음은 단지 큰-과보의 마음만이 열의를 동반하고 뿌리 없는 과보의 마음은 동반하지 않는다. 작용만 하는 마음에서 크게-작용만 하는 마음만 열의를 동반하고 뿌리 없는 작용만 하는 마음은 동반하지 않는다. 89가지의 마음가운데 20가지는 열의를 동반하지 않는다. 2가지 어리석음에 뿌리를 둔 마음과 18가지 뿌리 없는 마음이 그것이다.

열의를 동반하는 마음을 요약하면 모두 89가지로 아래와 같다.
- 10가지 해로운 마음들(10 akusala cittas)
- 24 욕계 아름다운 마음들(24 kāmmāvacara sobhana cittas)
- 15가지 색계의 마음들(15 rūpāvacara cittas)
- 12가지 무색계의 마음들(12 arūpāvacara cittas)
- 8가지 초세간 마음들(8 lokuttara cittas)

모두 합해 69가지이다.

다른 단계의 선정의 요소들을 동반하는 초세간의 마음들을 상정하는 경우 모두 40가지 초세간 마음들이 있다. 이 경우 열의를 동반하는 마음은 모두 101가지이다.

Appendix 7. 제20장

해로운 마음부수의 요약

14가지 해로운 마음부수들을 요약하면 다음과 같다.
1) 어리석음(moha)
2) 양심 없음(ahirika)
3) 수치심 없음(anottappa)
4) 들뜸(uddhacca)

위의 4가지는 모든 해로운 마음과 함께한다.

5) 탐욕(lobha)은 탐욕에 뿌리를 둔 8가지 마음에서 일어난다.
6) 사견(diṭṭhi)은 4가지 탐욕에 뿌리를 둔 마음에서 일어난다.
7) 자만(māna)은 사견을 동반하지 않는 4가지 탐욕에 뿌리를 둔 마음에서 일어난다.
8) 성냄(dosa)은 성냄에 뿌리를 둔 2가지 마음에서 일어난다.

아래 3가지는 2가지 성냄에 뿌리를 둔 마음과 함께할 수도 있고 함께하지 않을 수도 있다. 하지만, 이것들은 함께 일어나지 않는다.
9) 질투(issā)
10) 인색(macchariya)
11) 후회(kukkucca)

아래 두 가지는 자극받은 탐욕에 뿌리를 둔 4가지, 자극받은 성냄에 뿌리를 둔 한 가지 마음과 함께할 수도 함께하지 않을 수도 있다. 해태와 혼침은 언제나 같이 일어난다.

12) 해태(thīna)
13) 혼침(middha)
14) 의심(vicikicchā)은 어리석음에 뿌리를 둔 하나의 마음과 함께한다.

해로운 마음들과 그 마음들과 함께하는 마음부수들을 요약하면

1) 정신적인 기쁨과 사견이 함께하며, 자극받지 않은 탐욕에 뿌리를 둔 마음(lobha-mūla-citta)은 7가지 반드시들, 6가지 때때로들, 해로운 마음들과 언제나 함께하는 어리석음, 양심 없음, 수치심 없음, 들뜸 이렇게 4가지 그리고 탐욕과 사견을 동반하는 마음 이렇게 19가지이다.

2) 사견 없고, 자극받지 않고, 무덤덤한 느낌을 동반하는 탐욕에 뿌리를 둔 마음은 7가지 반드시들, 6가지 때때로들, 해로운 마음과 언제나 함께하는 4가지 마음부수들, 탐욕과 사견과 함께하는 경우로 모두 21가지이다. 여기서 해태와 혼침이 동반하지 않으면 19가지이다.

3) 정신적 기쁨을 동반하는 탐욕에 뿌리를 둔 마음이 모

든 해로운 마음과 함께하는 마음부수들, 세 번째 종류로서 같은 마음부수들이 탐욕과 사견을 동반하는 경우 그리고 덧붙여서 해태와 혼침이 함께하는 경우와 함께하지 않는 경우로 나눌 수 있다. 그래서 해태와 혼침 그리고 자만이 일어나지 않는다면 18가지가 함께하고, 자만만 일어나면 19가지, 자만은 없고 해태와 혼침은 일어난다면 20가지, 해태와 혼침 그리고 자만이 일어난다면 21가지이다.

4) 정신적 기쁨을 동반하고, 사견과 함께하며, 자극받은 탐욕에 뿌리를 둔 마음은 세 번째 경우로서 같은 마음부수들, 해태와 혼침을 동반하는 경우와 동반하지 않는 경우가 여기에 추가된다. 그래서 해태와 혼침 자만이 일어나지 않으면 18, 자만은 없고 해태와 혼침이 일어난다면 20, 해태와 혼침 그리고 자만이 일어난다면 21가지이다.

5) 무덤덤한 느낌을 동반하고, 사견과 함께하며, 자극받지 않은 탐욕에 뿌리를 둔 마음은 7가지 반드시들, 5가지 때때로들(희열이 없다면), 4가지 해로운 반드시들, 탐욕과 사견을 동반하는 경우가 있다.

6) 무덤덤한 느낌을 동반하고, 사견과 함께하며, 자극받은 탐욕에 뿌리를 둔 마음은 탐욕에 뿌리를 둔 다섯 번째 경우와 동일한 마음부수들(18)과 같다. 하지만, 해태와 혼침은 일어날 수도 있고 일어나지 않을 수도 있다. 그렇다면 18이나 20이다.

7) 무덤덤한 느낌이며, 사견이 없고, 자극받은 탐욕에 뿌리를 둔 마음은 탐욕에 뿌리를 둔 다섯 번째 경우의 마음부수들과 같다. 하지만, 사견이 없으므로 17이다. 게다가 해태와 혼침이 일어날 수 있다. 자만은 일어날 수도 일어나지 않을 수도 있다. 그렇다면 17 혹은 18이다.

8) 무덤덤한 느낌, 사견 없고, 자극받지 않은 탐욕에 뿌리를 둔 마음은 탐욕에 뿌리를 둔다. 해태와 혼침은 일어날 수도 일어나지 않을 수도 있다. 그래서 적어도 17 혹은 자만이 일어나면 18, 해태와 혼침이 일어나고 자만이 없으면 19, 해태와 혼침, 자만이 일어나면 20이다.

9) 무덤덤한 느낌, 자극받지 않은 성냄에 뿌리를 둔 마음은 반드시들7, 때때로들5(희열제외), 4개의 해로운 반드시들과 함께한다. 그래서 적어도 17이다. 게다가 질투, 인색 혹은 후회가 일어날 수도 일어나지 않을 수도 있다. 만약 한 번에 하나씩 일어나는 경우와 일어나지 않는 경우에 이 마음은 17이나 18이다.

10) 불만족한 느낌, 자극받은 성냄에 뿌리를 둔 마음은 9)번째와 같은 마음부수들이다. 그래서 17 혹은 18이다. 여기서 해태와 혼침이 일어날 수도 일어나지 않을 수도 있다. 그렇다면 19혹은 20이다.

11) 무덤덤한 느낌, 의심이 있고 어리석음에 뿌리를 둔 마음은 반드시들7, 때때로들3(희열, 결심, 열의 없음), 해로운

반드시들 4개 그리고 의심이 함께한다. 그래서 15이다.

12) 무덤덤한 느낌을 동반하는 어리석음에 뿌리를 둔 마음이 들뜸과 함께한다. 이때 반드시들7, 때때로들4(희열과 열의 없음), 그리고 해로운 반드시들 4개가 함께한다. 그래서 15이다.

Appendix 8. 제31장

19가지 아름다운 마음과 함께하는 마음부수들
- 믿음(saddhā)
- 마음챙김(sati)
- 양심(hiri)
- 수치심(ottapa)
- 탐욕없음(alobha)
- 성냄 없음(adosa)
- 평온(tatramajjhattatā)

- 몸의 경안(kāya-passaddhi)
- 마음의 경안(citta-passaddhi)

- 몸의 가벼움(kāya-lahutā)
- 마음의 가벼움(citta-lahutā)

- 몸의 부드러움(kāya-mudutā)
- 마음의 부드러움(citta-mudutā)

- 몸의 적합함(kiriya-kammaññatā)
- 마음의 적합함(citta-kammaññatā)

590 부록

- 몸의 능숙함(kiriya-pāguññatā)
- 마음의 능숙함(citta-pāguññatā)

- 몸의 올곧음(kiriya-ujukatā)
- 마음의 올곧음(citta-ujukatā)

이 아름다운 마음부수들은 다음의 마음들과 함께한다.
24가지 욕계의 아름다운 마음들
- 8가지 크게-유익한 마음들(8 mahā-kusala cittas)
- 8가지 큰-과보의 마음들(8 mahā-vipākacittas)
- 8가지 크게-작용만 하는 마음들(8 mahā-kiriyacittas)
15가지 색계선정의 마음들(오선정 체계)
- 5가지 색계의 유익한 마음들(5 rūpāvacara kusala cittas)
- 5가지 색계의 과보의 마음들(5 rūpāvacara vipākacittas)
- 5가지 색계의 작용만 하는 마음들(5 rūpāvacara kiriyacittas)

12가지 무색계 사선정의 마음들
- 4가지 무색계의 유익한 마음들(4 arūpāvacara kusala cittas)
- 4가지 무색계의 과보의 마음들(4 arūpāvacara vipākacittas)
- 4 무색계의 작용만 하는 마음들(4 arūpāvacara kiriyacitta)

8가지 초세간 마음들
(혹은 40, 이때는 각기 다른 단계의 선정의 요소들과 함께하는 초세간 마음들을 고려한 것임)

각각의 모든 아름다운 마음과 함께하지 않는 6가지 마음부수들은
- 잘못된 말의 절제(vacīduccarita virati)
- 잘못된 행위의 절제(kāyaduccarita virati)
- 잘못된 생계의 절제(ājīvaduccarita virati)
- 연민(karuṇā)
- 함께 기뻐함(muditā)
- 통찰지(paññā)

이렇게 모두 25가지 아름다운 마음부수들이 있다. 이 중 19가지는 아름다운 마음들과 항상 함께하고 6개는 언제나 함께하는 것은 아니다. 3가지 절제는 다음의 마음들과 함께할 수 있다.
- 8가지 욕계의 크게-유익한 마음(8 mahā-kusala cittas)
- 8가지(혹은 4) 초세간 마음들(lokuttara cittas)
 : 이것들은 언제나 초세간의 마음들과 함께한다.

연민(karuṇā)은 다음의 마음들과 함께할 수 있다.
- 8가지 크게-유익한 마음들(8 mahā-kusala cittas)
- 8가지 크게-작용만하는 마음들(8 mahā-kiriya citta)
- 12가지 색계의 마음들(8 rūpāvacara-cittas)
 (이것은 색계오선정 가운데 초선부터 사선까지의 선정의 마음들에서 색계의 유익한 마음, 과보의 마음, 단지 작용만하는 마음들이다.)
그래서 연민은 모두 28가지 마음과 함께할 수 있다.

함께 기뻐함(muditā)은 다음 마음과 함께할 수 있다.
- 8가지 크게-유익한 마음(8 mahā-kusala cittas)
- 8가지 크게 작용만하는 마음(8 mahā-kiriyacittas)
- 12가지 색계의 마음들(12 rūpāvacara cittas)

이렇게 함께 기뻐함은 28가지 마음들과 함께할 수 있다.

통찰지(paññā)는 다음 마음들을 동반한다.
- 4가지 큰-유익한 마음(지혜와 함께하는) (mahā-kusala cittas, ñaṇa-sampayutta)
- 4가지 큰-과보의 마음들(지혜와 함께하는)
- 4가지 큰-작용만하는 마음(지혜와 함께하는)
- 5가지 색계의 유익한 마음(5 rūpāvacara kusala cittas - 오선정)
- 5가지 색계의 과보의 마음(5 rūpāvacara vipākacittas)
- 5가지 색계의 작용만하는 마음(5 rūpāvacara kiriyacittas)
- 4 무색계 유익한 마음(4 arūpāvacara kusala citta)(사선정)
- 4가지 무색계의 과보의 마음(4 arūpāvacara vipākacittas)
- 4가지 무색계 작용만하는 마음(4 arūpāvacara kiriyacittas)
- 8가지 초세간 마음(8 lokuttara citta)

그래서 지혜(통찰지)는 모두 47가지의 마음을 동반한다. 12가지 욕계의 마음들, 15가지 색계의 마음들, 12가지의 무색계의 마음들 그리고 8가지 초세간 마음들이다.

초세간 마음을 8이 아닌 40로 하는 경우, 이름하여 오단계의 선정의 요소들과 함께하는 초세간 마음들에서 지혜와 함께하는 것은 모두 79가지이다.

Appendix 9. 통찰지의 단계

세 가지 미약한 지혜의 단계(taruṇa vipassanā)
- 정신과 물질을 구분하는 지혜(nāma-rūpa-pariccheda ñaṇa)
- 정신과 물질의 조건을 식별하는 지혜(paccaya patiggahaṇa ñaṇa)
- 명상의 지혜(조사하는 지혜) 혹은 그룹으로 이해하는 지혜 (sammasana ñaṇa)

8단계의 큰 위빳사나의 지혜(mahā-Vipassanā ñaṇa)는
- 생멸의 지혜(udayabbhaya ñaṇa)
- 무너짐의 지혜(bhaṅga ñaṇa)
- 공포의 지혜(bhaya ñaṇa)
- 위험의 지혜(ādinava ñaṇa)
- 역겨움의 지혜 (nibbida ñaṇa)
- 해탈하기를 원하는 지혜(muñcitukamyatā ñaṇa)
- 깊이 숙고하는 지혜(paṭisaṅkhā ñaṇa)
- 상카라에 대한 평온의 지혜(saṅkhārupekkhā ñaṇa)
- 수순의 지혜(anuloma ñaṇa)

미주

1) Expositor I, Part II, chapter I, 65

2) Expositor I, Part IV, chapter I, 108

3) Path of Purification XIV, 134

4) 중부 I, no.18. 법집론(Dhammasangani) 참고할 것. 이 책은 PTS에서 Buddhist Psychological Ethics이라는 이름으로 번역되었음.

5) 즉 형상, 소리 등과 같은 대상을 받아들일 수 있는 물질(rūpa)

6) 오식 이외의 모든 마음들과 함께 하는 감각접촉들을 mano-samphassa 라 합니다.

7) IV, Salayatana-vagga, Kindred Sayings on Sense, Third Fifty, Chapter III, 129, Ghosita

8) Atthasalini, I, Part IV, chapter I, 109

9) I, Part II, chapter I, 75

10) 다른 마음들과 함께하는 다른 느낌들에 대하여 더 공부하려면 visuddhimagga(XIV, 127-128) 참고할 것

11) 느낌은 여러 가지 방식으로 분류 할 수 있다. 상응부 IV. Salayatana-vagga, 느낌에 관한 상응, 22, 여기에서는 느낌을 108가지로 분류한다.

12) I, Part IV, Chapter 1, 110

13) Abhidhamma Studies, Ven. Nyanaponika, 1976, 70쪽, 표시하고 기억하는 행위는 모든 인식의 순간에 일어난다고 나옴.

14) 여기서 viññaṇa는 일반적으로 옮기고 있는 알음알이(識)의 뜻과 완전히 부합되지 않는다. 알음알이는 오온의 하나로 대상을 아는 것을 뜻하며 아비담마에서는 찰라생 찰라멸하는 용어로 쓰기 때문이다. 여기서는 대상을 경험하는 단계로 산냐·윈냐나·빤냐라는 술어를 통해서 그 깊이를 설명하고 있으므로 윈냐나를 "자세히 앎"정도로 이해하면 될 것 같다-청정도론 402. 주 216) 대림. 각묵 스님 역

15) Book of the sixes, Chapter VI, 9, A Penetrative Discourse

16) 열들의 책, VI장, 6, 아이디어들

17) (I, Part , Chapter I, 111)

18) Atthasalini, I, Part III, Chaptet V, 97

19) Atthasalini, same section, 100

20) 8가지의 책, IV장, 10, 적은 것들

21) 8의 책, IV장, 9, 공덕의 이익

22) Ven. Nyanaponika 번역, Anguttara Nikāya, 해제 III, Wheel publication 238-240, BPS. Kandy, 1976.

23) 청정도론 I. 17

24) Abhidhanma Studies V, 3, by Ven. Nyanaponika, B.P.s.Kandy 1976.

25) 청정도론, XVII, 177-182.

26) III, First Fifty, chapter 3, 23, Understanding

27) Part IV, Chapter1. 118, 119

28) 행복한 느낌은 색계의 선정에서만 일어나는 선정의 요소이다. 가장 높은 단계의 색계 사선정에서는 이 요소(sukha)가 버려지고 대신 무덤덤한 느낌으로 대체된다. 이 행복은 명상주제에 초점을 맞추도록 삼매(집중)를 지원한다.

29) XIV, 139

30) 고요함을 닦는 초기에는 여전히 준비 삼매가 있음.(parikamma-samādhi) (Vis. IV, 31-33)

31) 4의 책, V장, 1, 집중

32) Jivitam은 생명을 의미하고, indriya는 통제 기능을 의미함.

33) 주의(mānasikara)라고 하는 것이 마음의 종류에도 두가지가 있다. (Atthasalini 133. Visusshimagga XIV, 152)

34) I, Part IV, Chapter 1,133

35) XIV, 152

36) 청정도론에서 위딱까는 사마타의 장에서 다룬다.

37) Book I, Part IV, Chapter I, 114

38) 중부 I, 19

39) Vibhanga, Book of Analysis, 3, Analysis of the Elements, 182.

40) Book One, Part IV, Chapter I, 114

41) 색계과보의 마음은 색계유익한 마음의 과보이다. 색계의 단지 작용만 하는 마음은 선정을 얻은 아라한의 마음이다. Abhidhamma in Daily, 22장

42) V, mahā-vagga, Book XII, Chapter I,@7, thoughts

43) XIV, 151

44) 담마상가니는 담마를 다룸에 있어 아디목카를 언급하고 있지 않다.

45) yevāpanakā는 법집론에서 맨 먼저 나오는 전문술어이다. 법집론에 어떤 마음이 일어나는 순간 어떤 마음부수가 함께 일어나며, 또 그들은 일정하게 일어나는 것인지, 아니면 이름을 명시하지 않은 또 다른 마음부수가 있는지 등의 구분이 정해져 있다. 여기서 예와빠나까란 이름이 명시되지 않은 마음부수를 뜻한다. 청정도론 제2권 464p. 대림스님 역

46) 중부 III, no.11, Abhidhamma Studies, Ven. Nyanaponika, 제4장, p. 49, 그리고 부록 B.P.S. Kandy, 1976 참조.

47) 마음을 89개로 할 때임. 마음은 89개 혹은 121개로 상황에 따라 셈하는 방법이 다름. 121개는 초세간 선정의 마음들이 오단계 선정의 요소들과 함께 할 때임.

48) XIV, 137

49) 증지부 II. I 15

50) I, Pan IV, 제 1장, 120, 121

51) Dhammasangani 13, Atthasalini, Part IV, Chaprer 2, 146. 함께 개발되어야 할 다섯 개의 통제기능이 있다. 이것들은 '정신적인 기능'들로 다음과 같이 유익한 특성들이다. 믿음, 정진, 마음 챙김, 사마디 그리고 지혜가 그것이다. 이러한 기능들은 이것들과 반대되는 오염들을 통제하거나 극복한다. 기능들이 개발되는 정도에 따라 '흔들리지 않게'된다. 이것들은 '힘' 혹은 '강인함'이다. 힘은 이것들과 반대되는 오염들에 의하여 흔들릴 수 없다.

52) 상응부 V, 대품, 지혜의 무더기 상응, 제 I장, 6

53) IV, 63

54) XIX, 92, 93

55) 열의 책, 제 II장, 4, 장애

56) Book of the Twos, chapter 1, 5

57) 상응부 V, 마음챙김의 상응, 제 I장, 3, 5, 6

58) Thera-gatha 118

59) IV, 94

60) Pinayati 는 기쁘다, 마음에 들다, 만족하다 혹은 기운 나게 하다의 의미인 pineti의 사역형이다.

61) sampiyayana는 영어의 endearment에 해당하는데 사랑받는 것 혹은 귀여움 받는 것이라는 의미이다. (왜 만족하는가? 귀엽고 사랑스럽기에 만족한다-역자)

62) 몸과 마음은 마음과 마음부수를 의미-역자

63) I, Part IV, Chapter 1, 115

64) IV, 100

65) 색계 오선정 가운데 사선정의 마음들로 행복한 느낌인 수카와 함께 하지만 희열(pīti)과는 함께하지 않는다.

66) Abhidhamma in Daily Life, Chapter 11

67) 유익한 과보 혹은 해로운 과보일 수 있는 평온이 함께 하는 조사의 마음

68) Vis. IV, 99

69) 앗타살리니, I, Pan v, Chapters 111, 175

70) Atthasalini II, Part VIII, Chapter 1, 228, and Vis. xxi, 112. 참조

71) IV, Salayatana-vagga, Part II, Kindred Sayings about Feeling, Chapter III, 29, 육체적 욕망으로 부터의 정정과 자유

72) 때때로 열의는 감각적 욕망을 뜻하는 kamacchanda와 반대되는 용어로 사용됩니다. 이 감각적 욕망은 5가지 장애 가운데 하나입니다. 탐욕의

한 형태에 해당합니다.

73) xiv, 150

74) I, part iv, Chapter 1, 132

75) Abhidhamma in Dally Life, Chapter 11

76) I, Part V, Chapter 13, 1941

77) V, mahā-vagga, XLV, Kindred sayings on the Way, chapter IV, II, 금욕(Restraint of Passion), 3

78) 특별한 종류의 마음

79) 지혜의 마음부수임

80) 일부 서적에서는 이것을 우세라는 표현대신 지배라는 용어를 사용함

81) Dhammasangani 269, and Atthasalini I, Part VII, 212, 213

82) Vis. chapter XIII

83) 네 가지 성취수단은 깨달음을 얻는 37 조도품 가운데 하나임. 청정도론 xxii, 33.

84) Book of the Sixes, chapter VIII, 10, Day and Night

85) 삼의 책, 제 XI장, 101, Before XI. 세 가지 해로운 뿌리와 이것들의 반대가 되는 세 가지 아름다운 뿌리가 있다. 뿌리는 마치 나무의 뿌리처럼 해로운 마음이나 아름다운 마음의 토대가 된다.

86) 붓다는 종종 오온을 가진 "나"를 세계라 표현 하셨다.-역자

87) A Buddhist Manual of Psychological Ethics, 390

88) 앗타살리니, II, Part IX, Chapter I, 249

89) Book of the Threes, Chapter XIII, 121

90) III, 무더기품, 요소상응, III, 마지막 50, 제3장, 129항, 만족

91) I, Part IV, Chapter I, 125

92) Itivuttaka, The Twos, Chapter II, &3 Khuddaka Nikāya

93) II, Part IX, Chapter I, 250

94) Atthasalini II, Book II, Chapter II, 362. 367.

95) II, Part IX, Chapter I, 249

96) II, Part IX, Chapter I, 249

97) Atthasalini I. Part III, Chapter V, 101

98) Vibhanga, Chapter 17, 851

99) 861,862

100) 청정도론 I. 75

101) 게송 146-149

102) 중부 I, no. 26

103) Book of Analysis, Vibhanga, 제 17장, 작은 항목의 분석, 916.

104) XVII, 234-236

105) III, no. 141, the Analysis of the Truths

106) 청정도론 XVII, 285

107) II, Part IX, Chapter I, 248

108) XIV, 164

109) II, Part IX, Chapter II, 253

110) In Pali: paramasa, paramasati에서 파생, to touch, to hold on to, to be attached or fall a victim to

111) 'mūlapariyaya 경 그리고 주석서들æ, Ven. Bhikkhu Bodhi번역, BPS. Kandy, 1980.

112) 17장, 901

113) 일에 관한 책, XVII장

114) Middle Length Sayings II, no. 60, On the Sure, 401

115) Ibidem, 407, 그리고 Dialogues of the Buddha I 참조, no. 2, "The Fruits of the Life of a Recluse", 54.

116) Middle Length Sayings II, no. 60, 404

117) 상응부 II, 무더기 품, 견해상응, I, 5-7, 그리고 Dialogues of the Buddha I, no. 2, 52.56, 그리고 Atthasalini I, Part III, 제 V장, 101.

118) "The All-Embracing Net of Views" 1, The Dialogues of the Buddha I, no, 1

119) IV, Salayatana-vagga, Kindred sayings about Citta, 3, Isidatta

120) Dhammasangani, 1003

121) Chapter 16, Analysis of Knowledge

122) Book of Analysis 962 and Atthasalini II, Book II, Part II. Summary, Chapter II, 372.

123) II, Part IX, Chapter III, 256

124) 법집론 1116, Atthasalini, Book II, Summary, Chapter II, 372 참조

125) Vibhanga, 제 17장, 832

126) II, Book I, Pan IX, III장, 257

127) Book of the Fives, Chapter 13, 9, Festering

128) II, Book II, Part II, Summary, Chapter II, 367

129) Book of the Threes, Chapter III, 25, The open sore

130) 색계범천의 세계에서 오로지 물질(rūpa)만이 존재하는 인식 없는 중생 (asaññā-sattā)들의 세계는 제외

131) I, no. 21, The Parable of the Saw

132) II, Book I, Part IX, 제 II장, 257

133) Dhammasangani, 1121,그리고 Vibhanga 893참조

134) II, Book I, Part IX, 제 II장, 257

135) II, Book II, Part II, 제 II장, 373-375

136) I, Sagatha-vagga, Chapter I, The Devas, Part 4, 2, Avarice

137) Jatakas, Book V, no. 535

155) I, no. 2, 모든 오염들

156) 분별론(Book of Analysis), 17장, 915.

157) II, Book II, Part II, Chapter1, 354, 355

158) 과거와 미래의 12토대들

159) 중부, II, no. 91, 브라흐마유-경

160) 마상가니 1096-1100

161) I, Part I, Chapter II, 48

162) 앗타살리니

163) II, Book II, Chapter II, 370

164) 담마상가니, 1100

165) 중부 I, no. 22

166) Book of the Threes, Chapter II, 16, The Sure Course

167) Dhammasangani 1151

168) 앗타살리니 I, Part I, Chapter II, 49

169) IV, Salayatana-vagga, Fourth Fifty, Chapter 3, 187, Ocean

170) I, Part I, Chapter II, 49

171) Vis. XXII, 54

172) I, Part I, Chapter 11, 49

173) 담마상가니, 1135-1140

174) 청정도론, XVII, 243

175) II, 원인상응, 5장, 52, 취착

176) 감각적 욕망은 제 15장, 악의는 18장, 해태와 혼침 제20장, 들뜸은 14장, 후회는 19장, 의심은 20장 어리석음은 14장 참조

177) Atthasalini, II, Book II, Part II, Chapter II, 382.)

178) II, Niddana-vagga, Chapter XXI, Kindred Sayings about Brethren, 6, 11, 12

179) 담마상가니, 1059

180) II, Part II, Chapter II, 366

181) 청정도론(XXII, 60), 쌍론(Yamaka) 제 VII부 (번역본: Guide through the Abhidhamma Pitaka, Ven. Nyanatiloka, BPS. Kandy 1971) 참조.

182) Ven. Nyanaponika, Abhidhamma Studies V, The Problem of Time, 3, the Concept of the Present in the Abhidhamma. BPS. Kandy, 1976.

183) Atthasalini II, Book I, Part VIII, Chapter 1, 235-236

184) 청정도론 XXII, 48

185) Atthasalini (I, Book 1, Part 1, Chapter II, 48)

186) The Book of Analysis, Vibhanga, Chapter 17, 969. 에도 같이 분류함

187) 위에서 색계의 존재에 대한 욕망의 족쇄는 원본에 없고 대신에 다시 태어나고픈 욕망의 족쇄로 나온다. 아비담마에 나오는 무색계의 존재에 대한 욕망의 족쇄라는 표현은 위의 다시 태어나고픈 욕망의 족쇄로 대신하고 있다. 위의 질투와 인색은 아비담마에 안나오고 대신에 들뜸의 족쇄가 나온다.

188) 청정도론(XXII, 48)참조. 경에도 마찬가지로 분류함. 예를 들면 붓다와의 대화 III, no. 33, 234.

189) 담마상가니, 1229. the Book of Analysis, Vibhanga, Chapter 17, 966.

190) XXII, 49

191) II, Niddana-vagga, Chapter XVII, Kindred Sayings on Gain and Favours

192) V, mahā-vagga, Kindred Sayings on the Way, Book I, Chapter VIII

193) Book of the Ones, Chapter II, 1-5

194) Atthasalini I, Part II, Chapter I, 75.

195) I, Sagatha-vagga, 천신들, IV장, 6, 믿음

196) Book of the Sixes, Chapter I, 5, The thorough-bred

197) 앗타살리니 II부, 1장, 751

198) III, no. 110

199) I, Part II, Chapter 1, 62

200) 아름다운 마음이 아닌 과보의 마음과 단지 작용만 하는 마음들이 있음. 이름 하여 뿌리 없는 과보의 마음들과 뿌리 없는 작용만 하는 마음들이 그것임.

201) 아라한은 크게 유익한 마음대신에 크게 작용만 하는 마음만 있음.

202) 다른 단계의 선정에 해당하는 선정요소들과 함께하는 초세간 마음들은 포함되지 않음.

203) 선정의 요소들과 함께하는 40가지 초세간 마음이 포함됨.

204) I, Part IV, Chapter I, 119

205) 우포사타 일은 보름과 초하루이고, 때때로 상현과 하현날 행해지기도 한다. 불교를 믿는 나라들에서는 재가 신자들이 사원에 가서는 이런 날 팔계를 지키는 전통이 있다.

206) 왕 밀린다와 아라한인 나가세나 존자와의 법에 대한 토론이다. 이것은 삼장에는 포함되지 않지만 붓다고사 이전에 쓰여진 것이 틀림없어 보이는데 그 시기는 명확치 않다. 이 경은 자주 삼장의 말씀을 언급하고 있으며, 붓다의 가르침을 가장 가치 있게 설명하고 있다.

207) Dialogues of the Buddha , III , 33 , Sangiti Sutta , 227

208) I, no. 4, Discourse on Fear and Dread

209) I, Part IV, Chapter I, 119

210) I, Part IV, Chapter II, 145

211) II, no. 70, Kitgiri sutta

212) I, Part IV, Chapter 1, 121

213) XIV, 141

214) III, no. 148, "Discourse on the Six Sixes"

215) 이것은 마노의 대상인 법(dhamma)을 의미한다. 이 법에는 5가지 감성물질(rūpa), 16가지 미세물질(rūpa), 모든 종류의 마음(citta), 52가지 마음부수, 닙바나, 개념을 의미한다-역자

216) Vibhanga, Chapter 17, Analysis of Small Items, 846

217) I, Part IV, Chapter II, 147

218) I, Part IV, Chapter 1, 125.127

219) 제 14장 참조

220) Book of the Fives, Chapter IX, 4

221) The Roots of Good and Evil, p. 19, by Ven. Nyanaponika. The Wheel no. 251-253, B.P.S. Kandy.

222) I, Book I, Part IV, Chapter I, 127

223) Khuddaka Nikāya, The Group of Discourses, vs. 811-813, P.T.S. translation by K.R. Norman

224) 주석서에 따르면 다름 아닌 팔정도.

225) I, Book I, Part IV, Chapter 1, 127

226) I, Book I, Part IV, Chapter I, 129

227) I, Sagatha-vagga, Chapter XI, Sakka Suttas, I, 4

228) I, no. 2, Discourse on All the Cankers

229) IV, Book of the Sevens, chapter V, 10

230) Chapter IX, 93

231) 이것으로 다른 색계선정을 얻을 수 있지만 가장 높은 색계 사선은 얻지 못함. 왜냐하면 무덤덤한 느낌을 동반하기 때문임.

232) Atthasalini, I, Book I, Part V, Chapter XII, 195

233) I, Book I, Part IV, Chapter I, 133

234) Atthasalini, Book I, Part IV, Chapter III, 172, 다른 종류의 평온(equanimity)

235) 분별론, 12장, 선정의 분석, 597. Vis, IV, 194

236) II, Nidana-vagga, XVI장, 깟사빠 상응, 1, 만족

237) 이 경의 주석서 "Saratthappakasini"

238) Book I, Part N, 1장, 130

239) 문서로 작성된 경율론 삼장은 별도로 함-역자

240) 제 10장, 깨달음의 요인 분석, 469

241) 고요함(빳삿디) 등을 두 가지(쌍)로 설하신 이유 - 역자 주
견해1)
믿음 등에서는 짝을 지어 설하지 않았는데 고요함 등에서는 왜 둘씩 짝지어 설하였는가? 마음의 고요함, 마음의 가벼움 등에 기인해서 마음의 고요함 혹은 가벼움 등만 일어난다. 마음부수의 고요함, 혹은 가벼움 등은 일어날 수 없다. 마음부수의 고요함, 가벼움 등에 기인해서 마음부수라는 정신(nāmakāya)의 고요함, 가벼움 등이 일어나고, 물질(rūpakāya)의 고요함 혹은 가벼움 등도 일어난다. 그러므로 고요함 등은 두 가지씩 짝을 지어 설명하였다.(아비담마 해설서 1권 280)

견해2) 마하띠까의 견해
이 두 가지 모임에서 마음의 고요함 등은 마음만의 고요함(passaddhaṁ), 가벼움(lahuta), 부드러움(mudu), 적합성(kammaññaṁ), 능숙함(paguṇaṁ), 올곧음(uju)이다. 마음부수의 고요함으로 인해 물질의 모임(rūpakāyo)역시 고요함, 가벼움, 부드러움, 적합함, 능숙함, 올곧음을 지닌다. 그러므로 붓다께서 이 자리에서는 두 종류의 법을 설하였다. 모든 자리(법)에서 설하신 것이 아니다.

견해3) 바사띠까의 견해
이 글은 과거 띠까들의 견해만을 보인 것이다. 바사띠까의 견해로는 마음부수의 고요함을 마음부수 모임과 마음으로 생긴 물질(찟따짜루빠) 두 가지로 취하는 것은 올바르다고 생각하지 않는다. 접촉, 느낌 등의 마음부수들처럼 고요함 또한 한 종류만 있는 것이 적합하다. 마음의 고요함이 한 종류, 마음부수들의 고요함이 한 종류라고 하여 두 종류의 성질이 있을 순 없다. 고요함 등이 다른 마음부수들보다 특별한 점은, 이 고요함의 성질은 마음, 마음부수 뿐만이 아니라 마음으로 생긴 물질 또한 고요함을 얻게 되어 온 몸이 고요하고 시원한 더미가 됨을 알려주시려는 부처님께서 마음부수의 고요함과 마음의 고요함 두 종류로 나누어설하였다. 그러므로 37조도품에서 saṅkappa(사유), passaddhi(고요 혹은 경안), pīti(희열), upekkhā(중립)라고 마음부수의 고요함과 마음의 고요함 두 종류로 구분하지 않고 '고요함 마음부수=경안'라는 한 종류만으로 정의하였다. 가벼움, 부드러움 등에서도 역시 이와 같은 방법이다.

138) II, Book II, Part IX, Chapter III, 258

139) II, Book II, Part II, Chapter II, 389, 390

140) 중부, III 129

141) 음식의 종류와 같은 것들을 포함한 규정들에 대하여 혹은 공양과 관련된 규정들

142) 앗타살리니(Book II. Part II, Chapter II, 384)는 수다원이 되면 거친 오염들과 관련된 후회가 제거되고 아나함이 되면 미세한 오염들과 관련된 후회도 제거된다고 나온다.

143) II, Book I, Part lx, Chapter II, 2

144) Vibhanga 547 and Atthasalini it, Book it, Part II, Chapter II, 377.

145) Atthasalini II, Book II, Pall II, Chapter II, 378

146) A Manual of Abhidhamma의 해로운 마음부수에 대한 각주에서 Ven. Narada는 해태와 혼침은 절박감이 부족하기 때문에 "예리하고 적극적인" 자극받지 않은 마음들과는 함께 일어 날 수 없다고 설명한다.

147) lobha-mūla-citta(탐욕에 뿌리를 둔 마음)는 여덟 종류가 있다. 4가지는 자극받지 않은 것이고 나머지는 자극받은 것이다. dosa-mūla-citta(성냄에 뿌리를 둔 마음)에는 두 가지가 있는데 하나는 자극받은 것이고, 다른 하나는 자극받지 않은 것이다. Abhidhamma in Daily Life 제 4장과 6장.

148) 탐욕에 뿌리한 여덟 가지 마음 가운데 네 가지는 사견과 함께하고 나머지 네 가지는 사견과 함께 하지 않는다. 자만은 사견과 분리된 탐욕에 뿌리를 둔 마음과 함께 할 수 있는 언제나 (사견이 없는 4가지에서) 일어나는 것은 아니다.

149) I, no. 16, 정신적 무력감에 대한 설법

150) Book of the Fives, Chapter VI, 6, The preceptor

151) II, Nidana-vagga, Kindred Sayings on Cause, 3, 22

152) II, Pan IX, Chapter III, 259

153) II, 259, 260

154) 하나의 책, II장, 5

여기 바사띠까에서는 마음부수의 고요함에서 마음을 정의로 취하고, 마음(알음알이)이 고요하면 마음부수 또한 포함된다고 주장한 것이다. 그러므로 마음부수의 고요함의 정의로써 '물질의 고요함'을 취함이 적당하다는 뜻이다. - 아비담마해설서 1권, 280-282, 도다가 마을, 강종미편역

242) subcommentary quoted by Ven. Nyanaponika in Abhidhamma Studies

243) I, Book I, Part IV, Chapter 1, 30

244) I, Book I, Part IV, Chapter 1, 130

245) XIV, 146

246) I, Book I Part IV, chapter II, 151

247) IV, 여덟의 책, 제 II장, 2, 시하 장군

248) 법집론(Dhammasangani) 46, 47.

249) 앗타살리니 I, Book I, Part IV, chapter 1, 131 그리고 청정도론, XIV, 147.

250) Abhidhamma Studies, Ven. Nyanaponika. 제 IV장, 10

251) V, 대품, Book II, 제 IV장, 3, 오염들

252) 나마와 루빠 등 명상의 대상을 취함에 있어서의 믿음 등 - 역자

253) 청정도론, XIV, 148 참고할 것

254) V, Book of the Elevens, Chapter II, 4, Subhuti

255) I, 60-84

256) ujupatipanno, Vis. VII, 90-92

257) I, Book I, Part IV, Chapter I, 131

258) III, Book of the Fives, 제 XVII장, 7

259) Visuddhimagga 1, 60 Vis, and following

260) I, Book I, Part III, Chapter VI, 103, 104

261) III, Book of the Fives, Chapter XXII, 3, Morals

262) Middle Length sayings I, no. 2 ii

263) Dhammasangani, Part I. Chapter V. 299-301.

264) Dhammasangani, 258-261

265) upekkhā라는 용어는 이 경우에 무덤덤한 느낌을 의미하는 것이 아니라 평온을 의미합니다.

266) I, Book I, Part V, 제 XIII장, 193

267) 연민으로는 색계 삼선까지 가능하고 가장 높은 사선정은 들지 못함. 사선정은 무덤덤한 느낌이기 때문임. 연민은 즐거운 느낌 혹은 무덤덤한 느낌을 수반할 수 있음.

268) III, Book of the Fives, Chapter XIII, 4

269) 예를 들어 상응부 V, 대품, 책 XI, 예류상응, 3, Dighavu.

270) III, Book of the Fives, 제 XXIV장, 5, Taking Pity

271) I, no. 27, 코끼리 발자국에 대한 비유의 작은 법문

272) 그래서 연민(karuṇā)은 색계의 12가지 마음들과 함께하는 것입니다. 12=4*3, Vis. XIV, 157, 181

273) I, Book I, Part V, 제 XIII장, 193

274) 이 명상주제로 색계선정을 얻을 수 있지만 가장 높은 단계의 선정을 얻을 수 없다. 함께 기뻐함은 즐거운 느낌 혹은 무덤덤한 느낌과 함께 할 수 있다. 가장 높은 단계의 선정은 무덤덤한 느낌을 동반하므로 가장 높은 단계의 선정에는 들 수가 없다.

275) Dialogues of the Buddha III, no. 33, The Recital, 223, 224

276) 붓다와의 대화 III, no. 31, 시갈로와다-경

277) V, Book of the Elevens, Chapter II, 5, Advantages

278) Vis. IX, 83, 87, 90

279) V, Book of the Elevens, Chapter II, 6, 345

280) 지적인 이해를 빠알리로 pariyatti, 직접적인 통찰지 닦음 혹은 수행을 patipatti, 진리에 대한 꿰뚫음을 pativedha라 함.

281) Atthasalini I, Book I, Part IV, Chapter 1, 122. Dhammasangani (Book I, chapter I, 6) 참조

282) Atthasalini, I, Book I, Part IV, Chapter II, 148

283) Dhammasangani , 362-364. Vis. XIV, 3.

284) Dhammasangani , 505.

285) Dhammasangani, 553.

286) Ven. U. Narada번역, P-T-S- 1969. 12연기, P-T-S- 1979 참조

287) II, Nidana-vagga, Part XII, Chapter V, 43, Ill

288) 그룹(깔라빠, 蘊)별로 모아 : 이 문장은 명상의 지혜를 준비하는 것을 보여준다. 즉 수행자가 먼저 모든 물질(rūpa)을 "그것이 과거의 것이든 현재의 것이든 안의 것이든 밖의 것이든 거친 것이든 미세한 것이든 저열한 것이든 수승한 것이든 먼 것이든 가까운 것이든" 그 모두를 물질(rūpa)의 무리, 즉 물질(rūpa)의 무더기(色蘊)라고 간주하는 것을 말한다. 그런 다음에 같은 방법으로 느낌과 인식과 상카라와 알음알이를 모두 각각의 무더기(그룹)로 간주한다. 이렇게 무리별로 모아서 이들을 무상.고.무아라고 관찰.조사(명상)하는 것이다.

289) sammasana ñāṇa, Vis. XX, 6

290) 생멸의 지혜(udayabbaya ñāṇa) : 이것은 형성된 것들의 일어남과 사라짐을 수관하는 지혜이다. 청정도론(xx.95)에서 "태어난 정신-물질(rūpa)의 생기는 특징, 생겨남, 일어남, 새로 생기는 모습을 일어남(udaya)이라 하고 변하는 특징, 파괴, 부서짐이 멸(vaya)이다라고 정의하고 있다. 생멸의 지혜는 조건을 통해서 닦아진다. 조건들이 일어날 때 형성된 것들이 어떻게 일어나며 조건들이 멸할 때 어떻게 멸하는지를 관찰하면 생멸의 지혜가 생기기 때문이다"

291) -흐름(相續, santati)을 통해서 라는 것은 연속적인 정신 물질(rūpa)의 흐름을 통해서 라는 것이다.

- 시간(addhāna)을 통해서 : 여기서 시간을 통해서라는 것은 한 정해진 기간 동안의 시간을 말한다. 수행자는 한 생에 존재하는 모든 형성된 것들은 모두 무상하고 괴로움이고 무아라고 관찰하는 것부터 시작하여 점점 그 기간을 줄여 나간다. 즉 처음에는 한 평생을, 그 다음은 초년 중년 말년의 3단계로, 그 다음은 10년 단위로, 매년 단위로, 매달, 보름, 하

루, 시간단위로 등, 이렇게 한 발자국 옮길 때마다 모든 형성된 것들을 무상, 고, 무아로 명상한다.
- 이것은 역시 찰나를 통해서(khaṇavasena) 닦아진다. 수행자가 지금 여기의 이 순간에서 그 찰나에 존재하는 정신-물질(rūpa)이 실제로 생기고 소멸하는 것을 직접 수관하기 때문이다 (아비담마 길라잡이 794p)

292) Vis. XX, 129

293) 통찰지의 단계를 선정하는 것은 큰 통찰지(mahā-vipassana=principle insight)의 미약한(tint) 단계부터 시작하느냐 혹은 약한 통찰지(tender insight)의 단계부터냐에 따라 다르다. 그리고 깨달음이 일어나는 인식과정에서 반야(지혜)가 일어나는지, 반야가 초세간의 마음과 함께하고 초세간의 과정이 끝난 후에 "반조"하는 마음이 포함되느냐 안되느냐에 따라 다양하다.

294) Vis. XXII, 1

295) Book of the Tens, Chapter III.

296) 보시, 지계, 출리, 지혜, 정진, 인내, 진실, 결심, 자애와 평온

297) the Paramatthadipani VII

298) Ven. Bodhi번역, The All-embracing Net of Views에 포함된 내용, 범망경과 그 주석서들, B.P.S. Kandy, p. 322.

299) "궁극적인 의미에 관한 설명", paramatthajotika, "소부"의 주석서, Khuddakapatha

300) 1, 27

301) Ven. Khantipalo번역, 불교계율, no. 130/131, B.P.s. Kandy

302) 증지부, 여덟의 책, 2장, 2

303) chapter III-XI

304) Paramatthadipani VII, Ven. Bodhi번역, The All-embracing Net of Views에 포함된 것임, p. 323

305) 혹은 여기서 인식은 분명하게 인식의 역할을 할 능력이 없기 때문에 인식이 아니다. 남은 상카라들의 미세한 상태가 존재하기 때문에 인식이 아닌 것도 아니다. 그러므로 비상비비상이다. 그 비상비비상은 나머지 법들의 거처라는 뜻에서 장소이다. 그러므로 비상비비상처이다. 여기서 오직 인식만이 이런 것이 아니고 사실은 느낌도 느낌이

아니고 느낌 아닌 것도 아니다. 이 방법은 나머지 함께하는 법들의 경우에도 적용된다. 인식을 선두로 하여 법을 설했다고 알아야 한다
-청정도론 제2권 216쪽 50. 대림스님역 참조 - 역자